Josting / Maiwald (Hgg.)
**Verfilmte Kinderliteratur**

D1730712

**Verfilmte Kinderliteratur**
Gattungen, Produktion, Distribution, Rezeption und
Modelle für den Deutschunterricht

herausgegeben von Petra Josting und Klaus Maiwald
in Zusammenarbeit mit der AJuM der GEW

kjl&m 10.extra

kopaed (München)
www.kopaed.de

**Bibliografische Information Der Deutschen Nationalbibliothek**
Die Deutsche Nationalbibliothek verzeichnet diese Publikation
in der Deutschen Nationalbibliografie; detaillierte bibliografische Daten sind im Internet über http://dnb.ddb.de abrufbar

ISBN 978-3-86736-109-6

Druck: Kessler Druck+Medien, Bobingen

© kopaed 2010
Pfälzer-Wald-Str. 64, 81539 München
Fon: 089. 688 900 98 Fax: 089. 689 19 12
e-mail: info@kopaed.de Internet: www.kopaed.de

# Inhalt

# Inhalt

*Petra Josting / Klaus Maiwald*
# Einleitung: Verfilmte Kinderliteratur

Wer sich mit Kinder- und Jugendfilmen beschäftigen will, kann inzwischen auf eine Reihe von Publikationen zurückgreifen. Zu den Standardwerken gehört das seit 1998 von Horst Schäfer als Loseblattsammlung herausgegebene *Lexikon des Kinder- und Jugendfilms*. Es enthält Fachartikel zur Geschichte, d. h. zu einzelnen Epochen des Kinder- und Jugendfilms, sowie zu spezifischen Gattungen und Themen. Darüber hinaus finden sich hier Porträts von Autoren, Regisseuren, Schauspielern und Produzenten, Beiträge über Produktionsfirmen, Filmpolitik / -förderung, Festivals und Preise. Und auch die Rubriken *Kinder- und Jugendfilm im Fernsehen, Kinder- und Jugendfilm auf Video bzw. DVD* sowie *Kinopraxis* fehlen nicht. Zur Information über aktuelle Filme sei auf die einzige deutschsprachige Fachpublikation *Kinder- und Jugendfilm Korrespondenz* (KJK) verwiesen, die seit 1980 von Hans und Christel Strobel sowie Gudrun Lukasz-Aden herausgegeben wird und seit zwei Jahren auch online erscheint (http://www.kjk-muenchen.de).

Unterschiedlich wird bislang die Frage beantwortet, was denn unter Kinder- und Jugendfilmen zu verstehen ist (vgl. Kümmerling-Meibauer 2000). In der Regel erfolgt die Klassifikation über die Zielgruppe, d. h. man geht von Filmen aus, die explizit für Kinder und Jugendliche produziert wurden. Kümmerling-Meibauer schlägt in Anlehnung an die übliche Korpusbildung in der Kinder- und Jugendliteratur folgende Einteilung vor:

> „a) die Gesamtheit der von Kindern und Jugendlichen rezipierten Filme; b) die ausdrücklich für Kinder- und Jugendliche empfohlenen Filme (= intentionaler Kinder- und Jugendfilm); und c) eigens für Kinder- und Jugendliche produzierte Filme (= spezifischer Kinder- und Jugendfilm)." (Ebd., 12)

Zudem ist der im Filmsektor gängige Terminus *Familienfilm* zu berücksichtigen, d. h. viele Filme richten sich nicht ausschließlich an Kinder und / oder Jugendliche, sondern ebenso an ein erwachsenes Publikum. Wiederum in Anlehnung an die Kinder- und Jugendliteraturforschung, die dieses Phänomen als *Crosswriting* bezeichnet, wäre im Hinblick auf derartige Kinder- und Jugendfilme von *Crossfilming* zu sprechen, womit die Mehrfachadressierung bestimmter Filme gemeint ist, aber auch die Tatsache, dass viele Regisseure sowohl Filme für Kinder und Jugendliche als auch Filme für Erwachsene drehen (vgl. ebd., 14).

Was die Einbindung des Kinder- und Jugendfilms – wie des Films allgemein – in den Deutschunterricht anbelangt, so scheinen deutsche Klassenzimmer noch immer ein

Notstandsgebiet zu sein. Werden Kinder- und Jugendfilme gelegentlich berücksichtigt, dann oft nur am Ende einer Reihe, gewissermaßen als Bonbon, ohne sich weiter mit ihnen auseinander zu setzen. Damit vergibt der Deutschunterricht die Chance, vorhandene Filmkompetenzen der Schülerinnen und Schüler einzuholen und sie gleichzeitig auszubauen. Konzepte zur Filmdidaktik Deutsch allgemein, die zum Teil auch Kinder- und Jugendfilme einbeziehen, wurden erst in jüngster Zeit von Frederking / Krommer / Maiwald (2008, Kap. 8), Abraham (2009) und Kammerer (2009) vorgelegt.

Der vorliegende Band widmet sich einem Thema, dem bislang wenig Aufmerksamkeit geschenkt wurde: der verfilmten Kinderliteratur. Er konzentriert sich damit auf Filme, die zum einen auf literarischen Vorlagen basieren und deren Zielgruppe zum anderen vom Vorschulalter bis ins Alter von 12, 13 Jahren reicht. Hinsichtlich der Korpusbildung stehen in den meisten Beiträgen spezifische Kinderfilme im Mittelpunkt, doch werden gelegentlich auch Filme der anderen oben genannten Korpora einbezogen.

*Teil I behandelt in Auswahl das Gattungsspektrum verfilmter Kinderliteratur.* Manfred Hobsch beschäftigt sich unter dem Titel *Gute Feen, listige Begleiter und gutmütige Geister* mit den ersten Kinderspielfilmen in Deutschland, den Märchenfilmen. Ausgehend von der anhaltenden Faszination der Märchenfilme beschreibt er die Entwicklung dieser Gattung in der BRD, DDR und Sowjetunion wie auch die aktuelle Märchenfilmwelle in den öffentlich-rechtlichen Fernsehanstalten ARD und ZDF. Disney-Filme nach europäischen Märchen-Vorlagen sind das Thema von Rolf Giesen: *Drei Prinzessinnen aus Burbank.* Der historisch ausgerichtete Beitrag richtet zunächst den Blick ausführlich auf Disneys ersten abendfüllenden Spielfilm, der den Brüdern Grimm verpflichtet war: *Snow White and the Seven Dwarfs* (1934). Dieser Film wurde zwar für den deutschen Markt synchronisiert, durfte jedoch aufgrund zahlreicher Vorbehalte seitens der NS-Machthaber, die sich vergeblich um eine so genannte Märchenpoesie im Farbtrickfilm bemühten, nicht in Deutschland gezeigt werden. Neben Schneewittchen stehen bei Giesen aber auch die Prinzessin Cinderella und das Dornröschen Aurora im Mittelpunkt.

Gewissermaßen als eigenständige Gattung sind die in Skandinavien entstandenen Kinderfilme anzusehen. Unter der Überschrift *„Gar nicht so übel", würde Pippi zum hässlichen Entlein sagen* widmet sich Hauke Lange-Fuchs den bedeutendsten Namen unter den in Skandinavien verfilmten Autoren der Kinderliteratur: Hans Christian Andersen, dem Meister des Kunstmärchens, und Astrid Lindgren. Wolfgang Schwarzer führt in die Geschichte der *Comicverfilmungen aus Frankreich* ein und belegt, dass Comicverfilmungen als Verlebendigung einer gezeichneten Bilderfolge zum einen so alt sind wie die Filmgeschichte selbst und dass zum anderen bereits ihre früheste Realisation französisch und eine Komödie ist. Des Weiteren macht er mit den französischen Kultfiguren Bécassine, Les Pieds Nickelés und Tintin bekannt, außerdem werden die Verfilmungen von René Goscinny vorgestellt, wie auch die beiden internationalen Kinoerfolge *Kirikou* und *Persépolis.* Mit *Fantasy* setzt sich Werner C. Barg auseinander, der eingangs u. a. den Fragen nachgeht, welchen Beitrag diese Gattung zur Überlieferung von gesellschaftlichen Werten, Normen und Verhaltenscodes leistet und welche Rolle sie in der Pubertät und Adoleszenz spielt. Als Fallbeispiele für den Vergleich von Buch und Film dienen ihm Preußlers *Krabat* und Rowlings *Harry Potter.*

*Alltags-Realität* in der deutschsprachigen verfilmten Kinderliteratur ist das Thema von Christel Strobel. Ihr historischer Überblick beginnt mit Kästners berühmtem Roman *Emil und die Detektive* und reicht chronologisch bis in die Gegenwart, die sich dadurch auszeichnet, dass Filme mit authentischen Geschichten aus dem realen Leben von Kindern heute eher rar sind. Einige der von Strobel beispielhaft genannten Filme finden sich im Beitrag von Christian Exner wieder, der sich mit *Cliquen und Banden im Abenteuerfilm für Kinder* beschäftigt. Natürlich steht auch in diesem historischen Rückblick an erster Stelle Kästners Emil; darüber hinaus geht es u. a. um den *Krieg der Knöpfe* nach dem gleichnamigen Roman von Louis Pergaud, um die *Vorstadtkrokodile* nach Max von der Grün und um die Bestseller der vergangenen Jahre: *Die Wilden Kerle* und *Die Wilden Hühner*.

Ein Klassiker der Kinderliteratur steht im Focus von Horst Schäfers Analyse *Das Kind im Manne – Peter Pan und J. M. Barrie*. Schäfer zeichnet die Erfolgsstory des Peter-Pan-Stoffes nach, widmet sich in diesem Zusammenhang der Biographie des Autors und insbesondere den verschiedenen Verfilmungen. Jens Meinrenkens Thema ist die *Gesteigerte Realität und Illusion in Henry Selicks Animationsfilm* Coraline, einem Paradebeispiel für die Vermischung von 3-D- und klassischen Animationstechniken. Im Gegensatz zur Umsetzung von *Coraline* als Comic durch den Zeichner P. Craig Russell entfernt sich Selick bewusst von der gleichnamigen literarischen Vorlage (Neil Gaiman) und kreiert ein cineastisches Panoptikum, das zahlreiche Analogien und Bezüge zu seinen früheren Filmen enthält, wie Meinrenken belegen kann.

*Um Fragen der Produktion, Distribution und Rezeption geht es in Teil II.* Einen Einblick in die Produktion verfilmter Bilderbücher gewähren Ute Wegmann und Klaus Lutterbeck. Bei Wegmann sind es Realverfilmungen der beiden Bilderbücher *Sein erster Fisch* und *Die besten Beerdigungen der Welt*. Am Beispiel der Verfilmung des Bilderbuches *Ente, Tod und Tulpe* vermittelt Lutterbeck die typischen Produktionsschritte eines Animationsfilms (3-D-Film, Puppen- oder Zeichentrickfilm), die sich aus Storyboard, Animatic, Sprachaufnahme, Model-Sheet, Layout, Animation und zum Schluss aus Post-Production und Sound-Design zusammensetzen.

Aus unterschiedlicher Perspektive werden in den folgenden vier Beiträgen Aspekte der Distribution beleuchtet. Zunächst einmal beschreibt Katrin Hoffmann, wie der Weg *Vom Bestseller zum Blockbuster* verläuft und warum viele Filme, die auf bekannten literarischen Vorlagen basieren, scheitern. Holger Twele gibt einen Überblick über *Links, Festivals, Filmverleiher und andere Vertriebe*, er stellt bewährte Internetauftritte vor, ebenso die wichtigsten deutschen Kinderfilmfestivals sowie kommerzielle und nicht-kommerzielle Filmverleihe und -vertriebe. Unter dem Titel *Umsatz mit Kinderträumen* informiert Tilmann P. Gangloff über das gegenwärtige Ausmaß des Merchandising und belegt dies beispielhaft an Lizenzgeschäften, die TV-Sender (private und öffentlich-rechtliche) mit Vorschulserien machen. Als Beispiel für ein Kinderfilmfestival, das sich zudem als Modell aktiver Migrations- und Integrationshilfe versteht, dient Claudia Maria Pechers Bericht über das Augsburger Kinderfilmfest *„Zeig mir einen Film, und ich sag Dir, wer Du bist!"*, das seit 20 Jahren erfolgreich durchgeführt wird.

Auf der Basis der einschlägigen wissenschaftlichen Forschungsliteratur stellt Isabell Tatsch vor dem Hintergrund der sozialkognitiven Entwicklung *Filmwahrnehmung und Filmerleben von Kindern* vor. Es zeigt sich, dass Kinder bis ins Grundschulalter Filme vorwiegend erlebnisorientiert und emotional rezipieren; mit allen Sinnen tauchen sie in die Filmhandlung ein, identifizieren sich sehr stark mit den Protagonisten und sind dementsprechend intensiv in das Filmgeschehen involviert. Ergebnisse der Rezeptionsforschung anhand eines konkreten Beispiels präsentieren zudem Stefanie Rose und Gudrun Marci-Boehncke in *„Na klar, ich hab's!" – Wickie in der Remake-Rezeption*. Die beiden Autorinnen vermitteln Anregungen, wie Lehrer und Schüler über einen Film ins Gespräch kommen können. Ziel ist es, dass sich Lehrende und Lernende in einer metaperspektivischen Betrachtungsweise ihre Gemeinsamkeiten und Unterschiede in der Rezeption mitteilen und dadurch einen Blick für die Vermarktungsstrategien der Filmwirtschaft entwickeln – ohne dass das lustvolle Rezeptionserlebnis darunter leidet.

*Teil III, der Unterrichtsanregungen und -modelle für Kinderfilme im Deutschunterricht der Jahrgangsstufen 1 bis 7 enthält*, beginnt mit einer komprimierten Einführung von Klaus Maiwald in *Grundlegende filmanalytische Begriffe und Kategorien*.

Iris Kruse plädiert für *Literarisches und medienästhetisches Lernen in intermedialer Lektüre*, weil dieses vielfältige Chancen für Prozesse bewusster ästhetischer Wahrnehmung bietet, die den Lernenden auf der Basis je eigener Zugriffsweisen und Vorstellungswege literarische und medienästhetische Lernprozesse ermöglichen. Didaktische Herausforderungen und methodische Möglichkeiten für den Unterricht in der Grundschule werden am Medienverbund zu Astrid Lindgrens *Mio, mein Mio* konkretisiert.

Die medienvergleichende Behandlung von Buch und Neuverfilmung von Paul Maars *Lippels Traum* ist Gegenstand von Markus Pissareks Modell *„Schwierige Sequenz – Wie kommt man rein in den Traum?" (Lars Büchel)*. Pissarek schlägt eine Systematik möglicher Fragestellungen vor, die es den Lernenden einerseits erleichtert, einen differenzierten Vergleich von Buch und Film vorzunehmen, ihnen andererseits aber auch bewusst macht, wie vielschichtig generell die Transformationsleistungen bei der Verfilmung eines Kinderbuchklassikers sind.

Konkret für eine 3./4. Klasse ist Eva Langs Filmprojekt *„Der hat so gedacht wie Tom Sawyer!"* konzipiert, in dem intertextuelle Bezüge im Film *Hände weg von Mississippi* herausgearbeitet werden. Entsprechend den Forderungen einer grundschulgerechten Filmdidaktik sollen die Lernenden mithilfe unterschiedlicher methodischer Zugangsweisen lernen, genaue Wahrnehmung zu schulen, Vorstellungen zu bilden und zu differenzieren sowie diesen Wahrnehmungen und Vorstellungen auch Ausdruck zu verleihen – und zwar sowohl in sprachlicher als auch in künstlerischer Form, wie z. B. durch das Malen von Bildern zum Film, das Gestalten von Ton und Musik zu einer stumm geschalteten Szene.

Bettina Heck möchte mit ihrem Beitrag *Zwischen Kunst und Kommerzialisierung* dazu anregen, im Deutschunterricht Trailer und Musikvideos zu Kinderliteraturverfilmungen zu behandeln. Maßgeblich sollte es darum gehen, die jeweiligen Inhalte zu erfassen und den Zusammenhang von Gestaltung und werbender Funktion zu durchschauen. Wie das konkret für das 3./4. Schuljahr aussehen könnte, verdeutlicht sie am Beispiel eines Trickfilm-Trailer-Vergleichs zu Johanna Spyris *Heidi*. Als Beispiel für die Arbeit mit einer 5./6. Jahrgangsstufe hat sie Musikvideo und Trailer von Kästners *Emil und die Detektive* ausgewählt.

Die *Vorstadtkrokodile* sind das Thema von Ulf Abraham, der einen Einstieg in die Arbeit mit der Neuverfilmung (2008) und einen Filmvergleich (1977/2008) vorschlägt. Anhand einer exemplarischen Untersuchung von Schnittfrequenz, Bildsprache und Kameraführung werden erzählerische und dramatische Möglichkeiten des Mediums Film thematisiert, aber auch die Spannung zwischen thematischer Arbeit mit einem Film und medienästhetischer Reflexion wird verdeutlicht.

Zum Abschluss widmet sich Klaus Maiwald der *Krabat*-Adaption von Marco Kreuzpaintner (2008). Er bezieht kritische Distanz zu einer Literaturverfilmung, in der allzu *„Viel digital geschraubt"* und *„totgelabert"* wurde und die den begleitenden pädagogischen Hype nicht vollends rechtfertigt. Didaktische Potenziale gewinnt der Film vor allem in seinem medialen Eigenwert als aktionsreiches und visuell intensiv inszeniertes Fantasy-Abenteuer.

Für ihre Unterstützung der redaktionellen Arbeiten danken wir sehr herzlich Rebecca Beenen und Sandra Kuhlmann (Essen) sowie Monika Müller und Daniel Scherf (Augsburg).

**Literatur**
Abraham, Ulf: Filme im Deutschunterricht. Seelze-Velber 2009
Frederking, Volker / Axel Krommer / Klaus Maiwald: Mediendidaktik Deutsch. Eine Einführung. Berlin 2008 (Grundlagen der Germanistik; 44)
Kammerer, Ingo: Filme – Genre – Werkstatt. Textsortensystematisch fundierte Filmdidaktik im Fach Deutsch. Baltmannsweiler 2009
Kümmerling-Meibauer, Bettina: Einleitung. In: Kümmerling-Meibauer, Bettina / Thomas Koebner (Hgg.): Filmgenres. Kinder- und Jugendfilm. Stuttgart 2010, 9-23
Schäfer, Horst (Hg.): Lexikon des Kinder- und Jugendfilms. Im Kino, im Fernsehen und auf Video. Losebl.-Ausg. Meitingen 1998ff.
Strobel, Hans / Christa Strobel / Gudrun Lukasz-Aden (Hgg.): Kinder- und Jugendfilm Korrespondenz. München 1980ff.

**Essen / Augsburg im August 2010**                    **Petra Josting / Klaus Maiwald**

# Teil I

# Gattungen

*Manfred Hobsch*
# Gute Feen, listige Begleiter und gutmütige Geister

### Die Faszination der Märchenfilme

„Und wenn sie nicht gestorben sind, dann leben sie noch heute." So enden viele Märchenfilme, die mit einem „Es war einmal" beginnen: Die Zuschauer werden in eine eigenartige
Welt entführt, in der es Figuren gibt, die im Alltag nur selten zu finden sind. Am Anfang
steht das Versprechen, eine Geschichte zu erzählen, in der die Heldinnen und Helden sich
bewähren müssen, in der sie eine Reise unternehmen, bei welcher der Weg voller Abenteuer steckt, um am Schluss reifer zu sein und vor allem, um das Lebensglück zu finden.
Eines der Hauptmerkmale aller Märchen ist ihr glückliches Ende, was auch immer zuvor
an schrecklichen Dingen passiert. Nicht selten geht es dabei um Leben und Tod, aber auch
wenn die Protagonisten gegen unheimlichen Zauber, bedrohliche Riesen oder gefährliche
Tiere kämpfen müssen, am Ende bleiben sie die Sieger. Denn auch dies ist ein Merkmal
der Märchen: Das Gute gewinnt, das Böse ist dem Untergang geweiht.

Egal ob die Volksmärchen der Brüder Grimm, orientalische Geschichten aus *Tausendundeiner Nacht* oder die nordischer Autoren wie Hans Christian Andersen: Märchen
berühren einen Bereich der kindlichen Vorstellungs- und Erlebniswelt, die Figuren
werden mit Situationen konfrontiert, die oft kindliche Ängste widerspiegeln, z. B. das
Alleingelassenwerden. Oft wird den Heldinnen und Helden unverhofft Hilfe zuteil,
etwa in Form von guten Feen, listigen Begleitern oder gutmütigen Geistern. Das Abtauchen in eine Welt voller Wunder und überirdischer Mächte erlaubt es Kindern,
ihrer Fantasie freien Lauf zu lassen und sich in diesen Märchenwelten unbewusst mit
Ängsten, Wunschvorstellungen und Rollenmustern auseinander zu setzen.

Märchenfilme waren schon zur Anfangszeit des Kinos ein beliebtes Filmgenre. Die
ersten Kinderspielfilme in Deutschland waren Märchenfilme, bereits 1928 hatte Alf
Zengerling (1894-1961) *Rotkäppchen* herausgebracht. Seine Filme hielten sich im
Wesentlichen eng an die ursprüngliche Fassung der Märchen und waren Schauspieler-
filme, in die viele Naturaufnahmen einbezogen wurden. Zu Zengerlings abendfüllenden Kinderspielfilmen ab 1933 gehörten *Hänsel und Gretel*, *Frau Holle*, *Der gestiefelte
Kater* und *Dornröschen*. Im Sommer 1939 gestaltete Alf Zengerling (Buch und Regie)
den ersten orientalischen Märchenfilm: *Die verzauberte Prinzessin*. Hubert Schonger
(1897-1978) war eine Art Erbe der Zengerling-Märchenfilm-Produktion, denn er hatte
seine Naturfilmproduktion zum größten Teil in eine Kinder- und Spielfilmproduktion
umgewandelt. Im Sommer 1939 wurden die Aufnahmen zu *Schneewittchen und die
sieben Zwerge* nach dem Märchen der Brüder Grimm beendet. Zu den bekanntesten

Schonger-Märchenfilmen gehören ferner *Frieder und Catherlieschen* (1940), *Hänsel und Gretel* (1940) und *Das tapfere Schneiderlein* (1941). Zur Faszination, die für Kinder von Märchenstoffen ausgeht, schreibt Bruno Bettelheim:

„Die Verzauberung, die wir erleben, wenn wir es uns gestatten, auf ein Märchen zu reagieren, entstammt nicht seiner psychologischen Bedeutung (obwohl diese auch dazu beiträgt),
sondern seinen literarischen Qualitäten – wir erleben das Märchen als Kunstwerk. Seine psychologische Wirkung auf das Kind könnte es nicht ausüben, wenn es nicht in erster Linie ein
Kunstwerk wäre. Märchen sind einzigartig, nicht nur als Literaturgattung, sondern als Kunstwerke, die das Kind gänzlich erfassen kann wie keine andere Kunstform. Wie bei jedem großen
Kunstwerk ist auch der tiefste Sinn des Märchens für jeden Menschen und für den gleichen
Menschen zu verschiedenen Zeiten seines Lebens anders. Je nach den augenblicklichen Interessen und Bedürfnissen entnimmt das Kind dem gleichen Märchen unterschiedlichen Sinn.
Wenn es die Möglichkeit dazu hat, kehrt es zu dem gleichen Märchen zurück, sobald es bereit
ist, alte Bedeutungen zu erweitern oder durch neue zu ersetzen." (Bettelheim 1980, 19)

Die filmische Umsetzung von Märchenstoffen birgt – wie jede Literaturverfilmung –
immer die Gefahr, eine Geschichte, deren Bilder beim (Vor-)Lesen in der Fantasie
entstehen bzw. entstanden sind, nun in *absolute* Filmbilder umzusetzen, die sich nur
schwer mit den *Fantasiebildern* decken. Die in der Bundesrepublik in den 1950er-
Jahren entstandenen Märchenfilme sind anschauliche Beispiele solch *eindimensionaler*
Umformung der Märchenstoffe, in der das *Böse* zurückgedrängt wurde, um Possier-
lichkeit und Idylle ins Bild setzen zu können. Mit wenigen Ausnahmen ging es bei der
westdeutschen Kinderfilmproduktion nach 1945 um die Fortsetzung von Inhalten und
Strukturen der Märchenfilmproduktion vorausgegangener Jahrzehnte, insbesondere
des *Dritten Reichs*. Als erster Filmproduzent begann Hubert Schonger mit *Frau Holle*
(1948), und auch alle anderen Produzenten haben nach dem Krieg nahezu nahtlos
weiter Märchenfilme hergestellt. In den Jahren 1949 bis 1961 wurden in der Bundesrepublik Deutschland ca. 50 Spielfilme für Kinder produziert. Es gab vier Verfilmungen
des Märchens *Frau Holle*, je zwei von *Rotkäppchen*, *Hänsel und Gretel*, *Aschenputtel*
und *Tischlein deck dich*. Neue Themen und Inhalte wurden nicht bearbeitet. Das Risi-
ko, andere Filme als Märchenfilme herzustellen, war den Produzenten zu groß.

## Entwicklung des Märchenfilms in der BRD und DDR

Neben dem Produzenten Hubert Schonger, der ca. 32 Prozent der Märchenfilme herausbrachte, hielt Fritz Genschow (1905-1977) mit ungefähr 21 Prozent den zweiten
Platz. Das qualitative Niveau der Filme war nicht sonderlich hoch. Teilweise verfilmten
sie die Märchen wort- und inhaltsgetreu, teilweise ergänzten sie die Vorlagen mit weiteren Handlungen und Figuren. Eine andere Variante war, die Könige als Vaterfiguren
zu stilisieren, was einer allgemeinen Tendenz der Filmproduktion der 1950er-Jahre
entsprach: Einzelpersönlichkeiten oder autoritäre Leitfiguren als Vorbild. Diese Filme
passten in die Ära des *Adenauer-Kinos*, in der es um eine konservative Restauration
ging; sie setzten auf traditionelle Werte, Normen und Leitbilder, es wurde nur wenig
verändert, geschweige denn aktualisiert. Besonders deutlich wird dies bei den Ge-

schlechterbeziehungen im Märchen. Beim Frauenbild lassen sich Passivität, Unterwürfigkeit, Ohnmacht, Schutzlosigkeit und Misshandlung der Mädchen nachweisen und Frauen werden als Stiefmütter, Hexen, Feen oder Zauberinnen negativ dargestellt.

Manche Wertvorstellungen dieser Märchenfilme erschienen schon zur Entstehungszeit antiquiert. Lange Zeit blieb der Märchenfilm in der Bundesrepublik ein umstrittenes Thema, wie eine Studie aus dem Jahr 1986 belegt:

> „Nicht nur viele Märchentheoretiker und -forscher stehen den Verfilmungen skeptisch oder ablehnend gegenüber; auch bei Kinderfilmexperten in der Bundesrepublik ist dieses Genre eher verpönt." (Ried 1986, 8)

In den 1950er- und 1960er-Jahren war in der BRD Kinderfilm identisch mit Märchenfilm. Bis in die 1970er-Jahre hinein gab es nahezu keine nennenswerte Kinderfilmproduktion, erst mit dem neuen deutschen Film entwickelten sich Ansätze für Kinder- und Jugendfilme, die allerdings realistische und gegenwartsbezogene Themen bevorzugten:

> „Die zahlreichen Märchenproduktionen der 50er-Jahre mit ihrem lehrhaften Beiwerk sollten aufklärerisch und emanzipatorisch gesinnten Pädagogen, Kino- und Filmemachern für die nächsten 30 Jahre den Zugang zu den Grimmschen Stoffen verleiden." (Brandt 1986, 10)

Während der Märchenfilm in der Bundesrepublik eine große Pause einlegte, gehörte er in der DDR zum festen Bestandteil der Kinderfilmproduktion, 25 Prozent der Filmproduktion waren Kinderfilme. So entwickelte sich nicht nur eine lange Tradition des Kinderfilms, sondern auch eine Tradition der Märchenfilme: Schon bei den beiden nach literarischen Vorlagen von Wilhelm Hauff gedrehten Filmen *Das kalte Herz* (1950) und *Die Geschichte vom kleinen Muck* (1953) blieben die fantastischen Momente der klassischen Volksmärchen erhalten. Probleme im Umgang mit den Märchenstoffen lagen in der DDR woanders:

> „Das die kindlichen Zuschauer sehr ansprechende Genre des Märchens ist immer wieder gepflegt worden. Und es ist gebraucht worden in einer Form, die unserer sozialistischen Auffassungsweise entspricht. Hier war ebenso die Wahl wie die Bearbeitung der Stoffe entscheidend. Es lassen sich mystizistische Erfassungen nicht vereinbaren mit der materialistischen Anschauung über die Erklärbarkeit der Welt. Dem widersprechen allerdings nicht phantastische und märchenhafte Erzählelemente." (Häntzsche 1980, 24)

Die Liste der DEFA-Märchenfilme ist recht lang, sie reicht von *Das kalte Herz* (1950) bis zu *Froschkönig* (1987) und *Rapunzel oder der Zauber der Tränen* (1988) und belegt, dass die bekanntesten Märchen verfilmt wurden: *Das tapfere Schneiderlein* (1956), *Das singende klingende Bäumchen* (1957), *Das Feuerzeug* (1959), *Rotkäppchen* (1962), *Frau Holle* (1963), *König Drosselbart* (1965), *Dornröschen* (1971) und *Wie heiratet man einen König?* (1969, nach dem Märchen *Die kluge Bauerntochter*).

Bei den DEFA-Märchenverfilmungen wurden gegenüber den klassischen Vorlagen Modernisierungen vorgenommen, die die Klassengegensätze stärker herausstellten:

„Die Märchen handeln in der Mehrzahl – moralisch gesehen – vom Sieg des Guten über das Böse, handeln – historisch betrachtet – vom Sieg des Neuen über das Alte. Meist äußern sich das Böse, das Alte in Heimtücke, Gier und Grausamkeit, und auch das Gute, das Neue kann nicht mit den Glacehandschuhen verfahren, wenn es das Barbarische besiegen will. Mindert man das Grausame (als Gradmesser für die Gefährlichkeit des Bösen), so verharmlost man die Gefahr und macht sie unkenntlich, schwächt die Widerstandskraft des Guten und mindert man die Bedeutung des Sieges über das Böse. Über den naiven Weg des Abscheues und Hasses auf das Böse aktiviert man das Märchen als humanistische Parteinahme ‚der großen und kleinen Leute'." (Friedrich 1962, 346)

Unabhängig von dieser ideologisch geprägten Sicht auf Märchenstoffe entwickelten sich in der DDR unterschiedliche Formen von Märchenfilmen: Walter Beck (Jahrgang 1929) setzte mit seinen Filmen ein konsequent ästhetisches Konzept um: Er drehte ausschließlich im Studio, Naturalistisches wurde weitgehend vermieden, stilistische Geschlossenheit angestrebt:

„Märchen ist nicht wundersame Historie, sondern wundersame Story – ohne konkreten Ort und ohne konkrete Zeit. Das der Historie entlehnte Gewand muss mit einem anderen, vollkommen märchenhaften Element gleichsam zurückgenommen werden, damit durch dieses Gewand nicht Ort und Zeit dennoch fixiert werden im Erlebnis des Zuschauers." (Beck 1982, o. S.)

Dagegen verfolgten die Adaptionen des DDR-Fernsehens mit *Der Meisterdieb* (1977), *Gevatter Tod* (1980) und *Jorinde und Joringel* (1986) eine Walter Beck entgegengesetzte Konzeption, über die Wolfgang Hübner (Jahrgang 1931), der Regisseur dieser drei Filme, unter anderem bemerkte:

„Das Hauptinteresse [...] besteht darin, über Märchengeschichten filmdramatische Wirkungen zu erzielen und wesentliche gesellschaftliche Fragen zu behandeln. Im *Meisterdieb* war es die Frage nach dem großen Individualisten, der sich nur für sich selbst befreit. In *Gevatter Tod* war es die Problematik der Verantwortung des Menschen gegenüber dem Leben. In *Jorinde und Joringel* ist es das Problem der durch den Krieg bedrohten Liebe, Liebe im weitesten Sinne verstanden. Ein Teil der Wirkung unserer realistischen Märcheninterpretation liegt wohl in ihrer verblüffenden Verbindung von historischer Konkretheit und märchenhafter Überhöhung." (Hübner 1986, 52)

## Volksmärchen der sowjetischen Filmkunst

Im April 1947 wurde in den Kinos der sowjetischen Besatzungszone ein russischer Film aufgeführt, der schnell zum Publikumsmagneten avancierte: *Die steinerne Blume*. Regisseur Alexander Ptuschko (1900-1973) erzählte darin von der Liebe einer Bergkönigin zu einem Hirtenknaben, der sich zu einem Künstler des Schmuckhandwerks entwickelt. Dieses farbenprächtige Märchen mit einer Fülle von Filmtricks nahm sich die DEFA-Leitung zum Vorbild für *Das kalte Herz*. In der Sowjetunion reichte damals die umfangreiche, kontinuierliche und traditionsreiche Produktion von Kinderfilmen bis zur Oktoberrevolution im Jahr 1917 zurück – nichts zuletzt begründet durch das Engagement von Lenin, der den Film „die wichtigste aller Künste" nannte. Als Geburtsstunde der sowjetischen Kinematografie gilt die am 27. August 1919 verfügte Verstaatlichung der Filmindustrie, sie führte zur Entwicklung einer „proletarisch-revolutionären Filmkunst", bei der sich auch für die Kunst für Kinder neue Perspektiven eröffneten: „Alle Barrieren des Idyllismus fielen, die man für diesen künstlerischen Spezialbereich immer wieder von bourgeoiser Seite um das kindliche Leben aufzurichten versuchte", notiert DDR-Autor Hellmuth Häntzsche über den Beginn des sowjetischen Kinder- und Jugendfilmes:

> „Mit der Schaffung der ökonomischen Basis für eine Filmkunst, die in den Händen der Arbeiterklasse lag, waren keine Grenzen mehr gesetzt, das Leben der Kinder künstlerisch so darzustellen, wie es jetzt für sie ablief. Und es wurde zum verpflichtenden Auftrag, diese für die humanistischen revolutionären Ideale der Arbeiterklasse auch durch den Film zu begeistern." (Häntzsche 1980, 12)

Die Verfilmungen von Volksmärchen nehmen in der sowjetischen Filmkunst eine Sonderstellung ein: Bereits 1919 drehte Regisseur Juri Sheljabushski nach Geschichten von Hans Christian Andersen die Kurzspielfilme *Das Mädchen mit den Schwefelhölzern* und *Des Kaisers neue Kleider*, doch erst 1938 wurde das Märchen für den Spielfilm wiederentdeckt durch Alexander Rou (1906-1973), der einmal als „Märchenerzähler mit der Kamera" bezeichnet wurde; seine erste Märchenverfilmung war *Der Zauberfisch* (1938). Schon im Jahre 1935 hatte Alexander Ptuschko nach Motiven von Jonathan Swift *Der neue Gulliver* realisiert: In einer zeitbezogenen Rahmenhandlung – eine Gruppe junger Pioniere macht einen Ausflug mit einem wiederhergestellten Schiff – erzählt der Film mit Puppentrick- und Realaufnahmen vom Aufstand der Arbeiter im Liliputanerreich. Petja, ein junger Pionier, träumt sich in die Geschichte hinein und erlebt als neuer Gulliver die Revolution der Arbeiter im Reich der Liliputaner. Ptuschko spezialisierte sich auf die Verfilmung von Märchen und Legenden: Berühmt wurden auch seine trickreichen Märchenspielfilme *Sadkos Abenteuer* (1952) und *Ilja Muromez – Der Kampf ums goldene Tor* (1956). 1966 entstand *Das Märchen vom Zaren Saltan* nach dem gleichnamigen Märchen von Alexander Puschkin.

Ptuschkos Filme gehören nicht zu den reinen Filmmärchen, wie sie Alexander Rou inszeniert hat, der den festen Vorsatz hatte, nur Märchenfilme zu realisieren – Märchen, die er sehr liebte, mit denen er in seiner Kindheit erzogen wurde. Alexander Rou vermochte es, auch andere Regisseure für die Arbeit am Märchen zu begeistern. Sein Hauptverdienst besteht in der lebendigen Wiedergabe russischer Volksmärchen in Filmen wie *Die verzauberte Marie* (1960) und *Die schöne Warwara* (1969). Die Regisseure Rou und Ptuschko standen einander in ihrem Schaffen sehr nahe, sie widmeten sich dem Genre des Märchenfilms aber auf unterschiedliche Weise:

> „Während sich Rou zur Komödie, zum Lyrischen hingezogen fühlte, bevorzugte Ptuschko die verallgemeinernde Epik, die Bylinenhaftigkeit der Erzählung. Beide Künstler ergänzten sich. Der Kinderfilm existiert nicht isoliert. So wie auf vielen internationalen Konferenzen und Symposien Künstler ihre schöpferischen Erfahrungen austauschten und Wissenschaftler

versuchten, die Gesetzmäßigkeiten der Kunstentwicklung zu ergründen, so wurden auch Diskussionen über die Wege des Filmmärchens durchgeführt. Im Verlaufe der Erörterungen zeigte sich: Das Märchen ist unbedingt national. Ihm dieses nationale Kolorit zu wahren, sollten sich die Künstler auf historische Quellen, auf die nationale Malerei stützen, sollten sie die Eigenart des Kostüms, der Alltagsdetails, der heimatlichen Landschaft nutzen. Das Feld ist unermesslich, die Leistungen Rous und Ptuschkos schöpften die Möglichkeiten bei weitem nicht aus. Nicht weniger perspektivreich ist der Kinderfilm, der auf den Materialien des modernen literarischen Märchens, der Originalidee eines Schriftstellers aufbaut." (Paramonowa 1990, 142)

*Abb. 1:* Szene aus *Drei Nüsse für Aschenbrödel* (ČSSR / DDR 1973; Regie: Václav Vorlícek)

Seit den 1990er-Jahren haben die Helden von damals (ob aus den Märchen oder aus der Sowjetunion) keine Chance mehr, neue (einheimische) Helden sind danach kaum auf Leinwand oder Bildschirm gekommen. Der russische Kinderfilm konnte nicht an die Erfolge und Klassiker des sowjetischen Kinderfilms anknüpfen: Viele klassische Kinderfilme der Sowjetunion wurden in den Zeiten des Umbruchs genauso entsorgt wie die überdimensionalen Denkmäler der kommunistischen Vergangenheit. Dabei waren die russischen Märchenfilme nicht nur Vorbild für die DDR, sondern auch für die anderen sozialistischen so genannten Bruderstaaten: Während Bulgarien, Polen oder Ungarn nur selten Märchenfilme produzierten, entwickelte sich in der Tschechoslowakei ab 1953 eine kontinuierliche Filmproduktion für Kinder – zu ihren Erfolgen zählten vor allem die Märchenfilme von Václav Vorlícek (Jahrgang 1930). Besonders lang anhaltender Beliebtheit erfreut sich bis heute seine Verfilmung *Drei Nüsse für Aschenbrödel* aus dem Jahr 1973 (Abb. 1), die in Kooperation mit der DEFA entstanden ist – 1999 wurde das Werk in Tschechien zum *Märchenfilm des Jahrhunderts* gewählt. Der bekannte Aschenputtel-Stoff wird variiert, denn das äußerst selbstbewusste Aschenbrödel wartet nicht, bis ihr das Glück in den Schoß fällt. Stattdessen nimmt es den Kampf gegen die Ungerechtigkeit auf – mit List, Witz und ihren drei Zaubernüssen. Dieses Aschenbrödel kann reiten und angelt sich schließlich selbst den Prinzen, statt zu warten, bis er es vielleicht auserwählt.

## Neue Märchenfilmwelle von ARD und ZDF

Nach dem Ende der Tschechoslowakei bemühte sich Václav Vorlícek mit Filmen wie *Das Zauberbuch* (1996), *Der Feuervogel* (1996/97) und *Die Seekönigin* (1997) ebenso um eine Fortsetzung der tschechischen Filmmärchen-Tradition wie sein Kollege Juraj Herz (Jahrgang 1934) mit *Der Froschkönig* (1990) und *Des Kaisers neue Kleider* (1993), doch den zumeist in Koproduktion entstandenen Filmen fehlte im Vergleich mit den Werken der sozialistischen Jahre die Leichtigkeit und vor allem ihre doppelbödige Ironie. Im neuen Jahrtausend unternahm zunächst das ZDF eine Neubelebung des Genres Märchenfilm, seit 2005 entsteht etwa jährlich ein Märchenfilm: *Rotkäppchen* (2005), *Hänsel und Gretel* (2005), *Rumpelstilzchen* (2006), *Dornröschen* (2008) und *Der Teufel mit den drei goldenen Haaren* (2009). Es ist etwas mehr als fünfzig Jahre her, dass diese Märchen in der Bundesrepublik zuletzt verfilmt wurden. In der Qualität gerieten die neuen Filme sehr unterschiedlich: Während die meisten ZDF-Verfilmungen mit den bekannten Märchenvorlagen überwiegend werkgetreu umgingen, erzählt Arend Agthe (Jahrgang 1949) das bekannte Grimmsche Märchen *Dornröschen* auf sehr witzige Weise neu. Er setzt auf einen Prinzen, der aktiv um seine Liebe kämpft. Zu den schönsten Umgestaltungen gegenüber der Vorlage gehört der Zeitsprung: Im Märchen vergehen eben mal so hundert Jahre und die Welt ist danach wie zuvor, die Zeitenläufe mit ihren Veränderungen spielen im klassischen Märchen offenbar keine Rolle. Die *Dornröschen*-Verfilmung beginnt eindeutig im 18. Jahrhundert und endet im 19. Jahrhundert: Am Anfang ist ein mittelalterlich anmutendes Bilderbuch-Königspaar zu sehen, das sich so sehr ein Kind wünscht. Im Gegensatz dazu ist die Welt des Prinzen bereits der Moderne verhaftet – mit Heißluftballon und Brieftauben-Kamera.

Erstmals im Jahr 2008 produzierte auch die ARD neue Märchenfilme: Seither sind bereits 14 Geschichten der Brüder Grimm verfilmt worden. Sechs weitere kommen 2010 hinzu, erstmals gehören auch zwei Märchen von Hans Christian Andersen zur Reihe. In diesen Verfilmungen wird Wert darauf gelegt, den Prinzessinnen und anderen weiblichen Protagonisten eine aktive Rolle zuzuschreiben:

> „Die Handlung sollte in einem Märchenland zu einer Märchenzeit spielen, also nicht in einer historisch definierbaren Zeit, aber auch nicht in die heutige Zeit versetzt oder modernisiert werden, weder von der Sprache noch von der Ausstattung her. Es sollten also keine Telefone oder Autos vorkommen. Die Redaktion legte außerdem großen Wert auf eine möglichst hochkarätige Besetzung und darauf, dass wir möglichst werkgetreu bleiben. Kleine Änderungen gibt es freilich in allen Verfilmungen, das ist schon dadurch bedingt, dass für Film eine andere Dramaturgie notwendig ist als für eine Märchenerzählung." (Ried 2009, 16)

Die herausragenden Beispiele der Reihe, *Das tapfere Schneiderlein* (2008) und *Der gestiefelte Kater* (2009) von Christian Theede (Jahrgang 1972), entführen nicht nur ins Märchenland, sie sind humorvolle und kurzweilige Filme, die in ihrer Stimmung erfolgreich an die tschechische Märchenfilm-Tradition von *Drei Nüsse für Aschenbrödel* anknüpfen. So bleibt die Faszination Märchen auch in Zukunft erhalten. Denn bekanntermaßen wusste schon Jacob Grimm: „Es gibt Wünsche im menschlichen Leben, die immer und immer wiederkehren, und aus ihnen schöpfen die Märchen." (Zitiert nach Hübner 2008)

**Filmographie** (in Auswahl)
Dornröschen (D 1936; Regie: Alf Zengerling)
Dornröschen (DDR 1971; Regie: Walter Beck)
Dornröschen (D 2008; Regie: Arend Agthe)
Drei Nüsse für Aschenbrödel (ČSSR / DDR 1973; Regie: Václav Vorlícek)
Der Feuervogel (D 1996/97; Regie: Václav Vorlícek)
Das Feuerzeug (DDR 1959; Regie: Siegfried Hartmann)
Frau Holle (D 1948; Regie: Hubert Schonger)
Frau Holle (DDR 1963; Regie: Gottfried Kolditz)
Frieder und Catherlieschen (D 1940; Regie: Hubert Schonger)
Der Froschkönig (DDR 1987; Regie: Walter Beck)
Der Froschkönig (ČSFR / BRD 1990; Regie: Juraj Herz)
Die Geschichte vom kleinen Muck (DDR 1953; Regie: Wolfgang Staudte)
Der gestiefelte Kater (D 1935; Regie: Alf Zengerling)
Der gestiefelte Kater (D 2009; Regie: Christian Theede)
Gevatter Tod (DDR 1980; Regie: Wolfgang Hübner)
Hänsel und Gretel (D 1940; Regie: Hubert Schonger)
Hänsel und Gretel (D 2005; Regie: Anne Wild)
Ilja Muromez – Der Kampf ums goldene Tor (UdSSR 1956; Regie: Alexander Ptuschko)
Jorinde und Joringel (DDR 1986; Regie: Wolfgang Hübner)
Des Kaisers neue Kleider (D 1993; Regie: Juraj Herz)
Das kalte Herz (DDR 1950; Regie: Paul Verhoeven)
König Drosselbart (DDR 1965; Regie: Walter Beck)
Das Märchen vom Zaren Saltan (UdSSR 1966; Regie: Alexander Ptuschko)
Der Meisterdieb (DDR 1977; Regie: Wolfgang Hübner)
Der neue Gulliver (UdSSR 1935; Regie: Alexander Ptuschko)
Rapunzel und der Zauber der Tränen (DDR 1988; Regie: Ursula Schmenger)
Rotkäppchen (D 1928; Regie: Alf Zengerling)
Rotkäppchen (DDR 1962; Regie: Götz Friedrich)
Rotkäppchen (D 2005; Regie: Klaus Gietinger)
Rumpelstilzchen (D / A 2006; Regie: Andi Niessner)
Sadkos Abenteuer (UdSSR 1952; Regie: Alexander Ptuschko)
Schneewittchen und die sieben Zwerge (D 1939; Regie: Hubert Schonger)
Die schöne Warwara (UdSSR 1969; Regie: Alexander Rou)
Die Seekönigin (D / CZ 1997; Regie: Václav Vorlícek)
Das singende klingende Bäumchen (DDR 1957; Regie: Francesco Stefani)
Die steinerne Blume (UdSSR 1946; Regie: Alexander Ptuschko)
Das tapfere Schneiderlein (D 1941; Regie: Hubert Schonger)
Das tapfere Schneiderlein (DDR 1956; Regie: Helmut Spieß)
Das tapfere Schneiderlein (D 2008; Regie: Christian Theede)
Der Teufel mit den drei goldenen Haaren (D 2009; Regie: Hans-Günther Bücking)
Die verzauberte Marie (UdSSR 1960; Regie: Alexander Rou)
Die verzauberte Prinzessin (D 1939; Regie: Alf Zengerling)
Wie heiratet man einen König? (DDR 1969; Regie: Rainer Simon)
Das Zauberbuch (D / CZ 1996; Regie: Václav Vorlícek)
Der Zauberfisch (UdSSR 1938; Regie: Alexander Rou)

**Literatur**
Beck, Walter: Versuch einer Wertung. Manuskript hrsg. vom Nationalen Zentrum für Kinderfilm
   und -fernsehen der DDR. Berlin (Ost) 1982
Bettelheim, Bruno: Kinder brauchen Märchen. München 1980
Brandt, Gabi: Ein Genre gerät in Verruf. Der Märchenfilm. In: Kinder- und Jugendfilm Korrespon-
   denz. Sonderdruck: Vom Zauberwald zur Traumfabrik. Märchen und Film. München 1986
Friedrich, Götz: Rotkäppchen auf der Leinwand. In: Deutsche Filmkunst 9 (1962)
Häntzsche, Hellmuth: Der Spiel- und Trickfilm für Kinder in der DDR. Berlin (Ost) 1980

Hübner, Katja: Fernsehen – Wo das Leben noch ein Wunschkonzert ist. In: Der Tagesspiegel, 21.12.2008

Hübner, Wolfgang: Wechselspiel von historischer Konkretheit und märchenhafter Überhöhung. Eine Verlockung für die Regie. Die filmische Inszenierung von Märchenstoffen. In: Kinder- und Jugendfilm Korrespondenz. Sonderdruck: Vom Zauberwald zur Traumfabrik. Märchen und Film. München 1986

Paramonowa, Kira K.: Wie schön sind diese Märchen. In: Berger, Eberhard / Joachim Giera (Hgg.): 77 Märchenfilme – Ein Filmführer für jung und alt. Berlin 1990

Ried, Elke: Umstritten und verdrängt. Der Märchenfilm. In: Kinder- und Jugendfilm Korrespondenz. Sonderdruck: Vom Zauberwald zur Traumfabrik. Märchen und Film. München 1986

Ried, Elke: Interview mit der Produzentin des Films Das tapfere Schneiderlein. In: Kinder- und Jugendfilm Korrespondenz. Sonderdruck: Magie der Märchenfilme. München 2009

*Rolf Giesen*
# Drei Prinzessinnen aus Burbank
Europäische Märchen-Vorlagen in Disney-Filmen

In Paris, Montreal, München und Helsinki vermittelte die Ausstellung *Walt Disneys wunderbare Welt* zwischen 2006 und 2009 wichtige Einsichten in Disneys europäische, naturalistische Stileinflüsse. Es gab Vergleiche mit Pieter Bruegel, Gustave Doré, Caspar David Friedrich, Moritz von Schwind, Ludwig Richter, Arnold Böcklin, Salvador Dalí (der einmal sogar mit Disney zusammenarbeitete).

„Als Amerikaner war Walt Disney natürlich von der amerikanischen Populärkultur geprägt, insbesondere von Kino, Unterhaltungsmusik und der Kunst des Comicstrips. Doch er griff auch auf die Kunst und Musik Europas zurück und fand in Deutschland, Skandinavien, Frankreich, England und Italien seine Quellen. […] Er forderte die Menschen auf, sich an der Kunst, Musik und Literatur der älteren Kulturen zu erfreuen, und bot gleichzeitig Neuinterpretationen von europäischen Klassikern an. Dabei griff er auch auf die individuelle Begabung von Künstlern zurück, die entweder aus Europa stammten oder von dem dort florierenden Genre der Buchillustration beeinflusst waren, das Anfang des 20. Jahrhunderts zur Blüte kam. Disney saugte die Vergangenheit und die ‚Alte Welt' auf wie ein Schwamm und machte sie gleichzeitig fruchtbar für eine neue und lebendige Kultur; seine Energie und sein Optimismus waren absolut transatlantisch." (Girveau / Diederen 2009, 51)

Form und Inhalt standen bei Disney in einem ausgewogenen Verhältnis. Europäische Erzähltradition, gespeist aus der Märchen- und einer von anthropomorphen Tieren bevölkerten Fabelwelt, beeinflusste den Stil und umgekehrt. In beidem war Disney extrem konservativ und nostalgisch. Seine frühesten Cartoonfilme, *Laugh-O-Grams*, mit bescheidenen Mitteln in Kansas City hergestellt, waren amerikanisierte Versionen deutscher Märchen: *Little Red Riding Hood*, *The Four Musicians of Bremen*, *Puss in Boots*, *Cinderella* (1922). 1916 hatte er eine Filmversion des Grimmschen Märchens vom *Schneewittchen* gesehen, die einen bleibenden Einfluss bei ihm hinterlassen hatte. So nimmt es nicht wunder, dass sein erster abendfüllender Spielfilm dem Werk der Brüder Grimm verpflichtet war: *Snow White and the Seven Dwarfs*, 1934 als *Silly Symphony* begonnen, kam zu Weihnachten 1937 in die amerikanischen Filmtheater.

## Snow White

Zu *Snow White* schrieb wenige Monate vor Ausbruch des Zweiten Weltkriegs, im März 1939, ein deutscher Rezensent in den *Kölner Neusten Nachrichten*:

> „Es wird wohl immer ein Rätsel bleiben, warum ausgerechnet die Amerikaner als erste auf
> die Idee verfielen, in lustigen Trickfilmen die deutsche Märchenwelt zu filmischem Leben zu
> erwecken. Disneys ‚Snow White' ist ein anderes Schneewittchen, als es sich die Gebrüder
> Grimm vorstellten, es ist mehr eine gepuderte Hollywood-Princess in einem prächtigen, far-
> bigen Technicolor Film. Aber die Bewohner des am meisten technisierten Kontinents haben
> nun einmal eine Schwäche für das deutsche Gemüt."[1]

Da war das Tauziehen zweier deutscher Produktions- und Verleihgesellschaften, der
Bavaria und der Ufa (unter Einschaltung einer Phalanx von Vermittlern, zu denen sogar der Boxer Max Schmeling gehörte), um den großen farbigen Disney-Film für den
deutschsprachigen Markt schon entschieden. Keine der beiden Firmen durfte das
amerikanische *Schneewittchen* jedoch herausbringen. Obwohl Hitler und Goebbels
ausgesprochene Disney-Fans waren, durfte *Schneewittchen*, bereits fertig synchronisiert mit der Stimme von Paula Wessely, im Deutschen Reich nicht laufen: nicht nur,
weil die Forderungen der Amerikaner ausgesprochen hoch waren und diese die deutschen Devisenreserven geschmälert hätten, sondern auch der Anti-Nazi-Liga wegen,
die in Hollywood ins Leben gerufen worden war. Disney hatte zwar als einziger Holly-
wood-Produzent den Boykott gegen die Amerika-Reisende Leni Riefenstahl ignoriert
und sie 1939 in seinem Studio empfangen, hoffte er doch immer noch auf günstige
Vertragskonditionen beim Verkauf seines Films nach Deutschland, aber Hollywood-
Filme waren den Nazis nun nicht mehr willkommen, so sehr sie sie auch bewunderten
(und einander hinter verschlossenen Türen vorführten).

Disneys erster Zeichenspielfilm war mit 1,4 Millionen Dollar Herstellungskosten für einen Farbfilm noch eine vergleichsweise preiswerte, aber für ein kleines Studio wie das
der Disney-Brüder hochriskante Angelegenheit. Monatelang zerriss sich die deutsche
Presse über das amerikanisierte *Schneewittchen* den Mund, einerseits beeindruckt,
andererseits auch abgestoßen:

> „Wir haben schon einmal darauf hingewiesen, dass die riesig aufgepulverte Berichterstattung
> über den Walt Disney-Film *Schneewittchen und die sieben Zwerge* höchst gefährliche Vor-
> schusslorbeeren darstellt. Abgesehen davon, dass es fraglich ist, ob dieser Film überhaupt
> nach Deutschland kommt; abgesehen von der Tatsache, dass die Kosten dieses einen Films
> soviel betragen wie die gesamten Produktionsinvestierungen einer mittleren deutschen
> Filmfirma in einem ganzen Jahr; abgesehen davon, dass die Zahl der Mitarbeiter an diesem
> Film so ungefähr der Ufa-Belegschaft Neubabelsberg entspricht; abgesehen davon endlich,
> dass Disney durch die Weltabsatzmöglichkeiten unbeschränkt arbeiten kann, während die
> deutschen Zeichenfilmkünstler Lotte Reiniger und Fischinger mangels entsprechender Mög-
> lichkeiten in Deutschland ins Ausland gegangen sind – wer gibt uns denn die Gewähr, dass
> in diesem Film das deutsche Märchengut wirklich gewahrt worden ist und nicht zu einer
> gezeichneten amerikanischen Revue umgebogen wurde? Dieser Zweifel erscheint höchst
> berechtigt, wenn man aus England erfährt, dass der Film von der Zensur in die A-Klasse
> eingereiht wurde, d. h. von Kindern unter 16 Jahren nur in Begleitung Erwachsener besucht

---

1  Dieses Zitat sowie andere Zitate in diesem Beitrag liegen dem Verfasser nur in fotokopierter Aus-
   schnittform vor, sodass keine genaueren Quellenangaben möglich sind.

werden darf. Nach dem Urteil des englischen Zensors enthält der Film nämlich einige Stellen, die für Kinder nicht geeignet sind. Und das in einem ‚Schneewittchen'-Film!!!"

Nun haben notwendigerweise, Bruno Bettelheim (1993) zum Trotz, die deutschen Kinder- und Hausmärchen gelegentlich etwas sehr Beängstigendes, dessen bildliche Darstellung die Jugendschützer und Sittenwächter auf den Plan ruft. Noch heute ist es im deutschen Animationsspielfilm, dessen Zielgruppe in der Regel kleine Kinder sind, ausgesprochen schwierig, dunkle, gruselige Sequenzen einzubauen. Die Katharsis der Märchenschilderung bleibt einer heilen Welt zuliebe auf der Strecke. Die Grausamkeit des Grimmschen Märchens schreckte sogar die grausamen Nazis ab, die Gigantomanie des Disney-Projektes wiederum raubte ihnen den Atem.

In seiner Dissertation *Die Phänomenologie und Psychologie des Trickfilms* schreibt Reinhold Johann Holtz:

„Der Schneewittchen-Film benötigte zu seiner Herstellung drei Jahre; kostete 3,75 Millionen Reichsmark, besteht aus 250 000 Einzelzeichnungen bei einer Gesamtlänge von 2200 m; 570 Kräfte (als Künstler, Zeichner, Vorlagezeichner, Skizzierer, Effektzeichner, Kolorateure, usw.) und ein Orchester von 80 Mann wurden laufend beschäftigt. Es ist offensichtlich, dass ein derartig großer Film nur in groben Zügen die künstlerischen Absichten seines Regisseurs und dessen Können widerspiegeln kann. Versuche dieser Art, so dankbar sie sein könnten, wären sie eine eigene Schöpfung ohne Anlehnung an bekannte Märchen, sind sowohl in ökonomischer als auch künstlerischer Hinsicht als Wagnis anzusprechen. In diesem Film atmet aber auch kein Bild die Stimmung des deutschen Märchens. Auch für ihn gilt das früher über das Märchen Gesagte in vollem Umfang, was seine Bestätigung in der Presse Englands erfährt, in der die Bemerkung stand, dass der Film bei Kindervorstellungen von den Kindern nicht verstanden wurde." (Holtz 1940)

## Disney und die Nazis

Nachdem sie nicht in der Lage gewesen waren, Disney für Deutschland zu requirieren und zu instrumentalisieren, versuchten die Nazis, allen voran der Reichsminister für Volksaufklärung und Propaganda, eine eigene Trickfilmproduktion aufzubauen. So erfand der Hamburger (und Wahlberliner) Kurt Stordel im Auftrag der Terra Filmkunst eine Disneys Zwergen nachempfundene Märchenfigur, die sich dennoch deutlich von amerikanischen Vorbildern absetzen wollte: *Purzel der Zwerg*. Im *Völkischen Beobachter* vom 30. April 1939 heißt es:

„Man wird fragen, welches Märchen wird denn verfilmt? Auf diese Frage gibt es keine Antwort. Es wird überhaupt nichts ‚ver'filmt, was das deutsche Volk an Märchenschätzen besitzt, Stordel hat von seinen Zeichnern und Malern seine Gestalten bekommen, und die soll man ja lassen, wie ihre Schöpfer sie sich gedacht haben. Wenn wir nicht imstande wären, hübsche und lustige Stoffe neu zu erfinden, dann wäre es traurig um uns bestellt. Der Trickfilm ist eine absolut moderne Erfindung, und so müssen auch die Stoffe, mit denen er sich befasst, neu und unserer Zeit entsprechend sein."

Er wolle um Himmels willen kein Walt Disney werden, erklärte Stordel einem Journalisten. In all seinen Bildern könne man erkennen, schrieb dieser,

> „wie groß die Kluft ist, die das Schaffen des Deutschen von dem der amerikanischen Trickfilmzeichner trennt. Es liegt ein besinnlicher Zug über diesen Entwürfen, ein Stimmungsgehalt in den Farben und Motiven, der an die deutschen Romantiker erinnert." (Stordel 1938)

Den Amerikanern sollte die stoffliche Plünderung deutscher Märchenmotive untersagt bleiben.[2] Für die Deutschen selbst galt das Verbot natürlich nicht. Unter der Überschrift *Märchenpoesie im Farbtrickfilm* beschwor Frank Maraun deutsche Tradition:

> „Stordel setzt sich bewusst von dem Groteskstil Walt Disneys ab. Er sucht bewusst den Anschluss an die echten Herzenstöne des deutschen Märchens zu gewinnen. Es kann kein Zweifel darüber bestehen, dass nur in dieser Richtung, in der Anlehnung an die lebendige Tradition des Volksgeistes, wie er sich in Märchen, Sagen und Legenden ausdrückt, die Herausbildung eines eigenwüchsigen europäischen Trickfilmstils möglich ist. Hier steht ein unausschöpfbarer Reichtum an Motiven zur Verfügung. Hier liegt ein Schatz an Sinnbildern des Lebens, an geistiger Tiefe und blutvoller, durchwachsener, aus uralten Erfahrungen genährter Phantasie, den der Film nur zu heben braucht, um ihn in den Herzen zum Schwingen zu bringen und zu neuem Leben zu erwecken. Es wäre ein bedauerliches Versäumnis, wenn der Film an dieser Aufgabe vorüberginge." (Maraun 1940/41)

Es solle, resümierte Maraun, künstlerisches Neuland erobert und aus europäischer Tradition und Geisteshaltung für Europa fruchtbar gemacht werden. Doch was die Nazis auch an Plänen entwickelten, was sie auch taten (dies schloss die Akquirierung des Archivs der Pariser Disney-Niederlassung ein, die sich im selben Gebäude befand wie die Gestapo, die Gründung einer reichseigenen Deutschen Zeichenfilm GmbH, der vermessene Plan, die Krim in eine europäische Cartoon-Fabrik zu verwandeln), nichts funktionierte, nichts brach Disneys Qualitätsmonopol.

### *Cinderella* und Elizabeth II.

Disney hat die deutsche Märchen- und Sagenwelt vor dem Krieg auch in Kurzfilmen zitiert, in der so genannten Silly Symphony *The Pied Piper of Hamelin* von 1933 und dem Mickey-Mouse-Film *The Brave Little Tailor* von 1938, sodass man in Großdeutschland schon darüber spekulierte, ob er selbst nicht deutscher Abstammung sei und eigentlich Walter Distler heiße. Dies jedenfalls wollte der Dokumentarfilmer Dr. Hans Cürlis „mit an Sicherheit grenzender Wahrscheinlichkeit" erfahren haben, wie er am 5. Mai 1941 an Dr. Günther Schwarz (Reichsfilmkammer) schreibt.

---

2 Ähnlich den Deutschen reklamierte Mussolini angesichts des zweiten Animationsspielfilms aus dem Hause Disney Carlo Collodis Pinocchio-Märchen für Italien. Pinocchios Heimatort war in der Disney-Fassung von 1939/40 übrigens keiner italienischen Ortschaft, sondern dem mittelfränkischen Rothenburg ob der Tauber nachempfunden.

Während des Krieges waren die europäischen Absatzmärkte Disney weitgehend verschlossen, die Produktion in Burbank stagnierte. Statt *Snow White* gab es *Victory Through Air Power* (1943). In dem animierten Kurzspielfilm *Education for Death* (1943) wurden die deutschen Märchen nicht mehr gefeiert, sondern germanisch persifliert, karikiert und verspottet. Hitler erschien als lächerlich teutonischer Prinz in scheppernder Ritterrüstung, Deutschland als die stark übergewichtige, angetrunkene Braut mit Bierkrug, die er auf sein Pferd lud. Aber gleich nach dem Krieg galt das Interesse wieder den Europäern und ihrer Kultur, welche die Amerikaner in Ermangelung einheimischer Mythen so gerne vereinnahmten. Allerdings vermied Disney fortan die Adaption deutscher Märchen und bediente sich sicherheitshalber bei den französischen Versionen des Charles Perrault (1628-1703).

Was den Deutschen das *Aschenputtel*, das war den Franzosen *Cendrillon*: die Geschichte eines Lieschen Müller, das im Staub und in der Asche aufwächst und durch verzauberte Kleidung zur Prinzessin wird. Die abendfüllende Zeichenfilmfassung von *Cinderella* (1949/50), in der Urfassung eigentlich chinesischen Ursprungs (*Yeh-Shen*), gilt nicht nur als Beginn der Disneyschen Zeichenfilmtradition nach dem Krieg – die im Gegensatz zu modernen Ansätzen des Animationsfilms (John Hubley und UPA, Norman McLaren und National Film Board of Canada, Dušan Vukotić und Zagreb) dem Naturalismus verbunden blieb. Sie lieferte auch ein Modell für Disneys Traum von einem Themenpark, zu dem ihn wiederum ein Besuch in Kopenhagens Tivoli inspiriert hatte: *Disneyland* im kalifornischen Anaheim, mit dem an Neuschwanstein erinnernden Cinderella-Schloss als Wahrzeichen. Der Film selbst war eine Kreuzung des berühmten Märchens mit den Mäusen aus dem Werk von Beatrix Potter, die den Part der Zwerge übernehmen.

> „Alle Figuren haben ihre typischen Charaktermerkmale: Aschenputtel sieht noch in Sack und Asche aus wie eine Königin, jede Maus hat ihren Namen und kann sprechen und handeln wie ein Mensch. Und wenn die Stiefmutter auftritt, dann spürt man förmlich, sie hat den Teufel im Leib. Die krasse Falte auf der Stirn ist wie ein Blitz, ihre Stimme wie Donnergrollen. Die Schwestern mit ihren Gnubbelnasen und schlacksigen Bewegungen verkörpern exakt das richtige Maß an Boshaftigkeit.
>
> ‚Cinderella' ist so inszeniert, dass man als Zuschauer manchmal vergisst, dass alles nur Trick ist. Aschenputtel kann singen wie eine Göttin, begleitet von einem ganzen Symphonieorchester. Sie schwebt schon mal in vielen, wie Perlmutt schimmernden Seifenblasen durch den Raum und klagt ihr Leid in rührenden Strophen. Die Effekte sind perfekt, Hintergrund und Gegenstände wirken oft täuschend echt. Selbst die Sterne leuchten wie kleine Sonnen, und über den Schnee scheinen Millionen Diamanten gestreut zu sein.
>
> Es ist ein Märchen, welches hier vorgeführt wird und ein Stück Hollywood: verspielt, verträumt, verbindlich." (Benjamin 1991)

Unfreiwillig Modell für Disneys *Cinderella* hatte Prinzessin Elizabeth gestanden. Ihre Krönung zur Königin Elizabeth II. am 2. Juni 1953 in der Westminster Abbey war ein Medienereignis. 20 Millionen Menschen verfolgten es Schätzungen zufolge im

Vereinigten Königreich vor den Fernsehgeräten. Gleich 1950 hatte Disney mit der Arbeit an einem dritten Prinzessinnen-Märchen begonnen, *Sleeping Beauty*, das auf Perraults *Dornröschen*-Fassung basierte (*La Belle au bois dormant*) sowie auf dem Ballett *Spjaschtschaja Krasawitza* (1888/89) von Peter Tschaikowsky. Nach dem relativen Misserfolg von *Alice in Wonderland* (1951) lag das Projekt aber kurze Zeit auf Eis. 1952 wurden dann die Stimmen aufgenommen, die Produktion des Films erfolgte von 1953 bis 1958 und kostete insgesamt sechs Millionen Dollar. Am 29. Januar 1959 wurde er in Amerika herausgebracht: in *Super Technirama 70* (70-mm-Filmkopien).

Die bundesdeutsche Nachkriegskritik war damals den Nazis noch vergleichsweise nah (mit Abstrichen) und wartete erneut mit dem Vorwurf auf, Disney reflektiere als Amerikaner nicht den Geist der Vorlage:

> „Wer so etwas zum erstenmal sieht, wird entweder gleich vom Schlag getroffen oder aber hellauf begeistert sein. Denn der Versuch, den alteuropäischen Hausmärchenschatz auf dem amerikanischen Markt populär zu machen, kann nur mit solchen Mitteln gelingen: die Figuren müssen den vom Film selber vorgeprägten Klischeevorstellungen angepasst werden. So wird aus Dornröschen eine wimpernklappernde Hollywood-Schönheit, aus dem Prinz ein strahlender Boxerheld mit Superman-Blick und Presley-Tolle, aus der bösen Fee Malefiz ein ebenso eleganter wie intriganter Vamp und aus den drei guten Feen resolute Mitglieder amerikanischer Frauenvereine. Drumherum faucht und geifert ein infernalischer Geisterspuk, in den Hunderte von Mitarbeitern aus Disneys lukrativer Zeichenfabrik ihre gesamte Phantasie investiert haben mögen, die doch hinter der Phantasie eines einzelnen Kindes, das dieses Märchen liest, weit zurückbleibt. Jammerschade, dass der skurrile Witz, der bizarre Einfall, den Disney, als er noch selber Hand anlegte, über seine Geschichten sprühte, nur noch sehr spärlich aufleuchtet. Jedenfalls bleibt es ein höllisches Risiko, derart auf US-Mentalität Gemünztes nach *merry old Europe* zu reimportieren." (Süddeutsche Zeitung, 02.11.1959)

Beide Prinzessinnen, Cinderella und das Dornröschen Aurora, waren für das *Rotoscoping*, die Aufnahme mit lebenden Darstellern, die den Zeichnern und Animatoren als Referenzmaterial diente, von Helene Stanley (1929-1990) gespielt worden, denn immer noch verlangte Disney von seinen künstlerischen Mitarbeitern, die Figuren „so real wie möglich, fast aus Fleisch und Blut" aussehen zu lassen. Den Namen des Prinzen borgte man sich von Elizabeths Gemahl, dem Duke of Edinburgh: Prinz Philip.

Sehr zum Missfallen einiger seiner leitenden Animatoren, die runde Formen bevorzugten, hatte Disney in *Sleeping Beauty* einem einzigen Künstler die Aufgabe des Designs übertragen: Eyvind Earle befasste sich mit der Stilisierung einer spätgotischen Formensprache. Er zitierte einen mittelalterlichen Malstil, der auch den Wäldern gotische Elemente, Ecken und Kanten gab.[3] Der Widerspruch von Animation und Hintergründen verstörte die Kritiker. Was die Ultima Ratio des Disneyschen Schaffens hätte werden sollen, beschleunigte das Ende der klassischen Animation. Und Disney selbst dachte kurze Zeit daran, die Herstellung von Animationsspielfilmen ganz aufzugeben.

---

3  Die Nationalsozialisten sahen, etwa in dem Semi-Dokumentarfilm Ewiger Wald (1936), die mittelalterlichen Kathedralen wie Germaniens Bäume in den Himmel wachsen.

## Postskript: Frösche an die Macht

Es brauchte viele Jahrzehnte, bis die Disney-Produktion wieder eine Prinzessin be-
mühte. 70 Jahre nach dem blütenweißen Teint von *Snow White*, der (im gläsernen
Sarg konserviert) vom Prinzen ins Leben zurückgeküsst wurde und 40 Jahre nach Walt
Disneys Tod erregte die Meldung die Gemüter, dass in dem Animationsspielfilm *The
Princess and the Frog* (*Küss den Frosch*) erstmals eine schwarze Prinzessin auftreten
werde. Rechtzeitig zur Amtseinführung des US-Präsidenten Barack Obama und seiner
First Lady Michelle krönten Disneys Erben eine Prinzessin afroamerikanischer Herkunft
(Tiana, im Hauptberuf Kellnerin). Mit dem *Froschprinzen* der Brüder Grimm hatte das
Märchen vom verarmten und in einen Frosch verwandelten Prinzen Narveen nur noch
die Grundidee gemein. Statt Neuschwanstein gab es Louisiana und New Orleans, statt
Richard Wagner Jazz und Blues, statt Hexenkult reichlich Voodoo-Zauber. Amerika
war inzwischen selbstbewusst genug, die Wurzeln von Old Europe zu vergessen.

### Filmographie
Alice in Wonderland (USA 1951; Regie: Wilfred Jackson, Hamilton Luske und Clyde Geronimi)
Brave Little Tailor (USA 1938; Regie: Bill Roberts)
Cinderella (USA 1922; Regie: Walt Disney)
Cinderella (USA 1950; Regie: Wilfred Jackson, Hamilton Luske und Clyde Geronimi)
Education for Death (USA 1943; Regie: Clyde Geronimi)
Ewiger Wald (D 1936; Regie: Hanns Springer und Rolf von Sonjevski-Jamrowski)
The Four Musicians of Bremen (USA 1922; Regie: Walt Disney)
Little Red Riding Hood (USA 1922; Regie: Walt Disney)
The Pied Piper of Hamelin (USA 1933; Regie: Wilfred Jackson)
The Princess and the Frog [Küss den Frosch] (USA 2009; Regie: John Musker, Ron
    Victory Through Air Power (USA 1943; Regie: Perce Pearce)
Puss in Boots (USA 1922; Regie: Walt Disney)
Schneewittchen [Snow White] (USA 1916; Regie: J. Searle Dawley)
Sleeping Beauty (USA 1959; Regie: Clyde Geronimi)
Snow White and the Seven Dwarfs (USA 1937; Regie: David Hand)

### Literatur
20 000 Zeichnungen – ein Film. Interessante Versuche mit bunten deutschen Märchentrickfil-
    men. In: Hamburger Fremdenblatt, 24.12.1938
Benjamin, B.: Cinderella – Aschenputtel. In: Die Tageszeitung, 02./03.05.1991
Bettelheim, Bruno: Kinder brauchen Märchen [The Uses of Enchantment]. München 1993
Dornröschen und der Prinz. In: Süddeutsche Zeitung, 02.11.1959
Girveau, Bruno / Roger Diederen (Hgg.): Walt Disneys wunderbare Welt und ihre Wurzeln in der
    europäischen Kunst [Il était une tois – Walt Disney. Aux sources de l'art des Studios Disney].
    München 2009
Holtz, Reinhold J.: Die Phänomenologie und Psychologie des Trickfilms. Analytische Untersu-
    chungen über die phänomenologischen, psychologischen und künstlerischen Strukturen der
    Trickfilmgruppe. Hamburg 1940 [zugl.: Univ. Hamburg, Diss. 1939]
Maraun, Frank [d. i. Erwin Goelz]: Märchenpoesie im Farbtrickfilm. In: Der deutsche Film. Son-
    derausgabe 1940/41

*Hauke Lange-Fuchs*
# „Gar nicht so übel", würde Pippi zum hässlichen Entlein sagen
Filme aus Skandinavien

### Hans Christian Andersen, Meister des Kunstmärchens

Der dänische Dichter Hans Christian Andersen (1805-1875) und die schwedische Kinderbuchautorin Astrid Lindgren (1907-2002) sind zweifellos die bedeutendsten Namen unter
den in Skandinavien verfilmten Autoren der Kinderliteratur. Andersen hat die Geburt des
Kinos zwar nicht mehr erlebt, aber für seine Geschichten haben sich die Filmemacher schon
früh interessiert. Der erste kurze Andersen-Film *Das kleine Mädchen mit den Schwefelhölzern* wurde bereits 1902 in England gedreht. In Dänemark entstanden ab 1907 in rascher
Folge Verfilmungen der Märchen *Die Galoschen des Glücks*, *Das Feuerzeug*, *Es war einmal*,
*Ole Luköie* und *Die Geschichte einer Mutter*. Auch das waren alles (stumme) Kurzfilme. Der
große Carl Theodor Dreyer drehte 1922 *Es war einmal* mit Motiven aus *Der Schweineknecht*.
Ansonsten entstanden die bedeutenden Andersen-Filme bis weit nach dem Zweiten Weltkrieg außerhalb Skandinaviens – in Deutschland, Frankreich, England, Russland und vor allem natürlich in den USA (vgl. auch den Beitrag von Rolf Giesen zu Disney-Märchenfilmen
in diesem Band). Den ersten langen Andersen-Film Dänemarks wagte 1946 der Routinier
Svend Methling mit *Das magische Feuerzeug*. Dieser war zugleich der erste dänische Zeichentrickfilm in Spielfilmlänge, dazu noch in Farbe. Immerhin eine Randnotiz dürfte es wert
sein zu erwähnen, dass 1951 Ingmar Bergman einmal ein Andersen-Märchen verfilmte: *Die
Prinzessin und der Schweinehirt* – als einminütigen Werbefilm für eine Seife!

### Langes Warten auf den großen Andersen-Film
Es hat in Dänemark nicht an Initiativen zu *großen* Andersen-Verfilmungen gefehlt, die
sich aber alle zerschlugen. Selbst zum 150. Geburtstag des Dichters 1955 gab es nur den
kurzen (wenn auch vielfach ausgezeichneten) Puppentrickfilm *Der standhafte Zinnsoldat*
des Norwegers Ivo Caprino, dem weitere Märchenkurzfilme folgten. Dann herrschte jahrzehntelang Ruhe, bis 1986 die finnische Regisseurin Päivi Hartzel ihre stilistisch eigenwilli-
ge moderne Version des Märchens *Die Schneekönigin* herausbrachte, die erstmals kritische
Diskussionen um Andersen-Verfilmungen auslöste.

Zum 125. Todestag des Dichters im Jahr 2000 inszenierte der dänische Trickfilm-Altmeis-
ter Jannik Hastrup Motive aus dem Märchen *Der Schatten* und Andersens Tagebüchern
(in denen er seine unerfüllte Liebe zur schwedischen Sängerin Jenny Lind niederschrieb)
in dem Trickfilm *Hans Christian Andersens langer Schatten*. In diesem verselbständigt sich
der Schatten des Dichters und geht einen Pakt mit dem Teufel ein, um die Liebe eines
Mädchens (Jenny Lind) zu erringen, wofür der Schatten dem Teufel eine Seele verspricht,
und zwar – da er selbst keine hat – die seines Herren.

Als zweiten Jubiläums-Beitrag präsentierte Mihail Badica eine kurze Puppentrickversion des selten verfilmten *Tölpel-Hans*. Sein großes Projekt einer Neuverfilmung von *Des Kaisers neue Kleider* scheiterte an der Finanzierung. Diesen Plan realisierten erst 2006 Michael Hegner und Karsten Kiilerich mit einer unorthodoxen, aktualisierten Fassung des klassischen Märchens: als Komödie. In *Das hässliche Entlein und ich* gerät ein vom Erfolg verlassener Impresario, die Ratte Ratso, zufällig in einen Entenhof, als dort ein kleiner Schwan aus dem Ei schlüpft, angesichts der Ratte „Mama" schreit und ihr von nun an folgt. Der Elter wider Willen versucht hingegen vergeblich, ihn wieder loszuwerden, bis er sich schließlich in sein Adoptiv-Schicksal fügt und dann sogar jedermann davon zu überzeugen versucht, dass er der wahre Vater sei. Der Impresario Ratso und das hässlichste Entlein der Welt machen sich auf den gefahrvollen Weg zum großen Durchbruch, ohne zu ahnen, was ihnen alles noch bevorsteht: gefährliche Feinde, Teenager-Probleme und unerwartete väterliche Gefühle.

Zwei weitere Filme des Jahres 2005 seien wenigstens erwähnt, obwohl deren Vorlagen – Andersens Erinnerungen – nur bedingt zur Kinderliteratur zu zählen sind: Nach einem Drehbuch von Ulf Stark drehte Rumle Hammerich *Der junge Andersen* über dessen problematische Jugendjahre in Odense, Kopenhagen und Slagelse: Wilfried Hauke und Piv Bernth gestalteten in deutsch-dänischer Co-Produktion das Dokudrama über *Die wundersamen Reisen des Hans Christian Andersen*.

Vorlage der neuesten Produktion *Die wilden Schwäne* (2009) ist ein Drehbuch der künstlerisch engagierten dänischen Königin Margrethe II., das sie mit dem erfahrenen Kinderfilmer Jesper W. Nielsen schrieb. Der Regisseur Peter Flinth und die Schauspielerin Ghita Nørby inszenierten das zuvor nur in der UdSSR und Japan verfilmte Märchen von 1838 und erzählen werkgetreu von der kleinen Prinzessin Elisa, die ihre von der bösen Stiefmutter in Schwäne verwandelten elf Brüder rettet.

## Astrid Lindgren – Königin phantasievoller Kindererzählungen

Der sonst fast überall in der Welt vielfach verfilmte Märchenerzähler Andersen hat also im skandinavischen Film bemerkenswert sparsame Spuren hinterlassen, während die Werke seiner schwedischen Kollegin Astrid Lindgren – die übrigens als erste internationale Auszeichnung in Venedig die H. C. Andersen-Medaille erhielt – zu einer ungleich reicheren Fundgrube vor allem für die Filmemacher Schwedens wurden. Dazu hat sicherlich auch beigetragen, dass sie nicht nur eine unbestrittene Königin phantasievoller Kindererzählungen war, sondern auch eine bedeutende Filmautorin. Denn zu vielen Kinofilmen und Fernsehserien hat sie bis kurz vor ihrem Tode selbst die Drehbücher geschrieben (von 1956 bis 1993 fast 80), dazu kommt noch mehr als ein Dutzend Filme nach Lindgren-Vorlagen, zu denen andere Autoren die Drehbücher verfassten.

Allerdings lässt sich schon die scheinbar einfache Frage nach dem Umfang ihres filmischen Gesamtwerkes nicht so einfach beantworten. Denn da gibt es einerseits Kino-Spielfilme, andererseits Fernsehproduktionen. Da gibt es Kino-Spielfilme, die aus Fernsehmaterial zusammengeschnitten sind, und Fernsehserien, die eigentlich nur aus zerstückelten Kino-Spielfilmen bestehen. Da gibt es schließlich Fernsehserien und parallel dazu Kino-Spielfilme, die mit denselben Schauspielern und im gleichen Dekor, aber nach eigenem Drehbuch gedreht wurden. Um all dem die Krone aufzusetzen, gibt es auch reines filmisches Rohmaterial, das je nach Bedarf für eine Kurzfilmserie, für die Kompilation von Spielfilmen oder für eine spätere Fernsehserie genutzt wurde. Als die Autorin 1987 ihren 80. Geburtstag feierte, kündigte das ZDF ein Jubiläumsprogramm mit neun Serien, 26 Spielfilmen und 110 Einzelepisoden an!

### „Das Geheimnis des Einfachen" – Lindgren als Drehbuchautorin

*Abb. 1*: Szene aus *Pippi Langstrumpf* (S / D 1968; Regie: Olle Hellbom)

Die erste Astrid-Lindgren-Verfilmung entstand schon 1947, *Meister Detektiv Blomquist*, unter Regie von Rolf Husberg, der in der Folge auch noch die Fortsetzung *Kalle Blomquist lebt gefährlich* (1953) und *Rasmus und der Vagabund* (1955) inszenierte. In der Zusammenarbeit mit ihm lernte Lindgren das Drehbuchschreiben. Zu *Rasmus und der Vagabund* lieferte sie schon das Filmmanuskript. Die damals noch umstrittene *Pippi* kam erst 1949 zum ersten Mal auf die Leinwand, in einer von Per Gunvall inszenierten Version, gegen die Lindgren noch jahrelang protestierte. Die Hauptrolle spielte eine Sechsundzwanzigjährige (!), die damit schon auf der Bühne Erfolg gehabt hatte. Zur Zufriedenheit der Autorin wurde *Pippi Langstrumpf* erst 1968-70 von Olle Hellbom verfilmt (Abb. 1). Die Zusammenarbeit mit ihm hatte bereits 1957 mit *Kalle Blomquist – Sein schwerster Fall* begonnen. Fünf-undzwanzig Jahre lang war er *ihr* Regisseur und hat in dieser Zeit einundzwanzigmal ihre Bücher für das Kino oder das Fernsehen verfilmt. Nach *Kalle Blomquist* folgten 1960/61 die *Bullerbü*- und 1962-67 die *Saltkrokan*-Kinder, der freche *Michel* (1971-73), der fliegende *Karlsson* (1974), die *Brüder Löwenherz* (1977) und *Rasmus* (1981).

Manchmal war überhaupt das Drehbuch zuerst da, und das Kinderbuch kam später, wie 1963 bei den *Ferien auf Saltkrokan*. Dabei bewies Lindgren eine Fähigkeit, die für das Filmen wichtig ist: in Bildern zu denken. Das ist wohl das Bemerkenswerteste an ihr und ihren Filmen und erklärt zugleich, warum der Erfolg der Bücher bruchlos auf die Kinoleinwand und den Fernsehschirm übertragen werden konnte: Astrid Lindgren, die ihre Geschichten ursprünglich *nur* für ihre eigenen Kinder schrieb und erst später veröffentlichte, hat die Wirkungsmöglichkeiten des Films früh erkannt. Sie war nicht nur Schriftstellerin, sie dachte auch in Bildern. Sie sah die Bildwirkung voraus, schon beim Schreiben, und hielt es für wichtig, nicht nur die Bücher, sondern auch die Filme zu gestalten. Dabei erschien ihr das eine so natürlich wie das andere. So einfach, wie ihre Bücher erscheinen, so wenig mochte sie über Probleme der filmischen Umsetzung reflektieren. Als ich sie einmal danach fragte, sagte sie nur: „Bilder habe ich eigentlich immer im Kopf, und wenn ich ein Drehbuch schreibe, steht links da, was im Bild passiert, und rechts steht da, was die Menschen sagen, und so geht es weiter" (Lindgren; zit. nach Lange-Fuchs 1991, 16). Mit der gleichen scheinbaren Einfachheit, mit der sie die Gute-Nacht-Geschichten für die eigenen Kinder zu Kinderliteratur machte, wurde sie zur Filmdrehbuchautorin. Die liebenswerte Dame, die die Kunst scheinbarer Einfachheit routiniert beherrschte, sagte mit dem Charme unverbrauchter Naivität: „Ich habe zugesehen; ich habe gehört, dass man es so macht, und es gefiel mir. Es funktioniert ganz gut" (Lindgren; zit. nach ebd.). So einfach ist das. Ihre Biografin Sybil Gräfin Schönfeldt nannte das „das Geheimnis des Einfachen" (1987, 91).

Dabei war Lindgren bewusst, dass sie eigentlich vom Wort her kam. Die filmische Umsetzung ihrer Stoffe überließ sie dem jeweiligen Regisseur, dem sie auf der linken Seite des Drehbuchs nur knappe Vorgaben machte. Aber die Worte wollte sie sich nicht aus der Feder nehmen lassen: „Für mich ist natürlich der Dialog das Wichtigste. Denn ich weiß, wie Kinder sprechen. Das will ich selber machen" (Lindgren; zit. nach Lange-Fuchs 1991, 16). Das sagte sie so ganz sicher, sehr präzise: dass sie genau wisse, wie Kinder sprechen. Andererseits räumte sie aber auch ein, dass es nicht die Kinder von heute seien:

> „Die Kinder von heute sprechen sicherlich ganz anders. Meine Bücher, die sind teilweise Märchen, und im Märchen spricht man so, wie ich mir das vorstelle, und nicht wie die Kinder von heute. Der einzige Film, der in der heutigen Zeit spielt, ist *Karlsson auf dem Dach* (1974), aber auch da sprechen die Kinder nicht wie die Kinder von heute, sondern etwa so, wie mein Sohn vier, fünf Jahre alt war [1930], etwa zu dieser Zeit spielt *Karlsson auf dem Dach*." (Lindgren; zit. nach ebd.)

## Mit Kuchen zu den Dreharbeiten

Lindgren enthielt sich jeder Einmischung in die Arbeit des Regisseurs und beachtete streng die Grenze zwischen seiner Arbeit und ihrer Rolle als Autorin, die Texte schreibt und vielleicht noch die Nachsynchronisation kontrolliert. Aus den Dreharbeiten hielt sie sich heraus. „Ich komme vielleicht mal mit einem Kuchen zu Besuch. Aber ich finde, wenn ich das Drehbuch fertig habe, muss der Regisseur die Verantwortung übernehmen" – so lautete immer ihre Devise. Was die Regisseure mit ihren Vorlagen machten, verfolgte sie dennoch aufmerksam als selbstbewusste und ihrer Bedeutung bewusste Autorin, die zugleich eine Film-Autorin mit vierzigjähriger Berufserfahrung war. Da konnte sie sehr bestimmt sein:

> „Meine Regisseure haben das Drehbuch. Und wenn sie etwas verändern wollen, fragen sie. Wenn sie aber ihre eigene Dichtung machen wollen, können sie das ruhig tun, aber nicht mit meinen Büchern."

Überhaupt ist ihr Einfluss auf die Filme größer gewesen, als sie zugeben will. Selbst die Auswahl der Kinderdarsteller scheint sie weitestgehend mitbestimmt zu haben. Kein Wunder also, dass die Filmkinder meist so aussehen wie in den Illustrationen ihrer Bücher.

## Astrid Lindgren und Olle Hellbom – ein Vierteljahrhundert verbunden

Die Lindgren-Hellbom-Filme waren fast immer außerordentliche Publikumserfolge und in manchen Jahren die größten Kassenmagneten des schwedischen Kinos. Auch dann noch, als sie in späteren Jahren über die Verfilmung ländlicher Idylle und unbeschwerter Lausbubenstreiche hinauszugehen begannen, wie 1974 in *Karlsson auf dem Dach*, wo zum ersten Mal die Großstadt ins Lindgren-Filmbild kommt, und 1977 in *Die Brüder Löwenherz*, wo die Auseinandersetzung mit dem Tod zum Thema wird. Dieser Film war nicht nur ein künstlerischer Höhepunkt in Astrid Lindgrens Zusammenarbeit mit Olle Hellbom, sondern auch – ungewöhnlich für einen Kinderfilm – schwedischer Wettbewerbsbeitrag der Berlinale 1978. Was Hellbom auszeichnete, waren seine handwerkliche Genauigkeit und seine Fähigkeit, Kinder zu inszenieren. Im *film-dienst* heißt es kurz vor seinem frühen Tod:

> „Die Qualität von Hellboms Lindgren-Adaptionen mag unterschiedlich bewertet werden – sowohl in filmästhetischer wie auch in pädagogischer Hinsicht. Was allerdings stets als ein Gütezeichen anzuerkennen ist, sind der Charme und die Achtung, mit der Hellbom seine jungen Darsteller behandelt. Gerade hier stimmt er präzise mit der Grundhaltung der Autorin überein." (film-dienst 14 (1981), 2)

## Schwierige Nachfolge

Hellbom starb 1982, vor Drehbeginn zu *Ronja Räubertochter* (1984; Abb. 2), den Tage Danielsson dann vollendete. Die vielversprechende Zusammenarbeit Lindgrens mit letzterem endete durch den frühen Tod auch dieses Regisseurs 1986. Dann kam der damals junge – heute weltberühmte – Lasse Hallström mit seinen beiden Neuverfilmungen der *Bullerbü*-Bücher (1986/87). Hallström, dem man nach dem bitteren Realismus seines Oscar-nominierten Films *Mein Leben als Hund* (1985) dies gar nicht zugetraut hätte, hat sehr werkgetreu inszeniert, sich als Regisseur ganz dem Charme der lindgrenschen Kindermärchen hingegeben und so in den achtziger Jahren zwei Filme im Stil der sechziger Jahre über Geschichten aus den zwanziger Jahren gemacht – nach Drehbüchern, die Wort für Wort von der Autorin vorgeschrieben waren. Sie fand daher, dass er ihrem Werk am nächsten stand, obwohl er (oder gerade weil er), so Lindgren, „ein bisschen selbständiger arbeitet" und ganz loyal von ihren Texten zwar „alles nimmt", aber darüber hinaus noch „ein bisschen mehr macht, als ich geschrieben habe" (Lindgren; zit. nach Lange-Fuchs 1991, 14).

Weltweit stimulierte Lindgrens 80. Geburtstag 1987 erneut das Interesse der Film- und Fernsehmacher an ihren Stoffen. Hallström war inzwischen nach Amerika gegangen, andere Regisseure haben seitdem Lindgren verfilmt, und so sind auch die Filme von deren verschiedenen Stilen geprägt. Selbst Ingmar Bergman hatte einen heimlichen Traum: Wenn er am Ende seines Weges noch einmal eine Filmregie übernehmen sollte, dachte er an Lindgrens *Lotta aus der Krachmacherstraße*. So war es dann sein jüngster Sohn Daniel, der im Jubiläumsjahr zwei kurze Lindgren-Geschichten aus dem 1950 erschienenen Sammelband *Kajsa Kavat och andra barn* (dt.: *Sammelaugust und andere Kinder*, 1952) verfilmte, *Polly hilft der Großmutter* und *Gute Nacht, Herr Landstreicher*. Der große Jubiläumsfilm war die schwedisch-norwegisch-sowjetische Co-Produktion des noch nie verfilmten *Mio, mein Mio* (1987; Regie: Wladimir Grammatikov).

Die ungebrochene Popularität Astrid Lindgrens, die die schwedischen Kinos anlässlich ihres 80. Geburtstages wieder zu spüren bekamen, ließen bei Svensk Filmindustri
nach den Erfolgen mit *Ronja Räubertochter*, *Mio, mein Mio* und den beiden *Bullerbü*-
Remakes neue Filmpläne reifen. Die Produzentin gab dabei zunächst einigen jungen
Talenten ihre erste Regie-Chance. Insgesamt umfasste die 1988/89 gedrehte Staffel
der Astrid-Lindgren-Anthologie, zu der u. a. *Gold-Pia* (nach der Kurzgeschichte *Goldi*)
von Staffan Götestam und *Wer springt am höchsten?* von Johanna Hald (aus *Sammelaugust und andere Kinder*) gehörten, sechs halbstündige Filme. Bei den zwei Episoden
*Allerliebste Schwester* und *Im Wald gibt's keine Räuber* (aus der 1949 erschienenen
Märchensammlung *Nils Karlsson Pyssling*; dt.: *Im Wald sind keine Räuber*, 1952) führte
erstmals Göran Carmback Regie, der später noch zwei *Kalle Blomquist*-Remakes für
das Kino (1996/97) und weitere zwei für das Fernsehen (2001) drehte.

*Abb. 2*: Szene aus *Ronja Räubertochter* (S / N 1984; Regie: Tage Danielsson)

## Lindgren legt die Feder aus der Hand

Zu Weihnachten 1989 kam in Spielfilmlänge *Peter und Petra* heraus, nach der gleichnamigen Lindgren-Erzählung (ebenfalls aus dem Sammelband *Im Wald sind keine Räu-
ber*). Erstmalig schrieb die Autorin das Drehbuch nicht selbst, sondern die Regisseurin
Agneta Elers-Jarleman. Drei Erzählungen kamen ab 1990 auf die Leinwand: aus dem
Nils-Karlsson-Sammelband *Nils Karlsson Däumling* in der Regie von Staffan Götestam,
aus dem *Sammelaugust*-Band *Etwas Lebendiges für den lahmen Peter* (Regie: Magnus
Nanne) und *Pelle zieht aus* (Regie: Johanna Hald). Hald verfilmte anschließend Ingmar
Bergmans Wunschfilm *Lotta aus der Krachmacherstraße* (1992) und die Fortsetzung
*Lotta zieht aus* (1993). Bei beiden Filmen schrieb Astrid Lindgren – letztmalig – am
Drehbuch mit, wegen ihrer zunehmenden Sehschwäche unterstützt von der Regisseu-
rin. Dies war zugleich ein (vorläufig letzter) Höhepunkt der Lindgren-Verfilmungen,
vor allem wegen der bezaubernden kleinen Hauptdarstellerin Grete Havnesköld.

## Zum ersten Mal: Lindgren im Trickfilm

Nach dem altersbedingten Rückzug Lindgrens als Drehbuchautorin gab sie ihren Widerstand gegen Trickverfilmungen ihrer Stoffe auf, den sie bislang hartnäckig aufrechterhalten hatte – mit Recht, wie man sehen sollte. Denn die Trickfilme *Pippi Langstrumpf* (1997; Regie: Clive A. Smith) und *Pippi in der Südsee* (1999; Regie: Paul Riley) waren keine skandinavischen Produktionen, es fehlte ihnen deshalb wohl die typisch lindgrensche Atmosphäre. Astrid Lindgren distanzierte sich nicht gerade von ihnen, hatte sie doch im vollen Bewusstsein des Risikos die Realisierung Amerikanern und Deutschen überlassen. Aber ihrem Herzen am nächsten standen wohl die einheimischen Remakes. Die lindgrensche Atmosphäre fand sich nur in dem Trickfilm *Karlsson auf dem Dach* der Norwegerin Vibeke Idsøe, der 2002 unter schwedischer Beteiligung entstanden war. Astrid Lindgren hat die Uraufführung nicht mehr erlebt, im Januar 2002 war sie verstorben.

## Achtung und Missachtung für Lindgren-Filme

Lindgrens filmisches Werk ist ein namhafter und unübersehbarer Faktor des Kinderfilmangebots. In den fünfziger und sechziger Jahren waren die Astrid-Lindgren-Filme (neben den Ingmar-Bergman-Filmen) *der* Hauptbeitrag des schwedischen Films. Weil die Bergman-Filme häufig finanzielle Katastrophen waren, hätte die Produzentin Svensk Filmindustri ohne die Lindgren-Filme wohl die Ateliers schließen müssen. Bemerkenswert ist deren über Jahrzehnte offenbar nicht nachlassende Popularität, wie die ständigen Wiederholungen beweisen. Es ist natürlich der besondere Reiz, Lindgren-Filme nicht nur einmal, sondern immer wieder zu sehen – so, wie ein beliebtes Kinderbuch auch immer wieder vorgelesen werden muss.

In merkwürdigem Gegensatz zu der Beachtung, die Lindgrens literarisches Schaffen in Deutschland fand, steht die Missachtung, welche die Filmkritik ihren Filmen bezeugte. Kaum ein deutscher Kritiker – und schon gar nicht die Mitarbeiter der einst tonangebenden, elitären Münchner *Filmkritik* – hielt einen Astrid-Lindgren-Film einer Besprechung wert. Das hat sicherlich auch etwas mit dem geringen Stellenwert zu tun, der hierzulande dem Kinderfilm damals ganz allgemein beigemessen wurde. In Schweden dagegen wurde die Debatte über die gesellschaftliche Relevanz von Lindgrens Filmen nicht durch Totschweigen erledigt, sondern engagiert geführt. In ihrer schwedischen Heimat wurde die Autorin sogar wegen Realitätsferne und Verlogenheit ihrer Stoffe gescholten. In der Tat nahmen sich manche Lindgren-Filme in der politisierten Debatte nach 1968 recht unmodern aus. Aber heute, nachdem es auch dem Letzten bewusst wurde, wie kaputt unsere Umwelt ist, gewinnen diese Filme einer *heilen Welt* plötzlich eine ganz neue Aktualität, und wohl deshalb haben später gerade besonders junge Filmemacher sich berufen gefühlt, neue Astrid-Lindgren-Filme zu drehen, nach Vorlagen, die zum Teil schon vor über fünfzig Jahren geschrieben wurden. „Gar nicht so übel", würde Pippi sagen.

## ... es gab aber auch andere

Man mag zu Astrid Lindgrens Realitätsferne, ihrem auf die Vergangenheit fixierten Blick und der meist ungetrübten Idylle ihrer Erzählungen stehen, wie man will: Eine bedeutende Filmautorin ist sie, ungeachtet allen Streites über die filmische Qualität ihrer Drehbücher, auch wenn sie keine treibende Kraft für die anstehende Erneuerung des skandinavischen Kinderfilms war, in deren Folge er schon seit Jahren Weltruf erlangt hat und zu einem Markenzeichen für meist gute Kinderfilme geworden ist. Dieses Verdienst kommt anderen, jüngeren Autoren zu, die deshalb hier nicht übersehen werden dürfen und wenigstens mit einigen ihrer Filme genannt werden sollen, etwa die Dänen Bjarne Reuter (*Zappa* 1983; *Buster, der Zauberer* 1984; *Twist & Shout* 1984; *Der korsische Bischof* [*Die Jagd nach dem magischen Wasserrad*] 1993; *Hodder rettet die Welt* 2003), Ole Lund Kierkegaard (*Gummi-Tarzan* 1981; *Otto ist ein Nashorn* 1983) und Thøger Birkeland (*Immer diese Krummes* 1991; *Armer Krumme* 1992) oder die Norweger Jostein Gaarder (*Sofies Welt* 1999) und Torun Lian (*Nur Wolken bewegen die Sterne* 1998; *Die Farbe der Milch* 2004) sowie schließlich der Schwede Ulf Stark (*Opa gesucht* 1994; *Mein Freund, der Scheich* 1997; *Hexe in unserer Familie* 1999).

### Filmographie

Allerliebste Schwester (S 1988; Regie: Göran Carmback)
Armer Krumme (DK 1992; Regie: Sven Methling)
Buster, der Zauberer (DK 1984; Regie: Bille August)
Die Brüder Löwenherz (S / DK 1977; Regie: Olle Hellbom)
Es war einmal (DK 1922; Regie: Carl Theodor Dreyer)
Die Farbe der Milch (N / S 2004; Regie: Torun Lian)
Ferien auf Saltkrokan (S 1962; Regie: Olle Hellbom)
Ferien auf Saltkrokan – Glückliche Heimkehr (S 1967; Regie: Olle Hellbom)
Ferien auf Saltkrokan – Die Seeräuber (S 1966; Regie: Olle Hellbom)
Ferien auf Saltkrokan – Das Trollkind (S 1965; Regie: Olle Hellbom)
Ferien auf Saltkrokan – Der verwunschene Prinz (S 1964; Regie: Olle Hellbom)
Gold-Pia (S 1988; Regie: Staffan Götestam)
Gummi-Tarzan (DK 1981; Regie: Søren Kragh-Jacobsen)
Gute Nacht, Herr Landstreicher (S 1988; Regie: Daniel Bergman)
Das hässliche Entlein und ich (DK / D / F / IRL 2006; Regie: Michael Hegner, Karsten Kiilerich)
Hans Christian Andersens langer Schatten (DK 1998; Regie: Jannik Hastrup)
Hexe in unserer Familie (S 1999; Regie: Harald Hamrell)
Hodder rettet die Welt (DK 2003; Regie: Henrik Ruben Genz)
Im Wald gibt's keine Räuber (S 1988; Regie: Göran Carmback)
Immer dieser Krummes (DK 1991; Regie: Sven Methling)
Immer dieser Michel – Michel bringt die Welt in Ordnung (S 1973; Regie: Olle Hellbom)
Immer dieser Michel – Michel in der Suppenschüssel (S 1971; Regie: Olle Hellbom)
Immer dieser Michel – Michel muss mehr Männchen machen (S 1972; Regie: Olle Hellbom)
Das kleine Mädchen mit den Schwefelhölzern [The Little Match Seller] (UK 1902; Regie: James Williamson)
Die Jagd nach dem magischen Wasserrad (S / DK / N 1993; Regie: Søren Kragh-Jacobsen)
Der junge Andersen (DK / N / S 2005; Regie: Rumle Hammerich)
Kalle Blomquist lebt gefährlich (S 1953; Regie: Rolf Husberg)
Kalle Blomquist – Sein neuester Fall (S 1997; Regie: Göran Carmback)
Kalle Blomquist – Sein schwerster Fall (S 1957; Regie: Olle Hellbom)
Karlsson auf dem Dach (S 1974; Regie: Olle Hellbom)

Karlsson auf dem Dach (S / N 2002; Regie: Vibeke Idsøe)
Die Kinder von Bullerbü (S 1960/61; Regie: Olle Hellbom)
Mein Freund, der Scheich (S 1997; Regie: Clas Lindberg)
Mein Leben als Hund (S 1985; Regie: Lasse Hallström)
Meisterdetektiv Blomquist (S 1947; Regie: Rolf Husberg)
Meisterdetektiv Kalle Blomquist lebt gefährlich (S 1996; Regie: Göran Carmback)
Mio, mein Mio (S / UdSSR / N 1987; Regie: Vladimir Grammatikov)
Neues von uns Kindern aus Bullerbü (S 1987; Regie: Lasse Hallström)
Nur Wolken bewegen die Sterne (N 1998; Regie: Torun Lian)
Opa gesucht (S / DK 1994; Regie: Rumle Hammerich)
Otto ist ein Nashorn (DK 1983; Regie: Rumle Hammerich)
Pippi außer Rand und Band (S / BRD 1970; Regie: Olle Hellbom)
Pippi geht von Bord (S / BRD 1969; Regie: Olle Hellbom)
Pippi in Taka-Tuka-Land (S / BRD 1969; Regie: Olle Hellbom)
Pippi Langstrumpf (S 1947; Regie: Per Gunvall)
Pippi Langstrumpf (S / BRD 1968; Regie: Olle Hellbom)
Pippi Langstrumpf (D / S / CDN 1997; Regie: Clive A. Smith)
Pippi Langstrumpf in der Südsee (D / S / CDN 1999; Regie: Paul Riley)
Polly hilft der Großmutter (S 1988; Regie: Daniel Bergman)
Rasmus und der Vagabund (S 1955; Regie: Rolf Husberg)
Rasmus und der Vagabund (S 1981; Regie: Olle Hellbom)
Ronja Räubertochter (S / N 1984; Regie: Tage Danielsson)
Die Schneekönigin (FIN 1986; Regie: Päivi Hartzel)
Sofies Welt (N 1999; Regie: Erik Gustavson)
Der standhafte Zinnsoldat (DK 1955; Regie: Ivo Caprino)
Tölpel-Hans [Klods Hans] (DK 1999; Regie: Mihail Badica)
Twist & Shout (DK 1984; Regie: Bille August)
Wer springt am höchsten? (S 1989; Regie: Johanna Hald)
Wiedersehen auf Büllerbü (S 1960; Regie: Olle Hellbom)
Die wilden Schwäne (DK 2009; Regie: Peter Flinth und Ghita Nørby)
Wir Kinder aus Bullerbü (S / BRD / I 1986; Regie: Lasse Hallström)
Die wundersamen Reisen des Hans Christian Andersen (D / DK 2005; Regie: Wilfried Hauke, Piv Bernth und Mads Baastrup)
Zappa (DK 1983; Regie: Bille August)

### Primärliteratur

Andersen, Hans Christian: Das Märchen meines Lebens. Ohne Dichtung. A. d. Dänischen v. Michael Birkenbihl. Berlin: Bruno Cassirer 1914
Andersen, Hans Christian: Sämtliche Märchen in zwei Bänden. A. d. Dänischen v. Thyra Dohrenburg. Stuttgart: Parkland 1976
Andersen, Hans Christian: Samlede Eventyr og Historier, illustreret af Vilhelm Pedersen og Lorenz Frølich. Jubilæumsudgave. Odense [u. a.]: Reitzel 1986
Lindgren, Astrid: Astrid-Lindgren-Edition. Die schönsten Romane und Erzählungen für Kinder. Hamburg: Oetinger 2008
Lindgren, Astrid: Nils Karlsson-Däumling. Deutsch v. Karl Kurt Peters. Hamburg: Oetinger 2009

## Sekundärliteratur

Danielsson, Tage: När Ronja Rövardotter blev film. Stockholm 1984 [Dt.: Ronja Räubertochter. Das Buch zum Film. Hamburg 1986]

Erséus, Johan / Petter Karlsson: Från snickerboa till Villa Villerkulla – Astrid Lindgrens filmvärld. Stockholm 2004 [Dt.: Von Pippi, Michel, Karlsson und Co. Astrid Lindgrens Filmwelt. Hamburg 2006]

Hütte, Vera: Vom Buch zum Film – Verfilmte Kinder- und Jugendliteratur. Filmsachbücher für Kinder und Jugendliche. Ein Verzeichnis für praktische Filmarbeit in Spielstellen und Bibliotheken. Frankfurt 1994

Jørgensen, Aage: H. C. Andersen litteraturen 1875-1968 / H. C. Andersen Literature 1875-1968. Aarhus 1970

Jørgensen, Aage: H. C. Andersen litteraturen 1969-1994 / H. C. Andersen Literature 1969-1994. Odense 1998

Lange-Fuchs, Hauke: Olle Hellbom. Regisseurbiographie. In: Schauspieler- und Regisseurbiographien 1983, 17

Lange-Fuchs, Hauke: Einfach zu sehen. Astrid Lindgren und ihre Filme. Frankfurt 1991

Lange-Fuchs, Hauke: Das häßliche Entlein und andere Film-Geschichten. Hans Christian Andersen im Film. Lübeck 1999

Maldacker, Sabine: Mattisräuber und Meisterdetektive: Astrid Lindgren auf der Leinwand. Mainz 2002

Nielsen, Birger Frank: H. C. Andersen Bibliografi – Digterens danske Værker 1822-1875. Kopenhagen 1942

Orvig, Marie: En bok om Astrid Lindgren – A book about Astrid Lindgren. 2. Aufl. Stockholm 1987

Rönnberg, Margareta: En lek för ögat. 28 filmberättelser av Astrid Lindgren. Uppsala 1987

Schönfeldt, Sybil Gräfin: Astrid Lindgren. Mit Selbstzeugnissen und Bilddokumenten. Reinbek bei Hamburg 1987

Schneider, Wolfgang: Vom großen Kino der Gefühle. Astrid Lindgren als Drehbuchautorin ihrer eigenen Kinderbücher. Eine Würdigung ihrer Filmarbeit. In: Kinder- und Jugendfilm Korrespondenz 1 (1988), 33

Schwarzer, Albert: Phantasie mit Ringelstrümpfen. Über Astrid Lindgren. In: Filmszene 1 (1981), o. S.

Stjerne, Harald: Vem ska vara hemma och vem får gå på dagis? Om Olle Hellboms filmproduktion. In: Chaplin (1978) 156, o. S.

Strobel, Hans (Hg.): Kinderfilm in Schweden. München 1983

Strobel, Hans (Hg.): Verfilmte Märchenwelten nach Hans Christian Andersen. München 1999

*Wolfgang Schwarzer*
# Comicverfilmungen aus Frankreich

## Der Comic als Literatur

In Sam Garbarskis *Quartier lointain* (*Vertraute Fremde*; 2009) sitzt der Comicautor Thomas (Pascal Greggory) während einer Büchermesse am Stand des Verlages Casterman und bietet nichts als sein zwei Jahre zuvor erschienenes Album an. In der Zwischenzeit hatte ihn die Inspiration verlassen. Ein ungewollter Ausflug zurück in die eigene Kindheit beschert ihm schließlich die Idee zu einer neuen Zeichengeschichte. Garbarskis Film beruht auf dem mehrfach preisgekrönten Werk *Haruka Na Machi He* (*Vertraute Fremde*; 1998) des japanischen Manga-Klassikers Jirô Tamaguchi, dessen Geschichte in die südostfranzösische Provinz transponiert wurde.

Der zur Gruppe Flammarion gehörige, ursprünglich belgische Verlag Casterman erscheint hier nicht zufällig. Seit der Veröffentlichung der Reihe *Les Aventures de Tintin* (dt. *Tim und Struppi*), beginnend mit dem Jahr 1934, hat er wesentlichen Anteil an der Entwicklung und Verbreitung jener typischen frankophonen Comic-Kultur, die erfolgreich und stilprägend auch die Kinoleinwände eroberte. Hergé, Jacques Tardi, Hugo Pratt, Enki Bilal und andere zählen Menschen jeden Alters zu ihren Fans. Mit Künstlern wie Art Spiegelman und Jirô Tamaguchi öffnet Casterman fremden Traditionen die Türen Europas. Zugleich verdeutlicht Tamaguchis Entwicklung, wie die franco-belgische Kultur Eingang in die japanische Kunst fand.

Seit dem Ankauf des von Goscinny und Uderzo mitbegründeten wegweisenden Comicmagazins *Pilote* im Jahr 1960 hat sich der französische Verlag Dargaud zu einem weiteren Zentrum der Comickultur, dem größten Europas, entwickelt. Morris und René Goscinny veröffentlichten hier die Abenteuer des *Lucky Luke*, Jean Giraud und William Vance die Geschichten um *Marshall Blueberry*. Die Gruppe Dargaud weitete seit den 1990er-Jahren ihre Aktivitäten auch in den Trickfilmbereich aus. Durch den Kauf bedeutender Animationsstudios fielen ihr die Verwertungsrechte für Tintin, Asterix, Lucky Luke und anderen zu. Casterman und Dargaud bereiteten ein Feld, das auch erfolgreiche Realverfilmungen dieser Comicmythen hervorbringt.

## Zeichentrickfilm in Frankreich

Comicverfilmung als Verlebendigung einer gezeichneten Bilderfolge ist exakt so alt wie die Filmgeschichte selbst und bereits ihre früheste Realisation ist französisch und eine Komödie. In den ersten öffentlichen Filmvorführungen seit dem 28. Dezember 1895 in Paris zeigten die Brüder Lumière ihren berühmten Streifen *L'Arroseur arrosé*, den man lange für eine kleine Reportage wie *Le Déjeuner de bébé* oder *La sortie des Usines Lumière* hielt. In Wahrheit folgte dieser erste inszenierte Realfilm-Gag einer beliebten Bildergeschichte aus den 80er-Jahren des 19. Jahrhunderts.

Der Trickfilm setzte sich in Frankreich mit Émile Cohl (1857-1938) als populäres Medium durch. Cohl arbeitete als Zeichner und Karikaturist, bevor er ab 1908 für Gaumont Trickfilme herstellte. 1917/18 brachte er die legendäre Comicserie der *Aventures des Pieds Nickelés* nach Louis Forton und den Zeichnungen von Benjamin Rabier als Kurzfilme auf die Leinwand.

Mickey Mouse war gerade acht Jahre alt und Walt Disney schickte sich an, mit industrieller Produktionsweise seinen Konzern zur Weltmacht zu führen, als Paul Grimault 1936 begann, mit unendlich schmalerem Budget, leidenschaftlicher Originalität und handwerklicher Perfektion den französischen Zeichentrickfilm zu einem Höhepunkt in seiner Geschichte zu führen. Grimault (1905-1994), seit der Kindheit passionierter Zeichner, arbeitete zwischen 1929 und 1936 in der Werbebranche, in Filmen und beim Straßentheater mit Künstlern wie Jean Aurenche und Jacques Prévert. 1936 war er Mitbegründer der Produktionsfirma *Les Gémeaux*. Seines Zeichens künstlerischer Leiter, Drehbuchautor und Zeichner, begann er hier seine Karriere als Trickfilmer. Er drehte die üblichen Kurzfilme, die in der Regel nicht länger als 10 Minuten dauerten, und experimentierte mit Projektions- und Farbverfahren. Der Zeichner und Regisseur Paul Grimault fand zu seiner cineastischen Identität, als er im Jahr 1946 begann, mit Jacques Prévert zu arbeiten, dem bedeutendsten französischen Drehbuchautor der 1930er-Jahre. Prévert brachte seine poetische Originalität und seine Liebe zu den Märchen Hans Christian Andersens in die gemeinsame Arbeit ein.

Eine elfminütige Zeichentrickversion des Märchens vom kleinen Zinnsoldaten, *Le petit soldat*, war 1947 ihre erste gemeinsame Arbeit. Die Unterschiede zu Disney, von grundsätzlicher Art in Graphik und Ethik, sind hier nicht nur in der Behandlung von Tier- und Spielzeugfiguren greifbar, welche nie zeichnerisch vermenschlicht werden und dennoch ihre Rollen in der Geschichte funktional ausfüllen. Sie treten ebenso klar in der Ausformung von Charakteren und sozialen Handlungsfaktoren mit zeitgeschichtlichem Hintergrund zu Tage, deren bisweilen brutale Realitätsnähe nicht mit ideologisch korrigierender Märchenromantik nivelliert wird. Der kleine Spielzeugsoldat, der als Kriegsinvalide in seine zerstörte Heimat zurückkehrt, muss sein Leben gegen einen fetten Raben verteidigen, der ihm als gewissenloser Kriegsgewinnler Heim und Geliebte streitig macht. *Le petit soldat* erhielt den Preis für den besten Trickfilm beim Festival von Venedig im Jahr 1949 – ex aequo mit Disneys *Melody Time*. „David zieht mit Goliath gleich," kommentierte die französische Presse.

In einem Frankreich, das über keine wirkliche Tradition, keine Schule, geschweige denn über eine Industrie der Animation verfügte, wagten Grimault und Prévert in den Jahren 1948 bis 1950 das Abenteuer des ersten abendfüllenden und farbigen französischen Trickfilms. Eine Équipe von Mitarbeitern in ausreichender Zahl musste erst ausgebildet werden. *La bergère et le ramoneur* (*Die Hirtin und der Schornsteinfeger*), wiederum nach einem

Märchen von Andersen, erschien 1953 aufgrund finanzieller Querelen mit der Produktionsfirma nur zu drei Vierteln vollendet als verschnittener Torso auf den Leinwänden. Die Autoren distanzierten sich von dieser Version. Grimault gründete daraufhin seine eigene Firma *Les Films Paul Grimault*. 1967, wieder im Besitz der Rechte und des Negativs, begannen sie mit der Vervollständigung und Erneuerung des Werkes, das 1980 unter dem Titel *Le roi et l'oiseau* (*Der König und der Vogel*) in die Kinos kam. Es ist Grimaults berühmtester Film und die Krönung seines Lebenswerkes, für Prévert ein posthumer Triumph.

Grimault schuf ein unabhängiges und originelles Zeichentrickuniversum, das in seiner technischen Qualität in keiner Weise hinter den Produktionen des Disneykonzerns zurücksteht. Jenen hat es einen persönlichen Stil in den Perspektiven der Dekors wie den Ausdrucksweisen und Bewegungen der Figuren voraus. Inhaltlich ist es von dem engagierten, subversiven und politisch unkorrekten Geist jener zärtlichen Anarchie durchweht, der auch Préverts Werk auszeichnet. Als Fazit und Vermächtnis Grimaults ist sein Film *La table tournante* (1988) anzusehen, der in einer Real- und Trickfilm vereinenden Rahmenhandlung repräsentative Ausschnitte aus seinen zwischen 1930 und 1979 entstandenen Werken enthält.

Paul Grimault ist der erste integrale Zeichentrickkünstler Frankreichs. Aufgrund seines Werkes wie der Ausbildung und Formung einer neuen Generation von Zeichnern und Filmemachern wie Jean-François Laguionie (*Gwen ou le livre de sable*, 1985) oder Sylvain Chomet (*Les Triplettes de Belleville*, 2003), gilt er als Begründer des modernen französischen Trickfilmkinos.

**Bécassine**
Am 2. Februar 1905 sollte die erste Nummer einer mit großem Werbeaufwand angekündigten Zeitschrift für Kinder, *La Semaine de Suzette*, erscheinen. Im letzten Moment fiel bei der Drucklegung auf, dass Seite 16, die als eines der wenigen farbigen Blätter vorgesehen war, fehlte. Die Chefredakteurin Jacqueline Rivière improvisierte nach einem komischen Fauxpas ihres bretonischen Hausmädchens eine Geschichte und bat den zufällig anwesenden Zeichner Joseph Pinchon, sie zu illustrieren. Was als einmaliger Notbehelf gedacht war, erwies sich in der Folge als Überwindung der reinen Textillustration und Beginn des modernen französischen Comics, aus dem sich mit den Szenarien Caumerys (Maurice Languereau, 1867-1941) und unter der Feder Pinchons ein nicht unumstrittener nationaler Mythos bis heute fortentwickelte.

Das erste Bild zeigt eine junge Bretonin in ihrer alltäglichen Arbeitstracht mit dem typischen Häubchen und mit Schirm und Bündel auf dem Weg durch ihr plattes Land. Der Text darunter lautet: „Bécassine, ein junges Hausmädchen aus Clocher-les-Bécasses, verlässt ihr Geburtsland, um bei der Marquise de Grand-Air in Dienst zu treten" (Lehembre 2005, 10). In zahllosen kurzen Zeitschriftengeschichten und ab 1913 in umfangreichen Albenausgaben wird das junge Mädchen aus dem abgelegenen bretonischen Dorf mit dem Großstadtleben und dem sich historisch, sozial und technisch fortentwickelnden 20. Jahrhundert konfrontiert:

> „Bécassine ist die Zeugin einer in vollem Wandel begriffenen Welt: so erlebt sie zwei Weltkriege und die Krise von 1929; sie entdeckt den Fortschritt mit dem Erscheinen des Tele-

fons, des fließenden Wassers und der Elektrizität; sie verkörpert die großen sozialen Veränderungen: die Landflucht, den bezahlten Urlaub, den Feminismus, die Entwicklung der Erziehungsprinzipien." (Lehembre 2005, 4)

Bécassine steuert Motorräder, Autos und sogar ein Flugzeug (Abb. 1). Ihr Staunen vor dem Neuen und ihre Fehlbarkeit gegenüber dem Unbekannten werden von vielen als Hohn und Arroganz, gar als Rassismus gegenüber den bäuerlichen Bretonen gewertet. Andere verweisen darauf, mit welcher Offenheit, welchem Mut und welcher Phantasie Bécassine den Neuerungen in der Entwicklung des 20. Jahrhunderts begegnet und sie

*Abb. 1*: Bécassine als Pilotin
(Lehembre 2005)

bewältigt. So wird sie als emanzipative, avantgardistische Figur gewertet. Sicher ist, dass sie bis heute bei Erwachsenen und Kindern in Frankreich als Kult und Legende lebt.

1939 erblickte Bécassine in einer Realfilmversion das Licht der Leinwand. Sie wird zu Unrecht verdächtigt, den Schmuck der Gäste der Madame de Grand-Air gestohlen zu haben. Es gelingt ihr jedoch, den Dieb zu entlarven. 2001 erschien der Zeichentrickfilm *Bécassine – le trésor viking* (*Bécassine und die Jagd nach dem Wikingerschatz*) in den französischen Kinos. In einem Paris zwischen den 1930er- und 1950er-Jahren hütet Bécassine die 10-jährige Charlotte, Tochter ihrer lieben Loulotte, deren Kindheit sie ebenfalls schon behütet hatte. Loulottes Mann Edmond, ein Forscher, gerät in Gefahr, weil er den geheimen Fundort des Wikingerschatzes kennt. Bécassine und Charlotte machen sich auf die Suche nach ihm, selbst verfolgt von den Gaunern Gari und Baldi. Über Kontinente hinweg von Frankreich bis nach Lappland führt die abenteuerliche Verfolgungsjagd, die Bécassine als kleine Halbschwester Harrison Fords in Szene setzt. Das vorgeblich naive Mädchen vom Lande erweist sich als erstaunlich moderne Actionheldin. Ein Hauch von *Indiana Jones* durchweht die Geschichte, wie er bei *Tintin* noch sehr viel deutlicher spürbar sein wird.

Pinchons Zeichenstil kreiert überdies jene klare graphische Linie, welche später in der berühmten *ligne claire* Hergés ihren Höhepunkt und ihre Vollendung findet.

### Les Pieds Nickelés

Croquignol, Filochard und Ribouldingue, die *Pieds Nickelés*, sind nationaler Mythos und im Volksmund zu fest verankerten Synonymen für Prahlhänse, Tagediebe, Anarchisten à la française und zugleich ewige Loser geworden. Immerhin gewinnen sie eine Aura des Volksheldentums dort, wo ihre Impertinenz auf Kosten der Etablierten, der Großen oder der Feinde Frankreichs geht: Großbürger, Bauern, ein ungeliebter Präsident der Republik, der englische König, der deutsche Kaiser etc. Besonders in Krisenzeiten verkörpern sie die triumphierende Raffinesse der kleinen Leute gegenüber der drohenden Gefahr, etwa während des Ersten Weltkrieges gegenüber dem schwerfälligen *Boche*.

Louis Forton, der auch *Bibi Fricotin* (ab 1924) schuf, debütierte mit seiner Comicserie am 4. Juni 1908 in der Zeitschrift *L'épatant*. Zielte *Bécassine* nicht nur, aber doch deutlich auf kindliches und jugendliches Publikum, sprach Forton mit seinen alkoholisierten, Argot schwatzenden Schlitzohren Erwachsene an, die von den Kanzeln der katholischen Kirche herab umgehend Leseverbot erhielten. Die Serie, welche auch die franco-belgische Tradition des Comics als Erwachsenenliteratur begründete und viele Literaten und Filmemacher beeinflusste, gewann solche Beliebtheit, dass sie nach Fortons Tod im Jahre 1934 bis heute von zahlreichen Autoren weitergeführt wird. In den Kriegsjahren 1917 und 1918 inszenierte Émile Cohl fünf Trickfilme über die *Aventures des Pieds Nickelés*. Wie Maurice Leblanc seinen Gentlemangauner *Arsène Lupin*, führten auch Forton und Cohl ihre Protagonisten loyal an der Seite des Vaterlandes in die *Grande Guerre* (*Les Pieds Nickelés s'en vont en guerre*).

Nach einer Unterbrechung in den Jahren der deutschen Besatzung in Frankreich erschienen die *Pieds Nickelés* unter der Feder Pellos' (René Pellarin, 1900-1998) in erneuertem Stil und in Anpassung an das 1949 in Kraft gesetzte Jugendschutzgesetz. In dieser Zeit entstanden unter der Regie von Marcel Aboulker zwei Realverfilmungen: *Les Aventures des Pieds Nickelés* (1947) und *Le Trésor des Pieds Nickelés* (1949) mit bekannten Schauspielern aus der zweiten Garde in den Hauptrollen. 1964 erschien unter der Regie von Jean-Claude Chambon *Les Pieds-Nickelés* in prominenterer Besetzung. Die Jagd nach dem berühmten rosa Diamanten, immer mit dem Detektiv Sherlock Coco auf den Fersen (1947), das Chaos um die Erbschaft des Monsieur Miradoux (1949), schließlich 1964 der natürlich misslingende Versuch, in Cannes die verschrobene Milliardärin Lady Van der Mèche um ihren Schmuck zu betrügen, amüsierten ein Samstagabendpublikum, ohne das Gaunertrio nachhaltiger auf den Leinwänden zu etablieren. In Godards *Pierrot le fou* (*Elf Uhr nachts*; 1965) ertappt man Jean-Paul Belmondo dabei, wie er in einem Comicalbum der *Pieds Nickelés* schmökert.

### Tintin

Philippe de Brocas weltweit erfolgreicher Film *L'Homme de Rio* (*Abenteuer in Rio*; 1963) entstand in einem Moment,

> „in dem ich Lust hatte, Filme zu machen, wie ich sie mit zwölf Jahren gerne gesehen hätte, ein Alter, in dem man in einer Welt der Abenteuer lebt, in dem man sich auf ein Kanapee setzt, das zum Rücken eines Kamels oder zu einem Hundeschlitten wird. [...] Darüber hinaus ist er offensichtlich auch durch den Comic beeinflusst, etwa durch Tintin und Milou. [...]

Ich bin kein fanatischer Comicleser. [...] Ausgenommen Tintin, der mir immer als Ausnahme erschien, weil die Geschichte seriös ist und die Ermittlungen seriös geführt werden. Einige der Tintin-Alben sind fabelhafte Drehbücher." (Broca; zit. nach Garel u. a. 1990, 92)

Die Wahlverwandtschaft des Regisseurs mit dem belgischen Zeichner und Autor Hergé, Schöpfer der Figur *Tintin*, wird nicht nur durch zahlreiche Leinwandzitate de Brocas, sondern auch im Einfluss Jules Vernes auf beider Werk deutlich.

Steven Spielberg entdeckte Hergés Comics, die in den USA noch unbekannt waren, als er 1981 in Kritiken zu *Indiana Jones – Jäger des verlorenen Schatzes* einen Vergleich mit Tintins Abenteuern fand:

„Das verstand ich nicht. [...] Also bestellte ich Tintin-Alben, und da habe ich mir gesagt: Jetzt begreife ich! [...] Ich verstehe das Französische nicht, aber ich verstand alles in der Geschichte, die er erzählte. Als ich die englische Übersetzung las, hatte ich den Humor bereits verstanden, was sehr viel über die Stärke seiner Kunst aussagt! Und genau das ist es, was Peter Jackson und ich in unseren Filmen vermitteln wollen." (Steven Spielberg; zit. nach Guerrin 2009)

2009 begann Spielberg mit den Dreharbeiten zu einer teilanimierten 3-D-Version in Motion-capture-Technik von *Les Aventures de Tintin – Le Secret de la Licorne*. Es soll der Auftakt für eine gemeinsam mit Peter Jackson entwickelte Trilogie sein. Schon 1983 hatte Spielberg gemeinsam mit Hergé, der ihn für den idealen Partner hielt – auf ein Angebot Disneys hatte er gar nicht geantwortet –, Pläne für eine Verfilmung gemacht. Sie waren durch den Tod des Autors durchkreuzt worden. 2002 erwarb Spielberg die Rechte für alle *Tintin*-Alben.

Der Belgier Hergé (Georges Remi, 1907-1983) begann seine künstlerische Laufbahn in den 1920er-Jahren im ultrakatholischen, nationalistischen, kolonialistischen und antikommunistischen Umfeld der kirchlichen Presse seines Landes. Ende der 1920er-Jahre entdeckte er den amerikanischen Comic, der ihn zu seiner spezifischen Darstellungsform inspirierte. 1929 erschien in *Le Petit Vingtième*, einer katholischen Jugendzeitschrift, das erste Abenteuer des Reporters Tintin und seines Hundes Milou. Hier reisen beide in die UdSSR, um die Verbrechen des kommunistischen Regimes zu denunzieren. Nach einem spontanen Erfolg der ersten Geschichte, der die Auflage der Zeitschrift kontinuierlich ansteigen ließ, führte das zweite Abenteuer den Reporter und seinen Hund in die belgische Kolonie Kongo. Die paternalistische Sicht auf die vermeintlich naiven, abergläubischen und begriffsstutzigen Eingeborenen, die in der katholischen Missionsideologie und den daraus entstandenen Vorurteilen des bürgerlichen Milieus noch über Jahrzehnte fortdauern sollte, ließ das Album *Tintin au Congo* zum Gegenstand einer Anklage wegen Rassismus werden, die im Jahr 2010 vor belgischen Gerichten verhandelt wird (vgl. „Im Kongo," Süddeutsche Zeitung, 14.05.2010). 1931 folgte *Tintin en Amérique*. Stellten die Geschichten zuvor eine Abfolge kleinerer Fortsetzungsepisoden dar, bildete sich hier erstmals die bekannte einheitliche Struktur heraus. 1932 schloss Hergé seinen Vertrag mit dem Herausgeber Casterman, der sämtliche *Tintin*-Abenteuer in französischer Sprache als Alben herausbrachte und zum Welterfolg führte. Hergé konnte sich nach 1945 aus dem ultrakonservativen belgischen Umfeld lösen. Die Beliebtheit seines Helden Tintin hatte ihm eine Anklage wegen kollaborationistischer und faschistoider Anklänge in seinen früheren Publikationen erspart.

Seit dem Ende der 1950er- bis zum Beginn der 1970er-Jahre inszenierte Raymond Leblanc für das belgische Fernsehen einige der Abenteuergeschichten Hergés. 1991/92 legte Stéphane Bernasconi in einer französisch-kanadischen Co-Produktion seine klassische Zeichentrickversion der gesammelten Abenteuer Tintins vor, die die Originale in Form und Inhalt getreu wiedergeben.

Bereits in den 1960er-Jahren begann die Leinwandkarriere des immer jungenhaften Reporters mit zwei Realverfilmungen: *Tintin et le Mystère de la Toison d'Or* (1961) und *Tintin et les Oranges bleues* (1964). Zahlreiche Produktionspläne namhafter Produzenten und Regisseure scheiterten danach an Problemen der Umsetzung, bis Spielberg sich 2009 durch die Mittel digitaler Techniken die originalgetreue Transposition in den Realfilm zutraute.

### René Goscinny

René Goscinny (1926-1977) gehört zu den weltweit am häufigsten gelesenen französischen Autoren. Seine eleganten und von intelligentem Humor getragenen Texte konnten eine Symbiose mit den kongenialen Zeichnungen von Sempé, Morris und Albert Uderzo eingehen. Mitte der 1950er-Jahre hatte er gemeinsam mit Sempé die ersten Geschichten um den Lausejungen Nicolas geschaffen, die in den Zeitschriften *Le Moustique*, *Sud Ouest* und *Pilote* erschienen. Die daraus entstandenen Bücher sind in zahlreichen Übersetzungen bis heute Welterfolge. Laurent Tirards Realverfilmung *Le petit Nicolas* (2009) lockte eine beeindruckende Zahl von Menschen jeden Alters ins Kino. Goscinny arbeitete an sehr unterschiedlichen Serien im *Journal de Tintin* mit. In verschiedenen Magazinen und später in einer Folge eigenständiger Publikationen schrieb er von 1955 bis 1977 die Texte zu Morris' Cowboyfigur *Lucky Luke*. Der Szenarist – Goscinny war es, der diese Funktion im Bereich des Comics etablierte – und der Zeichner bedienten sich aller Mythen der amerikanischen Geschichte der zweiten Hälfte des 19. Jahrhunderts und der klassischen Westernfilme, in die sie Karikaturen, Parodien und Seitenhiebe auf Persönlichkeiten des Kinos, der Geschichte und der Gegenwart verwebten. Dieses Verfahren wurde von Goscinny in *Astérix* und *Iznogoud* zur Perfektion geführt.

Es gab zahlreiche Versuche, die Geschichten des Cowboys, der „schneller als sein eigener Schatten" ziehen kann, auf Leinwand und Bildschirm zu übertragen. Zeichentrickklassiker sind *Lucky Luke* (1971) und *La Ballade des Dalton* (1978), beide in der Regie von Goscinny und Morris selbst. Zwischen 1984 und 2001 entstanden drei Serien mit insgesamt mehr als hundert je 26-minütigen Folgen. Als Realverfilmung wurde nach *Le Juge* (1971) *Lucky Luke* (1991) mit Terence Hill als Regisseur und in der Titelrolle ein Überraschungshit, der in Italien als Fernsehserie fortgeführt wurde. *Les Dalton* (*Die Daltons gegen Lucky Luke*; 2004) und *Lucky Luke* (2009) verzeichneten hingegen nicht den erhofften Erfolg.

Goscinny und der Zeichner Albert Uderzo gründeten Ende der 1950er-Jahre ihre Verlagsgesellschaft *Edifrance-Edipresse* und gaben das Jugendmagazin *Pilote* heraus. In der ersten Nummer vom 20. Oktober 1959 erschien *Astérix le Gaulois* (*Asterix der Gallier*), das erste Abenteuer des kleinen Helden, der bis heute den größten Erfolg aller französischen Comicserien weltweit (mit Ausnahme der USA) verkörpert. Jede Schülergeneration hat in Frankreich und sogar in afrikanischen und asiatischen Kolonien über „nos ancêtres les Gallois" („unsere Vorfahren, die Gallier") raisoniert. Asterix, Obelix, ihre Freunde und ihre Gegner, die Römer, ruhen mithin auf festen Fundamenten des romanischen Volksvermögens. Uderzos karikaturistische Zeichnungen und die burleske Komik der Situationen sprechen Kinder und Jugendliche direkt an. Das intelligente und skurrile Jonglieren mit Nationalstereotypen, sich überlagernden Zeitebenen und persiflierten Elementen aller Bildungssphären, das Spiel mit Worten und Sprachen fesselt Jugendliche und Erwachsene. Über die Geschichte des Örtchens Petibonum hinaus, das als letztes in dem ansonsten gänzlich von den Römern besetzten Gallien widersteht, begreift weltweit jeder auf seine Weise die Auflehnung und den Triumph des benachteiligten, jedoch hoch motivierten Kleinen gegenüber dem arroganten, aber viel zu selbstsicheren Giganten.

Seit 1967 entstanden acht abendfüllende Zeichentrickfilme für die Kinoleinwand. Ideen für Realverfilmungen kursierten immer wieder. Erst in den 1990er-Jahren konnten sie durch die Entwicklung digitaler Technik, eine finanzstarke Ausnahmepersönlichkeit unter den Produzenten, Claude Berri, und mit Beteiligung einiger der größten Stars des europäischen Films realisiert werden. *Astérix et Obélix contre César* (*Asterix und Obelix gegen Caesar*; 1998) begeisterte ein Millionenpublikum und wurde zum Exportschlager. Mit vergleichbarem Erfolg schlossen sich an: *Astérix et Obélix: Mission Cléopâtre* (*Asterix und Obelix: Mission Kleopatra*; 2002) und *Astérix aux jeux Olympiques* (*Asterix bei den Olympischen Spielen*; 2007). Für 2011 ist *Astérix chez les Bretons* unter der Regie von Laurent Tirard in Vorbereitung. Diese Kinoserie von hoher Qualität kann als ähnlich beispiellos angesehen werden wie die internationale und generationsübergreifende Verbreitung der Alben.

Goscinny und der Zeichner Jean Tabary schufen ab 1961 die Geschichten um den korrupten und hinterhältigen *Iznogoud*, der immer und mit allen Mitteln „Kalif anstelle des Kalifen", seines milden, faulen und vom Volk geliebten Herrn Haroun al Poussah, sein will. In den Palastschranzen und nichtsnutzigen Würdenträgern der Geschichten erkennt man häufig Persönlichkeiten aus Politik, Geschichte und öffentlichem Leben – und damit jenes Prinzip, das auch *Lucky Luke* und *Asterix* prägt. Von 1966 bis heute wird die umfangreiche Reihe der Alben von unterschiedlichen Autoren fortgeführt. Seit 1995 gibt es eine TV-Zeichentrickserie. Erstmals entstand 2005 unter der Regie von Patrick Braoudé eine Realverfilmung, *Iznogoud* (*Isnogud – Der bitterböse Großwesir*), der allerdings wenig Beachtung geschenkt wurde.

René Goscinny und Hergé haben mit ihren Werken den Comic als Inspirationsquelle neu ins Bewusstsein gerückt. Spielberg wird zeigen, wozu Tintin im Zeitalter der digitalen Techniken fähig ist; Frankreichs Medienmogul und Starregisseur Luc Besson hat gerade Jacques Tardis *Les Aventures extraordinaires d'Adèle Blanc-Sec* (2010) in einer aufwändigen Realverfilmung auf die Leinwand transponiert. Zugleich konnten Goscinny und Hergé das Handwerk des Zeichentricks rehabilitieren, in dem Kreativität, Stil und starke Inhalte zählen.

### Kirikou und Persépolis

Eine grafische, ethnische und damit zugleich politische Erneuerung in Comic und Film, getragen von einem großen internationalen Kinopublikum, brachten Michel Ocelots Geschichten um den afrikanischen Jungen Kirikou und Marjane Satrapis *Persépolis* hervor. Mit *Kirikou et la sorcière* (*Kirikou und die Zauberin*; 1998) und *Kirikou et les bêtes sauvages* (*Kirikou und die wilden Tiere*; 2005) wiederholte sich für Ocelot nach einem halben Jahrhundert das Wunder Grimaults, seine mit vergleichsweise geringen Mitteln hergestellten Filme auf Augenhöhe neben Disneys *Prinzen von Ägypten* und *Mulan* sowie Berris *Asterix und Obelix* platziert zu sehen. Europäische Kinder und

Abb. 2:
Szene aus Persépolis
(F / USA 2007; Regie:
Vincent   Paronnaud
und Marjane Satrapi)

Erwachsene fanden in den auf westafrikanischen Märchen beruhenden Geschichten nicht nur eine exotische Gegenwelt, sondern in der Bearbeitung afrikanischer Mythen auch eine Hinwendung zu den Wahrheiten ihres eigenen Seins.

Die in Frankreich lebende 30-jährige Marjane Satrapi veröffentlichte im November 2000 in Comicform die Geschichte ihrer Entwicklung vom Kind zum Teenager. Parallel dazu schildert sie den Weg vom persischen Schah-Regime zur Islamischen Republik in ihrem Geburtsland Iran. *Persépolis* wurde ein Überraschungshit, der nicht nur zwei Folgebände ermöglichte, sondern auch unter der Regie der Autorin in seinem eigenwilligen, ebenso einfachen wie poetischen Stil als Zeichentrickfilm im Jahre 2007 bei den Filmfestspielen in Cannes für Aufsehen sorgte (Abb. 2). Der exakt durchgehaltene Blick des Kindes auf banale Alltäglichkeit und brutale politische Unterdrückung ermöglicht ein Nebeneinander von eindrücklicher Emotion und schwebendem Humor: „In Persépolis beruht alles auf meiner Subjektivität, meinem Blick, aber ich erfinde nichts. Ich glaube, dass sich jeder darin wiedererkennen kann. Das ist das Wesentliche." (Satrapi; zit. nach Bruyn 2007, 70)

Comic und Film – zwei Medien, die einander zum Teil durch die Personalunion von Zeichnern, Autoren und Regisseuren mehr und mehr durchdringen. Die digitale Technik verstärkt diese Tendenz und bringt neue, erregende Gestaltungsmöglichkeiten. Fortsetzung folgt ...

## Filmographie

Abenteuer in Rio [L'Homme de Rio] (F 1963; Regie: Philippe de Broca)

Adèle und der Fluch des Pharaos [Les Aventures extraordinaires d'Adèle Blanc-Sec] (F 2010; Regie: Luc Besson)

Asterix bei den Olympischen Spielen [Astérix aux jeux Olympiques] (F 2007; Regie: Frédéric Forestier und Thomas Langmann).

Asterix und Obelix gegen Caesar [Astérix et Obélix contre César] (F / I / D 1998; Regie: Claude Zidi)

Asterix und Obelix: Mission Kleopatra [Astérix et Obélix: Mission Cléopâtre] (F / D 2002; Regie: Alain Chabat)

Les Aventures des Pieds Nickelés (F 1918; Regie: Émile Cohl)

Les Aventures des Pieds Nickelés (F 1947; Regie: Marcel Aboulker)

Les Aventures de Tintin (F / CDN 1991/92; Regie: Stéphane Bernasconi)

Les Aventures de Tintin – Le Secret de la Licorne [The Adventures of Tintin – The Secret of the Unicorn] (USA / NZ / B, bisher unveröffentlicht; Regie: Steven Spielberg)

Bécassine (F 1939; Regie: Pierre Caron)

Bécassine und die Jagd nach dem Wikingerschatz [Bécassine – le trésor viking] (F 2001; Regie: Philippe Vidal)

Der begossene Rasensprenger [L'Arroseur arrosé] (F 1895; Regie: Louis Lumière)

Die Daltons gegen Lucky Luke [Les Dalton] (F / D / E 2004; Regie: Philippe Haïm)

Elf Uhr nachts [Pierrot le fou] (F 1965; Regie: Jean-Luc Godard)

Gwen ou le livre de sable (F 1985; Regie: Jean-François Laguionie)

Die Hirtin und der Schornsteinfeger [La bergère et le ramoneur] (F 1950; Regie: Paul Grimault)

Indiana Jones – Jäger des verlorenen Schatzes [Raiders of the Lost Ark] (USA 1981; Regie: Steven Spielberg)

Isnogud – Der bitterböse Großwesir [Iznogoud] (F 2005; Regie: Patrick Braoudé)

Iznogoud (F / GB 1995; Regie: Bruni Bianchi)

Le Juge (F 1971; Regie: Jean Girault)

Kirikou und die wilden Tiere [Kirikou et les bêtes sauvages] (F 2005; Regie: Michel Ocelot und Bénédicte Galup)

Kirikou und die Zauberin [Kirikou et la sorcière] (F / B / LUX 1998; Regie: Michel Ocelot)

Der kleine Nick [Le petit Nicholas] (F 2009; Regie: Laurent Tirard)

Der König und der Vogel [Le roi et l'oiseau] (F 1980; Regie: Paul Grimault)

Lucky Luke (F 1971; Regie: René Goscinny, Maurice de Bévère)

Lucky Luke (I / USA 1991; Regie: Mario Girotti [d. i. Terence Hill])

Lucky Luke (F 2009; Regie: James Huth)

Lucky Luke – Sein größter Trick [La Ballade des Dalton] (F 1978; Regie: René Goscinny, Maurice de Bévère und Pierre Tchernia)

Melody Time (USA 1948; Regie: Wilfred Jackson, Hamilton Luske, Clyde Geronimi und Jack Kinney)

Persépolis (F / USA 2007; Regie: Vincent Paronnaud, Marjane Satrapi)

Le petit soldat (F 1947; Regie: Paul Grimault)

Les Pieds Nickelés (F 1964; Regie: Jean-Claude Chambon)

Les Pieds Nickelés s'en vont en guerre (F 1917; Regie: Louis Forton)

La table tournante (F 1988; Regie: Paul Grimault)

Tim und Struppi und das Geheimnis um das goldene Vlies [Tintin et le Mystère de la Toison d'Or] (F / B 1961; Regie: Jean-Jacques Vierne)

Tim und Struppi und die blauen Orangen [Tintin et les Oranges bleues] (F / E 1964; Regie: Philippe Condroyer)

Tim und Struppi im Sonnentempel [Tintin et le Temple du Soleil] (F / B 1969/70; Regie: Eddie Lateste)

Tim und Struppi und der Haifischsee [Tintin et le Lac aux Requins] (F / B 1972; Regie: Raymond Leblanc)

Le Trésor des Pieds Nickelés (F 1949; Regie: Marcel Aboulker)

Les Triplettes de Belleville (F / B / CDN / GB 2003; Regie: Sylvain Chomet)

Vertraute Fremde [Quartier lointain] (B / LUX / F / D 2009; Regie: Sam Garbarski)

**Literatur**

Bruyn, Olivier de: Bulles persanes Film perçant. In: Première 364 (2007), 68-73

Chevassu, François: Paul Grimault. Le bon chat jaune qui aimait les oiseaux. In: Le Mensuel du Cinéma 17 (1994), 78-79

Ciment, Michel: Textes et images sur l'image par image. In: Positif 356 (1990), 56-59

Ciment, Michel (Hg.): Dossier Cinéma d'animation. In: Positif 472 (2000), 78-103

Cosandey, Roland: Émile Cohl: animation, dessins animés, ou films à trucs? In: Positif 371 (1992), 85-87

Cosandey, Roland: Le Peintre néo-impressionniste d'Émile Cohl ou la cause commune. In: Positif 371 (1992), 88-89

Crafton, Donald: Émile Cohl. Caricature and Film. Princeton 1990

Exner, Christian: Kirikou et la sorcière. In: Schäfer, Horst (Hg): Lexikon des Kinder- und Jugendfilms im Kino, im Fernsehen und auf Video. Losebl.-Ausg. Meitingen 1998ff.

Fuchs, Wolfgang J.: Die Asterix-Filme. In: Schäfer, Horst (Hg.): Lexikon des Kinder- und Jugendfilms im Kino, im Fernsehen und auf Video. Losebl.-Ausg. Meitingen 1998ff.

Fuchs, Wolfgang J.: Hergé. In: Schäfer, Horst (Hg.): Lexikon des Kinder- und Jugendfilms im Kino, im Fernsehen und auf Video. Losebl.-Ausg. Meitingen 1998ff.

Gangloff, Tilmann P.: Astérix et les Vikings. In: Schäfer, Horst (Hg.): Lexikon des Kinder- und Jugendfilms im Kino, im Fernsehen und auf Video. Losebl.-Ausg. Meitingen 1998ff.

Garel, Alain / Dominique Maillet / Jacques Valot / Jean-Pierre Zarader: Philippe de Broca. Paris 1990

Grelier, Robert: Le roi Paul Grimault et l'oiseau. In: La Revue du Cinéma 348 (1980), 65-78

Guerrin, Michel: Steven Spielberg révèle ses secrets pour adapter Tintin au cinéma. In: Le Monde, 03.12.2009

Haas, Christoph: Die gezeichnete Nation. In: Süddeutsche Zeitung, 23./24.05.2009

D'Hugues, Philippe / Michel Marmin (Hgg.): Le Cinéma Français. Le Muet. Paris 1986

Lehembre, Bernard: Bécassine. Une légende du siècle. Paris 2005

Schwarzer, Wolfgang: Le Roi et L'Oiseau. In: Schäfer, Horst (Hg.): Lexikon des Kinder- und Jugendfilms im Kino, im Fernsehen und auf Video. Losebl.-Ausg. Meitingen 1998ff.

Toeplitz, Jerzy: Geschichte des Films. Band 1 (1895-1928). Berlin 1984

Twele Holger: Kirikou et les bêtes sauvages. In: Schäfer, Horst (Hg.): Lexikon des Kinder- und Jugendfilms im Kino, im Fernsehen und auf Video. Losebl.-Ausg. Meitingen 1998ff.

Vimenet, Pascal: La capture du mouvement. In: Cahiers du Cinéma 375 (1985), 46-54

Vulser, Nicole: Dessin Animé. La touche française. In: Le Monde, 22.12.2004

**Internetquellen**

Portal des Casterman-Verlags. http://www.casterman.com (Stand: 27.08.2010)

Portal des Dargaud-Verlags. http://www.dargaud.com (Stand: 27.08.2010)

*Werner C. Barg*

# Fantasy – Phantastische Weltorientierung für Kinder und Jugendliche

## Vorbemerkung

In der Phase der Adoleszenz üben Märchen, Sagen, Mythen, übernatürliche, magische sowie surreale Elemente und Ideen einen besonderen Reiz aus, weil heranwachsende Menschen sich nicht nur ihre unmittelbare Alltagsrealität erschließen wollen, sondern auch beginnen, sich für Grundfragen menschlicher Existenz und menschlichen Verhaltens zu interessieren. Fantasy als Subgenre der Kunst der Phantastik war und ist von jeher ein Ort, an dem diese Grundfragen im Kampf von Fabelwesen, Untoten, Zauberern, Geistern, Riesen und Zwergen in Erzählfiktion verhandelt und verdichtet werden. Es ist daher nur folgerichtig, wenn etwa Stephenie Meyer, die Autorin der *Twilight Series*, zu ihrem dritten Buch der Reihe *Eclipse – Biss zum Abendrot* (2008) erklärt:

> „Für mich ist das Hauptthema der Geschichte ohnehin, dass man sich den Folgen seiner Handlungen stellen muss, und dass selbst die richtigen Entscheidungen Folgen haben und dass es schließlich auch Folgen hat, wenn man sich vor einer Entscheidung herumdrückt. Das Entscheidende am Erwachsenwerden ist, dass man, wenn man groß ist, merkt, wenn ich A tue, dann muss ich als Folge daraus mit B rechnen. Bella muss erwachsen werden und mit den Konsequenzen dessen, was sie tut, umgehen lernen." (Meyer; zit. in Concorde 2010, 5f.)

Im Gewand phantastischer Welten geht es im Fantasy-Genre also durchaus um ganz alltägliche Probleme. Bücher und deren Verfilmungen wie Meyers Vampir-Saga, J. R. R. Tolkiens *Herr der Ringe* (1980), Joanne K. Rowlings *Harry-Potter*-Serie (1997-2007) oder C. S. Lewis' *Chroniken von Narnia* (1950-56) geben Kindern und Jugendlichen Lebenshilfen und reflektieren im phantastischen Kosmos ihrer Geschichten zugleich aktuelle Welt- und Zeitläufe. Sie geben in künstlerischen Formen fiktionaler Erzählung Orientierung und befriedigen die Unterhaltungsbedürfnisse von Kindern, Jugendlichen und auch vielen Erwachsenen, weil sich jene an die eigene Weltsuche beim Heranwachsen erinnern: „Kein Buch ist es wert, es mit zehn zu lesen, wenn es sich nicht ebenso (und oft noch weit mehr) lohnt, es mit fünfzig zu lesen" (Lewis; zit. nach http://www.phantastik-couch.de). C. S. Lewis, der Autor der *Chroniken von Narnia*, bringt hier auf den Punkt, was mir kürzlich ein Film- und Fernsehproduzent als Geheimnis des Erfolgs verraten hat:

„Frag' dich, was Du mit 12, 14 oder 16 Jahren gut und interessant gefunden hast. Suche Stoffe, die aus diesem Geist geboren sind, und es werden erfolgreiche Bücher und Filme, weil Du nicht nur Kinder und Jugendliche ansprichst, sondern auch in den Erwachsenen jene Anteile ihres Ichs zum Klingen bringst, die 12, 14 oder 16 Jahre geblieben sind."

Vielleicht ist der enorme Erfolg von Fantasy in Literatur und Film bei Jung und Alt tatsächlich so einfach zu erklären, vielleicht auch nicht. Dem Fantasy-Genre als fiktivem Medium realer Weltorientierung für Kinder und Jugendliche nachzugehen, ist Anliegen meines Beitrags.

## Fantasy als narrativer Modus zur Überlieferung von gesellschaftlichen Werten, Normen und Verhaltenscodes

Am Anfang stand die Tat. Durch sie brachten die Älteren den Jungen in frühen archaischen Gesellschaften (Über-)Lebensweisen bei, durch sie mussten sich die Jüngeren in Initiationsritualen gegenüber den Älteren beweisen. Am Anfang war aber auch das Wort. In mündlicher, später auch schriftlicher Überlieferung erzählten die Alten den Jungen von Ehre und Moral, vom Verhaltenskodex des Kriegers und vom Umgang der Generationen miteinander, von Verantwortung, Liebe und Vertrauen. Verpackt waren die ethischen Botschaften ins Geschichtenerzählen von klassischen Götter- und Heldensagen, wie die Abenteuer Odysseus', König Artus' oder der Nibelungen. So erfuhren die Zuhörer von Verlockungen, Versuchungen und von bösen Mächten, mit denen die Helden stets um die Durchsetzung des Guten ringen müssen. Epen wie das Hildebrandslied schließlich erzählen sogar von Konflikten zwischen Vater und Sohn, die tragisch enden können.

Moderne Fantasy-Autoren wie der britische Sprachwissenschaftler und Mediävist John Ronald Reuel Tolkien, mit dessen Romanserie *Herr der Ringe* in den 1950er-Jahren der bis heute anhaltende Fantasy-Boom eingeleitet wurde, greifen das Konzept des Moraltransfers klassischer Heldensagen in ihren Werken wieder auf. So wird in Tolkiens epischer Geschichte, die als *High Fantasy*[1] bezeichnet wird, weil sie ganz und ausschließlich in einem mittelalterlich geprägten Phantasieuniversum namens Mittelerde spielt, ein junges Mitglied vom Stamme der Hobbits mit seinen Gefährten durch einen Ring, in den einst der böse Herrscher Sauron seine ganze dunkle Kraft hat hineinschmieden lassen, in den immerwährenden Krieg zwischen Gut und Böse hineingezogen. Tolkiens *Herr der Ringe* folgt in seiner Erzählstruktur der klassischen Heldenreise, der Queste, in der ein Held sich zuerst als Heldenfigur erweisen muss (Initiation), um dann mit einigen Gefährten, die ihm als Vertraute dienen und seine Heldeneigenschaften ergänzen, in gefährlichen Situationen gegen alle Schwellenhüter, Gestaltwandler, Trickser und Schatten des Bösen zu bestehen und die ihm auferlegte Aufgabe letztendlich zu erfüllen. Bei jener Aufgabe handelt es sich meist um nichts weniger als die Errettung und Erhaltung der Welt, in der die Figuren leben (vgl. Vogler 1997).

---

1  Vgl. zur Klassifikation der Fantasy-Subgenres: www.phantastik-couch.de/fantasy.html.

### Die Errettung der Metaphysik im Geiste der Fantasy

Zum Kanon des Moraltransfers im phantastischen Gewand gehören auch die *Märchen aus Tausendundeiner Nacht* oder die Volksmärchen des europäischen Mittelalters, die zunächst überwiegend mündlich von Generation zu Generation weitererzählt wurden, bevor die Brüder Grimm sie erstmals 1815 in gesammelter Form schriftlich fixierten und veröffentlichten. Die Märchenforscher Grimm bewahrten damit in schriftlicher Überlieferung eine Welt menschlicher Wünsche, Ängste, Träume und Sehnsüchte auf, die sich im fiktionalen Kosmos von glücksuchenden Müllersburschen, heldenhaften Prinzen, verschlafenen Prinzessinnen, intriganten Königinnen und bösen Hexen, Wölfen und Zauberern verbarg. So konnte eine Quelle des Metaphysischen in der fiktionalen Erzählung das nun real in Europa beginnende Zeitalter der Aufklärung bis heute überdauern. Die Aufklärung wollte Licht in das Dunkel jeder Metaphysik bringen und erklärte die Welt jenseits rationaler (zunehmend wissenschaftlicher) Erklärbarkeit für abgeschafft, bezeichnete übernatürliche Phänomene als *Spoekenkiekerei* und verwies Trolle, Monster, Ungeheuer und Vampire in das Reich der Phantasie, abseitig jeden gesunden Menschenverstands. Dort, in der Fiktion, im Schauer- und Abenteuerroman, feierte die Metaphysik bei den Autoren der Romantik etwa, die sich erklärtermaßen in Opposition zum rational-wissenschaftlichen Fortschrittsdenken wähnten, fröhliche Urständ: E. T. A. Hoffmann (*Die Elixiere des Teufels*; *Nachtstücke*), Edgar Allan Poe (*Der Rabe*), Bram Stoker (*Dracula*) oder Mark Twain (*Ein Yankee aus Connecticut am Hofe des König Artus*) verbanden in ihren Geschichten im 19. Jahrhundert Realismus mit Phantastik und wurden damit zu den Wegbereitern der so genannten *Urban Fantasy* in der Moderne. Das Subgenre zeichnet sich dadurch aus, dass seine Geschichten nicht komplett in einer erfundenen phantastischen Welt spielen, sondern vielmehr von der Behauptung ausgehen, dass sich in unserer Alltagsrealität oder in einer realistisch gezeigten historischen Welt Zugangswege in eine metaphysische Welt befinden.[2] So reist etwa Zauberlehrling Harry Potter, der in den Romanen von Joanne K. Rowling unter nicht-magischen Menschen lebt, so genannten Muggels, am Beginn eines jeden neuen Schuljahres im Zauber-Internat Hogwarts über das fiktive Gleis Neundreiviertel am real existierenden Londoner Bahnhof King's Cross mit dem Hogwarts Express in die Schule für Hexerei und Zauberei, wo er mit seinen Freunden und Vertrauten Hermine und Ron heranwächst und zunehmend gefährlichere Abenteuer im Kampf gegen den bösen Lord Voldemort bestehen muss, der als Mörder seiner Eltern gilt und die Kraft der dunklen Magie vertritt.

Auch in C. S. Lewis' siebenbändiger, durch Tolkiens Romane inspirierten Fantasy-Buch-Reihe *Die Chroniken von Narnia* bewegen sich die jugendlichen Helden zwischen ihrer gegenwärtigen Welt und den Fantasy-Welten, die mittelalterlich-archaisch geprägt sind, hin und her, u. a. mithilfe von Zauberringen in *The Magician's Nephew – Das Wunder von Narnia* (Lewis 1955; 2006), oder auch durch Portale, etwa durch einen verzauberten Wandschrank in *The Lion, the Witch and the Wardrobe – Der König von Narnia* (Lewis 1950; 2007).

---

2  Insofern wäre auch das erfolgreiche Kino-Franchise *Pirates of the Caribbean – Fluch der Karibik* (USA 2003- 07) zur Urban Fantasy zu rechnen.

Eine Modifikation der *Urban Fantasy* findet sich bereits bei ihrem Vorläufer, im Schauer- und Abenteuerroman des 19. Jahrhunderts: Gemeint ist das Konzept der *hidden places* bzw. der geheimen Experimente, die in der jeweiligen gegenwärtigen Realität der Figuren an einem versteckten Ort – vor der Öffentlichkeit verborgen – durchgeführt werden, wie etwa Dr. Frankensteins Menschenversuch in Mary Shelleys *Frankenstein* (1818) oder Dr. Jekylls Selbstversuch in *Der seltsame Fall des Dr. Jekyll und Mr. Hyde* von Robert Louis Stevenson (1886).

In der Gegenwart hat u. a. Michael Crichton mit seinem Roman *Jurassic Park* (1990) dieses Konzept der *Urban Fantasy* wieder aufgenommen, indem er behauptet, es gäbe auf einer mittelamerikanischen Insel bei Costa Rica einen Erlebnispark, der dank modernster Gentechnologie mit lebenden Dinosauriern und anderen Sensationen aus der Urzeit der Erde bevölkert sei. Die legendäre Verfilmung von Steven Spielberg aus dem Jahre 1993 wurde auch von Jugendlichen besonders stark rezipiert – was kaum verwundert, denn die Komplett-Phantastik der *High Fantasy* mag Kinder und Jugendliche zwar in Erstaunen versetzen wie die Geschichten der Volksmärchen, doch das Konzept der *Urban Fantasy* ist für Jugendliche ungleich faszinierender, weil es ihrer Suche nach dem, was die Welt im Innersten zusammenhält, eher entspricht. Da ist es natürlich atemberaubend anzunehmen, irgendwo gäbe es einen Dino-Park oder ein Portal, um in die Welt der Zauberer und Mythen des Mittelalters zu gelangen. So korrespondiert Fantasy in Literatur und Film eng mit der jugendlichen Suche nach Schätzen und Geheimnissen.

### Adoleszenz und Pubertät im Gewand der Fantasy

In Stephenie Meyers *The Twilight Series* findet die Verbindung zwischen realer und phantastischer Welt schließlich über die Figuren direkt statt. Vampire wie Edward und Werwölfe wie Jacob leben ganz unauffällig unter den Menschen und verwandeln sich fernab der menschlichen Zivilisation, in den tiefen Wäldern, aber auch an entlegenen urbanen Plätzen in schaurige Fabelwesen, die blutrünstige Kämpfe mit- und gegeneinander ausfechten.

Die emotionale Kraft der Meyer-Romane gerade für Jugendliche besteht nun nicht allein darin, ein Paralleluniversum zur alltäglichen Welt kreiert zu haben. Vielmehr verhandelt Meyer vor dem Hintergrund ihrer durch den Schauerroman des 19. Jahrhunderts inspirierten Fantasy-Welt die Liebe der Hauptfigur Bella zum Vampir Edward wie zum Werwolf Jacob; sie erzählt also von emotionalen Entscheidungssituationen, von Achterbahnfahrten der Gefühle Bellas zwischen erotischer Euphorie und Liebeskummer, die für Jugendliche in der Pubertät sehr gut nachzuvollziehen sind.

Auch Joanne K. Rowling thematisiert vor dem Hintergrund ihrer phantastischen Zauberlehrling-Saga, wie Harry Potter vom kindlichen Helden zum Erwachsenen heranreift und vollzieht in ihren sieben Büchern wesentliche Stufen der Adoleszenz eines Heranwachsenden nach: von der Unsicherheit, Desorientierung und Suche nach Halt und (erster) Liebe über Selbstfindungsprozesse und das Ringen um die richtige, große Liebe bis zur Herstellung eines (fragilen) Gleichgewichts zwischen seinen Pflichten (als Held und Rächer seiner Eltern) und den Anforderungen seines Lebens.

So evozieren und bestätigen die phantastisch-fiktiven Erzählwelten, die Autorinnen und Autoren in vielen ihrer Bücher anlegen, die symbolischen und poetischen Gedankenwelten der Heranwachsenden. Im Leseerlebnis reproduzieren sie die literarisch vorproduzierte reale wie surreale Wirklichkeit in je eigener Weise, können selbst Phantasien anlagern, Wünsche oder auch Ängste fiktiv durch- und ausleben.

## Fantasy im Kino: Phantastische Weltorientierung für Kinder und Jugendliche aus dem Geist des Computers

Früher blieb die zuvor beschriebene phantastische Kinder- und Jugendliteratur medial meist singulär; die Möglichkeiten anderer Medien, etwa des Films, ermöglichten zwar mit klassischen Filmtricks wie Doppelbelichtungen, Vorsatzeffekten vor der Kamera etc. die Adaption von Märchen wie *Die Geschichte vom kleinen Muck*, einer DEFA-Märchenverfilmung von 1953, in der Regisseur Wolfgang Staudte den Trick mit den Zauberschuhen aus Wilhelm Hauffs Märchen *Der kleine Muck* mit gelungenen Zeitraffereffekten umsetzte. Doch solche filmischen Visualisierungen der von Autorenphantasien erdachten Wirklichkeiten blieben aufwändig, kostspielig und konnten zumeist nicht den Realismus des üblichen Filmbildes erreichen.[3]

Über die Verfilmung von Fantasy-Literatur wie auch des Jugendromans *Krabat* von Otfried Preußler oder Tolkiens *Herr der Ringe* wurde daher lange Zeit kaum nachgedacht, weil die in ihnen erzählten Phantasiewelten als schlicht unverfilmbar galten.[4] Erst seitdem in den 1990er-Jahren der Computer in die Filmproduktion Einzug hielt, änderte sich das Bild. Nun wurden Bildbearbeitungstechniken entwickelt, mit denen Special-Effect-Supervisors computergestützte Visualisierungen für Filme auf hohem kinematographischen Standard umsetzen können. So wurde es möglich, auch die literarischen Fantasywelten aus Kinder- und Jugendbüchern adäquat in Filmsprache zu übersetzen.

Der Boom von Kinder- und Jugendbuchverfilmungen im deutschen wie im internationalen Kino seit dem Ende des letzten Jahrtausends ist somit ursächlich mit den neuen computertechnischen Möglichkeiten der Verfilmbarkeit menschlicher Phantasie verbunden. *Animation*, *Compositing* und *Tracking* sind die drei wichtigsten Verfahren zur Herstellung von *Computer-Generated-Images* (CGI), von computergenerierten Filmbildern. Diese Techniken am Vergleich der Bücher und Filme *Krabat* (Preußler 1971; Kreuzpaintner 2008) und *Harry Potter and the Philosopher's Stone* (Rowling 1997; Columbus 2001) zu beschreiben und im Hinblick auf die Verfilmbarkeit von Fantasy für Kinder und Jugendliche zu analysieren, soll abschließender Gegenstand meines Beitrags sein.

---

3  Auf eine besondere Ausnahme sei in diesem Zusammenhang dennoch verwiesen: 1983 verfilmte der Regisseur Wolfgang Petersen mit großem Aufwand das Jugendbuch *Die unendliche Geschichte* von Michael Ende in den Münchner Bavaria-Studios. Der Film kam 1984 in die Kinos. Hier wurden die von Ende erdachten Fantasy-Effekte höchst kostspielig in traditionellen Studio-Sets, Bühnen- und Kostümbildern für den Film hergestellt.

4  So sah es u. a. auch Autor Tolkien selbst und verkaufte die Filmrechte seines *Herr-der-Ringe*-Stoffs vergleichsweise günstig in den 1950er-Jahren, hauptsächlich um zu verhindern, dass Disney an den Stoff gelangen könnte.

**Fallbeispiel 1: Krabat**

Preußlers Geschichte vom Bettlerjungen Krabat, der in den Wirren des Großen Nordi-
schen Krieges zu Beginn des 18. Jahrhunderts sein Heil in einer Hexer- und Zauberer-
Gemeinschaft sucht, die der schwarzen Magie frönt, gründet sich auf eine Volkssage.
In der Interpretation des Autors (Jahrgang 1923) zeigt die Ausgestaltung der *Schwarzen
Schule* in jener Mühle am Koselbruch deutliche Anklänge an faschistische Männerbünde
und evoziert beim Leser eine Auseinandersetzung mit totalitären Systemen und deren
Gedankengut. Wie in anderer Totalitarismus thematisierender Literatur, beispielsweise
in George Orwells *1984*, wird auch bei Preußler die Liebe zwischen zwei Menschen als
private Lösung angeboten, dem System zu entkommen.

Preußlers Roman umspannt eine Zeit von drei Jahren; der Film von Marco Kreuzpaintner (Abb. 1) verkürzt die erzählte Zeit auf zwei und stellt auch sonst eine Reihe von
Vereinfachungen der sehr komplexen, durch viele Träume der Hauptfigur unterschnitte-
nen Handlung her (vgl. auch den Beitrag zu *Krabat* von Klaus Maiwald in diesem Band).
So wird die Figur des Altgesellen Tonda im Film aufgewertet und in der Verkörperung
durch Daniel Brühl der Hauptfigur Krabat (David Kross) als Verbündeter und – teilweise
– Mentor an die Seite gestellt. Durch ihn wird Krabat – und mit ihm der Zuschauer – ein
Stück weit in die Gepflogenheiten der merkwürdigen Bruderschaft in der Mühle eingefügt, eine Funktion, die für den Leser im Roman weitgehend der auktoriale Erzähler
übernimmt.

Die CGI-Verfahren, die in Kreuzpaintners Film von 2008 (Special Effect Supervisor: Alex
Lemke) zur Anwendung kommen, haben im Wesentlichen die folgenden Funktionen:

Das *Compositing* prägt nachhaltig den Look und die Atmosphäre des Films, um visuelle
Äquivalente zur metaphorischen Sprache Preußlers zu finden. So heißt es im Roman:

> „Jetzt sah Krabat die Mühle. Da lag sie vor ihm, in den Schnee geduckt, dunkel, bedrohlich,
> ein mächtiges, böses Tier, das auf Beute lauert. [...] Grabesstille empfing ihn und tiefe Fins-
> ternis." (Preußler 1971, 12f.)

Im Film vermittelt eine Komposition verschiedener Bildelemente diese Düsternis und
Bedrohlichkeit des Ortes (vgl. für einen Roman-Film-Vergleich in der Darstellung der
Mühle auch Maiwald 2010, 148f.). Im Szenenbild wurden die Bauten der Mühlen-
gebäude bei den Dreharbeiten vor Ort in Rumänien mit beweglichen Green-Screens
kombiniert, auf denen dann später im Computer digitale Film- und Photoelemen-
te hinzugefügt wurden. Das filmische Environment wurde ergänzt durch digital er-
zeugte Licht- und Objekteffekte (z. B. Rauch) sowie durch ein dunkel bedrohliches
*Mate-Painting* aus dem Computer, das den Bildhintergrund ausfüllt und z. T. durch
Maskierung und Freistellung einzelner real gefilmter Objekte und Personen im Bild
hergestellt wurde. Den aus realen Bildaufnahmen und digitalen Komponenten zu-
sammengesetzten Filmbildern wurde durch animierte Kamerafahrten, die subjektive
Blicke nachahmen und z. T. aus einzelnen Digitalphotos bestehen, visuell zusätzliche
Bedrohlichkeit verliehen. Das *Compositing* hilft aber auch, ganz praktische Probleme
bei der filmischen Inszenierung zu lösen, etwa die Kreation verschiedener Jahreszeiten

oder das Zusammenspiel von Mensch und Tier. So wurden für die Schlüsselszene des Films, in der Kantorka (Paula Kalenberg) Krabat unter den Raben identifiziert, echte Raben in einem Blue-Screen-Studio in verschiedenen Posen und Kamera-Blickwinkeln gefilmt. Die passenden Aufnahmen der realen Raben wurden in der computergenerierten Filmsequenz nahtlos mit der Inszenierung der Darstellerin in der *rabenfreien* Kulisse der Schwarzen Kammer verbunden, wobei die verschiedenen Aufnahmen von Blicken, Kopf- und Körperbewegungen der echten Raben halfen, auch die Blicke zwischen Kantorka und den verschiedenen Raben bruchlos zu einer dramatischen Montage verbinden zu können.

Um den Zauber des schwarzen Magiers in *Krabat* aber überhaupt glaubhafte Filmrealität werden lassen zu können, musste für die in literarischer Sprache schnell beschriebene Verwandlung der Zauberlehrlinge in Rabenvögel eine visuelle Lösung gefunden werden. Hier half das CGI-Verfahren der *Animation*. Im Studio wurden zunächst echte Raben gefilmt. Anhand dieser Aufnahmen modellierten die Computer-Animateure Rabenvögel, die sie dann im Filmbild animieren und durch *Compositing* mit den Bildhintergründen kombinieren konnten. So entstanden die Flugaufnahmen mit den CGI-Raben, deren Realitätseffekt allerdings schwach ist: Die künstlichen Raben werfen keine Schatten auf die Landschaft, die sie überfliegen, und verraten so ihre Entstehung in der Computer-Retorte

*Abb. 1*: Filmplakat zu *Krabat*

allzu leicht. Eine Meisterleistung ist Alex Lemke und seinem Team allerdings bei der Visualisierung der Verwandlung von Mensch in Tier und bei der Rückverwandlung von Rabe in Mensch gelungen. Hierfür kreierten sie im Computer das 3-D-Modell eines schwarzen Umhangs, der dem der Darsteller in der Szene glich. Diesen computergenerierten Umhang konnten sie in verschiedenen Animationsschritten zum 3-D-Modell des Raben umwandeln, wobei sie bei der *Verwandlung* dem Umhang noch kleine Details wie Federn hinzufügten, um den Prozess realistischer erscheinen zu lassen. Diese Verwandlungs-Animation wurde dann in die Realaufnahmen, z. B. der Schwarzen Kammer, hineinkomponiert. Schließlich wurde durch *Compositing* das Gesicht des Darstellers in den sich aufrichtenden 3-D-Umhang eingesetzt.

**Fallbeispiel 2: Harry Potter and the Philosopher's Stone**

Auch Regisseur Chris Columbus setzt in seiner Verfilmung (2001) des ersten Harry-Potter-Romans *Harry Potter and the Philosopher's Stone* (1997; Abb. 2) ausgiebig Animationstechniken ein, um die von Autorin J. K. Rowling – zum großen Vergnügen der (jugendlichen) Leser – in einfacher literarischer Sprache mit leichter Hand dahingeschriebenen Fantasy-Effekte der Geschichte filmisch erzähl- und erlebbar zu machen. Harry Potter, der bei einer grässlichen Gastfamilie von nicht-magischen Muggels aufwachsen muss, erfährt im ersten Buch von seiner eigenen Vergangenheit als Sohn berühmter Zauberer, die vom bösen Lord Voldemort getötet wurden. Dadurch erhält er seine Initiation zum Helden und seine Aufgabe, den Tod der Eltern zu rächen. Harry Potter – und mit ihm der Zuschauer – wird in das Paralleluniversum der Zauberwelt eingeführt. Harry verbringt sein erstes Jahr auf der Zauberschule Hogwarts. Dort lernt er die ersten Zaubertricks, gewinnt Freunde, begegnet ersten Gegnern und schließlich dem bösen Magier Voldemort, der in gewandelter Gestalt den im Hogwarts-Internat verwahrten *Stein der Weisen* in seinen Besitz zu bringen versucht. Rowling beschreibt diese erste Begegnung zwischen Harry Potter und Lord Voldemort in den folgenden Worten:

> „Harry felt as if Devil's Snare was rooting him to the spot. He couldn't move a muscle. Petrified, he watched as Quirrell reached up and began to unwrap his turban. What was going on? The turban fell away. Quirells's head looked strangely small without it. Then he turned slowly on the spot.

> Harry would have screamed, but he couldn't make a sound. Where there should have been a back to Quirrell's head, there was a face, the most terrible face Harry had ever seen. It was chalk white with glaring red eyes and slits for nostrils, like a snake." (Rowling 1997, 315)

Die realitätsgetreue Visualisierung dieser Szene, besonders die Darstellung des schlangenhaften Doppelgesichts von Prof. Quirrell (Ian Hart), dessen Körper sich der geschwächte Voldemort bemächtigt hat, hätte in früheren Zeiten des Kinos wohl jeden Regisseur beim Versuch, Rowlings Jugendroman werkgetreu zu verfilmen, zur Verzweiflung getrieben. Mithilfe der Computeranimation lässt sich dagegen heutzutage Quirrells Doppelgesichtigkeit relativ mühelos als 3-D-Modell herstellen, bewegen und in die inszenierte Szene mit dem Quirrell- und Harry-Darsteller integrieren.

Auch *The Sorting Hat* (vgl. ebd., 25ff.), ein Zauberhut, der die Neuankömmlinge in Hogwarts den einzelnen Schülerfraktionen zuordnet, wäre früher als filmmechanischer Trick herstellbar, aber wohl kaum so elegant in die Szene integrierbar gewesen wie hier in Columbus' Film in der Kombination von Darsteller (Leslie Phillips) und Computeranimation.

Für die Darstellung des Quidditch-Spiels (vgl. ebd., 196ff.), das im Buch wie im Film einige Erzählzeit in Anspruch nimmt, weil es die Funktion hat, Harrys Fähigkeiten zum Helden erstmalig vorzuführen, werden im Film gleichfalls Computeranimationen benötigt, etwa ein 3-D-Modell des *Snitch*, des schnell fliegenden goldenen Balls mit Flügeln, den Harry Potter (Daniel Radcliffe) am Ende nicht fängt, sondern fast verschluckt, aber auch so den Sieg für seine Mannschaft, die Gryffindors, sichert. Die rasanten Flüge der Mitspieler auf ihren Hexenbesen während des Spiels sind in der Action-Montage wiederum aus Elementen zusammengesetzt, die im Computer aus der Kombination von *3-D-Animationstechniken* und *Compositing* von Blue-Screen-Passagen entstanden, die mit den Darstellern gedreht wurden.

Mit dem einfachen Satz „ [...] and a huge motorbike fell out of the air and landed on the road in front of them" (ebd., 21) führt die Autorin eine ihrer liebenswertesten Figuren ein, den Hünen Hagrid (Robbie Coltrane), Schlüsselwärter der Zauberschule. Auch dies ist heutzutage im Compu-ter durch Compositing real gefilmter Elemente mit digitalen Lichteffekten (Lichtblitz am Himmel) und der 3-D-Animation der einfliegenden Figur auf dem Motorrad auf realistische Weise filmisch ebenso darstellbar wie die – dem Geisterausflug bei *Krabat* ähneln-de – Bildgestaltung des Hogwarts-Spei-sesaals, durch den frühere Zauberer (u. a. John Cleese) geistern und miteinan-der plaudern.

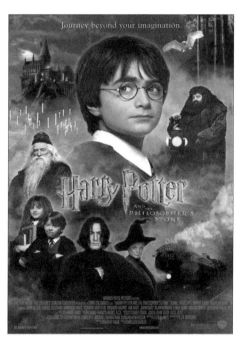

*Abb. 2:* Filmplakat zu *Harry Potter and the Philosopher's Stone*

Neben *Composite-* und *Animations-techniken* finden sich im ersten Harry-Potter-Film aber auch Methoden einer dritten Standardmethode der CGI, das *Tracking* (vgl. KJF / dffb 2005, Kap. Effekte), das in dem Chris-Columbus-Film eingesetzt wird, um die von Row-ling im Roman beschriebene Wieder-begegnung von Harry mit seinen Eltern filmisch umzusetzen: Auf einem gehei-men Streifzug durch verbotene Winkel des Internats findet Harry eine Art Zau-berspiegel, *The Mirror of Erised* (vgl. Rowling 1997, 210ff.), in dem er plötzlich seine Eltern neben sich im Spiegelbild sieht und mit ihnen ein Zwiegespräch beginnt. Um die Bewegtbilder der Eltern, die sich durch den Spiegel mit Harry unterhalten, im Film herzustellen, werden im real gedrehten Szenenbild so genannte Tracking-Punkte mar-kiert, anhand derer die Computerspezialisten später in der Bildbearbeitung die separat gedrehten Szenen mit Mutter- und Vater-Darsteller in die Szene einsetzen und mit dem Spiel des Harry-Darstellers vor dem Spiegel und den Kamerabewegungen syn-chronisieren können. Es handelt sich also auch hier um ein kombiniertes Verfahren, diesmal bestehend aus *Compositing* und *Tracking*.

## Fazit

Die Expansion von Kino-Fantasy für Kinder und Jugendliche wie für Erwachsene steht also im engen Zusammenhang mit filmtechnischen Entwicklungen bis hin zur aktuellen Renaissance der 3-D-Technik im Kino, deren Vehikel James Camerons *Avatar – Aufbruch nach Pandora* (USA 2009) wurde. Gerade dieser Science-Fiction-Fantasy-Erfolgsfilm bestätigt indes mit Produktionskosten von mehr als 250 Millionen Dollar und einem Zeitaufwand von zehn Jahren, dass dies noch mit großem Zeitbudget und enormem finanziellen Aufwand verbunden ist. Das (jugendliche) Publikum goutiert jedoch diese Mühen.

Bei der verfilmten Fantasy-Literatur für Heranwachsende besteht zudem offenbar ein großer Reiz darin, die von den Filmemachern auf der Leinwand hergestellten phantastischen Effekte zu bestaunen und mit den eigenen Vorstellungen zu vergleichen, die man sich beim Lesen, z. B. vom Quidditch-Spiel oder von Voldemorts Fratze im ersten Harry-Potter-Roman, gemacht hatte. Die Lust an diesem Vergleich zwischen der eigenen Lesephantasie und dem filmtechnologisch hergestellten „Budenzauber" auf der Leinwand dürfte – neben einer allgemeinen Schaulust und den psychologischen Affinitäten, die die in Fantasy-Jugendbüchern behandelten Themen für Kinder und Jugendliche haben – ein wenig das Phänomen erklärlich machen, weshalb so viele junge wie ältere Menschen, die schon Leser der Kinder- und Jugendbücher waren, begierig ins Kino gehen, um nun dort die Adaption anzuschauen, deren Handlung und Gehalt sie im Grunde schon kennen.

### Filmographie

Avatar – Aufbruch nach Pandora [Avatar] (USA 2009; Regie: James Cameron)
Fluch der Karibik [Pirates of the Caribbean: The Curse of the Black Pearl] (USA 2003; Regie: Gore Verbinski)
Die Geschichte vom kleinen Muck (DDR 1953; Regie: Wolfgang Staudte)
Harry Potter und der Stein der Weisen [Harry Potter and the Philosopher's Stone] (USA / GB 2001; Regie: Chris Columbus)
Krabat (D 2008; Regie: Marco Kreuzpaintner)
Pirates of the Carribean – Am Ende der Welt [Pirates of the Carribean: At World's End] (USA 2007; Regie: Gore Verbinski)
Pirates of the Carribean – Fluch der Karibik 2 [Pirates of the Carribean: Dead Man's Chest] (USA 2006; Regie: Gore Verbinski)

### Primärliteratur

Lewis, Clive S.: Die Chroniken von Narnia. Bd. 1: Das Wunder von Narnia. Wien: Ueberreuter 2006 [Original: The Magician's Nephew, 1955]
Lewis, Clive S.: Die Chroniken von Narnia. Bd. 2: Der König von Narnia. Wien: Ueberreuter 2007 [Original: The Lion, the Witch and the Wardrobe, 1950]
Meyer, Stephenie: Eclipse – Biss zum Abendrot. Hamburg: Carlsen 2008
Preußler, Otfried: Krabat. Würzburg: Arena 1971
Rowling, J. K.: Harry Potter and the Philosopher's Stone. London: Bloomsbury Publishing 1997
Tolkien, J. R. R.: Der Herr der Ringe. Stuttgart: Klett-Cotta 1980

**Sekundärliteratur**

Concorde-Filmverleih (Hg.): Eclipse – Bis(s) zum Abendrot. Presseheft. München 2010

KJF / dffb (Hgg.): Filmsprache und Filmanalyse. DVD. Remscheid: KJF-Medienvertrieb 2005; auch als Anhang des Buches: Barg, Werner / Horst Niesyto / Jan Schmolling (Hgg.): Grundlagen und Praxishilfen für die Filmbildung. München 2006

Kreuzpaintner, Marco: Krabat – Special Edition. Doppel-DVD. Frankfurt / M. 2009

Maiwald, Klaus: Literatur im Medienverbund unterrichten. In: Rösch, Heidi (Hg.): Literarische Bildung im kompetenzorientierten Deutschunterricht. Freiburg 2010, 135-156

Vogler, Christopher: Die Odyssee des Drehbuchschreibers. Frankfurt / M. 1997

**Internetquellen**

Was ist Fantasy-Literatur? In: www.phantastik-couch.de/fantasy.html (Stand: 15.08.2010)

*Christel Strobel*
# Alltags-Realität in Deutschland – von Kästner bis heute

„Nie wieder Alltag!" Unter diesem Slogan stellte die *Süddeutsche Zeitung* im März 2009 ihre neue Kinder- und Jugendbuch-Edition mit zehn ausgewählten Abenteuerbüchern für Mädchen und Jungen vor und titelte weiter: „Manchmal ist es schon abenteuerlich, einfach die Augen offen zu halten ..." – eine Aussage, die ebenso gut für den Alltag von Kindern gelten kann. Den offenen Blick auf die Realität des Alltags zu richten, bedeutet im Kontext von Kinderfilmen einerseits eine klare Abgrenzung zu festgelegten Genres wie Abenteuerfilm, Märchenfilm, Fantasy und Science Fiction oder Kinderkrimis; andererseits ist Kinderalltag aber nicht nur in rein realistischen Geschichten enthalten, wie die folgende Auswahl von Kinderfilmen zeigt.

Obwohl sich die Alltags-Realität, ebenso wie Kindheit überhaupt, von Kästner bis heute stark verändert hat, wirkt sich dies in den Kinderliteratur-Verfilmungen vor allem der letzten Jahre nur bedingt aus. Bestand der Kinder-Alltag früher auch und vor allem im freien Spielen fernab und unbeaufsichtigt von Erwachsenen, bot er den Kindern vielerlei Möglichkeiten der selbstständigen Erfahrung und Bewältigung, so wurde das alltägliche Leben im Laufe der Zeit zunehmend strukturierter, verlagerte sich von draußen nach drinnen. Heute steht der Alltag von Kindern häufig unter einem enormen Leistungsdruck – gefordert, gefördert und kontrolliert. In den aktuellen Kinderfilmen für die ganze Familie wird jedoch oft eine Welt entworfen, die durchaus als idealisierter Gegenentwurf zur Realität gedeutet werden kann oder in der Unverbindlichkeit bleibt.

### Erich Kästner – Alltags-Chronist und Filmautor

Nicht nur zeitlich gesehen stehen die Verfilmungen der Kinderbücher von Erich Kästner an erster Stelle (vgl. auch den Beitrag von Christian Exner in diesem Band). Kästner lieferte die literarische Vorlage für den Kinderfilm *Emil und die Detektive* (1931), der bis heute ein genaues und lebendiges Bild vom damaligen Leben in der Großstadt Berlin zeichnet. Die Geschichte vom aufgeweckten Jungen Emil Tischbein aus Neustadt an der Dosse, der in den Ferien mit der Eisenbahn zu seiner Großmutter nach Berlin fährt und bei der Ankunft feststellt, dass ihm die 120 Mark, die ihm seine alleinerziehende Mutter vom mühsam Ersparten mitgegeben hat, von einem seriös aussehenden Herrn im Abteil gestohlen wurden, handelt zwar hauptsächlich von der rasanten Verfolgung des Diebes quer durch die Stadt, vermittelt aber zugleich authentisch die Atmosphäre der Straßen und Plätze, in denen sich Emil und die Berliner Jungen bewegen, die ihm mit Witz und Spürsinn bei der Suche helfen, wobei das Landkind den Großstadtjungs an Courage und Phantasie in nichts nachsteht. Der Dieb wird schließlich von Emil in der Bank gestellt und überführt. Die Polizei bedankt sich für diesen Fang, denn Herr Grundeis war kein Gelegenheitsdieb, sondern ein gesuchter Bankräuber. Emil bekommt nicht nur sein Geld zurück, sondern auch noch eine hohe Belohnung. Diese Wendung allerdings erregt Widerspruch: In einer zeitgenössischen Kinderkritik, die besonders das „Zusammenhalten der Jungen" positiv vermerkt, heißt es dann aber: „Das Stück endet, als wenn es ein Sonntagsmärchen ist, dass der arme Junge tausend Mark Belohnung kriegt, das gefällt mir nicht, da so etwas in unserem Leben gar nicht passiert." (Vera, 11 Jahre; zit. nach: Die Rote Fahne, Dezember 1931)

Im Remake rund 70 Jahre später ist die Grundgeschichte des Gelddiebstahls – im Jahr 2000 sind es 1500 DM – und die Solidarität von Gleichaltrigen geblieben, ansonsten hat sich viel verändert (vgl. zu den verschiedenen *Emil*-Fassungen auch Maiwald 2010, zur Verfilmung aus dem Jahr 2000 weiter den Beitrag von Bettina Heck in diesem Band). Nach Aussage der Regisseurin und Drehbuchautorin Franziska Buch ist es

> „nicht der Versuch, einen sehr guten Roman zu verbessern, sondern die Lebensumstände von Kindern und Jugendlichen zeitgenössischer abzufassen. Hinzu kommt, dass Kästners Emil, der aus einer Kleinstadt in die pulsierende Großstadt kommt mit Autos, Straßenbahnen, Telefon, davon völlig überwältigt war. Das funktioniert ja heute so nicht mehr" (Buch 2000, 20).

In diesem Sinne sind Aktualisierungen der Grundsituation zu verstehen: alleinerziehender Vater (statt Mutter), der seit langer Zeit vergeblich versucht, Arbeit zu finden, und daraus resultierende Geldknappheit. Gravierend ist auch die sicherlich zeitgemäße Veränderung von Pony Hütchens Rolle: War sie in der Version von 1931 das süße Mädel mit Hund, das geradezu mütterlich für die Jungs sorgt, ansonsten aber in Gesellschaft der Großmama der Dinge harrt, so agiert im Jahr 2000 die selbstbewusste Großstadt-Göre als Anführerin der Gruppe. Unrealistisch dagegen wirken vordergründig auf rasante Unterhaltung zielende Nebenstränge wie das Doppelspiel des armen rumänischen Jungen, der sich als Emil ausgibt und bei der Pastorin im aufgeschlossen-bürgerlichen Haushalt einnistet. Ein ernsthaftes, gleichwohl idealistisches Anliegen im Sinne Kästners behält der Film letztlich im Auge: eine Solidargemeinschaft über alle Schichten und Verschiedenheiten hinweg, um den Kindern zu ihrem Recht zu verhelfen.

Erich Kästners Romane für Kinder wurden mehrfach verfilmt; in allen sind Situationen zu entdecken, die etwas über Lebensumstände und -vorstellungen ihrer Zeit aussagen. So ist Josef von Bakys Verfilmung *Das doppelte Lottchen* (1950) die warmherzige wie moralische Geschichte der als Kleinkinder getrennten Zwillinge, die in Wien beim Vater (Kapellmeister an der Oper) und in München bei der Mutter (Redakteurin einer kleinen Lokalzeitung) in sehr unterschiedlichen Milieus aufwachsen und die Rollen nach ihrer zufälligen Begegnung in einem Ferienheim tauschen. Die Wiederverfilmung mit dem Titel *Charlie und Louise* (1994) von Joseph Vilsmaier (ein Vorläufer der ab 1998 folgenden Kästner-Remakes von der Produzentin Uschi Reich, Bavaria-Filmstudio) hält sich im Wesentlichen an das Kästnersche Original, doch die häuslichen Verhältnisse wurden auch hier in die Gegenwart transferiert: Der Vater müht sich ab mit einem unter Geldmangel leidenden Off-Theater in Berlin-Kreuzberg, die Mutter arbeitet als schicke Werbeagentin in Hamburg. Die Sequenzen, in denen sich die kesse Berliner Göre Charlie im vornehmen Hamburger Haus zurechtzufinden versucht und die wohlerzogene Louise das Chaos des Vaters in die Hände nimmt, gehören zu den stärksten des Films; in flotter Schnitt-Gegenschnitt-Folge werden die unterschiedlichen Welten gegenübergestellt: Hamburg = gepflegtes Understatement, Berlin = alltäglicher Lebenskampf, ein Teil von Alltags-Realität, ohne zu moralisieren und die Unzulänglichkeiten der Eltern zu denunzieren. Beide Filme sind Zeugnisse ihrer Zeit. Das gilt auch für die Erstverfilmung von *Pünktchen und Anton* (1953) und das Remake von 1998, in denen es ebenfalls um die Gegenüberstellung zwei konträrer Milieus und die Solidarisierung der beiden unterschiedlich aufwachsenden Kinder geht.

Den Schulalltag im Internat thematisiert *Das fliegende Klassenzimmer*, wobei sich die Verfilmungen von 1954 und von 2002 in ihrem ethischen Duktus nicht so sehr unterscheiden. Die Neuverfilmung ist aus heutiger Sicht inszeniert und kommt doch ohne das mittlerweile im Kinderfilm beliebte elektronische Zubehör aus, das mittlerweile als Maßstab für die Intelligenz der handelnden Kinder herhalten muss. Kräfte messen, Angst überwinden, Einsamkeit aushalten, Gefühle zeigen – das sind die Schritte auf dem Weg ins Leben, die hier unsentimental dargestellt werden. Nicht zuletzt verweist das Internat der Thomaner in Leipzig, das als Schauplatz für dieses *fliegende Klassenzimmer* gewählt wurde, auf eine neue Realität in Deutschland, ergänzt durch Rückblenden in ostdeutsche Geschichte, dargestellt am Lebenslauf von Robert, *Nichtraucher* genannt, der seinen Freund, den von den Schülern geliebten und geachteten Chorleiter Justus Bökh, nach Jahrzehnten wiedertrifft.

## Kinder-Alltag unter zeitgeschichtlichem Aspekt

### 1920er- und 1930er-Jahre / Nationalsozialismus

Eine Kinderliteraturverfilmung, die in der Form eines Kindermusicals Zeitgeschichte vermittelt, ist Günter Meyers Adaption *Kai aus der Kiste* (eine Produktion des DDR-Fernsehens, gedreht 1988 im DEFA-Studio für Spielfilme). Vorlage war das gleichnamige, in Ost und West verlegte Kinderbuch von Wolf Durian. Die Geschichte spielt im Berlin des Inflationsjahres 1923, als das Geld immer mehr an Wert verliert und die Menschen Hunger leiden. Am Beispiel einer pfiffigen Kindergruppe, die sich mit witzigen Ideen die Belohnung als Reklamekönig für Kaugummi von einem reichen Amerikaner holt, wird eine Utopie entworfen, um dem von Not geprägten Alltag wenigstens auf Zeit zu entkommen. Trotz einiger Übertreibungen und Simplifizierungen ist der Film nicht nur vergnüglich, sondern löst zugleich Fragen bei Kindern aus, wie z. B. „Hat ein Brot wirklich fünftausend Mark gekostet?" und „Was ist eigentlich Inflation?". Beim Nationalen Kinderfilmfestival der DDR erhielt *Kai aus der Kiste* einen Preis der Kinderjury mit der Begründung:

> „Der Film ließ uns über die Vergangenheit nachdenken. Die damalige Zeit war für viele Menschen sehr schwer. [...] Schön, wie sie sich immer gegenseitig geholfen haben." (Preis der Kinderjury 1989)

Alltags-Realität Ende der 1920er-Jahre ist auch das Thema von Helmut Dziubas Film nach Motiven von Alex Wedding: *Als Unku Edes Freundin war* (1980; Abb. 1). Zur Zeit der großen Arbeitslosigkeit, der Streiks und Straßenkämpfe, der wachsenden Juden- und Zigeunerfeindlichkeit befreundet sich der 12-jährige Ede, dessen Vater keine Arbeit hat, mit dem Zigeunermädchen Unku, das ebenfalls Probleme hat, allein wegen seiner Abstammung. Der Regisseur macht Zeitgeschichte sinnlich erfahrbar, wie er selbst sagte:

„Aus dem Geschichtsunterricht kann man wissen, was damals war. Aber sich das lebendig vorzustellen, als Familien- und Kinderalltag von damals, das ist gar nicht leicht." (Dziuba; zit. nach Lukasz-Aden / Strobel 1988, 272)

Ein klassisches Beispiel, wie sich der Alltag von Kindern unter politischem Druck verändert, ist der Film *Die Kinder aus Nr. 67* (1980). Vorlage war der erste Band der Romanfolge von Lisa Tetzner, ursprünglich zwei Geschichten – *Das gestohlene Brot* und *Der Fußball* (1932) – später unter dem Titel *Erwin und Paul* zusammengefasst und als erster Band unter dem Titel *Die Kinder aus Nr. 67* veröffentlicht. Es folgten noch weitere acht Bände, in denen Tetzner das Schicksal von Erwin und

Abb. 1: *Als Unku Edes Freundin war* (DDR 1980; Regie: Helmut Dziuba)

Paul bis 1946 beschreibt. Die Kinderbuchautorin emigrierte mit ihrem Mann, dem Arbeiterschriftsteller Kurt Kläber [d. i. Kurt Held] und Verfasser des Jugendbuchs *Die rote Zora*, 1933 in die Schweiz, wo sie 1963 starb. Die Verfilmung von Usch Barthelmeß-Weller und Werner Meyer beschreibt milieugerecht das Leben Berliner Kinder in einem sozial intakten Hinterhaus ein halbes Jahr vor und ein halbes Jahr nach der Machtübernahme durch die Nazis (1932/33) und vermittelt ein anschauliches Bild jener Zeit. Hier zeigt sich am Verhalten der Kinder und Erwachsenen, wie die Nazis langsam durch Terror, begünstigt durch Arbeitslosigkeit und mit Duldung der Polizei, ihre Diktatur aufbauten, der nur wenige Menschen Widerstand leisteten. Der Spielfilm kann nach Meinung der Filmemacher

„nicht die Aufgabe übernehmen, faktisches Wissen [zu] vermitteln oder historische Analysen [zu] liefern. Aber er kann miterleben lassen, was Menschen betrifft und betroffen hat, und so Wachsamkeit für das alltägliche Geschehen erzeugen, Blick und Bewusstsein für die historischen und gesellschaftlichen Zusammenhänge öffnen." (Barthelmeß-Weller / Meyer; zit. nach Strobel 1980)

Nicht zuletzt ist in diesem zeitgeschichtlichen Rahmen die aktuelle Verfilmung von Anna Maria Jokls *Kinderroman für fast alle Leute* (Erstauflage 1948; Ms. 1937) zu nennen: *Die Perlmutterfarbe* (2008) von Marcus H. Rosenmüller. Was literarische Vorlage und Filmausstattung betrifft, lassen sich Vergleiche mit den *Kindern aus Nr. 67* ziehen

– beide Filme skizzieren am Beispiel eines Mikrokosmos (hier bayerische Schule, dort Berliner Hinterhaus) das Klima der 1930er-Jahre, machen gefährliche Veränderungen im Alltag sicht- und nachvollziehbar.

### 1950er- und 1960er-Jahre / Nachkriegszeit

Aus den 1950er- und 1960er-Jahren gibt es – sieht man von den Kästner-Verfilmungen ab – kaum nennenswerte bundesdeutsche Produktionen, die in einem realistischen, sozial relevanten Ambiente angesiedelt sind, denn Kinderfilm wurde in jenen Jahren mit Märchenfilm gleichgesetzt, bevor die Kinderfilmproduktion fast ganz zum Erliegen kam. Interessanterweise wurde jene Zeit erst mit rund sechzig Jahren Abstand durch einige Filme nach literarischen Vorlagen auf die Leinwand geholt.

In die unmittelbare Nachkriegszeit führt *Toni Goldwascher* (2007), Norbert Lechners Verfilmung von Josef Einwangers gleichnamigem Roman. Auch wenn die Produktionsmittel für den Film sehr eingeschränkt waren, ist doch ein genaues Porträt einer Kindheit in ärmlichen Verhältnissen entstanden. Die Welt des 12-jährigen Toni, der in einem Dorf am bayerischen Inn mit seiner Mutter lebt, ist geprägt von den Rivalitäten zwischen den reicheren Menschen im Oberdorf und den ärmeren im Unterdorf. Tonis Vater desertierte kurz vor Kriegsende, weil er sein Leben nicht sinnlos opfern wollte, und wurde von den Nazis umgebracht. Ein junger Kaplan, der zur Vertretung des Pfarrers einige Monate ins Dorf gekommen ist, möchte Toni als Ministranten gewinnen, doch der hat nichts anderes im Sinn, als in einer Bucht auf der anderen Seite des Flusses wie sein Großvater nach Gold zu suchen. Die Hinterlassenschaften des Zweiten Weltkrieges sind noch überall zu spüren. Mit ausdrucksstarken Bildern und bodenständigem Lokalkolorit wird hier ein Gefühl für die Atmosphäre eines Nachkriegs-Kinderalltags geschaffen – eine über den konkreten Ort hinausweisende, universelle Geschichte.

Eine kleine Alltagsstadt im Westen Deutschlands im Sommer 1960 ist Schauplatz für den Film *Der zehnte Sommer* (2002), den Jörg Grünler nach dem autobiografischen Roman *Der zehnte Sommer des Kalli Spielplatz* von Dieter Bongartz, der auch das Drehbuch schrieb, inszenierte. Hier bewegt sich der ausgesprochen phantasiebegabte Kalli mit traumwandlerischer Heiterkeit durch den Sommer, dessen Krönung sein zehnter Geburtstag ist. Das familiäre und gesellschaftliche Klima, das diese Verfilmung verdeutlicht, gibt einen Einblick in die restriktive Adenauerzeit, deren oberstes Prinzip *Keine Experimente!* hieß. Im Elternhaus herrscht noch Strenge, über Nachbarn, die aus dem Rahmen fallen, wird getuschelt, Streitigkeiten der Eltern finden hinter geschlossener Tür statt. Andererseits hatten die Kinder viel Freilauf in einer Welt, in die Erwachsene keinen Einblick hatten, denn die Erwachsenen- und die Kinderwelten waren viel mehr voneinander getrennt als heutzutage.

### Alltag zwischen Phantasie und Wirklichkeit

Anfang der 1980er-Jahre entwickelte sich in der Bundesrepublik Deutschland als Folge gesellschaftspolitischer Diskussionen und Aktionen eine bis dahin nicht gekannte, vielseitige und engagierte Kinderfilmproduktion. Die meisten Filme mit Gegenwartsthemen entstanden nach Originalstoffen; oft schrieben die jungen Regisseure auch die Drehbücher selbst.

Eine außergewöhnliche Kinderliteraturverfilmung aus dieser filmischen Aufbruchszeit, die ein unkonventionelles Familien- und Alltagsbild intelligent und vergnüglich in Szene setzt, ist *Konrad aus der Konservenbüchse* (1982, nach dem gleichnamigen Kinderbuch von Christine Nöstlinger). Es ist die Geschichte vom Musterknaben Konrad, der als Siebenjähriger mit der Post zu Frau Bartolotti geliefert wird. Die wiederum hat es nicht so mit der Ordnung und ist ein bisschen vergesslich; so kann sie sich gar nicht erinnern, den Jungen bestellt zu haben, nimmt ihn aber mit offenen Armen bei sich auf. Durch die Umkehrung der Verhältnisse – Konrad insistiert auf Ordnung, Sauberkeit und Wohlverhalten – wird hier der von starren Regeln bestimmte Alltag (der seinerzeit durchaus noch präsent war) ad absurdum geführt und mit der lebenslustigen wie liebenswerten Frau Bartolotti eine sympathische Alternative vorgestellt. Das kommt auch bei Kindern an, die sich nach der Kinovorstellung spontan äußerten: „Frau Bartolotti ist noch keine richtige Mutter, sie weiß nicht, wie man mit Kindern umgehen muss. Aber wie sie es macht, finde ich lustig." (Archiv des Kinderkinos München, Dokumentation der Filmvorführung vom 24.11.1984 im Kinderkino Olympiadorf)

*Abb. 2:* Szene aus *Moritz in der Litfaßsäule* (DDR 1983; Regie: Rolf Losansky)

Ein vergleichbares Beispiel jener Jahre aus dem DEFA-Studio für Spielfilme ist *Moritz in der Litfaßsäule* (1983, nach dem gleichnamigen Kinderbuch von Christa Kožik). Hier geht es mit wahrnehmbar kritischen Untertönen um den neunjährigen Moritz Zack, der vom Lehrer immer wieder zu hören bekommt, er sollte doch ein bisschen zack-zack machen, Tempo also. Das fällt dem phantasievollen Träumer aber sichtlich schwer, denn er braucht viel Zeit, um die Welt um sich herum zu betrachten. Da kann er mit dem Tempo der von tagtäglicher Arbeit auch am Abend (Vater) und von Weiterbildung per Fernstudium (Mutter) gehetzten Eltern nicht mithalten und er beschließt, sich für eine Weile in die Litfaßsäule am Marktplatz (ein Relikt aus einer anderen Zeit und eine schöne Metapher) zurückzuziehen. Er macht es sich in deren Hohlraum (zugleich Abstellraum für das Werkzeug des Straßenkehrers) bequem und hat dort eine wundersame Begegnung (Abb 2). Moritz' Verschwinden bringt alle zum Nachdenken und zur Unterbrechung ihrer Alltagsroutine. Christa Kožik sagte dazu:

„Unsere Geschichten sind natürlich auf dem Boden der DDR entstanden. Doch bemühten wir uns dabei immer um soziale Genauigkeit und Differenzierung. Wir verloren uns nicht in Beliebigkeit. Im Nachhinein wundere ich mich manchmal selbst, wie wir versucht haben, in kritischem Sinne an die Grenzen des Machbaren zu kommen. [...] Unsere Intentionen gingen in Richtung einer nachvollziehbaren Alternative. Diese Tradition wurde im Prozess der Vereinigung ausgelöscht." (Kožik 2000, 26)

## Alltags-Realität in unserer Zeit

*Blöde Mütze!* von Johannes Schmid (2002, nach dem gleichnamigen Kinderbuch von Thomas Schmid) ist vorrangig ein Film über Freundschaft, die sich nicht ohne Komplikationen entwickelt. Der 12-jährige Martin, Einzelkind aus geordneten Verhältnissen und mit seinen fürsorglichen Eltern gerade erst in das Provinznest Bellbach gezogen, muss sich seinen Platz in der neuen Umgebung erobern. Die ist nicht frei von Gegensätzen. Sein neuer Freund Oliver hat Probleme mit seinem alkoholabhängigen Vater, weswegen die Mutter die Familie verlässt; die selbstständig wirkende Silke, mit der er sich anfreundet, leidet unter dem Zeitmangel ihres Vaters. Johannes Schmid beschreibt das familiäre und gesellschaftliche Umfeld der drei Protagonisten auf der Schwelle vom Kindsein zum Erwachsenenleben wie nebenbei, zeigt aber ganz genau die Konsequenzen auf, die sich daraus für das innere Gleich- bzw. Ungleichgewicht der Heranwachsenden ergeben. Durch die realistische und zugleich einfühlsame Erzählweise bietet er dem jungen Publikum Möglichkeiten der Identifikation.

Eine zuweilen ziemlich abgehobene Form von Alltagsdarstellung lässt sich bei den auf populären Kinderbüchern basierenden Mainstream-Produktionen feststellen, die in den letzten zehn Jahren erfolgreich im Kino liefen. Es begann mit Joachim Masanneks Fußballreihe *Die Wilden Kerle* (bislang fünf Kinofilme, 2003-08), wobei es im ersten Film noch relativ realistisch zugeht. Ausgangspunkt für die Bücher und darauffolgende Verfilmungen war Masanneks Engagement als Trainer einer Fußball-Jugendmannschaft in München-Grünwald, seine Begeisterung und Erfahrung, die für ihn und seine beiden Söhne zum Alltag gehörten:

> „Meiner Meinung nach wollen Kinder nur eins: erwachsen werden. Ich bin nicht so sehr dafür, dass man das Kindsein romantisiert. Ich lebe nicht in der Peter-Pan-Welt nach dem Motto: Schade, wenn die Kindheit vorbei ist. Das ist ein erwachsener Standpunkt. Kinder wollen raus aus der Unterlegenheit. Ich finde aber schon, dass man als Erwachsener die Kindheit beschützen muss, damit die Kinder nicht zu schnell in die Erwachsenenwelt kommen. In der Welt, in der ich lebe, sind die Kinder allerdings zu behütet, zu verwöhnt. Das hemmt sie. Sie trauen sich nicht mehr. Nach einem halben Jahr als Trainer bei der Fußballmannschaft dachte ich, die trauen sich nicht mal mehr zu gewinnen. Auch meine Kinder muss ich manchmal richtig hinausjagen in den Wald." (Masannek 2003, 30)

Eine weitere Erfolgsgeschichte begann mit dem Film *Die Wilden Hühner* (2006), gefolgt von *Die Wilden Hühner und die Liebe* (2007) und *Die Wilden Hühner und das Leben* (2008) unter der Regie von Vivian Naefe, nach den Kinderbüchern von Cornelia Funke. Eine genaue Verortung ist nicht zu erkennen, auch die Zeit, in der die Geschichte spielt, ist kein spezifisches Merkmal. Die Erlebnisse einer eingeschworenen Mädchenclique, Freud und Leid ihrer Beziehungen untereinander und mit den Jungs, das Verhältnis zur alleinerziehenden, berufstätigen Mutter, Kämpfe mit einer rivalisierenden Gruppe – all dies ergibt, mit Sympathie und Professionalität inszeniert, amüsante, gleichwohl unverbindliche Unterhaltungsfilme.

In die gleiche Richtung geht die aktuelle Verfilmung der populären Lola-Buchreihe von Isabel Abedi, *Hier kommt Lola* (2010) in der Regie von Franziska Buch. Flott, aber nicht hektisch wird eine bunte Welt entworfen, in der es auch kleine Konflikte gibt, die aber schnell und möglichst noch am gleichen Abend beigelegt werden – und sei es mit einem Samba-Tanz, denn Lolas Papa ist ein attraktiver Brasilianer mit Rastalocken, Mama ist blond und Krankenschwester. Die Familie ist nach Hamburg gezogen, weil in dem Dorf, wo sie vorher wohnten, plötzlich *Neger gehören in den Dschungel* an ihre Hauswand geschmiert wurde. Im Haus, in dem sie jetzt eine Wohnung gemietet haben, leben auch Oma, Opa und Klein-Lissy, die Lolas Tante ist: eine Familie wie aus einem Bilderbuch. Alle haben sich lieb, achten einander und hören dem anderen zu. Eine Geschichte, in der sich alles wunderbar fügt.

Die Alltags-Realität aber sieht oft anders aus in Deutschland. Näher an der Wirklichkeit sind die beiden Teile der Neuverfilmung von *Die Vorstadtkrokodile* (2008 und 2010) von Christian Ditter (vgl. auch den Beitrag von Ulf Abraham in diesem Band). Bereits 1977 adaptierte der Regisseur und Produzent Wolfgang Becker den Klassiker der deutschen Kinder- und Jugendliteratur von Max von der Grün für den WDR in einer Fassung, die auch heute noch gültig ist. Hier wird mehr Gewicht auf die Kinderbande gelegt und die Integration des behinderten Jungen in die bestehende Gruppe. Max von der Grün, politisch und sozial engagierter Schriftsteller, selbst Vater eines behinderten Kindes, schrieb den Roman auf der Basis eigener Erfahrungen: „Ein Rollstuhlfahrer ist ein Ärgernis, man hat zwar für seine traurige Lage Verständnis, besser aber ist, er bleibt in seinen vier Wänden", doch „Geschichten aus der heilen Welt interessieren mich nicht" (von der Grün; zit. nach Lukasz-Aden / Strobel 1988, 45).

Die Neuverfilmungen hingegen beziehen stärker das soziale Umfeld mit ein. So wächst der zehnjährige Hannes, der bei den coolen Vorstadtkrokodilen aufgenommen werden möchte, bei seiner jungen, alleinerziehenden Mutter auf, die einen Kiosk betreibt und sich mit einem Fernstudium abmüht. Auch das Milieu der anderen Mitglieder der Bande ist bodenständig – Ruhrgebiet eben. Der zweite Teil beginnt zwar mit einer fulminanten Actionszene, doch zurück im Alltag sind die Kinder mit der Arbeitslosigkeit der Eltern, Hartz IV und dem Verlust der Existenz konfrontiert. Das gibt dem als flotten Abenteuerfilm inszenierten Werk eine Bodenhaftung und zeigt auch, dass sich Abenteuer und Alltag nicht ausschließen müssen.

## Fazit

Die Betrachtung der Kinderliteraturverfilmungen in chronologischer Reihenfolge im Hinblick auf vermittelte Alltags-Realität zeigt, dass Form und Inhalt sich nicht in gleicher Weise weiterentwickeln. So zeigen Filme mit kleinem Budget oft wesentlich genauer, differenzierter und authentischer Situationen und Bilder des Alltags als die hochprofessionell gestalteten Großproduktionen der letzten Jahre, die aufgrund ihres hohen finanziellen Einsatzes ein möglichst großes Publikum erreichen wollen, sich fast nur noch Bestseller vornehmen und daraus eine gefällige Geschichte in einer unrealistischen Welt in Szene setzen. Filme mit authentischen Geschichten aus dem realen Leben von Kindern heute – zum Nachdenken, zum Mutmachen, zur Selbstfindung – sind rar und basieren auf Originalstoffen.

## Filmographie

Als Unku Edes Freundin war (DDR 1980; Regie: Helmut Dziuba)

Blöde Mütze! (D 2002; Regie: Johannes Schmid)

Charlie und Louise (D 1994; Regie: Joseph Vilsmaier)

Emil und die Detektive (D 1931; Regie: Gerhard Lamprecht)

Emil und die Detektive (D 2000; Regie: Franziska Buch)

Das doppelte Lottchen (BRD 1950; Regie: Josef von Baky)

Das fliegende Klassenzimmer (BRD 1954; Regie: Kurt Hoffmann)

Das fliegende Klassenzimmer (D 2002; Regie: Tomy Wigand)

Hier kommt Lola (D 2010; Regie: Franziska Buch)

Kai aus der Kiste (DDR 1988; Regie: Günter Meyer)

Die Kinder aus Nr. 67 (BRD 1980; Regie: Usch Barthelmeß-Weller und Werner Meyer)

Konrad aus der Konservenbüchse (BRD 1982; Regie: Claudia Schröder)

Moritz in der Litfasssäule (DDR 1983; Regie: Rolf Losansky)

Die Perlmutterfarbe (D 2008; Regie: Marcus H. Rosenmüller)

Pünktchen und Anton (BRD 1953; Regie: Thomas Engel)

Pünktchen und Anton (D 1998; Regie: Caroline Link)

Toni Goldwascher (D 2007; Regie: Norbert Lechner)

Vorstadtkrokodile (BRD 1977; Regie: Wolfgang Becker)

Vorstadtkrokodile (D 2008; Regie: Christian Ditter)

Vorstadtkrokodile 2 – Das Abenteuer geht weiter (D 2010; Regie: Christian Ditter)

Die Wilden Hühner (D 2006; Regie: Vivian Naefe)

Die Wilden Hühner und das Leben (D 2008; Regie: Vivian Naefe)

Die Wilden Hühner und die Liebe (D 2007; Regie: Vivian Naefe)

Die Wilden Kerle (D 2003; Regie: Joachim Masannek)

Die Wilden Kerle 2 (D 2004; Regie: Joachim Masannek)

Die Wilden Kerle 3 (D 2006; Regie: Joachim Masannek)

Die Wilden Kerle 4 (D 2007; Regie: Joachim Masannek)

Die Wilden Kerle – Hinter dem Horizont 5 (D 2008; Regie: Joachim Masannek)

Der zehnte Sommer (D 2002; Regie: Jörg Grünler)

## Literatur

Buch, Franziska: Interview von Gudrun Lukasz-Aden und Christel Strobel. In: Kinder- und Jugendfilm Korrespondenz 83 (2000) H. 3, 20

Kožik, Christa: Interview von Klaus-Dieter Felsmann. In: Kinder- und Jugendfilm Korrespondenz 82 (2000) H. 2, 26

Lukasz-Aden, Gudrun / Christel Strobel: Der Kinderfilm von A bis Z. München 1988

Maiwald, Klaus: Der dreifache Emil – ästhetisches Lernen an den Verfilmungen von Erich Kästners Detektivklassiker. In: Kepser, Matthis (Hg.): Fächer der schulischen Filmbildung. Deutsch, Englisch, Kunsterziehung und Geschichte. München 2010 (i. Dr.)

Masannek, Joachim: Interview von Gudrun Lukasz-Aden und Christel Strobel. In: Kinder- und Jugendfilm Korrespondenz 96 (2003) H. 4, 30

Preis der Kinderjury zu Kai aus der Kiste. In: Kinder- und Jugendfilm Korrespondenz 38 (1989) H. 2, 9

Schäfer, Horst (Hg.): Lexikon des Kinder- und Jugendfilms im Kino, im Fernsehen und auf Video. Losebl.-Ausg. Meitingen 1998ff.

Strobel, Hans: Filmkritik zu Die Kinder aus Nr. 67. In: Kinder- und Jugendfilm Korrespondenz 1 (1980) H. 1, 10

*Christian Exner*
## Von Alexander bis Zora
Cliquen und Banden im Abenteuerfilm für Kinder

### Kästner-Revival

Welches Kind träumt nicht davon, in seiner Kindheit spannende und aufregende Abenteuer zu erleben? Am besten in einer Bande, die fest zusammenhält, in einer coolen Clique mit Freunden, auf die man vertrauen kann, und mit Feinden, die es zu übertrumpfen gilt. Der reale Lebensalltag von Kindern sieht zumeist anders aus. Er ist fest durchstrukturiert und penibel geplant. Für die Sehnsucht nach aufregenden Erlebnissen und großen Herausforderungen bleiben aber glücklicherweise Bücher und Filme. In den letzten Jahren haben wilde Kerle und wilde Hühner sowohl in den Buchregalen als auch auf der Kinoleinwand Hochkonjunktur. Doch bevor es dazu kommen konnte, musste sich der Kinderfilm einen Platz in den neuen Großkinos erobern. Dass ihm dies mit Beginn des neuen Jahrtausends gelang und dass der Kinderfilm eine ungeahnte wirtschaftliche und künstlerische Blüte erleben konnte, hat vor allem mit Literaturadaptionen zu tun. Im Vordergrund stehen noch immer Ruhm und Nimbus von Erich Kästner, den die begnadete Regisseurin, Autorin und Produzentin Uschi Reich in ihren Produktionen für Kinder revitalisierte. Literaturadaptionen scheinen *der* Schlüssel zum Erfolg eines Kinderfilms zu sein, denn es erleichtert zweifellos das (Cross-)Marketing, wenn ein Kinostoff bereits als Buch bekannt und beliebt ist. Die Leser wollen ihre Neugier befriedigen und erfahren, wie die Filmfassung gelungen ist. Sie wollen ihr Lesevergnügen mit Schauwerten und realen Darstellern widergespiegelt sehen. Zudem sind berühmte Autoren verlässliche *Marken*, deren Qualität kalkulierbar ist. Der Kinozuschauer kann sich vor der Programmentscheidung eine Vorstellung bilden. Gerade beim Film für die Jüngsten ist dies ein wichtiger Faktor, weil Eltern keine bösen Überraschungen mit unbekannten Stoffen erleben möchten, die ihre Kinder besonders fordern oder gar überfordern könnten. Vor diesem Hintergrund war Uschi Reichs Griff zu Kästner-Stoffen eine Erfolg versprechende Wahl. Zugleich war es eine dramaturgische Herausforderung, denn ihren Produktionen ging eine Vielzahl von Vorgängerfilmen voraus, vor deren Qualität ihre sanft modernisierten Fassungen bestehen mussten. Mit großer Leidenschaft für die klassischen Werke des großen Autors der Jugendliteratur trimmte sie die Plots um auf zeitgemäße Figurenzeichnungen, angesagte Schauplätze und aktuelle Konflikte. Ihre persönliche Kästner-Trilogie eröffnete sie im Jahr 1998 mit *Pünktchen und Anton* in der Regie der oscarprämierten Regisseurin Caroline Link. Zwei Jahre darauf folgte ihre Version von *Emil und die Detektive*.

### Der Urknall des Kinderfilms mit *Emil und die Detektive*

Emil, Pony Hütchen und die anderen Berliner Gören – sind sie nicht der Inbegriff einer Kinderbande? Liefern sie nicht *das* Grundmuster für Freundschaft und Solidarität, für einen großartigen Kampf um Recht und Gerechtigkeit? Reich wandelte mit ihrer Regisseurin Franziska Buch auf den Spuren von Gerhard Lamprecht, der mit seiner Version aus dem Jahr 1931 einen Meilenstein der Filmgeschichte schuf (vgl. zu den verschiedenen *Emil*-Fassungen auch Maiwald 2010, zur Verfilmung aus dem Jahr 2000 weiter den Beitrag von Bettina Heck in diesem Band). Gewiss: Es gab schon vorher hier und da Filme für Kinder. Doch kaum einer nahm bis dahin so konsequent die Perspektive von Kindern ein und versetzte Erwachsene in die Nebenrollen wie Lamprechts *Emil und die Detektive*. Die jungen Darsteller wurden mit bezwingender Natürlichkeit als gewiefte Berliner Straßenkinder in Szene gesetzt. Der damals noch wenig bekannte Drehbuchautor Billy Wilder verlieh der Dramaturgie, trotz der märchenhaften Gut-Böse-Schemata des Stoffes, einen authentischen Touch, der von einer lebhaften Kamera transportiert wurde. Im Reportagestil verewigte sie das Berliner Straßenleben zwischen den Kriegen. Buch wie Film atmeten den demokratischen Geist der Weimarer Republik und lebten von ihrem reformpädagogischen Klima. Umso erstaunlicher, dass der Film bis 1937 im Programm deutscher Kinos präsent blieb.

Zu Zeiten des Nationalsozialismus diente auch der Kinder- und Jugendfilm der Propaganda. Bandenkrieg wurde nach dem ideologischen Verständnis der Nazis umgemünzt. Kinderbanden und Ränke gerieten beispielsweise in *Hitlerjunge Quex* (1933) zum Instrument der Verführung und der Rekrutierung junger Nazi-Gefolgschaft. Davon setzte sich die staatlich gesteuerte Filmproduktion der DDR unmittelbar nach dem Krieg entschieden ab. Mit einem der ersten DEFA-Filme knüpfte sie dort wieder an, wo Lamprecht in den 1930ern geendet hatte. Es war Lamprecht selbst, der mit seinem 1946 geschaffenen Film *Irgendwo in Berlin* deutliche Zeichen der Abkehr vom Geist der Nazis setzte und in seinen Gegenwarts-Stoff, der von Trümmer-Landschaften, Traumata und Verwahrlosung erzählt, mehr oder weniger sublime ideologische Facetten im Sinne des sozialistischen Auf- und Umbaus einarbeitete. Die Kinderbande in diesem Film geht symbolisch in der Ordnung der jungen Pioniere auf und tritt an zum gemeinschaftlichen Wiederaufbau. Die politische Pädagogik erhält den Vorrang vor der Phantastik und dem Abenteuer.

### Wenn Kinder Krieg spielen

Die Kinderfilmproduktion in Westdeutschland setzte dagegen nach dem Krieg vor allem auf Märchenverfilmungen, womit sie bewährte Muster der 1930er- und 1940er-Jahre bruchlos weiter bediente (vgl. auch den Beitrag von Manfred Hobsch in diesem Band). Doch die 1950er-Jahre brachten auch ein Kino-Revival der Kästner-Stoffe. Als Klassiker gilt *Das doppelte Lottchen* (1950), ein Film, der mit seiner rührenden Familienzusammenführung den Bedürfnissen und dem Zeitgeist der Nachkriegsära besser entsprach als etwa die abenteuerlicheren und spannungsgeladeneren Kästner-Stoffe *Das fliegende Klassenzimmer* (1954) oder *Emil und die Detektive* (1954). Dem bewahrpädagogischen

Zeitgeist stand das Bild wilder, ungezügelter Kinderbanden entschieden entgegen. Schlimm genug, wenn schon die Jugend angeheizt durch Bill Haleys Rock'n'Roll außer Rand und Band geriet. Dann sollten doch wenigstens die Kinder nach Kräften vom aufrührerischen Einfluss des Kinos ferngehalten werden. Auf diese Stimmung in der Bundesrepublik traf Anfang der 1960er-Jahre der aus Frankreich importierte Film *Krieg der Knöpfe* (1961; Regie: Yves Robert) nach dem gleichnamigen Roman von Louis Pergaud aus dem Jahr 1911. Er sorgte (nicht nur hierzulande) für eine Spaltung zwischen kritischen Geistern und einem Publikum, das bei den Fehden der rivalisierenden Kinderbanden aus den Dörfern Longeverne und Velrans altersübergreifend enthusiastisch mitfieberte. Kinderbanden spielen Krieg und schaukeln sich gegenseitig hoch in Scharmützeln, die zunehmend absurder werden. Zum Schluss stürzen sie sich gar nackt ins Getümmel, damit weder Kleider noch Knöpfe in Mitleidenschaft gezogen werden.

Wie dem Roman, so erging es auch Yves Roberts Verfilmung. Nachdem er in Deutschland für Kinder ab 6 Jahren freigegeben wurde, hagelte es Proteste. Eine Revision führte zu einer Freigabe ab 16. Der *Katholische Filmdienst* attestierte dem Werk „viele frische, liebenswerte und dazu noch gut geführte Jugendtypen." Nach Meinung dieses Blattes wurde bei allem Ernst der Kriegführung zwar manch heikle Situation in Humor aufgelöst, doch insgesamt erschien der Tonfall der Figuren entschieden zu rüde. Der links orientierten *Filmkritik* war das exzessive militärische Gehabe der Kinder ein Dorn im Auge. Dietrich Kuhlbrodt resümierte darin 1963: „Roberts Film ist ein Anti-Vigo: Erwachsenenperspektive, Kasinohumor, Lob der Autorität, Glück im Internat und vor allem nicht ein Funke schöpferische Gestaltung."

Erst Werner C. Barg kam in den 1990ern zu einer abgeklärteren Sicht und brachte die Wirkung des Films auf den Nenner:

> „In der Tat ist Roberts Absicht wohl die deutliche Kritik am Führertum, die er allerdings, um sie hinterfragen zu können, erst zeigen muss. Roberts Film verdeutlicht den Mechanismus der Sozialisierung, die Übernahme des Verhaltens der Erwachsenen durch die Kinder. Die Bandenmitglieder singen dieselben Lieder und führen dieselben Sprüche von Stolz und Ehre auf den Lippen wie ihre dumpf-gewalttätigen Väter, die Robert ja auch in einer Szene kurz vor Schluss seines Films im Zusammentreffen zwischen Erwachsenen aus den verfeindeten Dörfern trefflich zu karikieren versteht." (Barg 1998, 3)

Seit April 2007 ist *Der Krieg der Knöpfe* ohne Altersbeschränkung von der FSK freigegeben.

## Selten war es so vergnüglich, Vorurteile zu überwinden

Von den 1960ern bis in die 1990er gingen viele Jahre ins Land, in denen der Kinderfilm in Westdeutschland ein Schattendasein führte. Immerhin: Mit dem Auftreten einer Generation selbstbewusster Autorenfilmer wie Hark Bohm und Haro Senft und den progressiven Bestrebungen in den TV-Anstalten kam in den 1970er- und 1980er-Jahren etwas Bewegung in den *neuen deutschen Kinderfilm*. Zum Kristallisationspunkt moderner Erzählweisen und Dramaturgien geriet die Max-von-der-Grün-Verfilmung *Die Vorstadtkrokodile* (1977): eine Bandengeschichte, die der heutigen Elterngeneration als Medienereignis so präsent ist wie kaum ein anderer Film, obwohl man ihn eher im Fernsehen als im Kino zu sehen bekam. Er handelt von einer Kinderbande, die sich *Vorstadtkrokodile* nennt und deren Mitglieder sowohl Jungen als auch Mädchen sind, was schon anzeigt, dass dieser Film angetreten war, eine ganze Handvoll Vorurteile zu überwinden. Als der Junge Hannes eine Mutprobe bestehen will, um in die Bande aufgenommen zu werden, gerät er in Lebensgefahr und wird ausgerechnet von dem querschnittsgelähmten Kurt gerettet. Auch der würde gerne zu den Krokodilen gehören, wird aber von den anderen Kindern nur als *Spasti* diffamiert und als leichtes Opfer für ihre Hänseleien betrachtet. Erst als Kurt eines Nachts eine Einbrecherbande beobachtet, schlägt seine große Stunde: Mit seiner Hilfe wollen die Vorstadtkrokodile die Täter dingfest machen. Damit beginnt ein aufregendes Abenteuer, in dessen Verlauf die Kinder einige ihrer Vorurteile über Behinderte revidieren müssen. In der Regie von Krimispezialist Wolfgang Becker (nicht zu verwechseln mit dem Regisseur Wolfgang Becker, der *Good Bye, Lenin!* schuf) wurde die Abenteuergeschichte im Ruhrpott angesiedelt und damit in einem ganz alltäglichen Milieu geerdet.

Ob dies nun mehr dem Zeitgeist geschuldet war oder schmalen Budgets zuzuschreiben ist, sei dahingestellt. Tatsache ist: Auch das Remake von Christian Ditter aus den Jahren 2008/09 bleibt mit seinen Dortmunder Industriekulissen dem Revier treu und rückt das Abenteuer damit nah an die konkrete Lebenswelt der jungen Zuschauer (vgl. auch den Beitrag von Ulf Abraham in diesem Band). Ausschlaggebend für die Überzeugungskraft des Plots war vor allem die Zeichnung sehr plastischer Jugend-Charaktere mit natürlichem Auftreten und ungekünstelten, teils derben Dialogen, die direkt aus dem Leben gegriffen waren. Dem geschäftlichen Kalkül von Filmproduzenten folgend, war es nur eine Frage der Zeit, bis ein Remake von Max von der Grüns Jugendroman erschien. Denn in der Kinderfilmproduktion spielt, neben den bereits beschriebenen Faktoren, die mit der Popularität einer Literaturvorlage zu tun haben, der Bekanntheitsgrad eines Vorgängerfilms eine immense Rolle. Das Remake von *Vorstadtkrokodile* ist in *Look and Feel* gelungen und muss sich nicht hinter seinem Vorgänger verstecken. Bei solch einem Erfolg greift dann das Gesetz der Serie – derzeit ist daher ein Sequel in Arbeit.

### Bandenrivalitäten vor einem brisanten gesellschaftlichen Hintergrund

Ein Remake entstand auch zu Yves Roberts Film *Krieg der Knöpfe*, und das ausgerechnet in Irland, einem Land mit einem sehr heiklen politischen Hintergrund für eine unbeschwerte Abenteuergeschichte. Doch das ist genau der inspirierende Aspekt von John Roberts *War of the Buttons* (1994). Auch dieser Film braucht den Vergleich mit seinem großen Vorgänger nicht zu scheuen. Der Krieg der Jungenbanden, die ihre besiegten Gegner durch das Abschneiden von Knöpfen und Schnürsenkeln demütigen, wird von der französischen Provinz an die malerische Küste Irlands verlegt. Und noch eine weitere kleine, aber nicht unbedeutende Abweichung gibt es im Plot: Die Erzählerin der Geschichte über die Streithähne Fergus und Geronimo ist das Mädchen

Mary. Sie ist zwar selten im Kampfgetümmel zu sehen, aber sie hat umso stärkere Auftritte als ausgleichende Kraft und personifiziertes Gewissen (als Voice-Over-Erzählerin ist sie in der Rolle der *Wissenden*). Robert akzentuiert den Unterschied und die Grenze zwischen Spiel und Ernst. Spiel sind die Schmähungen und wiederkehrenden Fehden mit variablen Taktiken. Auch wenn die Maulhelden den Mund sehr voll nehmen, kommt bei den Keilereien niemand ernsthaft zu Schaden. Die Niederlage schmerzt am meisten durch die Blamage. Ernst ist dagegen das Familienleben des Helden Fergus: ein hartherziger und jähzorniger Stiefvater, der die Mutter unterdrückt und keine andere Erziehungsmethode als drakonische Strafen kennt. Hier bekommt die Geschichte einen realistischen, gesellschaftlichen Aspekt, vergleichbar mit den *Vorstadtkrokodilen*. Ernst ist auch das Verletzen unschuldiger Tiere. Wenn ein Kaninchen zu Schaden kommt, können die Streithähne ihre Rivalität vergessen und leisten gemeinsam erste Hilfe. Besonders ernst ist die politische Realität des Landes, in dem das Remake spielt (in der Entstehungszeit herrschte in Nordirland offener Bürgerkrieg). Diesem Umstand dürfte die Klimax zum Schluss geschuldet sein: Fergus rettet Geronimo das Leben. Die Szene kommt in der Buchvorlage nicht vor. Wie der Konflikt begonnen hat, ist nicht Teil der Parabel. Aber wie er beendet werden kann, streicht Roberts umso deutlicher heraus. Aus Feinden werden Freunde fürs Leben, das ist seine Botschaft für ein vom Bürgerkrieg gebeuteltes Land. Mary erklärt zum Schluss, dass sie einen der Anführer geheiratet hat – wen von beiden, das behält sie für sich. Denn für sie macht es eben keinen Unterschied, aus welchem Lager ihr Partner stammt.

Eine besonders geschickte Hand hatte das Casting bei der Auswahl der 18 jungen Darsteller, die sich neben den Stars in den Erwachsenenrollen (Colm Meaney, Liam Cunnigham, John Murphy) sehen lassen können – auch dies eine Parallele zu den *Vorstadtkrokodilen*. Als waschechte Rabauken mit markanter Physiognomie traut man ihnen jeden Unfug zu. Im selben Maß, wie der Krieg zwischen den Jungenbanden eskaliert, steigern sich die Motive zu Schlachtengemälden, die den Vergleich mit Kurosawas farbenprächtigen Kampfchoreographien herausfordern. Gelbe Banner, eine Streitmacht in schwarzen Schuluniformen, Mehlbeutel, die ihre Spuren in die Luft zeichnen und imposante Kampflinien, die sich in wilden Attacken und Einzelgefechten auflösen. Es ist ein Vergnügen der besonderen Art, die ebenso faszinierende wie aufgeblasene Ikonographie großer Schlachten in einem Krieg der Kinder ad absurdum geführt zu sehen. Pergauds Ironie erhält hier auch visuell ihren Ausdruck und der Zuschauer wird ganz nebenbei mit echten Kinoschauwerten bedient.

## Das Lausbubenstück als politische Parabel

Ähnlich intensiv in seiner Stilisierung ist auf den ersten Blick Marcus H. Rosenmüllers Kinderfilm *Die Perlmutterfarbe* (2008) angelegt. Die Handlung taucht aus der Vogelperspektive ein in ein bayerisches Winteridyll vergangener Zeiten, das in nostalgischen Sepia-Tönen gezeichnet ist: das ideale Ambiente für eine heiter-skurrile Lausbuben- und Bandengeschichte, als die die Literaturadaption von Anna Maria Jokl (Ms. 1937) auch beginnt. Doch die lustigen Kinderstreiche schlagen bald um in massive Konflikte um Lüge, falsche Anschuldigungen und Anstachelungen zu buchstäblichen Klassenkämpfen. Im Zentrum der Geschichte steht der Junge Alexander, der sich nicht traut, ein fatales Missgeschick einzugestehen. Alexander hat versehentlich ein kostbares Buch mit der hellen Perlmutterfarbe seines Freundes Maulwurf ruiniert. Die beiden buhlen um die Gunst eines Mädchens. Für Alexander gibt es daher eine ganze Reihe von Gründen, seinen Fehler zu vertuschen. Leider kommt ihm Mitschüler Gruber auf die Schliche. Gruber, der Neue in der Klasse und ein machtbewusster Intrigant, deckt Alexander nur, um dessen Abhängigkeit für seine eigenen Zwecke zu nutzen. Er schiebt die Schuld auf einen Schüler der Parallelklasse und heizt die Rivalität zwischen den Klassen an. Er bildet eine Kampfeinheit mit sich selbst als Führer und mit gemeinsamen Erkennungszeichen, die deutlich an den Habitus der Nazis erinnern. Als Parabel auf den Faschismus ist der Prozess der Frontenbildung inszeniert. Verrat, Lüge und Schweigen bringen eine Dynamik in Gang, die willkürliches Machtgehabe nach sich ziehen. Die Figur des Alexander, in der Verkörperung von Markus Krojer, dem Darsteller aus Rosenmüllers lausbübischer Groteske *Wer früher stirbt, ist länger tot* (2006), eigentlich prädestiniert für eine überschwängliche Abenteuergeschichte, büßt alle Leichtigkeit ein und trägt überschwer an seinem Schuldkomplex, bis es auch dem Zuschauer zu massiv wird. Alles wiedergutmachen und speziell seine jungen Zuschauer sanft wieder auffangen, will Rosenmüller in einem Happy End, das einfach zu vieles zu plötzlich wieder zurechtrückt.

### Emanzipation im Retrostil

Nicht die richtige Balance findet auch Peter Kahane in dem Film *Die rote Zora* (2008): ebenso eine Bandengeschichte vor historischem Hintergrund mit großem Abenteuer-Appeal und ebenso wie *Die Perlmutterfarbe* eine Parabel, die Kindern eine ambitionierte politisch-pädagogische Lektion via Film mit auf den Weg geben will. Die Verfilmung des Jugendbuchklassikers von Kurt Kläber spielt um 1930 an der kroatischen Küste. Zu einer Bande armer, aber frei und wild lebender Kinder, die von dem 12-jährigen, rothaarigen Mädchen Zora angeführt werden, stößt der Junge Branko, in den sich die forsche Anführerin etwas unglücklich verliebt. Zoras Bande liegt im Clinch mit einer Gruppe von Gymnasiasten und setzt sich gegen die Obrigkeit zur Wehr, die als Verschwörung von Schwachköpfen daherkommt. Die Kinder verbünden sich mit dem freundlichen alten Fischer Gorian. Dessen Probleme, wirtschaftlich zu bestehen, geraten zum kleinen Einmaleins des historischen Materialismus. In diesem Film versammelt sich alles, was das Klischee des Kinderfilms als anspruchsloser Unterhaltung für die Kleinen ausmacht. Die Szenerie an der Mittelmeerküste ist ein gutes Stück zu pittoresk, um als Elendsmilieu durchzugehen. Die Handlung nimmt es nicht so genau mit Logik und Plausibilität. Die Erwachsenenfiguren erscheinen wie direkt aus dem Kasperltheater exportiert: Da gibt es die strohdoofen Polizisten, den gierigen Geldsack und den Fischer, der Herz und Verstand am rechten – oder vielleicht sollte man besser sagen – am *linken Fleck* hat. Gespielt wird dieser Fischer von Mario Adorf, der sich als einziger um eine plausible Darstellung bemüht. Sein Kollege Ben Becker gibt als Fischgroßhändler Karaman den Klischeekapitalisten und chargiert, dass die Schwarte kracht. Ein Film, der in dem Bemühen, einen emanzipatorischen Impetus in der heutigen Zeit wiederzubeleben, zu viel will und in seinen Formen einem altväterlichen Inszenierungsstil verhaftet bleibt.

## Wildsein – ja bitte. Nur streng getrennt nach Geschlechtern

Deutlich moderner geben sich da die Verfilmungen der Cornelia-Funke- und Joachim-Masannek-Stoffe *Die Wilden Hühner* (2006ff.) und *Die Wilden Kerle* (2003ff.). Doch man muss nur an der Oberfläche kratzen, dann schimmern auch bei ihnen Muster durch, die herkömmliche Rollenbilder von Mädchen und Jungen zwar variieren, aber im Großen und Ganzen doch eher bestätigen. Egal ob Junge oder Mädchen, der Abenteuer-Appeal des Wildseins erscheint offenbar in der Vorpubertät geschlechterübergreifend als reizvolle Attitüde. Wildsein, das klingt nach Abenteuer, Ungezwungenheit und Stärke. Es klingt nach Selbstbewusstsein und Rücksichtslosigkeit. Der direkte Vergleich der Hühner und Kerle zeigt, dass Wildsein bei Mädchen und Jungen schon bei den ersten Filmen der jeweiligen Fortsetzungsreihen sehr verschieden – und letztlich doch spezifisch weiblich und spezifisch männlich – interpretiert wird.

So zielgerichtet, wie diese Sequels auf die Erwartungsmuster von Mädchen und Jungen gemünzt sind, waren kaum je zuvor Filme für das junge Publikum angelegt. Zugleich waren Kinderfilme kaum jemals zuvor so populär. Sie sind so gefragt, dass die Plots der wilden Hühner und Kerle über vier und mehr Folgen gedehnt und gestreckt werden konnten. Eine ganze Generation erlebt ihr eigenes Aufwachsen von der Vorpubertät bis zum Führerscheinalter begleitet von Raban, Leon, Sprotte und Frieda. Die Hauptdarsteller der *Wilden Kerle* sind als inzwischen junge Erwachsene gefragte Leinwandstars. *Die Wilden Hühner* und *Die Wilden Kerle* liefern jeweils eine sehr maßgeschneiderte Formatierung nach den spezifischen Mustern vermeintlich weiblicher und männlicher Verhaltenskonzepte. Dabei erfüllen sie offenbar die je spezifischen Zuschauererwartungen von Mädchen und Jungen.

## Crossing the Gender – oder wer identifiziert sich mit wem?

In der *MedienConcret*-Ausgabe 2008 zum Thema *Mediageneration* stellt Natália Wiedmann Spekulationen über die Attraktion der *Wilden Kerle* an und bemerkt erstaunt, dass eine Filmreihe, die sich um eine fast ausschließlich mit Jungen besetzte Kerngruppe leidenschaftlicher Fußballspieler dreht, viele weibliche Fans zu Gästebucheinträgen in den Wilde-Kerle-Webseiten animieren konnte:

„Sicher ist die Attraktivität der Jungschauspieler ein wichtiger Grund für die Schwärmerei zahlreicher Mädchen. Möglicherweise ist deren Genderinszenierung nicht weniger bedeutsam. Anfangs schienen die Wilden Kerle noch stereotype Männlichkeitsvorstellungen zu bedienen, hielten Verliebtsein für eine ansteckende Krankheit und verteidigten ihr ,Männerbündnis' vehement gegen den Eindringling Vanessa. Nach und nach aber setzte ein Wandel ein, ihre spielerischen Fähigkeiten wuchsen mit ihren sozialen Kompetenzen, sie lernten Gefühle zu zeigen und darüber zu sprechen. […] Das kommt bei den Fans vielleicht genauso gut an wie die Überschreitung traditioneller Rollenmuster durch Vanessa, die mehrmals die Spielführung übernimmt und den wilden Kerlen dadurch zum Sieg verhilft. […] Vielleicht ist Vanessa ihre ,Eintrittskarte' in die Welt der Filmabenteuer, die weiblichen Fans können sich mit ihrer Stärke identifizieren oder aber die Figur dafür nutzen, sich romantische Beziehun-

gen zu den anderen Filmhelden auszumalen. Mädchen wie auch Jungen wird von den Lein-
wandheldInnen die Varibilität der Geschlechterrollen vorgeführt." (Wiedmann 2008, 62)

Wiedmann kommt zu dem Schluss, dass sich die Bandbreite der Identifikationsmög-
lichkeiten erweitert hat. Dem kann man gewiss zustimmen, wenn man nur schaut,
welche Rollenmuster lange Zeit im Kinderfilm vorherrschten, denn zumeist waren
Mädchen als kaum handlungstragende Nebenrollen besetzt oder als ins anarchistische
übersteigerte Gegenbilder – wie Pippi Langstrumpf oder die rote Zora, deren phantastische Welten von jeglichem realen Erlebnisbezug enthoben sind. Doch die Varia-
bilität der Geschlechterrollen ist bei *Wilden Kerlen* und *Wilden Hühnern* nur begrenzt
dehnbar. Letztlich bleiben beide Formate Zielgruppenformate, die in erster Linie darauf ausgerichtet sind, jeweils passgenau die Bedürfnisse der Mädchen und Jungen zu
bedienen.

### Gibt es einen Fantasy-Film, der neben Harry Potter bestehen kann?

Die Nachfrage nach Cornelia-Funke-Stoffen, die im Ausland noch viel größer zu sein
scheint als hierzulande, wo alle nach Harry Potter gieren, brachte dem Film *Herr der
Diebe* (2005) einen beachtlichen Kinoerfolg von immerhin deutlich mehr als 900 000
Zuschauern. Diese Verfilmung einer Banden- und Abenteuergeschichte könnte der Ur-
meter eines zauberhaften, poesievollen Films für Kinder sein. Auf der Flucht vor ihrer
schrecklichen Verwandtschaft landen die beiden Waisenkinder Bo und Prosper in Venedig, wo sie sich der Bande um den 15-jährigen Scipio anschließen. Während Scipio
den Auftrag bekommt, das fehlende Stück eines Karussells zu stehlen, das Erwachsene
zu Kindern macht und umgekehrt Kinder in Windeseile erwachsen, müssen sich Bo
und Prosper des Privatdetektivs erwehren, den ihnen die verleideten Verwandten auf
den Hals gehetzt haben. Die Produktion unter der Regie von Richard Claus schwelgt in
der malerischen Kulisse der Lagunenstadt und beschwört die Bedeutung der Freundschaft. Die besondere Atmosphäre der Kulissen und die kindgerechten Fantasy-Ele-
mente haben die Zuschauer gefangen genommen. Der internationale Charakter der
Produktion, der schon in manch anderen Fällen die Ästhetik abschliff, hat in diesem
Fall zu einer sehr angenehmen Aufwertung des Settings und Casts geführt.

Bei *Herr der Diebe* bedienen beide Medien – Buch und Film – adäquat die Leser und
Zuschauer. Das ist insofern bemerkenswert, als allgemein Romanverfilmungen als
Verflachung oder Reduzierung komplexer literarischer Strukturen erlebt werden. Das
Kino musste 100 Jahre alt werden, ehe es den Status einer anerkannten Kunst des 20.
Jahrhunderts erringen konnte und bildungspolitisch relevant wurde. Die (Jugend-)
Literatur musste einen vergleichbaren Prozess durchlaufen. Heute gilt Medienkom-
petenz als Kernkompetenz und filmanalytische Schulung als Einmaleins einer *visuellen
Alphabetisierung*. Auch im Freizeitverhalten junger Familien hat das Kino als beson-
deres Event trotz oder wegen der Vervielfältigung des Medienangebots einen hohen
Stellenwert. Doch diese Wertschätzung ist bei Weitem nicht so ausgeprägt, dass eine
Filmauswahl ohne eingeführte Marken möglich wäre. Literaturverfilmungen haben in
diesem Kontext einen deutlichen Marketingvorteil. Erich Kästner, Cornelia Funke, Ben

Verbong, Hans de Beer, Janosch, Roald Dahl, Astrid Lindgren, Joanne K. Rowling – das sind Namen, denen man vertraut. Gewiss wäre es längst an der Zeit, dass Filmprodu-zenten bei Kinderstoffen nicht ständig auf die sichere Nummer der Literaturadaption setzen, sondern stattdessen Banden- und Abenteuerfilme mit originären Drehbüchern herausbringen. Die Verfilmungen von anerkannten Werken der Kinder- und Jugendli-teratur haben dem Kinderfilm zwar zu einem beachtlichen Erfolg und zurecht zu einer sehr positiven Resonanz des Publikums verholfen, doch genau darauf ließe sich nun aufbauen: Man könnte beginnen, auch reine Kinostoffe zu entwerfen. Es würde den erzählerischen Spielraum erweitern. Wer weiß – vielleicht kommt dieser Prozess frü-her als erwartet, denn die Weide bewährter Jugendliteratur ist für Filmautoren lang-sam abgegrast.

## Filmographie

Das doppelte Lottchen (BRD 1950; Regie: Josef von Baky)
Emil und die Detektive (D 1931; Regie: Gerhard Lamprecht)
Emil und die Detektive (BRD 1954; Regie: Robert A. Stemmle)
Emil und die Detektive (D 2000; Regie: Franziska Buch)
Das fliegende Klassenzimmer (BRD 1954; Regie: Kurt Hoffman)
Herr der Diebe (D 2005; Regie: Richard Claus)
Hitlerjunge Quex (D 1933; Regie: Hans Steinhoff)
Irgendwo in Berlin (D 1946; Regie: Gerhard Lamprecht)
Der Krieg der Knöpfe (F 1961; Regie: Yves Robert)
Die Perlmutterfarbe (D 2008; Regie: Marcus H. Rosenmüller)
Pünktchen und Anton (D 1998; Regie: Caroline Link)
Die rote Zora (D 2008; Regie: Peter Kahane)
Vorstadtkrokodile (BRD 1977; Regie: Wolfgang Becker)
Vorstadtkrokodile (D 2008; Regie: Christian Ditter)
Vorstadtkrokodile 2 – Das Abenteuer geht weiter (D 2010; Regie: Christian Ditter)
War of the Buttons (IRL 1994; Regie: John Roberts)
Wer früher stirbt, ist länger tot (D 2006; Regie: Marcus H. Rosenmüller)
Die Wilden Hühner (D 2006; Regie: Vivian Naefe)
Die Wilden Hühner und das Leben (D 2008; Regie: Vivian Naefe)
Die Wilden Hühner und die Liebe (D 2007; Regie: Vivian Naefe)
Die Wilden Kerle (D 2003; Regie: Joachim Masannek)
Die Wilden Kerle 2 (D 2004; Regie: Joachim Masannek)
Die Wilden Kerle 3 (D 2006; Regie: Joachim Masannek)
Die Wilden Kerle 4 (D 2007; Regie: Joachim Masannek)
Die Wilden Kerle – Hinter dem Horizont 5 (D 2008; Regie: Joachim Masannek)

## Literatur

Barg, Werner C.: La Guerre des Boutons. In: Schäfer, Horst (Hg.): Lexikon des Kinder- und Ju-gendfilms im Kino, im Fernsehen und auf Video. Losebl.-Ausg. Meitingen 1998ff.
Exner, Christian (Hg.): 50 Kinderfilmklassiker. Remscheid 1995
Maiwald, Klaus: Der dreifache Emil – ästhetisches Lernen an den Verfilmungen von Erich Käst-ners Detektivklassiker. In: Kepser, Matthis (Hg.): Fächer der schulischen Filmbildung. Deutsch, Englisch, Kunsterziehung und Geschichte. München 2010 (i. Dr.)
Schäfer, Horst (Hg.): Lexikon des Kinder- und Jugendfilms im Kino, im Fernsehen und auf Video. Losebl.-Ausg. Meitingen 1998ff.
Schäfer, Horst: Kinder, Krieg und Kino. Konstanz 2008
Schäfer, Horst / Claudia Wegner (Hgg.): Kindheit und Film. Konstanz 2009
Wiedmann, Natália: Genderinszenierungen als Erfolgsfaktor? Spekulationen zur Attraktion der Wilden Kerle. In: MedienConcret: Mediageneration. Juni 2008, 62-65

*Horst Schäfer*
# Das Kind im Manne
Peter Pan und J. M. Barrie

## The Man Who Was Peter Pan

Peter Pan, der Junge, der niemals erwachsen werden wollte und den jeder kennt, hat auch seinem Schöpfer, dem schottischen Schriftsteller James Matthew Barrie, zu ewigem Ruhm verholfen. Am 9. Mai 1860 wird Barrie in Kirriemuir, Schottland, als Sohn einer kinderreichen Weber-Familie geboren. Im Alter von 13 Jahren verlässt er sein Heimatdorf und besucht die Dumfries Academy, ab 1878 die Universität Edinburgh. Mit seinen 18 Jahren ist er lediglich 1,50 m groß und hat die Figur eines 12-Jährigen, die er auch beibehalten wird. Barrie hat wenig Kontakt zu Gleichaltrigen und fühlt sich vom studentischen Leben ausgeschlossen. Er beschränkt sich darauf, andere zu beobachten und ihr Verhalten zu analysieren. 1885 geht er nach London, arbeitet als Journalist und Theaterautor und verzeichnet erste Erfolge. 1892 heiratet er die Schauspielerin Mary Ansell; die Ehe wird ein paar Jahre später kinderlos geschieden. Barries Biographen behaupten, sie sei auch nie vollzogen worden.

Bei ausgedehnten Spaziergängen mit seinem Bernhardiner Porthos in London lernt Barrie die Kinder von Sylvia Llewelyn-Davies kennen: George, Jack und Peter. Er ist fasziniert von ihrer unbeschwerten Welt, der Sorglosigkeit und Unschuld der Kindheit. Bald ist er ihnen ein treuer Spielgefährte und freundet sich auch mit Sylvia Llewelyn-Davies an. Aus dem täglichen Zusammensein mit den Kindern entwickelt Barrie die Idee für das Theaterstück *Peter Pan*. Eine erste Fassung stößt auf Ablehnung, da eine so phantastische Geschichte nur mit großem Aufwand inszeniert werden kann. Doch Barries Theaterimpresario Charles Frohman glaubt an ihn und setzt das Stück durch. Seine Uraufführung erlebt es am 27. Dezember 1904 im Duke of York's Theatre, nahe dem Trafalgar-Square. Der Abend wird ein großer Erfolg, *Peter Pan or the Boy who would not grow up* erobert die Welt. Der britischen Theatertradition entsprechend wird die Hauptrolle von einer jungen Schauspielerin gespielt. Als besonders eindrucksvoll und bewegend erweist sich die Szene, in der das Lebenslicht der kleinen Fee Tinker Bell zu erlöschen droht. Peter Pan wendet sich direkt an die Zuschauer und beschwört sie, an Feen zu glauben. Tatsächlich gelingt es ihm, das Publikum zu starkem Applaus zu animieren und damit Tinker Bell zu retten.

Dem öffentlichen Erfolg des Stückes steht die private Tragik der kommenden Jahre entgegen. Innerhalb weniger Jahre sterben Sylvia Llewelyn-Davies und ihr Ehemann Arthur an Krebs. Barrie, mittlerweile von Mary geschieden, nimmt sich der Kinder des Ehepaares an und leitet ein Adoptionsverfahren ein. Barrie finanziert ihnen die besten Schulen und erfüllt ihnen jeden Wunsch. Dennoch leiden sie unter der Umklammerung ihres Adoptivvaters; ihr weiteres Leben ist mehr von Tragik als von Glück gezeichnet.

In seinen letzten Lebensjahren führt Barrie ein bescheidenes Leben. *Peter Pan* schreibt er immer wieder um. 1928 entsteht die endgültige Fassung. Ein Jahr später überträgt er das Copyright für *Peter Pan* an das Great Ormond Street Hospital for Sick Children im Londoner Stadtteil Bloomsbury, wohin auch heute noch die Tantiemen fließen. Barrie stirbt am 19. Juni 1937 in London und wird in Kirriemuir beigesetzt.

Barries Lebensweg ist ebenso außergewöhnlich wie faszinierend. Umso mehr erstaunt es, dass sein Leben erst 100 Jahre nach der Premiere von *Peter Pan* für den Film entdeckt wur-de. Erstmals verfilmte Marc Forster seine Biographie in *Finding Neverland* (*Wenn Träume fliegen lernen*; 2004). In der Handlung des Films gibt es immer wieder Verweise darauf, dass der Alltag der Kinder und ihre Spiele für Barrie die Quelle seiner Inspiration sind. Die eindrucksvollste Leistung im Ensemble einer hochkarätigen Besetzung erbringt Johnny Depp in der Rolle des J. M. Barrie. Barrie war kleinwüchsig und stand den Kindern daher auf Augenhöhe gegenüber. Diese Voraussetzung bringt Depp zwar nicht mit, gleicht sie aber durch seine enorme Spielfreudigkeit aus. Depp ist ein Komödiant im wahrsten Sinne des Wortes, der mit Vergnügen in die Rolle eines großen Jungen schlüpft und sich ebenso gerne als Pirat oder Cowboy verkleidet. Er meistert souverän die Herausforderung, die Parallelen zwischen dem Leben des Dichters und der Phantasiewelt seiner Figuren sichtbar zu machen: Figuren, die nur spielen wollen und weder Zeit noch Veränderung kennen.

*Abb. 1*: Filmplakat zu *Peter Pan* (1924)

## Von der Bühne auf die Leinwand

*Peter Pan* (USA 1924; Regie: Herbert Brenon; Abb. 1) ist die erste Verfilmung des Theaterstückes mit der bis dahin unbekannten 17-jährigen Betty Bronson in der Titelrolle. Die Handlung lehnt sich in der Inszenierung und mit einer statischen Kameraführung eng an die Bühnenvorlage an. Hinzu kamen noch einige Außenaufnahmen auf einer Insel. Mit den seinerzeit möglichen Trickeffekten wurde sparsam umgegangen. Durch die überpointierten Stummfilm-Gesten der Darsteller wirkt der Film auch heute noch wie ein Theaterspiel für Kinder.

Die Handlung beginnt mit der Einführung der Familie Darling, die in Bloomsbury, im viktorianischen London, ein harmonisches Leben führt. Zur Familie gehört auch die sanftmütige Neufundländerin Nana, die die Kinder bewacht und die Rolle des Kindermädchens übernommen hat. Eines Abends landen Peter Pan und die von einem Lichtkranz umstrahlte faustgroße Fee Tinker Bell im Apartment der Familie. Wie immer ist Peter Pan auf der Suche nach märchenhaften Geschichten, die Kindern erzählt werden. Die wachsame Nana kann die Eindringlinge zwar vertreiben, doch sie verbeißt sich dabei in Peter Pans Schatten. Am nächsten Abend sind Mr. und Mrs. Darling außer Haus. Tinker Bell und Peter, auf der Suche nach dem Schatten, dringen erneut in das Kinderzimmer ein. Die abenteuerlustige Wendy bemerkt die außergewöhnlichen Besucher, die „vom zweiten Stern rechts, dann geradeaus bis zum Morgen" kommen, und ist von ihnen fasziniert. Bereitwillig näht sie Peter Pan den Schatten wieder an und folgt ihm nach einem kurzen Flugunterricht – gemeinsam mit ihren Brüdern – auf die magische Trauminsel *Neverland*.

Hier existiert eine Parallelwelt mit eigenen Gesetzen. Kinder und Erwachsene sind gleichberechtigt und das oberste Gebot lautet: „Niemals erwachsen werden!" Das Land wird bewohnt von den *verlorenen Jungen*, Kindern, die als Babys aus dem Kinderwagen gefallen sind und um die sich niemand mehr kümmert. Sie sehnen sich nach einer Mutter, die sie liebevoll umsorgt. Mit auf der Insel leben auch die friedlichen *Rothäute*, die von der kessen Tiger Lily angeführt werden, und die gefährlichen *Piraten* mit ihrem Kapitän James Hook. Dessen rechte Hand wurde nach einem Zweikampf mit Peter Pan durch einen Haken ersetzt und zu allem Überfluss lauert ein Krokodil darauf, nicht nur die Hand, sondern den ganzen Kapitän zu fressen. Als Erzfeind von Peter Pan bedroht Hook unermüdlich die kindliche Idylle. Bereits die Ankunft in Neverland ist für Wendy mit ungeahnten Gefahren verbunden. Sie wird von den verlorenen Jungen versehentlich für einen fremden Vogel gehalten und angeschossen. Erst nach mehreren Wendungen freundet sie sich nicht nur mit Peter Pan, sondern auch mit den verlorenen Jungen an, denen sie schließlich sogar die ersehnte Mutter ersetzen will.

Unterdessen planen die Piraten einen Überfall und wollen die verlorenen Jungen und Wendy in ihre Gewalt bringen. Diese werden zwar von den Rothäuten bewacht, trotzdem gelingt es den Piraten mit einem plumpen Trick, sie zu fesseln und mit auf ihr Schiff zu nehmen. Auch Tinker Bell gerät beim Versuch, einen Giftanschlag von Hook auf Peter zu verhindern, in Lebensgefahr. Mit einem leidenschaftlichen Appell wendet sich Peter daraufhin an das (Kino-)Publikum, *an Feen zu glauben* und durch starken Applaus dazu beizutragen, ihr Leben zu retten.

An Bord des Schiffes versucht Hook inzwischen, die Kinder zu überreden, Mitglieder seiner Bande zu werden. Wendy kann das verhindern, und mit letzter Kraft gelingt es den verlorenen Jungen, sich zu bewaffnen und die Piraten zu bezwingen. Den finalen Zweikampf gegen Hook gewinnt Peter: Hoch erhobenen Hauptes geht Kapitän Hook am Ende auf die Planken und springt ins Wasser. Dort erwartet ihn schon das Krokodil, das einige Zeit später einen unverdaulichen Haken ausspeien wird. Wendy und ihre Brüder wollen nach ihrer Rettung zurück zu ihren Eltern, und auch die verlorenen Jungen wollen Neverland verlassen. Gemeinsam segeln sie mit dem Piratenschiff durch die Lüfte zurück zum Haus der Familie Darling, von den Eltern und Nana sehnsüchtig erwartet. Wendy stellt ihren Eltern die verlorenen Jungen vor, die sich eine Mutter wünschen. Mrs. Darling kann sich dem nicht verschließen, ihre Mutterliebe reicht für alle Kinder. Und Nana freut sich schon auf die zusätzlichen Aufgaben. Peter, der letztlich keinerlei Veränderung will, fliegt nach Neverland zurück. Wendy wird ihn einmal im Jahr besuchen, um ihm „den Frühjahrsputz zu machen".

Der Film hebt den Fokus von Barries Bühnenstück deutlich hervor: Peter Pan steht für die unbezwingbare Kraft ewiger Jugend (und damit Unsterblichkeit). Von seinen Feinden wird er gefürchtet und gehasst, von seinen Freunden bewundert und angebetet und von Frauen wird er geliebt, auch wenn er deren Verhalten nie begreifen kann. Zeit und Veränderung, Geschlecht, Sexualität und gesellschaftliche Rollen spielen in Peter Pans Kosmos keine Rolle. Während alle anderen Kinder (Wendy, ihre Brüder und die verlorenen Jungen) die Kindheit (verkörpert durch Neverland) irgendwann verlassen, wird Peter Pan nie erwachsen und verändert sich nie.

## Neverland in Disney's World

Walt Disney hat sich als Vorlage für seine langen Zeichentrickfilme oft der europäischen Mythen und Märchen bedient. 1913 begegnete er *Peter Pan* erstmals bei einer Tourneetheateraufführung; in einer Schulaufführung spielte er später die Titelrolle. 1924 sah Disney die Stummfilmfassung und war seither von der Geschichte fasziniert.

Mit seinen Märchenverfilmungen *Snow White and the Seven Dwarf*s (1937), *Pinocchio* (1940) und *Alice in Wonderland* (1951) war Disney überaus erfolgreich. 1939 erwarb er die Verfilmungsrechte von *Peter Pan*. Bereits Anfang der 1940er-Jahre begannen die Produktionsvorbereitungen, die durch den Zweiten Weltkrieg unterbrochen wurden. 1953 war dann die Premiere des Films.

Im Vorspann des Films *Peter Pan* (1953) bedankt sich Disney bei dem Great Ormond Street Hospital for Sick Children in London für die Überlassung der Rechte. Die Filmhandlung und die Schauplätze orientieren sich an der klassischen Vorlage des Stücks. Die Zeichentrickfilm-Technik erlaubt jedoch – beispielsweise in den Flug-Sequenzen – weitaus mehr Möglichkeiten als eine Bühneninszenierung. Bei Disney ist Peter Pan erstmals ein Junge: ein listiger und lustiger Kerl, ein aufgedrehter Kobold, der an Mickey Rooney als Puck im *Sommernachtstraum* von Max Reinhardt (1934) erinnert. Die Figur von Wendy steht im Ensemble der typischen Disney-Charaktere. Sie ist eine verkleinerte Ausgabe von Schneewittchen: nett, adrett und sympathisch.

Die eindrucksvollste Figur ist der Piratenkapitän Hook, ein ebenso eleganter wie intriganter Bösewicht; mit einem Haken am linken Arm, den er als Waffe einsetzt, mit dem er aber auch virtuos Spinett spielen kann. Seine panischen Ängste vor dem Krokodil, das hier auch weitaus effektvoller und witziger in Szene gesetzt werden kann als im Theater, gehören zu den komischen Höhepunkten des Films. Käpt'n Hook ist ein Charakter, der fortan ein Eigenleben führt und Steven Spielberg zu einer eigenen Bearbeitung des Stoffes animierte (*Hook*, 1991). Nur in wenigen Fällen wurden die Protagonisten verändert oder die Handlung variiert.

Am Ende des Films verbleiben die verlorenen Jungen nicht im Hause der Darlings, sondern steuern gemeinsam mit Peter Pan himmelwärts und am Mond vorbei weiteren Abenteuern entgegen. Der Giftanschlag auf Peter Pan wurde durch eine Zeitbombe ersetzt. Die interaktive Szene, in der Peter sich an das Publikum wendet und um Hilfe bittet, damit das Lebenslicht der Fee nicht erlöscht, fehlt bei Disney. Hier ist es Peter Pan, der sie aus den Trümmern der Bombenexplosion befreit. Die Bühnenversion zu übernehmen hätte Tempo und Rhythmus des Films beeinträchtigt.

Die kleine Fee Tinker Bell kann nicht sprechen und ihre Emotionen nur pantomimisch ausdrücken. Bei Disney konnten ihr somit weitaus mehr Variationsmöglichkeiten zugestanden werden, als dies auf der Bühne möglich ist, wo sie bislang nur ein umherschwirrender Lichtpunkt war. Hier ist sie eine kleine, facettenreiche Persönlichkeit: sexy, selbstbewusst, herrisch, neidisch und eifersüchtig. Neben Käpt'n Hook ist sie ebenfalls eine Figur, die später weiterentwickelt und sogar zum Wahrzeichen des Disney-Studios wurde. 2008 und 2009 ist sie die Titelheldin der Animationsfilme *Tinker Bell* und *Tinker Bell and the Lost Treasure*.

2002 drehte Walt Disney Pictures mit *Peter Pan: Return to Neverland* (*Peter Pan: Neue Abenteuer im Nimmerland*) eine Fortsetzung des Films von 1953. Wendy ist erwachsen geworden. Sie lebt in London, ist verheiratet und hat zwei Kinder. Die Stadt hat sich verändert; es herrscht Krieg. Wendys Gatte Edward wurde zum Militärdienst eingezogen. Um ihre Tochter Jane und den kleinen Danny von den Bombenangriffen abzulenken, erzählt sie ihnen Geschichten aus ihrer eigenen Vergangenheit, die sie aber als Märchen ausgibt. Jane glaubt aber nicht mehr an Märchen. Sie hält sich für erwachsen, auch wenn sie es noch nicht ist.

Eines Nachts taucht vor dem Fenster zum Kinderzimmer ein fliegendes Piratenschiff mit Kapitän Hook und seiner Crew auf. Hook will mit der Entführung von Wendy Peter Pan erpressen und ihn dazu zwingen, ihm seinen Schatz auszuhändigen, den Peter irgendwo in Neverland versteckt hat. Hook hat nicht bedacht, dass Menschen altern und verwechselt Wendy mit ihrer Tochter Jane, die er nach Neverland entführt. Dort hat sich nicht viel verändert. Die Piraten sind immer noch auf Beute aus. Hook fürchtet sich jetzt nicht mehr vor dem Krokodil, sondern vor einem riesigen Kraken, der Schiff und Mannschaft bedroht. Die verlorenen Jungen treiben nach wie vor ihre munteren Spielchen und die Nixen vergnügen sich am Strand. Auch Tinker Bell hat sich nicht verändert. Nur von den Indianern ist nichts zu sehen. Peter kann Jane aus der Gefangenschaft befreien und erfährt von ihr, dass sie die Tochter von Wendy ist. Von den verlorenen Jungen wird sie begeistert aufgenommen. Jane will aber nicht ihre Mutter spielen, da sie keine Geschichten erzählen kann. Außerdem weigert sie sich, an Feen und Elfen zu glauben. Folglich lassen die Kräfte von Tinker Bell nach, deren Leben bekanntlich davon abhängt, dass Kinder an sie glauben. Hook erfährt, dass Jane unbedingt nach Hause möchte und verspricht, ihr dabei zu helfen. Dafür soll sie ihm verraten, wo Peter den Schatz versteckt hat. Mit den schwindenden Kräften von Tinker Bell wächst die Gefahr, dass Hook seinen Plan durchführen kann. Denn der Käpt'n hat zwischenzeitlich Peter Pan und die Jungen gefangen genommen. Nun liegt es an Jane, sie zu befreien. Durch die Ereignisse in Neverland ist Jane wieder von der Existenz von Feen überzeugt. Tinker Bell gewinnt dadurch ihre Kräfte zurück. Sie ist nicht länger eifersüchtig auf Jane und wird ihre Verbündete. Gemeinsam befreien sie Peter und die Jungen aus den Fängen von Hook – so wie sie früher einmal von Peter gerettet wurden. Jane kehrt nach London zurück. Das Glück ist vollkommen, da gleichzeitig ihr Vater aus dem Krieg nach Hause zurückkkehrt.

Die Fortsetzung von *Peter Pan* wurde zwiespältig aufgenommen und als uninspirierter Nachfolgefilm bezeichnet, der anstelle einer kindgerechten Dramaturgie zu viel Action und zu wenig Gehalt biete. Andererseits wurde die zeitgemäße Version der klassischen Vorlage gelobt, die immer wieder neu interpretiert werden kann, da Neverland und seine Figuren niemals altern. Die Rahmenhandlung mit der Bombardierung Londons wurde von einem Teil der Kritiker als überflüssig und störend empfunden, andere hoben sie als überzeugendes Plädoyer gegen den Krieg hervor.

## Die Lovestory von Peter und Wendy

Achtzig Jahre nach dem Stummfilm von Herbert Brenon und fünfzig Jahre nach dem Disney-Klassiker war für Hollywoods Traumfabrik die Zeit reif, die alte Geschichte neu zu erzählen.

*Peter Pan* (USA 2003; Regie: P. J. Hogan) als Realfilm ist eine werkgetreue Adaption des Stoffes in der Bühnenversion. Personen, Schauplätze und Handlungsverlauf wurden mit einigen Variationen oder Ergänzungen beibehalten. Auch hier beginnt der Film mit einem Flug über das viktorianische London. Neu ist, dass sich im Hause der Familie Darling auch noch Tante Millicent aufhält: eine strenge Dame, die auf Umgangsformen achtet und es nicht gerne sieht, dass die temperamentvolle Wendy mit ihren Brüdern und Nana herumtollt. Wendy liebt es, Piratengeschichten zu erzählen und möchte gerne Schriftstellerin werden. Doch ihre Tante ist strikt dagegen. Sie besteht darauf, dass sich Wendy, die bald 13 Jahre alt wird, wie eine Erwachsene benimmt.

Die magische Insel Neverland ist in dieser Version kitschig süß und die Wolken darüber sind grell rosarot. Die verwunschenen Wälder sind opulent und farbenprächtig ausgestattet; die Höhen wirken bizarr und bedrohlich zugleich. Die Meerjungfrauen haben sich verändert. Sie sehen zwar liebreizend aus, sind aber bösartig, aggressiv und angriffslustig. Die Figuren aus dem Stück von J. M. Barrie werden von realen Schauspielern dargestellt, was weitaus mehr Möglichkeiten gibt, den emotionalen Gehalt der Handlung stärker ins Spiel zu bringen. Sehr deutlich ist das an dem schurkisch-charmanten Kapitän James Hook festzumachen: Er ist nicht mehr die Karikatur eines Piratenchefs wie bei Disney, sondern eher ein Schwarzer Ritter, mal hinterlistig und gemein, dann wieder elegant und intrigant. Seine Zweikämpfe mit Peter Pan zählen zu den Action-Höhepunkten des Films; kein klamaukartiges Hauen und Stechen wie im Zeichentrick, sondern virtuos mit Eleganz und Elan wie ein Eastern inszeniert und choreographiert.

Die Pin-Up-Fee Tinker Bell ist ein arglistiges und eifersüchtiges Biest – eine kleine Person, die großen Unfug anrichten kann. Als sie das für Peter gedachte Gift getrunken hat und ihr Leben in Gefahr ist, hat sie ihre große Szene. Peter zeigt zum ersten Mal ernsthafte Gefühle und ruft die Kinder in aller Welt auf, den Glauben an die Feen nicht zu verlieren. In einer dramatischen Zuspitzung verliert er sogar Tränen, die mit dazu beitragen, dass Tinker Bell am Leben bleibt.

*Peter Pan* von P. J. Hogan ist ein Fantasy- und Abenteuerfilm; den Flug nach Neverland begleiten grandiose digitale Zeitreise-Effekte aufwändiger Science-Fiction-Filme. Die spektakulären Actionszenen wechseln sich ab mit ruhigen, romantischen Sequenzen. Rhythmus und Timing stimmen und auch die Gefühlsskala wird reichlich bedient.

*Peter Pan* erzählt eine Coming-of-Age-Geschichte und ist zugleich eine Lovestory. Schon bei der ersten Begegnung zwischen Wendy und Peter wird deutlich, dass sie ihn anhimmelt und von ihm geküsst werden möchte. Die „verborgenen Küsse im Mundwinkel junger Mädchen und Frauen" werden mehrfach angesprochen. Wendy ist emotional stärker engagiert als Peter, der nicht weiß, was Liebe ist. Für ihn bedeuten Kämpfe und Fliegen weitaus mehr. Dennoch bemerkt er, dass Wendys Einfluss auf seine Spielgefährten für ihn eine Gefahr bedeutet, da er seine Kameraden verlieren könnte. Peter will keine Veränderungen und wird ihr gegenüber daher immer abweisender. Wendy wiederum ist enttäuscht, dass ihre Gefühle nicht erwidert werden.

Doch was ist eine Liebesgeschichte ohne Kuss? Hier ist sie filmgerecht mit einem Happy Ending inszeniert. Als Peter von Hook entwaffnet am Boden liegt, nimmt Wendy ihn in ihre Arme und küsst ihn. Der bislang verborgene Kuss verleiht Peter neue Kräfte. Er ist überglücklich, übermütig und unbesiegbar. Die Jugend siegt und Hook wird geschlagen. Er ist alt, allein, erledigt und gehört dem Krokodil.

Gemeinsam mit Wendy kehrt Peter nach London zurück. Er ist für einen Moment unsicher, ob er nicht bei der Familie Darling bleiben soll. Doch seine Sehnsucht nach Neverland ist stärker. Begleitet von Tinker Bell fliegt er dorthin zurück. Dafür bleiben die verlorenen Jungen bei der überglücklichen Familie Darling. Auch Tante Millicent ist gerührt. Sie hat unter ihnen einen Sohn gefunden und ist nun auch eine richtige Mutter.

## Kinderspiele von und mit Hollywood-Stars

Die Peter-Pan-Verfilmung von P. J. Hogan erzählt mit den aktuellen filmtechnischen Möglichkeiten die Geschichte mit neuen Facetten und zeitgemäßen Akzenten. Executive Producer des Films ist der ägyptische Milliardär und Geschäftsmann Mohamed Al Fayed, der ihn dem Andenken seines verstorbenen Sohnes Dodi Al Fayed widmete. Dieser wiederum war der Executive Producer des Films *Hook* von Steven Spielberg (USA 1991).

Spielberg, wie Disney ein ausgesprochener Fan von Peter Pan, scheute sich zunächst, ihn zum Helden einer eigenen Spielfilmversion zu machen. Erst die Idee, den Protagonisten als Erwachsenen einzuführen und für ihn eine adäquate Rahmenhandlung zu finden, konnte ihn überzeugen. In seiner Version ist Peter Pan der gestresste Anwalt Peter Banning, der wenig Zeit für seine Familie hat; ein Mann ohne Phantasien, der zusätzlich auch noch Angst vor dem Fliegen hat. In den ersten Bildern des Films sieht man ihn mit seiner Frau Moira und seinen beiden Kindern Jack und Maggie beim Besuch einer Theateraufführung von *Peter Pan,* womit die Verknüpfung mit dem Original hergestellt ist. Nur widerstrebend kommt Banning seinen familiären Verpflichtungen nach, wozu auch ein Besuch bei Granny Wendy in Bloomsbury gehört. Wendy ist mittlerweile eine hochbetagte alte Dame. Vor vielen Jahren war sie die Nachbarin von J. M. Barrie; heute finanziert sie das Waisenhaus in der Ormond Street. Peter Banning wiederum ist einer der verlorenen Jungen.

Die Wiedersehensfreude der Familie wird jäh gestört, als Jack und Maggie nachts von James Hook entführt werden. Die Polizei ist ratlos, doch die Großmutter kennt die Lösung: Die Entführung der Kinder ist eine eindeutige Herausforderung für ihren Vater Peter, den Kampf mit den Piraten und Käpt'n Hook aufzunehmen. Den Weg nach Neverland findet er mit Hilfe von Tinker Bell. In dieser Filmversion ist sie ein rotzigfrecher, rothaariger Wuschelkopf, der sprechen kann, überaus attraktiv und sehr aktiv ist. Peter landet bei Hook, der sich weniger als Schurke, sondern vielmehr als ein Aufschneider mit Gentleman-Allüren zeigt. Er will sich für seine verlorene Hand rächen und mit Peter kämpfen, aber dieser ist ein Mann von heute und kein Abenteurer mehr wie früher. Hook ist enttäuscht darüber, dass man seinem geliebten Gegner „den Geist kultiviert" hat und betrachtet ihn daher nicht länger als ebenbürtig. Dafür sollen seine Kinder büßen. Nun schaltet sich Tinker Bell ein und verspricht, den alten Peter Pan innerhalb von drei Tagen zu reaktivieren. Die verlorenen Jungen, eine wilde, rauflustige Rasselbande, sind über Peters Rückkehr irritiert. Erwachsene sind nun einmal der Feind der Kinder, aber sie geben ihm eine Chance, Jack und Maggie zu retten.

Die Jungen machen Peter fit, doch es ist nicht einfach, ihm das Fliegen beizubringen. Nach und nach gewinnt Peter seine Phantasie und damit seine alte Form zurück. Allerdings will er nun wieder ein Junge sein und lieber mit den anderen spielen, als seine eigenen Kinder zu retten. Tinker Bell ist darüber sehr erfreut. Für einen Moment verlässt sie ihre Rolle als kleine Fee, wird groß und begegnet Peter auf Augenhöhe. Sie gesteht ihm ihre Liebe und küsst ihn. Peter erinnert sich in diesem Augenblick rechtzeitig an seine Frau und besinnt sich auf seine eigentliche Mission. Dem furiosen Finale an Bord des Piratenschiffes steht nichts mehr im Wege und Hook wird wieder zu einer Beute des Krokodils. Peter wiederum fliegt mit seinen Kindern nach London zurück. Sein Leben hat sich grundlegend verändert, denn die Familie ist ihm jetzt wichtiger als sein Job.

*Hook* ist grandioses Mainstream-Kino und perfektes Familien-Entertainment. Die Hauptrollen sind mit populären Stars besetzt: Dustin Hoffman, Robin Williams und Julia Roberts. Damit spricht Spielberg weniger Kinder denn Erwachsene als Zielgruppe an. Bei den vielen Stunts, Gags, Effekten und turbulenten, irrwitzigen und quirligen Szenen ist es anstrengend, dem eigentlichen Handlungsfaden zu folgen. Neverland ist ein überdimensionierter Phantasie-Park mit zu wenigen Orientierungshilfen. Das reichhaltige Angebot an Schauwerten versperrt die Sicht auf die doppelbödigen Beziehungen der Charaktere untereinander. Spielberg hat sich einen Film für Erwachsene ausgedacht, die große Kinder geblieben sind oder es gerne sein möchten.

### Die Zeiten ändern sich – Peter Pan nicht

Jede der *Peter-Pan*-Verfilmungen hat ihre eigene Qualität. *Finding Neverland* stellt auf sympathische Art den Autor vor und informiert über die literatur- und zeitgeschicht-lichen Hintergründe. Die erste Verfilmung von Herbert Brenon aus dem Jahre 1924 lässt noch viel von dem Charme und dem Zauber der ersten Bühneninszenierungen erahnen und ist insoweit ein einzigartiges Dokument der Geschichte von *Peter Pan*. Walt Disney hat die Figur für die Leinwand entdeckt, wobei der erste Film von 1953 heute ein anerkannter Klassiker ist, während die Fortsetzung von 2001 weniger ge-schätzt wird. Die *Peter-Pan*-Realverfilmung von 2003 zeichnet sich durch sorgfältige Adaption der Vorlage und Werktreue aus; *Hook* von Spielberg hingegen geht sehr eigenwillig mit der Vorlage um. Das Ergebnis ist ein Film eines Regisseurs, der sich als großer Junge versteht; kein Film für Kinder, die nicht erwachsen werden wollen, sondern ein Film für Erwachsene, die gerne wieder Kind sein möchten.

Peter Pan hat seinen Schöpfer in zahlreichen Bühnenversionen, in Tausenden von Theateraufführungen und diversen Film- und Fernsehbearbeitungen überlebt. In der Kinder- und Jugendliteratur wird der Klassiker *Peter Pan* immer noch aufgelegt und aus neuen Perspektiven betrachtet. J. V. Hart, der Drehbuchautor von *Hook*, ist mit *Die wilden Abenteuer des jungen Capt'n Hook* (2009) ein spannender Abenteuerroman gelungen, in dem er die Internats- und Studienzeit von James Hook und Arthur Dar-ling als Coming-of-Age-Story erzählt. Ein anderes Beispiel für aktuelle Publikationen ist *Peter Pan und der rote Pirat* (2006) von Geraldine McCaughrean, die von der Barrie-Stiftung mit der Fortsetzung des Originals beauftragt wurde.

Eine neue und originäre Sicht von *Peter Pan* ist dem französischen Comic-Zeichner Régis Loisel gelungen. In sechs Bänden, die in den Jahren 1991 bis 2005 erschienen, vermischt er die Geschichte von J. M. Barrie mit anderen zeitgenössischen literari-schen Vorlagen. Entstanden ist ein epochales Comic-Kunstwerk, das mit mehreren Auszeichnungen bedacht wurde. Die Story beginnt 1888 in London – aber nicht im vornehmen Bloomsbury, sondern in einem tristen, heruntergekommenen Elends-viertel. Kälte, Hunger und Elend beherrschen das Erscheinungsbild. Hier beginnt die grausame, von Brutalität, Kriminalität und sexuellem Missbrauch geprägte Jugendzeit des kleinen Peter. Er ist ein Straßenjunge, seine Mutter eine Dirne und Alkoholikerin. Diese Exposition verdeutlicht Peters Sehnsucht nach Mutterliebe, nach Freiheit und Abenteuerlust. Im letzten Band verabschiedet sich Loisel dann von seinem Titelhel-den: „Peter, nach 14 Jahren überlasse ich Dich Deinem Schicksal ... Ich lasse Dich jetzt allein ... Peter ... armer Junge!"

## Filmographie

Alice in Wonderland [Alice im Wunderland] (USA 1951; Regie: Wilfried Jackson, Hamilton Luske, und Clyde Geronimi)

Hook (USA 1991; Regie: Steven Spielberg)

J. M. Barrie – Die Wahrheit über Peter Pan [J. M. Barrie – la vérité sur Peter Pan] (F 1999; Regie: Jean-Claude Robert)

Peter Pan (USA 1924; Regie: Herbert Brenon)

Peter Pan (USA 1953; Regie: Wilfred Jackson, Hamilton Luske und Clyde Geronimi)

Peter Pan: Neue Abenteuer im Nimmerland [Peter Pan: Return to Neverland] (USA 2002; Regie: Robin Budd und Donovan Cook)

Peter Pan (USA 2003; Regie: P. J. Hogan)

Pinocchio (USA 1940; Regie: Ben Sharpsteen und Hamilton Luske)

Snow White and the Seven Dwarfs (USA 1937; Regie: David Hand)

Sommernachtstraum (USA 1934; Regie: Max Reinhardt)

Tinker Bell (USA 2008; Regie: Bradley Raymond)

Tinker Bell – Die Suche nach dem verlorenen Schatz [Tinker Bell and the Lost Treasure] (USA 2009; Regie: Klay Hall)

Wenn Träume fliegen lernen [Finding Neverland] (USA / GB 2004; Regie: Marc Forster)

## Primärliteratur

Barrie, James Matthew: Peter Pan. A. d Engl. v. Angelika Eisold-Viebig. Würzburg: Arena, 2004

## Sekundärliteratur

Dick, Rainer: Peter Pans heitere Abenteuer. In: Reclams Filmgenres, Fantasy- und Märchenfilme. Stuttgart 2003

Girveau, Bruno (Hg.): Once Upon A Time – Walt Disney. The Sources Of Inspiration For The Disney Studios. Katalog zur gleichnamigen Ausstellung in Paris und Montreal 2007. 2. Aufl. München [u. a.] 2008

Grieser, Dietmar: Pinocchio, Pumuckl und Peter Pan. Kinderbuchfiguren und ihre Vorbilder. Frankfurt / M. 2003

Hahn, Ronald M. / Rolf Giesen: Das neue Lexikon des Fantasy-Films. Berlin 2001

Maltin, Leonard: Der klassische amerikanische Zeichentrickfilm. München 1980

Miramax / Buena Vista International / Just Publicity (Hgg.): Wenn Träume fliegen lernen. Presseheft zum Film. München 2005

Schäfer, Horst (Hg.): Lexikon des Kinder- und Jugendfilms im Kino, im Fernsehen und auf Video. Losebl.-Ausg. Meitingen 1998ff.

Strobel, Christel / Hans Strobel (Hgg.): Kinder- und JugendfilmKorrespondenz. München 1980ff.

*Jens Meinrenken*
# Gesteigerte Realität und Illusion in Henry Selicks Animationsfilm *Coraline*

> „Du bist ja nicht mal 'n richtiges Rhinozeros,
> du bist doch nur eine tosende schwarze Wolke!"
> (James und der Riesenpfirsich)

3-D-Filme haben Konjunktur. Sie versprechen dem Zuschauer eine gesteigerte Seherfahrung, die sogar das Phantastische und Imaginäre menschlicher Einbildungskraft räumlich greifbar macht und plastisch darstellt. Nun ist diese Illusionsmacht mindestens so alt wie das Kino selbst. Sie beruht auf einer Magie des lebendig-bewegten Bildes, dessen Wirkung sich durch eine starke Vermischung von Traum und Wirklichkeit auszeichnet. Die Geschichte des Zeichentrick- und Animationsfilms ist ohne dieses Imaginationspotenzial nicht zu denken. Über ihre optische Präsenz hinaus entwickeln diese Filme oftmals ein mehrdeutiges und surreales Verständnis der Realität, das unmittelbar an die persönliche Identifikation des Zuschauers mit dem Dargestellten gekoppelt ist.

Der folgende Aufsatz möchte zeigen, dass diese Mechanismen für die Verfilmung von Kinder- und Jugendbuchliteratur eine besondere Relevanz besitzen. Sie betonen nicht nur die Bedeutung der Phantasie für den persönlichen Entwicklungsprozess von Kindern, sondern inszenieren diese geradezu als eine unentbehrliche Überlebensstrategie in einer Welt voller Gefahren und permanenter Herausforderungen. Die Bildmacht der Phantasie entfaltet im Zeichentrick- und Animationsfilm eine (selbst-)reflexive Kraft, die durch den technischen Einsatz der 3-D-Stereoskopie noch gesteigert werden soll. Ein Paradebeispiel für die Vermischung von 3-D- und klassischen Animationstechniken ist Henry Selicks Film *Coraline* aus dem Jahr 2009, der auf einer gleichnamigen Geschichte von Neil Gaiman basiert. Im Gegensatz zur Umsetzung von *Coraline* als Comic durch den Zeichner P. Craig Russell, entfernt sich Selick bewusst von der literarischen Vorlage und kreiert ein cineastisches Panoptikum, das zahlreiche Analogien und Bezüge zu seinen früheren Filmen enthält.

### Schärfentiefe und räumliche Illusionen der 3-D-Technik

Die besondere Wirkung der 3-D-Technik in Selicks Film beschreibt Pierre Eisenreich in einem Artikel für die französische Zeitschrift *Positif* (vgl. Eisenreich 2009, 14-16). Ausdrücklich betont er dort die immersiven Qualitäten des Films, den Zuschauer in die Handlung zu integrieren, so als würden dessen Augen an die Stelle der Kamera treten, um dort inmitten des gefilmten Bühnenbildes Platz zu nehmen. Bereits 1975 hat André Bazin in seinem Buch *Was ist Film?* anhand der Schärfentiefe dargelegt, wie durch die Präsenz des Raumes die intellektuelle und psychologische Beziehung des Zuschauers zum Film intensiviert werden kann:

> „Die Schärfentiefe versetzt den Zuschauer in eine Beziehung zum Bild, die derjenigen, die er zur Realität hat, viel näher ist. Zu Recht kann man also sagen, daß die Struktur des Bildes, unabhängig von seinem Inhalt, realistischer ist." (Bazin 2004, 103)

Beide Autoren gehen von der Annahme aus, dass durch die perspektivische Modellierung des filmischen Bildes die Seherfahrung des Zuschauers entscheidend beeinflusst wird. Durch die Verknüpfung von Stop-Motion, Puppenanimation und 3-D-Stereoskopie schafft Henry Selick in *Coraline* eine komplexe und paradoxe Wirklichkeit, deren räumliche Struktur auf der Verzahnung zweier Parallelwelten beruht. Das 10-jährige Mädchen Coraline Jones zieht mit seinen Eltern in ein altes Haus, dessen übrige Etagen von zwei alten Damen und einem russischen Emigranten bewohnt werden. Eines Tages entdeckt sie im Wohnzimmer hinter der Tapete eine kleine Tür, deren Öffnung mit Ziegelsteinen verschlossen ist. In der Nacht wird sie von einer fiependen Maus geweckt und folgt ihr zu der Tür, die weit offen dasteht und deren vermauerter Eingang sich in einen leuchtenden Tunnel verwandelt hat. Sie kriecht den Gang entlang und betritt ein Wohnzimmer, das dem vorherigen frappierend ähnelt, nur dass alles in dieser Welt bunter und farbenfroher gestaltet ist. In der Küche trifft sie auf ihre andere Mutter, die gerade das Abendessen zubereitet. Nach dem Essen mit ihren anderen Eltern legt sie sich in ihr neues Bett und wacht am nächsten Morgen wieder in ihrem alten Zimmer auf.

Die Erlebnisse der Nacht scheinen nur ein Traum gewesen zu sein, doch im weiteren Verlauf der Geschichte entbrennt ein lebensbedrohlicher Kampf um die wahre Identität ihrer anderen Eltern und der geheimnisvollen Parallelwelt, in der sie leben. Es sind nicht allein motivische und erzählerische Anleihen aus Lewis Carrolls beiden weltberühmten Kinderbüchern *Alices Abenteuer im Wunderland* (1865) und *Durch den Spiegel und was Alice dort fand* (1871), die hier zur Inszenierung ähnlicher und zugleich konträrer Wirklichkeitsebenen genutzt werden. Die eigentliche Paradoxie dieser doppelten Realität und ihrer unheimlichen Illusionsmacht liegt viel tiefer und ist in der Wahl der filmischen Mittel begründet. Die stereoskopische Dehnung der Objekte durch die 3-D-Technik trifft in *Coraline* auf einen schmalen Weltausschnitt, der das Haus mit seiner angrenzenden Umgebung bis auf wenige Ausnahmen kaum überschreitet. Die Verortung der Szenerie an einem Hauptschauplatz wird durch die Darstellung zweier Parallelwelten in eine räumliche Spannung versetzt, bei der das Sehen mit seinen apparativen Bedingungen und möglichen Trugschlüssen selbst zum Thema wird. Wie Joe Fordham in einem Artikel für das Magazin *Cineflex* ausführt, hat sich Henry Selick für die 3-D-Technik entschieden, um zwischen beiden Welten stärker differenzieren zu können:

> „Coraline's life is bland, gray and flat, so I made rooms appear smaller, as if they had hardly any depth; whereas in the Other World we used 3D to make it feel as if it had more breadth." (Fordham 2010, 42)

Trotz der Tatsache, dass der Film auch in einer 2-D-Fassung erhältlich ist, wird an diesem Zitat deutlich, welche gestalterischen Überlegungen des Regisseurs mit dem Einsatz der 3-D-Technik verbunden sind. Die räumliche Tiefe in der anderen Welt präsentiert sich als eine optische Faszination, die mit ausgeklügelten Farb- und Lichteffekten zu verführen weiß. Der Versuch von Coralines anderer Mutter, sie zu überreden, für immer bei ihr zu bleiben, ist für den Zuschauer durch die unterschiedliche Darstellung beider Welten direkt am Bild erfahrbar. Dies gilt auch für die zunehmende Verwandlung der anderen Mutter in ihre wahre Gestalt, in ein dämonisches Wesen, das Coralines echte Eltern in einer Spiegelwelt gefangen nimmt und mit aller Gewalt versucht, deren Platz einzuneh-

*Abb. 1:* Das wahre Gesicht der anderen Mutter

men (Abb. 1). Im Verlauf des Films entpuppt sich die Farbenpracht der parallelen Welt als bloßes Konstrukt, dessen Trugbild von Coralines anderer Mutter erschaffen worden ist, um ihr zu gefallen. Das Gespenstische dieser Illusion wird durch ein Hauptmotiv der Geschichte unterstrichen: Coralines andere Eltern haben keine Augen, an deren Stelle sind große schwarze Knöpfe genäht. Dieser an sich schon groteske und grausame Einfall aus Neil Gaimans Vorlage gerät durch die Puppenanimation vollends zur visuellen Metapher über die Augen als Spiegelbild der Seele. Eine wichtige Differenz zum literarischen Original ist Selicks Idee, dass Coraline am Anfang des Films eine Puppe geschenkt bekommt, die ihr bis aufs Haar gleicht. Dieses Doppelgänger-Motiv hat mehr als eine symbolische Funktion für die gesamte Handlung. Coralines andere Mutter nutzt die Augen der Puppe als eine Art Fernrohr in die echte Welt, mit dem sie unglückliche Kinder ausspioniert und in ihren Bann zieht.

### Wolkenbilder und doppelte Realitäten – vom beseelten Charakter der Animation

Die *Einfädlung* des Doppelgänger-Motivs in den Filmplot beginnt bereits im Vorspann. Eine Puppe segelt aus dem nächtlichen Sternenhimmel durch ein offenes Fenster direkt auf den Zuschauer zu. Zwei feingliedrige metallische Hände ergreifen die Puppe und verwandeln sie mithilfe eines chirurgischen Eingriffs in Coralines Ebenbild. Danach wird die Puppe wieder in den Sternenhimmel entlassen und das Fenster geschlossen, bevor durch die Überblendung in den Tag der eigentliche Film seinen Anfang nimmt. Erst am Ende der Handlung realisiert man, dass es die Hände der anderen Mutter gewesen sind, die hier operativ gewirkt haben. Deren dünne mechanische Glieder setzen sich aus Nähnadeln zusammen, die flink wie eine Spinne agieren und ihr Handwerk verrichten. Zusammen mit Faden, Zwirn und anderen Utensilien wird so bereits im Vorspann eine Materialästhetik und Präzision des Filmbildes suggeriert, die sich in der Anthropomorphisierung und Verlebendigung der Gegenstandswelt von *Coraline* fortsetzt. Die aufwändige Einzelbildtechnik des Stop-Motion-Verfahrens und die lebendige Mechanik der Puppenanimation erscheinen als selbstreflexive artistische Motive im Film, die von äußerster Kontrolle und künstlerischer Genauigkeit der Produktion zeugen. Diese Deutung wird durch die Tatsache gestützt, dass Henry Selick den Film für das Studio *Laika* animiert hat. Das Schweben der Puppe und der nächtliche Himmel lassen an die Schwerelosigkeit der gleichnamigen russischen Hündin Laika denken, die 1957 als erstes Lebewesen vom Menschen in den Orbit der Erde geschossen worden ist und nach der die Firma benannt wurde. Der eigene qualitative Anspruch der Animation erscheint so pointiert im Bild.

Weltraum und Sternenhimmel sind aber nicht nur Allusionen auf den Namen der Firma, die den Film produziert hat. Wie der Mond verkörpern sie eine Nachtseite der Realität, deren Phantasmen und Imaginationen auch in anderen Filmen von Henry Selick genüsslich seziert werden. Das gilt neben seinem bekanntesten Werk *Nightmare Before Christmas* nach einer Geschichte von Tim Burton (1993) unter anderem für den Kurzfilm *Moongirl* (2005) und die Adaption von Roald Dahls Kinderbuchklassiker *James und der Riesenpfirsich* (1996). Zu Beginn des Films liegt James mit seinen Eltern am Strand und betrachtet die Wolken. Ein Kamel und sogar das Empire State Building können sie gemeinsam im Spiel der Formen erkennen, bevor ein dunkles Rhinozeros aus den Wolken stürmt und die Eltern verspeist. In Dahls Buch fehlt dieses Element, dort ist das Tier aus dem Londoner Zoo ausgebrochen und hat die beiden „bei helllichtem Tag und mitten auf einer belebten Straße" (Dahl 2001, 7) aufgefressen. Wolkenbilder haben in der Kunstgeschichte eine breite Tradition und fußen auf den atomistischen Sehtheorien des römischen Dichters und Philosophen Lukrez. Im vierten Buch seines Lehrgedichts *Von der Natur* beschreibt er deren Formenspiel eindrucksvoll als *wolkenähnliche Originalfilme aus Uratomen*:

> „Mannigfach sind die Bilder geformt, die droben sich regen. So erblicken wir oft, wie leicht sich die Wolken im Luftraum ballen und Finsternis bringend der Welt die Heiterkeit rauben, wenn sie in stürmischem Sausen das Luftmeer peitschen. Da sehen oft wir als Riesen sie fliegen und weithin werfen den Schatten. [...] Doch im Zerfließen verändern sie unaufhörlich ihr Aussehen und verwandeln sich so in beliebig umrissene Formen." (Lukrez 1991, 186)

Kindliche Phantasie und die geistige Projektion der menschlichen Einbildungskraft sind zwei wesentliche Faktoren in Lukrez' Beschreibung der Wolken und lassen bereits jene Magie des lebendig-bewegten Bildes erahnen, die zu Beginn erwähnt wurde. Der optische Reiz des Zeichentrickfilms beruht auf einer unaufhörlichen Metamorphose der Figuren, Formen und Linien. Die Illusionsmacht der Wolken als gigantische Bilder-maschine bei Lukrez spiegelt sich in der technischen Fähigkeit der Animation wider, durch die scheinbare Bewegung leblose Objekte und Figuren zu *beseelen* und ihnen *Leben einzuhauchen* (vgl. lat. *animare*). Auch in der Verfilmung von *James und der Rie-senpfirsich* spielt die dinghafte und lebendige Realität der Phantasie eine bedeutsame Rolle für den Handlungsablauf. Kurz bevor James und seine tierischen Freunde mit einem gigantischen Pfirsich als Luftschiff die Stadt New York erreichen, werden sie von dem Rhinozeros aus den Wolken angegriffen. Die elektrischen Entladungen am Horn des Tieres lassen es zugleich als ein bedrohliches Gewitter erscheinen, dessen unheimliche Energie wie in den Zeilen von Lukrez Finsternis in die Welt bringt und dem Menschen die Heiterkeit raubt. James brüllt dem Nashorn entgegen: „Du bist ja nicht mal 'n richtiges Rhinozeros, du bist doch nur eine tosende schwarze Wolke! Ich habe keine Angst vor dir!" James entlarvt die Illusion als Trugbild und bringt damit die Bedrohung zum Verschwinden. Die filmische Inszenierung unterstreicht die visionäre Wirkung des Moments. James' Augen weiten sich zu konvex gewölbten Flächen, in denen sich das Nashorn widerspiegelt (Abb. 2).

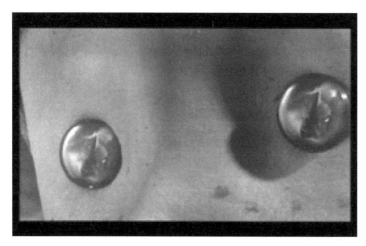

*Abb. 2:* James stellt sich dem Kampf mit dem Nashorn.

Inneres und äußeres Sehen werden so miteinander in eine symmetrische Beziehung gesetzt. Das Spiegelbild präsentiert sich in Form eines gesteigerten Sehens, das Traum und Realität nicht als zwei voneinander getrennte Entitäten begreift. Wesentlich für die Einsicht von James ist der Wechsel der Perspektive. Kurz bevor James sich dem Rhinozeros in den Weg stellt, erinnert ihn der Regenwurm an den Ratschlag seiner Eltern: „Betrachte es mal von einer anderen Seite!" Auch in *Coraline* sind solche Blick-wechsel zu finden. So zum Beispiel, wenn sich die beiden ehemaligen Varietékünst-lerinnen Miss Spink und Miss Forcible um die richtige Interpretation des Teesatzes in Coralines Tasse streiten. Je nachdem, wie herum die Tasse gehalten wird, erkennt die eine darin die Silhouette einer Giraffe und die andere eine sonderbare Hand, deren scharfe Klauen regelrecht ins Auge stechen (Abb. 3).

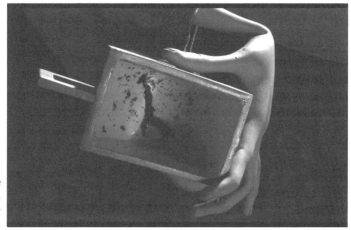

*Abb. 3:* Miss Forcible erkennt eine große, gut aussehende Kreatur im Teesatz.

Die ungewöhnliche rechteckige Form der Tasse verstärkt noch den Bildcharakter der Darstellung. Ein weiteres Beispiel ist Coralines erster Besuch im Arbeitszimmer ihres anderen Vaters. Der spielt gerade Klavier, wobei seine Finger in weißen Handschuhen stecken, die mittels einer mechanischen Hydraulik mit dem Instrument verbunden sind. Auf Coralines Hinweis, dass ihr richtiger Vater kein Klavier spielen kann, antwortet er: „Ist auch nicht nötig. Das Klavier spielt mich." Diese Szene ist eine der auffälligsten Visualisierungen der 3-D-Technik in dem Film, weil die mechanischen Hände in der Bewegung auf den Betrachter zugreifen und damit die Grenze des Bildes zum Zuschauerraum scheinbar überwinden (Abb. 4).

*Abb. 4:* Der andere Vater präsentiert Coraline sein mechanisches Klavier.

### Grenzen der Darstellung – Universum und Leere einer virtuellen Welt

Blickwinkel, Perspektivwechsel und Betrachterstandpunkt sind nur einige der optischen Kategorien, die in *Coraline* zu einer breit gefächerten Realitäts- und Illusionserfahrung beitragen. Ähnlich wie der Zeichentrickverfilmung *Alice im Wunderland* (1951) von Walt Disney wurde auch Selicks Film eine gewisse halluzinogene Thematik nachgesagt. Waren es bei Disney die viktorianischen Maler, deren Kunstwerke als Inspirationsquelle für die Zeichner dienten, und bei Carroll selbst die Rauschmittel zur Steigerung der Phantasie, so sind es die surrealen Animationen, die dem Film später aufgrund seiner Drogenaffinität zu einem zweifelhaften Kultstatus verhelfen sollten (vgl. Girveau 2008, 236). Dagegen sieht Thomas Klein in *Coraline* eine durchaus kritische Allegorie auf den Gebrauch von Drogen:

> „Der Gang durch den Tunnel könnte die Spritze oder Pille symbolisieren; der Reiz ist stark,
> alles wirkt zunächst besser, bunter, schöner. Doch dann ist der unerfreuliche Preis zu zahlen:
> Langsam drängt die Parallelwelt in die Realität." (Klein 2009)

Eine solche konkrete Deutung einzelner Filmszenen greift zu kurz. Die Schwindeleffekte und Raumtiefen in *Coraline* sind vielmehr auf eine grundsätzliche Philosophie der Wahrnehmung ausgerichtet, in der die Möglichkeiten der Phantasie und ihre Grenzen ausgelotet werden sollen. Diese Thematik ist bereits in der Vorlage Neil Gaimans vorhanden, doch wird sie im Film durch kleine Details und zusätzliche Erfindungen weiter ausgebaut. Ein Beispiel ist der junge Wybie, den Selick als Nebenfigur einführt. Der trägt auf seinem Kopf einen ungewöhnlichen Helm in Form einer Schweißermaske mit Totenkopf-Zeichnung und eine Art Nachtsichtgerät, mit dem er Schnecken im dichten Nebel auf dem Boden fängt. Er drückt Coraline sogar eine Kamera in die Hand, um ihn mit seiner Beute in skurrilen Posen zu fotografieren. Der Zuschauer nimmt dabei sowohl die Betrachterperspektive von Wybie ein als auch die von Coraline. Zuerst blickt er durch das Okular von Wybies Helm und dann durch das Objektiv des Fotoapparats. Wie ein optischer Filter legen sich die beiden Wahrnehmungsverschiebungen über das sichtbare Filmbild.

Der Nebel ist nur ein Vorbote der eigentlichen Gefahr, die auf Coraline zutreibt. Er kündet von einem Verschwinden der Phantasie, ähnlich dem Nichts aus Michael Endes weltberühmtem Roman *Die unendliche Geschichte* (1979). Während des Versuchs, aus der anderen Welt zu fliehen, begibt sich Coraline in den Wald, begleitet von einer sprechenden Katze, die mühelos zwischen beiden Welten hin und her wandern kann. Langsam beginnt sich der Wald aufzulösen, die Bäume verwandeln sich in geometrische Figuren und der Himmel ist von einem hellen Gitternetz durchzogen, bis schließlich der komplette Raum um Coraline herum in ein helles Weiß getaucht ist. „Hier ist gar nichts, das ist der leere Teil dieser Welt ...", beantwortet die Katze Coralines Stirnrunzeln. Die andere Welt entpuppt sich als ein kleiner Ort ohne Ausgang und ohne größere räumliche Dimensionen. Kaum hat sich Coraline von dem Haus weg bewegt, erscheint es vor ihr wieder wie aus dem Nichts. Der White-Cube als Keimzelle einer virtuellen Realität findet seine gedanklichen Ursprünge u. a. in René Descartes' erst posthum publizierter Studie *Die Welt oder Abhandlung über das Licht* von 1664 (vgl. Descartes 1989). Dort fordert der Philosoph seine Leser auf, die ihm bekannte Welt zu verlassen, um auf

*Abb. 5:* Die andere Welt um Coraline herum verändert sich.

eine neue Welt zu schauen, die der Autor in einem imaginären Raum entstehen lässt. Ausdrücklich möchte er seinen Text als Gemälde verstanden wissen, das sich aus Hell und Dunkel zusammensetzt. Der prozessuale und traumhafte Charakter dieser Imagination präsentiert sich in *Coraline* in Form eines vom Computer generierten Bildes, das sich in Echtzeit neu konfiguriert. Die Gitterstrukturen und Geometrien dieser weißen Landschaft erinnern nicht von ungefähr an die Matrix aus dem gleichnamigen Film der Brüder Wachowski (1999). Deutlich legt Henry Selick die Konstruktion seines filmischen Universums offen. Fast ergeht es dem Zuschauer wie dem Betrachter auf Camille Flammarions berühmtem Holzstich: Für einen Augenblick zeigt ihm der Regisseur das Räderwerk der Animation, lässt ihn sozusagen hinter die Kulissen seiner Arbeit blicken, um die Allmacht der Phantasie zu unterstreichen (Abb. 5).

Nicht nur das Mobile in Coralines anderem Zimmer mit einem Abbild des Sonnensystems, sondern auch eine Filmszene aus *James und der Riesenpfirsich* verweist auf den Modellcharakter dieses animierten Universums (Abb. 6). Vor einem sternenklaren Himmel stimmen James' Freunde zu einem Loblied über seine Person an, der Pfirsich beginnt zu rotieren. Im Hintergrund erscheinen eine Armillarsphäre, eine Taschenuhr und eine Reihe von Planeten, die sich um den Pfirsich wie um die Sonne herumgruppieren. Alles gerät in Bewegung und verdichtet sich zu einem gigantischen Mobile. Schließlich erscheint eine Hand aus der rechten Ecke und greift nach der Frucht. Es ist die Hand von James. Kaum hat er den Pfirsich ergriffen, zerfällt der Rest des Modells zu feinem Sternenglanz. Ellipsen-, Spiral- und Rotationsbewegungen finden sich zahlreich in Henry Selicks Filmen. Sie dienen nicht nur als Übergänge zwischen verschiedenen Realitäten, sondern sind mit einer ganzen Reihe optischer Einfälle verknüpft, in denen die Bewegung des animierten Bildes selbst zum Thema wird. Dass im Falle von James die makro- und mikroskopische Struktur der Welt ineinander geblendet wird, verstärkt das verschachtelte Verhältnis von Raum und Zeit in diesen Bildern. Nichts ist ohne sein Gegenteil wahr, ließe sich pointiert formulieren. Mithilfe des richtigen Instruments gelingt es Coraline, sich selbst und drei weitere Kinder aus den Händen der anderen Mutter zu befreien. Beim Blick durch die Öffnung eines polierten Steins, den ihr Miss Spink und Miss Forcible geschenkt haben, erkennt sie das wahre Aussehen der parallelen Welt: Alles erscheint grau, aus kaltem Stein gehauen. Nur die Seelen der drei Kinder funkeln wie feurige Geisteraugen im Mondlicht dieser düsteren Kulisse.

*Abb. 6:* Die Welt von James formiert sich als gigantisches Mobile im Universum.

**Künstlerische Vorbilder – von Sandro Botticelli bis zu *Alice im Wunderland***

Weit über die erzählte Rahmenhandlung hinaus präsentieren sich *Coraline* und *James und der Riesenpfirsich* als metaphysische Reflexionen über das paradoxe Wesen der Animation. Ohne die Vitalfunktionen der Phantasie erscheint die technische Perfektion des digitalen Films als lebloses Gebilde. Gleichzeitig ermöglichen digitale Techniken dem Regisseur, die eigene Vision besonders plastisch ins Bild zu setzen. Mehrfach greift Selick in *Coraline* auf bekannte Gemälde der Kunstgeschichte zurück, um diese in lebendig-bewegte Szenarien zu transformieren. Dies gilt zum Beispiel für die Traumsequenz im Schlussteil des Films, in der sich Coralines Schlafzimmerdecke im Stile von Vincent van Goghs *Sternennacht* (1889) zu einem schwerelosen Raum öffnet. Das Bild besticht neben der exakten Astronomie durch seine spiralförmige Darstellung der Luftströme am Himmel. Zwei weitere Gemälde werden während der Varieté-Vorführung von Miss Spink und Miss Forcible als Kulissenbilder gezeigt: Sandro Botticellis *Die Geburt der Venus* (1486) und Herbert James Drapers *Odysseus und die Sirenen* (1909). Dass die beiden Damen an dieser Stelle aus Shakespeares *Hamlet* rezitieren, steigert die Groteske ihrer Darbietung und verweist auf die existenzielle Dramatik des Films:

> „Welch ein Meisterwerk ist der Mensch! Wie edel durch Vernunft! Wie unbegrenzt an Fähigkeiten! In Gestalt und Bewegung wie bedeutend und wunderwürdig! Im Handeln wie ähnlich einem Engel! Im Begreifen wie ähnlich einem Gott! Die Zierde der Welt! Das Vorbild der Lebendigen!" (Hamlet, 2. Aufzug, 2. Szene)

Die Tatsache, dass es Puppen sind, die in *Coraline* wie Menschen agieren, wird durch den Rückgriff auf Hamlets Zeilen als bedeutsames Schauspiel konterkariert. Bei Neil Gaiman fehlt dieses Zitat. Im Wechselspiel mit der Animation entfaltet das Theater im Theater eine parodistische Note, die durch die Figuren der beiden Damen ironisch gespiegelt wird. Doch der eigentliche literarische Ahnherr Neil Gaimans ist Lewis Carroll. Schon der Titel seines Buches verbindet in einem zweifachen Wortspiel die Namen von Alice und Carroll zu einer Person: Coraline. Es wäre eine größere

Untersuchung wert, die zahlreichen Bezüge zwischen *Alice* und *Coraline* genauer zu analysieren. Ebenso gut ließe sich anhand der Adaptionen der Carrollschen Bücher eine Geschichte des Films schreiben, die vom frühen Stummfilm bis zu Tim Burtons 3-D-Film *Alice im Wunderland* (2010) reicht. Zeichentrick und Animation bilden eine eigene Epoche in dieser Historie. Deren anthropomorphe Darstellungen und groteske Metamorphosen scheinen aufs Vortrefflichste geeignet, Carrolls Vorlagen in passende Bilder zu übersetzen. Doch wer zum Beispiel die lange Entstehungszeit von Walt Disneys Version kennt, weiß um die möglichen Probleme einer solchen Verfilmung (Allan 1999, 211-217). Bereits die Serie *Alice Comedies* (1923-27) zeugt von seinem frühen Interesse für Carroll, auch wenn dort direkte Anleihen an das Buch noch fehlen (vgl. Merritt 2000). Gleichwohl hat deren Mischung aus Trick- und Realfilm Disneys gestalterische Überlegungen nachhaltig geprägt, bevor er sich endgültig entschloss, *Alice im Wunderland* als gezeichnete Animation zu realisieren. Sein erster Versuch, die komplexe Ideenlandschaft von Carroll in den eigenen Figurenkosmos zu integrieren, ist der Micky-Maus-Film *Thru The Mirror* (1936). Nach der Lektüre von *Through the Looking Glass* fällt Micky in tiefen Schlaf und beginnt zu träumen. Besonders auffällig ist das Ende des Traums, bei dem Mickys Double in den schlafenden Körper zurückspringt und die Figur erwacht. Einen gänzlich anderen Stil der Adaption zeigt die japanische Anime-Serie *Fushigi no kuni no Arisu*, die 1983/84 im Original ausgestrahlt wurde und später mehrfach im deutschen Fernsehen zu sehen war. Die insgesamt 52 Episoden decken alle Facetten der Handlung von *Alice im Wunderland* ab und sind zugleich ein Beleg für den Erfolg des Anime in Deutschland. Verantwortlich für die Zeichnung der Serie war das Studio *Nippon Animation*, das schon in den siebziger Jahren mit *Die Biene Maja*, *Sindbad* und *Pinocchio* einige Klassiker der einheimischen Fernsehstube produzierte. Am geläufigsten dürften dem deutschen Zuschauer allerdings die beiden Anime-Serien *Wickie und die starken Männer* und *Heidi* sein, die vom Vorgängerstudio *Zuiyo Enterprise* hergestellt wurden. Alle genannten Serien ähneln sich in ihrem Äußeren durch den flächigen und farbigen Stil der Folien-Animation. Auch Japans größter Anime-Erfolg *Chihiros Reise ins Zauberland* (2001) von Hayao Miyazaki kann durchaus in Analogie zu Lewis Carrolls Vorlage gelesen werden, in der die Neugierde eines Mädchens zum Auslöser für ein phantastisches Abenteuer wird. Für Henry Selicks Film *Coraline* sind es andere Vorbilder, die aus dem europäischen Bereich der Animation stammen. Wie er in einem Interview zugibt, haben ihn vor allem die Filme der Tschechen Jiří Trnka und Jan Švankmajer nachhaltig beeindruckt (vgl. Ciment 2009, 20). Jiří Trnka gilt als Meister der Puppenanimation und Švankmajer drehte mit *Jabberwocky* (1971) und *Alice* (1988) zwei surreale Kurzfilme, die beide auf Carolls Büchern basieren (vgl. Hames 2008). Nach eigenem Bekunden lernte er von ihnen die mächtigste Idee der Animation: Nicht die flüssige Bewegung verhilft dem Film zum Erfolg, sondern die Seele der Marionetten. Kürzer kann man den metaphysischen Inhalt von *Coraline* nicht in Worte fassen.

**Filmographie** (in Auswahl)
Alice [Něco z Alenky] (CZ / CH / BRD / GB 1988; Regie: Jan Švankmajer)
Alice im Wunderland (USA 1951; Regie: Clyde Geronimi, Wilfred Jackson und Hamilton Luske)
Alice im Wunderland [Fushigi no kuni no Arisu] (J 1983/84; Regie: Shigeo Koshi)
Alice im Wunderland (USA 2010; Regie: Tim Burton)

Chihiros Reise ins Zauberland [Sen to Chihiro no kamikakushi] (J 2001; Regie: Hayao Miyazaki)
Coraline (USA 2009; Regie: Henry Selick)
Jabberwocky [Žvahlav aneb Šatičky Slaměného Huberta] (CZ 1971; Regie: Jan Švankmajer)
James und der Riesenpfirsich (USA 1996; Regie: Henry Selick)
Moongirl (USA 2005; Regie: Henry Selick)
Nightmare Before Christmas (USA 1993; Regie: Henry Selick)
Thru The Mirror (USA 1936; Regie: Walt Disney)

**Primärliteratur**
Carroll, Lewis / John Tenniel (Ill.): Alles über Alice. Alices Abenteuer im Wunderland. Durch den
    Spiegel und was Alice dort fand. A. d. Engl. v. Günther Flemming und Friedhelm Rathjen.
    Hamburg [u. a.]: Europa 2002 [engl. EA New York 1999]
Dahl, Roald / Quentin Blake (Ill.): James und der Riesenpfirsich. A. d. Engl. v. Inge M. Artl. Ham-
    burg: Rowohlt 2001 [engl. EA New York 1961]
Descartes, René: Le Monde ou Traité de la Lumière. Die Welt oder Abhandlung über das Licht. A.
    d. Franz. v. G. Matthias Tripp. Weinheim: Wiley-VCH 1989 (Acta Humaniora)
Ende, Michael / Roswitha Quadflieg (Ill.): Die unendliche Geschichte. Von A bis Z mit Buchsta-
    ben und Bildern. Stuttgart: Thienemanns 1979
Gaiman, Neil / Dave McKean (Ill.): Coraline & Other Stories. London [u. a.]: Bloomsbury 2009
Gaiman, Neil: Coraline. Gefangen hinter dem Spiegel. A. d. Amerik. v. Cornelia Krutz-Arnold.
    Würzburg: Arena 2003 [engl. EA London 2002]
Lukrez: Von der Natur. A. d. Lat. v. Hermann Diels. München: dtv / Artemis 1991
Russell, P. Craig: Coraline. Nach dem Roman von Neil Gaiman. A. d. Engl. v. Bernd Kronsbein.
    Nettetal-Kaldenkirchen: Panini Comics 2009 [engl. EA London 2008]

**Sekundärliteratur**
Allan, Robin: Walt Disney and Europe. European Influences on the Animated Feature Films of
    Walt Disney. London [u. a.] 1999
Bazin, André: Was ist Film? Berlin 2004
Beck, Jerry (Hg.): Animation Art. From Pencil to Pixel. The History of Cartoon, Anime & CGI.
    London 2004
Chang, Jade: Behind the Scenery. In: Metropolis Magazine 28 (2009) H. 6, 70-77
Ciment, Michel / Yann Tobin: Entretien avec Henry Selick. Regarder la vie sous des angles diffé-
    rents. In: Positif 580 (2009), 17-22
Eisenreich, Pierre: Coraline. Vive la 3D! In: Positif 580 (2009), 15-16
Fordham, Joe: A Handmade World. In: Cinefex 117 (2009), 40-61
Fordham, Joe: Down the Rabbit Hole. In: Cinefex 122 (2010), 64-94
Girveau, Bruno / Roger Diederen (Hgg.): Walt Disneys wunderbare Welt und ihre Wurzeln in der
    europäischen Kunst. München 2008
Hames, Peter (Hg.): The cinema of Jan Švankmajer. Dark Alchemy. 2 Aufl. London [u. a.] 2008
Klein, Thomas: Albträume im Wunderland. In: Berliner Zeitung, 13.08.2009
Kozachik, Pete: 2 Worlds in 3 Dimensions. In: American Cinematographer 90 (2009) H. 2, 26-
    39
Merritt, Russell / J. B. Kaufman: Walt in Wonderland. The Silent Films of Walt Disney. 2. Aufl.
    Baltimore [u. a.] 2000
Solomon, Charles: Enchanted Drawings. The History of Animation. 2. Aufl. New York [u. a.]
    1994

**Bildnachweis**
Alle Bilder sind Screenshots aus *James und der Riesenpfirsich* (DVD Universum Film GmbH ©
    2009)
sowie *Coraline* (DVD Universal Studios © 2009).

# Teil II
# Produktion – Distribution – Rezeption

*Ute Wegmann*
# Jede Adaption ist ein neues Original
Eine Geschichte – zwei Kunstwerke.
Vom Bilderbuch zum Kinderfilm

### „Filme machen ... ist immer ein großes Wagnis"

Filmemacher setzen gern auf ein bewährtes Buchprodukt, auf eine Serie, die sich mit guten Verkaufszahlen aufstellt (vgl. auch den Beitrag von Christian Exner in diesem Band). Drei der erfolgreichsten Filme nach 1945 waren interessanterweise Kinderfilme: *Das Dschungelbuch*, *Der kleine Muck* und *Harry Potter*. Aber auch Cornelia Funkes *Die Wilden Hühner* konnte nicht über Kinobesucherzahlen klagen. Und der neue Boom des Vampir-Genres hat *Twilight* zum Megaseller, den Film zum Blockbuster gemacht, knapp getoppt von *Alice*, da die 3-D-Technik viele Neugierige ins Kino lockte.

Aber setzt man sich hinweg über die berechnenden Überlegungen – und das ist hier wertfrei gemeint –, eine auf dem Buchmarkt etablierte Marke auf die Leinwand zu bringen, dann stellt sich die Frage: Was bewegt einen Produzenten, Autor oder Regisseur (beim Kurzfilm ist das oft dieselbe Person), eine *unbekannte* Geschichte zu verfilmen? Am Anfang von allem, sozusagen am Tag Null der Schöpfungsgeschichte, steht die Leidenschaft des Filmemachers für das Geschichtenerzählen und das Interesse an Menschlichem, eine Leidenschaft, die gespeist wird von der Kraft der Bilder im Kopf. Sie ist das Wesentliche, der Motor des Handelns. Im Fall der Literaturverfilmung bedeutet das, dass der Filmemacher an eine Umsetzung des Geschriebenen und Gezeichneten in bewegte Bilder glaubt. Er glaubt an die Möglichkeit, aus dem fertigen Kunstwerk ein zweites eigenständiges Kunstwerk zu schaffen. Filme machen aber ist immer ein großes Wagnis, denn es bedeutet – und das darf man nicht vergessen –, sich im besten Fall bei sonnigem, ruhigem Wetter mit dem Schiff auf den Weg über einen See zu machen. Spätestens nach der Hälfte der Reise setzt jedoch immer ein Sturm ein und zerrt an Schiff und Mannschaft, wirft sie auf den Wellen von links nach rechts, droht, sie untergehen zu lassen mit Mann und Maus. Und immer wieder wird man froh sein, wenn das Schiff mit der Mannschaft heil das Ufer erreicht. Dass bei der Überfahrt der Lack leidet, vielleicht ein Ruder bricht, etwas über Bord geht – das ist das Leben. Irgendwann zählt nur noch ANKOMMEN.

### Sein erster Fisch
Ich kannte diese wilden Stürme aus einigen Kinderfilmproduktionen für den WDR, die ich als Produktionsleiterin mitgestalten durfte. Im Jahr 2003 musste ich für die Sendung *Die Besten 7*, den Samstagsbüchermarkt im Deutschlandfunk, ein Bilderbuch besprechen. *Sein erster Fisch* (Abb. 1) ist die Geschichte einer innigen Opa-Enkel-Beziehung und eine Geschichte über das Verhältnis des Menschen zu den Tieren, die

er verspeist. Eine leise, vielschichtige, emotionale Bilderbuchgeschichte mit zwei Protagonisten, die differenzierte Charaktere darstellen. Die Illustrationen von Wiebke Oeser sind wild und zart zugleich, sie wirken extrovertiert und lassen dennoch Raum.

Die Bilderbuchgeschichte kam während des Joggens am Rhein zu mir zurück. Sie spielt am Meer, Opa und Enkel gehen zum Angeln. Ich sah die Angler am Rhein und die Restaurantboote am Ufer, und ich hatte die Idee, den Film am Rhein auf einem Ponton spielen zu lassen. Mein Herz war entfacht. Der Plan stand schnell fest. Ich wollte *Sein erster Fisch* als Film sehen. Aber nicht die gezeichneten Bilder, sondern reale. Ich sah echte Menschen. Aber was sagt der Vater der Geschichte dazu, Hermann Schulz, Schriftsteller und lange Jahre der Leiter des Peter Hammer Verlags? Er vertraute mir, gab mir die Option für die Filmrechte. Ich hatte großen Respekt vor dem Autor und verlangte deshalb von mir, so nah wie möglich an der Geschichte zu bleiben. Einer ersten folgte eine zweite Drehbuchfassung. Ich musste den geeigneten Drehort finden. Der verlangte das erneute Umschreiben, schließlich die vierte Version. Und dann musste ich

Abb. 1: Szene aus *Sein erster Fisch* (D 2003; Regie: Ute Wegmann)

Menschen finden, die mitmachen. Und Geld? Es gibt Förderinstitutionen: Eine davon, das Kuratorium junger deutscher Film, engagiert sich sehr für den Kinderfilm.

Förderanträge, Kalkulationen, Recherche von Tarifen und Preisen. Zahlen. Mehr Zahlen. Noch mehr Zahlen. Rechnen. Summen. Unsummen. Fazit: Wenn alle Beteiligten regulär ihre Gage bekämen, kostete der Film 82.000 €. Gedreht werden sollte auf 35 mm. 12 Minuten Länge. Andere Förderanstalten lehnten ab. Man erfährt nicht, warum. Eine Förderung aber wurde bewilligt: 15.000 € vom Kuratorium junger deutscher Film. Im Klartext hieß das: Es blieben 67.000 €, die finanziert werden mussten. Die Fördersumme war also ein Witz. Kein Witz, wenn man Menschen trifft, die mit der gleichen Leidenschaft für dieselbe Sache brennen. Ein solcher Mensch war der Kameramann. Er sagte: „Jetzt haben wir immerhin schon 15.000 € – mehr als nichts!" Optimist? Realist! Szenen wurden gestrichen. Ich kalkulierte neu, überlegte, wo man sparen könnte. Erneutes Drehbuchschreiben. In meiner Funktion als Drehbuchautorin, Regisseurin und Produzentin arbeitete ich sowieso ohne Honorar, in freudvoller Selbstausbeutung. Aber auch fast alle anderen Mitarbeiter mussten auf ihr Honorar verzichten. Das bedeutete: Rückstellungsverträge. Wenn der Film Gewinn abwirft, werden die Gehälter ausgezahlt. Wenn!

Und dann nahm alles seinen Lauf. Ich fand hundert helfende Hände, Vergünstigungen, großzügige Spenden und phantastische Unterstützung von einem engagierten, hoch motivierten Team. Die meisten verdienten an den sechs Drehtagen insgesamt jeweils 150 € pro Person. Es waren 35 Leute. Das klingt viel. War es auch, aber man brauchte sie alle. Es macht keinen Unterschied, ob man einen Tatort dreht oder einen Kurzfilm für Kinder: Drehtag ist Drehtag. Mit Kamera, Ton, Licht, Aufnahmeleitung, Ausstattung, Maske, Kostüm, Fahrer, Kinderbetreuung, Continuity, Regie, Assistenten, Praktikanten und Catering (!). Der Unterschied liegt nur in der Anzahl der Drehtage.

Sechs Drehtage waren angesetzt, fünf außen, einer innen. Bevor die erste Klappe fiel, auf Gleis 1 auf dem Kölner Hauptbahnhof, waren viele Arbeitsschritte erledigt:

1. Acht Drehbuchfassungen geschrieben
2. Drehorte verhandelt
3. Set (festgelegte Spielorte) festgelegt
4. Schauspieler gesucht, gecastet, engagiert
5. Produktionsdesign (Kostüm / Maske / Requisite in Stil und Farbgebung) definiert
6. Kameraeinstellungen vor Ort durchgespielt, Shotlist (Kamera-Auflösungen) erstellt
7. Storyboard (gezeichnetes Drehbuch nach Shotlist) von einem Illustrator gezeichnet
8. Tonkontrolle am Drehort mit Tonmeister und Sound-Designer
9. Team engagiert
10. Musik beraten
11. Drehplanung mit Ablauf
12. Proben mit Schauspielern vor Ort
13. Kostüm ausgesucht
14. Warm-Up (Kennenlernen des Teams kurz vor Drehbeginn)
15. ENDLICH: Drehbeginn
16. Nach dem Dreh ging es weiter: Entwicklung des Filmmaterials – Einspielen in den Schnittcomputer – Montage – Vor- und Abspanngestaltung – Sound-Design – Musik – Farbbestimmung – Kinomischung auf Dolby.

Ich habe diese sechs Drehtage geliebt. Ich habe die zwei Wochen im Schneideraum geliebt, das Aussuchen der Musik, die Geräuschmischung, bei der wir über das Schreien der Möwen („Wie viele Möwen fliegen denn da rum? Da nehmen wir aber mal zwei weg!") und das Klirren der Eiswürfel in den Gläsern diskutierten. Ich habe das alles geliebt. Vor allem aber das wild zusammengewürfelte Team. Diese Menschen, die für das Trosthonorar von 150 € oder auf Rückstellung eine Woche mit mir gearbeitet haben. Seite an Seite. Und dann war er fertig. Mein erster Film: *Sein erster Fisch*. PREMIERE! Team. Freunde. Dank. Freude. Party. Fischlis. Glück!

Nun begann der zweite Teil der Arbeit: Vermarktung. DVDs wurden gepresst. Im Internet recherchierte ich alle interessanten Kurzfilmfestivals von Oberhausen bis New York und zurück nach Cannes. Bei etwa 150 Festivals könnte ich den Film einreichen. Bei einigen gegen recht hohe Gebühren. Für internationale Wettbewerbe musste eine Synchronfassung oder eine englische Untertitelung erfolgen. FSK-Freigabe (*freiwillige Selbstkontrolle bestimmt die Altersfreigabe*) und das Einreichen bei der Filmbewertungsstelle waren zwei ebenfalls wichtige Schritte. Die Filmbewertungsstelle gab dem Film ein *PRÄDIKAT WERTVOLL*, die FSK eine Altersfreigabe ab *0 Jahre*. Für eine Unsumme verschickte ich den Film durch die Welt, hoffte auf Einladungen zu Festivals. Man ist ja wunderbar naiv beim ersten Mal.

Und dann kam die erste Festivaleinladung. Nach Schweden, zum Kinderfilmfestival *BUFF* in Malmö. Ausgerechnet in Schweden würde die internationale Premiere stattfinden. Was für ein großes Kompliment! Es folgten sieben weitere Einladungen, danach verschwand *Sein erster Fisch* unter dem Schrank. Dieses Jahr ist er plötzlich wundersamerweise aufgetaucht und schwimmt wieder. Zum Beispiel auf einem rheinischen Lesefest.

Damals brachte das Prädikat eine Referenzmittelförderung. Damit soll ein neues Projekt eine Anschubfinanzierung erhalten. Heute muss man durch Festivalteilnahme Punkte sammeln, um Referenzmittel beantragen zu können. Ich hatte Angst vor einem erneuten Sturm auf dem See, denn beim ersten Mal hatte ich schon mehr als nasse Füße bekommen. Die Referenzmittel nahm ich für eine Stoffentwicklung. Steht am Ende zumindest wieder eine Geschichte?

### Die besten Beerdigungen der Welt
Auf meinem Tisch landete im Jahr 2006 das Bilderbuch *Die besten Beerdigungen der Welt*. Ich las es in zehn Minuten, war sofort entflammt, griff zum Hörer, rief den Verleger an. Die Rechte lagen diesmal beim schwedischen Verlag, die deutschen Filmrechte bei einer Berliner Agentur. Ich optionierte sie für ein Jahr zum Preis von 500 €, kaufte dann die Rechte nach einem Jahr für 3.000 €.

Alle weiteren Schritte entsprechen denen der *Fisch*-Produktion. Es beginnt immer mit einem Drehbuch. Ich kalkulierte auf eine Länge von zehn Minuten. Gedreht werden sollte im Bergischen Land oder in der Eifel, auf einem frei stehenden Bauernhof. Auch diesmal auf Film, allerdings auf Super-16-Material, da das etwas günstiger ist. Kalkulationssumme: 95.000 €, wenn alle Mitarbeiter regulär bezahlt werden. Zu diesem Zeitpunkt wurde bereits deutlich, dass man mit abgespecktem Team und verkürzter Zeit klarkommen musste und zudem galt es, Menschen zu finden, die bereit waren, unter Tarif zu arbeiten.

*Die besten Beerdigungen der Welt* erhielt zwei Förderungen: Vom Kuratorium junger deutscher Film 15.000 €. Hier musste ich eine Erklärung abgeben, warum ich das Bilderbuch real verfilmen möchte. Die Bilder sind wundervoll und funktionieren im Buch absolut, aber ich fand sie für einen animierten oder teilanimierten Film nicht optimal. Sie sollten dennoch in Ausstattung, Bau, Kostüm, Farbauswahl und Farbbestimmung (*Colourmatching in der Postproduktion*) das Produktionsdesign vorgeben. Das Pastellfarbene, Zeitlose, Naturverbundene des Bilderbuches sollte möglichst im Film hergestellt werden. Die Filmstiftung NRW lehnte beim ersten Einreichversuch aus nicht nachvollziehbaren Gründen ab. Ich reichte erneut ein. Zweiter Versuch. Es ging schließlich um 30.000 €. Neue Jury, neues Glück: Der zweite Förderantrag wurde genehmigt. Nun hatte ich 45.000 €, kalkuliert waren etwa 95.000 €, davon beliefen sich Rückstellungen und Eigenanteile auf 48.000 €.

Durch Rückstellungsverträge und viele Vergünstigungen der beteiligten Firmen und Mitarbeiter sowie durch das Zurückstellen der Bezahlung all meiner eigenen Leistungen konnte ich den Film für etwa 60.000 € herstellen. Nicht enthalten sind die

Kosten für die DVD-Produktion, Flyer, Webseite, Trailer, Festivalanmeldungen, Bürokosten usw. Die meisten Kosten verursachten Personal und Postproduktion. Allein die 35-mm-Kinokopie kostete 3.500 € plus Mehrwertsteuer. Allerdings nahm ich mir die Freiheit, der Geschichte die gebührende Zeit einzuräumen. Der Film hat jetzt eine Länge von 19 Minuten.

Alles hat im Film eine Bedeutung. Jedes Detail, jedes Zeichen definiert sich in der Kombination mit anderen neu. So sollte der Film zeitlos werden, wie es das Bilderbuch auch ist. Das bedeutete, dass die Kinder zum Beispiel nicht zu modern angezogen sein sollten (Abb. 2). Außerdem sollte sich ein ödes Sonntagsgefühl von Langeweile vermitteln. Deshalb ist die Protagonistin mit Sonntagskleid ausgestattet. Den alleinstehenden Bauernhof fand ich durch einen anderen Film – *Emmas Glück* (2006). Ich wusste, dass der Film im Bergischen Land gedreht wurde, rief die Produktionsfirma an, die mir netterweise den Kontakt weitergab.

*Abb. 2:* Szene aus *Die besten Beerdigungen der Welt* (D 2009; Regie: Ute Wegmann)

Wenn nur die Kinder spielen und irgendwann fährt ein Auto durchs Bild, dann sollte das kein normales Auto sein. Das wäre zu banal. Durch Zufall entdeckte ich in einer Autowerkstatt einen hellblauen alten Volvo. Die Farbe – da sie dem Produktionsdesign entsprach – und die Besonderheit des Volvos bestimmten in diesem Fall die Entscheidung. Der Film sollte dadurch nicht in die 1970er-Jahre versetzt werden. Einige Zuschauer interpretierten diese Wahl leider über. Ein gutes Beispiel dafür, wie sehr man bei jedem Gegenstand aufpassen, auswählen, überlegen muss.

„Dreh nie mit Kindern und Tieren", lautet eine erschrockene Produzentenwarnung. Die Tiere waren ja in unserem Fall überwiegend tot. Das hatte mir im Vorfeld viel Stress bereitet. Unkenrufe hallten in meinem Ohr, dass ich keine geschützten Tiere beim Tierpräparator ordern kann. Aber wozu hat man eine phantastische Ausstatterin? Sie arbeitete mit einem Tierarzt zusammen, der uns tatkräftig unterstützte. Die lebenden Hühner sahen nicht nur gut aus, sie kamen aus einer hervorragenden Zucht für französische Edelrestaurants.

So lösten sich immer alle Probleme dank des überdurchschnittlichen Engagements aller Beteiligten, die aus unterschiedlichen Gründen, aber mit dem gleichen Engagement wie ich für die Produktion brannten. Vieles, was ich gelernt hatte, kam mir bei der zweiten Produktion zugute. Vieles hatte sich bereits in den vier Jahren weiterentwickelt und obwohl vieles neu war, war die Produktion doch leichter. Die Erfahrungen halfen. Und ich wusste ja, ungeahnte und unbekannte Probleme tauchen auf, wollen gelöst werden und werden auch gelöst. Was ich auf jeden Fall beim Drehen gelernt habe: Das Wetter macht, was es will, und Milchzähne fallen bei Grundschulkindern irgendwann einfach aus, ungeachtet der Tatsache, dass die Kinder vor der Kamera stehen müssen. So begann der erste Drehtag mit einem Zahnarztbesuch und dem hochprofessionellen Festsetzen des wackelnden Schneidezahns meines Schauspielers.

Trotz Horrorstress, trotz Verdoppelung der grauen Haare, trotz finanzieller Abgründe – eines ist geblieben: Die Leidenschaft für eine gute Geschichte und für einen schönen Dreh mit einem tollen Team. Die Leidenschaft, den Versuch zu starten (und mehr als ein Versuch kann es nicht sein), zwischenmenschliche Beziehungen glaubwürdig zu vermitteln und alle Zeichensysteme zu einem echten Ganzen zu kombinieren, verbunden mit dem Wunsch, dass die, für die es gemacht ist, in dem Fall vor allem die Kinder, sich fallen lassen können und mit einer Idee, einem Traum, einer Träne nach Hause gehen. Zumindest aber mit einem wahren Gefühl. Denn so soll es sein, wie Thomas Mann es einst in seinem Tagebuch notierte: „Im Kino gewesen. Geweint!" Geweint oder gelacht, egal! Hauptsache gefühlt.

Kinder, Eltern, Erzieher, Lehrer, Friedhofsgärtner, Bestatter, Buchhändler, Verleger, Festivalchefs (der Film lief mittlerweile auf sieben Festivals und diversen Veranstaltungen), Kritiker, der Autor Ulf Nilsson und das norwegische Fernsehen – danken für den Film. Sie sehen ihn an, sie berichten über ihn. Sie mögen ihn. Da schmerzt es nicht mehr, dass die deutsche Fernsehwelt mit einem festgefahrenen Sendeschema keinen Platz für einen Kinderfilm gefunden hat, der sich mit dem ernsten Thema Tod heiter und leicht auseinandersetzt. Genauso wie der Autor Ulf Nilsson es in seinem Buch vorgegeben hat.

Buch und Film als zwei Kunstwerke zu betrachten, das bedeutet auch ausdrücklich: Der erlebnisreiche, bewegende Kinobesuch kann das Lesen des Buches nie ersetzen. Es sind und bleiben zwei Kunstwerke. Es lebe das World Wide Web, denn somit leben *Die besten Beerdigungen der Welt*.

**Filmographie**
Die besten Beerdigungen der Welt (D 2009; Regie: Ute Wegmann)
Emmas Glück (D 2006; Regie: Sven Taddicken)
Sein erster Fisch (D 2003; Regie: Ute Wegmann)

**Literatur**
Nilsson, Ulf / Eva Eriksson (Ill.): Die besten Beerdigungen der Welt. A. d. Schwed. v. Ole Könnecke. Frankfurt / M.: Moritz 2006
Schulz, Hermann / Wiebke Oeser (Ill.): Sein erster Fisch. Wuppertal: Hammer 2000

*Richard Lutterbeck*
## Werkstattbericht: *Ente, Tod und Tulpe* – nach dem Buch von Wolf Erlbruch

In Wolf Erlbruchs Bilderbuch heißt es:

> „Schon länger hatte die Ente so ein Gefühl.
> ,Wer bist du – und was schleichst du hinter mir her?'
> ,Schön, dass du mich endlich bemerkst', sagte der Tod.
> ,Ich bin der Tod.'"

Eine Ente begegnet dem Tod. Sie erschrickt zunächst, aber da der Tod sie noch nicht holen will, entwickelt sich eine ungewöhnliche Freundschaft zwischen den beiden. Sie philosophieren über das Leben, an dessen Ende die Ente stirbt, denn – ... so war das Leben.

### „Das macht doch alles der Computer?!" – Nein!

Das *Trickstudio Lutterbeck GmbH* produziert seit einigen Jahren Kurzfilme für Kinder für diverse TV-Sender, so z. B. für *Die Sendung mit der Maus, Die Sendung mit dem Elefanten, Löwenzahn, Sandmann* u. a. Dazu wurden unter anderem erfolgreiche Kinderbücher für die Maus verfilmt. Hierbei musste oft Rücksicht auf die entsprechenden Formate der Magazine sowie das Zielpublikum genommen werden – die Dramaturgie der Filme musste dem Raster der Sender angepasst werden. U. a. entstanden dabei auch Verfilmungen von Wolf Erlbruch, wie der Kinderbuch-Klassiker *Vom kleinen Maulwurf, der wissen wollte, wer ihm auf den Kopf gemacht hat* (1989) oder *Die Große Frage* (2004), ein philosophisches Bilderbuch über die Frage „Warum bin ich auf der Welt?" Da die Zusammenarbeit mit Wolf Erlbruch sehr erfolgreich war und der Regisseur Matthias Bruhn den Autor Wolf Erlbruch bereits seit seinem Studium kennt und schätzt, kamen wir auf die Idee, eine Verfilmung seines neuen Buches *Ente, Tod und Tulpe* (2007) dem TV-Sender anzubieten. Dieser hatte allerdings zu Anfang wegen der Visualisierung des Todes als menschliches Skelett eher eine ablehnende Haltung: „Ist das überhaupt ein Kinderbuch?" (Abb. 1)

Kinderbilderbücher, die sich mit dem Thema Tod und Trauer beschäftigen, gibt es mittlerweile einige. Erlbruch geht in seinem Buch mit dem Thema philosophisch um: Der Tod ist Teil unseres Lebens und sein ständiger Begleiter. Deshalb ist dieses Buch in einigen Buchhandlungen auch nicht in der Abteilung für Kinder zu finden, sondern eher im Kunstbuchbereich angesiedelt und wird auch gern als Trauerbegleitung verschenkt. Benedikt Erenz schrieb in der *ZEIT* vom 15. März 2007:

„Ein Kinderbuch? Kein Kinderbuch? Ein Buch vom Leid? Ein Buch vom Schluss? Ein Nichts von einem Buch ums Nichts. Verwegen, lautlos, geisterhaft, meisterhaft. Und unendlich tröstlich."

Und in der *FAZ* vom 21. März 2007 heißt es in einer Rezension von Silke Schnettler: „Das ist das Berührendste an dem Buch: wie Erlbruch angesichts des Todes von der Wärme des Lebens erzählt." Das Buch faszinierte uns sofort und wir waren schnell der Meinung: Es bedarf eines unabhängigen Produzierens, fernab von den Zwängen einer 4'30''-Dramaturgie. Dank der Unterstützung durch kulturelle Filmförderung aus NRW und letztendlich auch durch den WDR konnte der Film realisiert werden.

## Produktion

### Stil

Der Stil des Buches ist sehr reduziert: große freie Flächen mit präzise gezeichneten Figuren, ergänzt durch gelegentliche alte Kupferstiche von Bäumen und Pflanzen, kombiniert mit Text, der sehr oft aus wörtlicher Rede besteht: „Was machen wir heute?" – „Auf einen Baum klettern?" Diese Seiten schaffen Raum für Interpretationen der großen und kleinen Leser, das Philosophieren über das Leben und den Tod.

Die Produktionsschritte sind bei einem Animationsfilm, egal ob es sich um einen 3-D-Film, Puppen- oder Zeichentrickfilm handelt, stets ähnlich: Model-Sheet, Storyboard, Animatic, Sprachaufnahme, Layout, Animation und zum Schluss die Postproduktion und das Sound-Design.

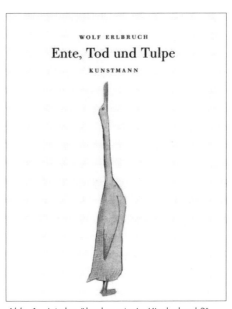

*Abb. 1:* „Ist das überhaupt ein Kinderbuch?"

### Model-Sheet

Zunächst musste für die Produktion das Model-Sheet entwickelt werden. Für alle im Produktionsprozess beteiligten Mitarbeiter ist ein genaues und präzises Model-Sheet ganz wichtig. Während es dem Illustrator eines Buches fast egal ist, wie die Figur auf den einzelnen Seiten zu sehen ist, kommt es beim Trickfilm darauf an, ein Modell für alle Beteiligten zu haben, in der jedes später sichtbare Detail genau gezeichnet ist. Deshalb werden von jeder Figur so genannter Model-Sheets und Turn-arounds erstellt – die Figur wird von allen Seiten gezeichnet und sämtliche wichtigen Details eindeutig beschrieben, von der Flügelspitze der Ente (*spitz zulaufend – aber keine Ecken!*) über die Augenstellung des Todes (*leicht rechteckig – Blickrichtung folgend!*), bis hin zu den Posen der Figuren (*natürliche Gesten – nicht zu cartoonartig!*).

Bei der Entwicklung der Model-Sheets war Wolf Erlbruch selbst auch involviert, indem er uns beriet. Es musste ein für die Produktion machbarer Stil bei den Figuren von Tod und Ente gefunden werden, der dem Stil des Buches gerecht wurde: Erlbruch malte mit Buntstiften, verwendete leicht vergilbtes Papier, das er mit weißem Papier hinterklebte, dann ausschnitt und auf farbigem Papier platzierte. Dieser illustrative Stil sollte zum Leben erweckt werden – und das bedeutet beim Trickfilm: Mindestens jedes zweite Bild musste so angelegt werden! Bei einem Film von 10 Minuten Länge mit teilweise zwei Charakteren im Bild ergibt das über 15.000 Einzelbilder! Und dabei noch mit einer Figur wie dem Tod, der mit einem *Kleidchen* bekleidet ist mit Längs- und Querstreifen: eine recht undankbare Aufgabe für eine Animation. Deshalb war die erste Maßnahme, die Streifen auf fünf Längsstreifen und eine handhabbare Anzahl an Querstreifen zu reduzieren. Dazu kamen dann noch Highlights und Schraffuren, die den Figuren die nötige Lebendigkeit und das Volumen gaben.

*Abb. 2:* Erste Posen / Entwürfe (© TrickStudio Lutterbeck GmbH; 2010)

**Storyboard**

Beim Trickfilm ist das Storyboard ein ganz wichtiger Arbeitsschritt. Dabei wird das Script szenisch umgesetzt; jede Szene wird angelegt, die Charaktere werden gezeichnet (teils direkt im Computer, teils auf Papier und dann eingescannt), es werden erste Posen (Abb. 2 und 3) und Gesichtsausdrücke eingebaut und dann mit einem speziellen Schnittprogramm zu einem ersten Film geschnitten, dem so genannten Animatic.

**Animatic**

Zunächst wurden Layout-Stimmen und Layout-Musik auf diesen Animatic vertont und dann im Laufe der Produktion mit den finalen Sprachaufnahmen ersetzt. Gerade auf diesen Arbeitsschritt wird bei einer Animationsfilmproduktion oft viel Zeit verwendet, da die Szenenaufteilung und Szenenlänge hier festgelegt wird. Anders als beim Realfilm werden beim Animationsfilm meist nur die *wirklichen* Längen der Szenen produziert. Es gibt beim Animationsfilm (ob 3-D-, Puppen- oder 2-D-Film) oft kein großes Schnittverhältnis, kein *Auswählen* aus verschiedenen Takes beim Endschnitt. Der Rhythmus des Animationsfilms, das Timing des Films, wird im Animatic schon sehr früh bestimmt. Sämtliche Längen und Kameraeinstellungen und erste Bewegungsposen werden bei diesem Arbeitsschritt festgelegt. Wenn etwas nicht stimmt und nicht überzeugend wirkt, wird es so lange neu gezeichnet, bis es passt.

## Sprache

Beim Trickfilm spielt der Ton eine enorme Rolle. Erst durch den Ton, die Stimmen der Personen und die Geräusche wird eine Trickfilmfigur zum Leben erweckt; die Figuren werden erst in Verbindung mit dem Ton lebendig und der Zuschauer kann mit ihnen fühlen und empfinden. Bei der Produktion stellte sich früh die Frage: Wer kann dem Tod die Stimme geben, die diese Figur benötigt – eine Stimme, die Charme hat, Witz und eine Leichtigkeit besitzt und gleichzeitig auch die Ernsthaftigkeit dieser Figur widerspiegelt? Wir kamen bei unseren Überlegungen auf die wunderbare Stimme von Harry Rowohlt und da er auch schon mal Gott gesprochen hatte, war es naheliegend, ihm die Frage zu stellen, ob er auch mal den Tod sprechen wolle. Er kannte zwar die Vorlage nicht, da er aber ein großes Vertrauen zum Verlag hat, willigte er schnell ein. Die Enten-Stimme war ebenfalls recht schnell gefunden: sie sollte vom Tonfall her eher jünger wirken, im Laufe des Filmes älter werden und dieser Figur einen naiv-kindlichen Charme verleihen. Die Wahl fiel schnell auf Anna Thalbach. Das FBW (Deutsche Film- und Medienbewertung), das den Film mit dem Prädikat *Besonders wertvoll* auszeichnete, lobte auch gerade die Stimmen:

> „Ausgezeichnet auch die Leistung der Synchronsprecher Harry Rowohlt und Anna Thalbach,
> die den Figuren Charakter und Ausdrucksstärke verleihen. Nicht nur kleine Zuschauer führt
> der animierte Kurzfilm hin zur beruhigenden Erkenntnis, dass der Tod ein stetiger Wegbe-
> gleiter ist, der an die Schönheit des Augenblicks denken lässt."[1]

*Abb. 3:* Erste Posen / Entwürfe (© TrickStudio Lutterbeck GmbH; 2010)

---

1 http://www.fbw-filmbewertung.com/film/ente_tod_und_tulpe (Stand: 31.07.2010).

### Layout

Das Layout legt die genauen Posen der Figuren in einer Szene fest. Die im Animatic bereits festgelegte Länge wird hier mit weiteren und genaueren Posen der Figuren und Elemente gefüllt. Während beim Storyboard die Genauigkeit der Figurenbewegung eher zweitrangig ist und eher darauf geachtet wird, die szenische Umsetzung zu verfeinern, geht es im Layout um die genauen Bewegungen der Figur: Wie soll die Figur sich bewegen, welche Elemente sollen bewegt werden? Dabei werden ebenfalls erste Hintergrund-Elemente angelegt, auch wenn sie nur durch wenige Linien angedeutet werden. Diese geben dem Animator z. B. die Richtung an, in welcher die Figur über einen Hügel gehen muss.

### Animation

Der Animator nimmt das Layout und zeichnet so genannte *Key-Posen* der Figur, Szene für Szene. Bei großen Produktionen ist es üblich, die einzelnen Figuren bestimmten Animatoren zuzuordnen. Während der gesamten Produktion kann also der Animator dieser einen Figur seinen *Stempel*, seinen *Look* geben. Im Rahmen der Vorgaben des Regisseurs, in diesem Fall Matthias Bruhn, hat der Animator einen gewissen Spielraum des *Bespielens* der Figuren. Er wird dabei zum Schauspieler, denn er bestimmt, wie der Figur Leben eingehaucht wird. Da beim Projekt *Ente, Tod und Tulpe* außer der Tulpe nur zwei Figuren zum Leben (!) erweckt werden mussten, wurde die Arbeit nach Szenen, und nicht nach Figuren unter den Animatoren aufgeteilt. Der Animator entscheidet bei seiner Arbeit auch über die Aufteilung der Figuren. So werden von ihm die Figuren in Ebenen aufgeteilt: Wenn z. B. der Tod nach rechts schaut, aber mit dem linken Arm noch weiter gestikuliert, wird eine Ebene *Arm links* angelegt, die separat auf einem extra Papier animiert wird. Auf diese Weise entstanden u. a. Papierphasen, auf denen nur zwei Punkte (die Augen) zu sehen waren.

Der Animator zeichnet z. B. die Phase *Arm oben* und die Phase *Arm unten*, digitalisiert diese Phasen im Computer, im so genannten Linetester, und bestimmt die Geschwindigkeit, in der sich der Arm bewegen soll. Im X-Sheet, einer Excel-Liste mit Bildnummer und Frame-Anzeige, entscheidet er, wie lange eine Zeichnung zu sehen ist. Diese Informationen werden dann an den Assistenten weitergegeben, der die Zwischenphasen (z. B. des Armes) mit der genauen Bildzahl anfertigen muss. Dabei ergänzt er die Figuren um die fehlenden Elemente. So wurden bei der Figur Tod von den Animatoren nur die wichtigsten Quer- und Längsstreifen des Kleidchens mitgezeichnet. Der Assistent musste die fehlenden Streifen ergänzen und dabei immer wieder am Linetester kontrollieren, ob das Bild davor und das Bild danach und auch die Bewegung in Passung stehen.

Gerade das Muster war in der Anfangsphase der Produktion eine wichtige Entscheidung für die gesamte Produktion. Es wäre ein Leichtes gewesen, ein vorgefertigtes Raster in das Kleid per Computer zu kopieren. Wir entschieden uns jedoch nach vielen Test-Animationen, diese beiden Figuren so zu bewegen, wie man sie vom Buch her kennt; die Lebendigkeit des Striches vom Original sollte auch in der Bewegung zu sehen sein, mit sämtlichen Ungenauigkeiten des Bleistiftes und der dahinter stehenden Handarbeit, die dann in der Animation umzusetzen war.

Die Assistenten fertigten die finalen Linien der Figuren an. Manchmal waren sie tagelang nur mit dem Zeichnen von Linien des Kleidchens beschäftigt oder sie mussten die Köpfe bearbeiten. Diese Animationsphasen, die auf einem dünnen Papier gezeichnet wurden (damit man auf dem Leuchttisch mehrere Zeichnungen erkennen kann) und noch viele Hilfslinien und Anweisungen enthielten, mussten dann alle sauber auf weißes Papier übertragen werden. Am Ende waren es insgesamt ca. 10.000 Zeichnungen!

### Hintergründe

Das Buch hat eine Reduzierung und Weite, die viel Platz für Interpretationen lässt. Erlbruch sagte einmal im Interview mit Stephanie von Selchow, abgedruckt in der *Chrismon*-Ausgabe vom Oktober 2007:

> „Freie Flächen sind ja immer Flächen, auf die man seine eigenen Fantasien projizieren kann. Überfrachtete Bilder, auf denen alles zu sehen ist, schwächen oft die eigentliche Handlung. Ich versuche dazu anzuleiten, etwas genauer zu gucken, sich bei einem einfachen Bild aufzuhalten."

Für die Hintergrundgestaltung war es notwendig, über das Buch hinauszugehen. Während man beim Buch die Zeit selbst einteilt, in der eine Seite betrachtet wird, und dort verweilen kann, wird die Zeit im Film 1:1 erlebt. Die Filmbilder sollten noch genug Raum für Interpretation lassen, es mussten jedoch *wirkliche* Räume geschaffen werden, um die Figuren agieren zu lassen. Das Farbdesign wurde vom Buch adaptiert und in die Dramaturgie des Filmes übertragen. So wirkt die Ente am Anfang kindlich naiv und wird im Laufe des Filmes älter. Die Farbdramaturgie folgt dem Zyklus des Jahres: Die Hintergründe sind am Anfang frühlingshaft zartgrün, haben dann sattere Töne im Sommer, verlieren ihre Blätter im Herbst und zeigen das Weiß des Schnees am Ende des Jahres, am Ende des Lebens. Diese Farbflächen wurden ergänzt mit spärlichen Baum- und Pflanzenelementen, die dezent Raum und Tiefe schaffen sollten.

### Wann kommt denn der Computer?

Jetzt! Nachdem alle Zeichnungen gescannt worden waren, mussten sie koloriert und anschließend mit Effekten versehen werden. Die unterschiedlichen Elemente kamen bei der Postproduktion zusammen, d. h., die Hintergründe wurden nun hinzugefügt, die Figuren bekamen Papierstrukturen, Kamerafahrten wurden eingebaut, Blätter von Bäumen geweht, Schnee wurde erzeugt – alles wie bei einem richtigen Film!

### Sound-Design

Es ist immer wieder eine Freude zu sehen, wenn der Foley (Geräuschemacher) im Tonstudio seine Koffer ausbreitet und mit den unmöglichsten Sachen Geräusche synchron zum Bild erstellt. Die Szene, in welcher der Tod die Ente auf einer weißen Fläche zum Fluss trägt, wird erst durch das Sound-Design zu einer winterlichen Schneeszene (produziert mit einem mit Mehl gefüllten Stoffsäckchen!). Und zum Schluss kommt natürlich die Musik, die die emotionalen Elemente des Films unterstützt und die einzelnen Szenen zu einem Film *zusammenschweißt*. Bei der Mischung werden dann die Sprachaufnahmen, die Musik, Geräusche und Sounds zum finalen Ton gemischt.

## Abblende

Für mich als Produzent eines Films ist es immer wieder spannend, im Kino zu beobachten, wie die Zuschauer auf den Film reagieren. So sitze ich oft gerne vorne und schaue in die Gesichter der Zuschauer, um deren Reaktionen zu beobachten. Lachen sie wirklich an der Stelle, wo sie lachen sollen? Wird die Emotion tatsächlich zum Zuschauer getragen? Bei der Premiere des Filmes hatte der ein oder andere Erwachsene eine Träne im Auge: Es hat funktioniert!

## Und was ist mit der Tulpe?

Wolf Erlbruch sagte einmal im Interview in der *Neuen Zürcher Zeitung* vom 6. Juni 2007: „Was die Tulpe bedeutet, weiß ich nicht. Vielleicht bekommt sie eine Symbolik, die noch niemand kennt."

### Filmographie
Ente, Tod und Tulpe (D 2010; Regie: Matthias Bruhn)
Die Große Frage (D 2005; Regie: Matthias Bruhn und Inka Friese)
Vom kleinen Maulwurf, der wissen wollte, wer ihm auf den Kopf gemacht hat (D 2006; Regie: Matthias Bruhn)

### Literatur
Erlbruch, Wolf (Ill.) / Werner Holzwarth: Vom kleinen Maulwurf, der wissen wollte, wer ihm auf den Kopf gemacht hat. Wuppertal: Peter Hammer 1989
Erlbruch, Wolf: Die Große Frage. Wuppertal: Peter Hammer 2004
Erlbruch, Wolf: Ente, Tod und Tulpe. München: Antje Kunstmann 2007

### Internetquellen
Deutsche Film- und Medienbewertung, Pressetext zum Film. http://www.fbw-filmbewertung.com/film/ente_tod_und_tulpe (Stand: 31.07.2010)

*Katrin Hoffmann*
## Vom Bestseller zum Blockbuster

### Kleine Unterschiede

Kennen Kinder Kästner eigentlich noch? Als Caroline Link während der Schulkinowochen in Bayern 2010 die jungen Zuschauer im Anschluss an eine Vorführung von *Pünktchen und Anton* (1998) fragte, ob sie die Vorlage kennen würden, gingen nur wenige Finger der Dritt- und Viertklässler hoch. Kästner gehört fraglos in die Kategorie *Bestseller – bei Erwachsenen beliebt, aber bei Kindern wenig bekannt*. Und wie sieht es mit *Die Wilden Kerle* aus? Die Bücher von Joachim Masannek haben wiederum die Kinder gelesen, aber nicht die Erwachsenen. In diesem Spannungsfeld wird deutlich, dass es die verschiedensten Möglichkeiten gibt, vom *Bestseller* zum *Blockbuster* zu werden.

*Blockbuster* wurden zunächst in den USA Filme genannt, die Schlangen vor der Kinokasse um den ganzen (Straßen-)Block herum erzeugten. George Lucas' *Krieg der Sterne* war 1977 der erste Film, dem dies gelang; seither bekommen die Filme, die auf Anhieb die Kinos erobern und andere Filmstarts dadurch blockieren, dieses Label. Ob es ein positives Attribut für einen Film darstellt, ein Blockbuster zu sein, kann hier nicht das Thema sein. Aus kommerzieller Sicht wünscht sich aber sicherlich jeder Regisseur, Produzent und Verleiher, einmal einen Blockbuster zu landen. Ähnliches gilt für die Definition von *Bestsellern*. Der erste Bestseller war übrigens Goethes *Die Leiden des jungen Werther* (1774), der die so genannte Lesewut maßgeblich mitbewirkte und für kurze Zeit nicht nur eine ganze Moderichtung prägte, sondern auch eine Selbstmordwelle unter ähnlich verzweifelten Lesern auslöste.

Aber zurück zur Gegenwart: Kästners Kinderbücher waren früher Bestseller, sie sind bis heute Longseller oder auch Klassiker, genauso wie die Romane von Astrid Lindgren und die Bilderbücher von Tomi Ungerer. Sie alle schrieben Vorlagen für Kino-Adaptionen, aus denen jedoch keine Blockbuster wurden. Was aber ist das Rezept, aus einem Bestseller einen Blockbuster zu generieren?

### Koinzidenz von Romanveröffentlichung und Filmadaption

Die *Harry-Potter*-Bände sind fraglos auf der ganzen Welt Bestseller. Ein Überraschungserfolg, den auch seine Autorin Joanne K. Rowling so nicht erwartet hatte. Sehr schnell war der Stoff an Warner verkauft, und als der erste Film 2001 in die Kinos kam, warteten die Leser gleichzeitig gespannt auf den fünften Band und die Fortsetzung von Harrys Kampf gegen Lord Voldemort. Die Erwartungen waren an Film wie Buch hoch und wurden, was den kommerziellen Erfolg betrifft, bei weitem übertroffen. Harry Potter war und ist ein Hype, auch weil dessen Leser mit den Protagonisten mitwachsen. Heute sehnen die Fans die Verfilmung des letzten Bandes herbei, der aber aus verschiedenen Gründen in zwei Teilen in die Kinos kommt, in 3-D übrigens. Einerseits ist der siebte Band, *Harry Potter und die Heiligtümer des Todes* (2007), ein wirklich umfänglicher Roman, andererseits kann dadurch der finanzielle Gewinn noch einmal verdoppelt werden.

Ein ganz ähnliches Phänomen ist bei der Verfilmung der *Twilight*-Serie (2005ff.) von Stephenie Meyer zu beobachten. Auch hier folgte auf den ersten Bestseller-Erfolg sehr schnell die Kino-Adaption, und ein Ende ist noch nicht in Sicht. Beendet ist dagegen die Manie um *Die Wilden Kerle* (DWK) von Joachim Masannek. Hier war die Buchvorlage *Die Wilden Fußballkerle* zunächst nicht so erfolgreich, die erste Verfilmung hat dann aber zu einem wahren Ansturm auf die Bücher geführt und sie zu Bestsellern gemacht. Der erste Film hat mit bekannten deutschen Schauspielern wie Rufus Beck und Uwe Ochsenknecht samt ihrer Söhne zum Erfolg an der Kinokasse geführt. Das Projekt verselbstständigte sich schnell. Zwischen 2003 und 2008 kamen fünf Filme in die Kinos, den ersten sahen bereits über 800.000 Zuschauer, den vierten 2,5 Millionen und den letzten noch rund 1,7 Millionen. Die Protagonisten sind mittlerweile erwachsen und das Thema ist ausgereizt. Die Strategie ist vergleichbar mit dem kometenhaften Aufstieg Harry Potters: Die Helden wachsen mit ihrem Publikum mit, sodass sich über mehrere Jahre eine Identifikation aufbaut, die vom Zielpublikum nicht so schnell aufgegeben wird, egal, wie gut oder schlecht die Filme mittlerweile geworden sein mögen. Gleichzeitig generiert das jeweils aktuelle Sequel neue Leser. *Die Wilden Fußballkerle* haben jedenfalls den umgekehrten Weg genommen – vom Blockbuster zum Bestseller – und sich dann gegenseitig befruchtet. Ein Umstand, der ganz nebenbei hoffen lässt, dass das Kino-Erlebnis die Kinder gleichzeitig zum Lesen animiert!

An diesen Beispielen können wir erkennen, dass es mehrerer Faktoren bedarf, einen Bestseller zum Blockbuster werden zu lassen. Zunächst stecken natürlich enorme Werbestrategien dahinter. Eine der Premieren zum *DWK*-Start fand beispielsweise in einem Münchner Cineplex in sieben Sälen gleichzeitig statt, und am nächsten Tag berichteten die Zeitungen ausführlich über die Stars und Sternchen, die diese Gala besuchten. Sowohl zu *Harry Potter* als auch zu *DWK* gibt es ein üppiges flankierendes Merchandising-Angebot. Eine wahre Flut an Fan-Artikeln unterstützt den Hype und spült zusätzliches Geld in die Kassen, sodass sich diese Filme in jedem Fall refinanzieren.

Trotzdem kann eine noch so durchgeplante Werbetrommel nicht den Erfolg an der Kinokasse garantieren, wenn die Filme nicht auch den Nerv der Zuschauer treffen. *Die Wilden Kerle* kamen zuletzt in ihren Abenteuern ganz ohne Erwachsene aus, in einem autoritätsfreien Raum, in dem sie selbst die Entscheidungsträger waren und niemandem Rechenschaft abzulegen hatten. Ähnlich musste sich Harry Potter mit seinen Gefährten allein gegen das Böse durchsetzen, den Erwachsenen noch im schwierigsten Kampf überlegen. So treffen diese beiden Figuren(-ensembles) ganz offensichtlich auf die Sehnsucht nach Autonomie, fremden Welten und elternfreien Zonen beim jungen Zuschauer – als Ausdruck seiner Zeit ein durchaus interessantes Phänomen. Im direkten Vergleich knackt *Harry Potter* regelmäßig die Sechs-Millionen-Grenze, *DWK* schaffen dagegen nur ein knappes Drittel, für deutsche Produktionen indes wirklich beachtlich!

## Deutsche Kinderfilmblockbuster

Überprüfen wir die Erfolgsgeschichte der hiesigen Bestselleradaptionen: Für deutsche Verhältnisse sind ein bis zwei Millionen Zuschauer für einen Kinderfilm ein großer Erfolg. Das war allerdings nicht immer so:

Die Bavaria Studios haben mit *Pünktchen und Anton* im Jahre 1998 eine Erfolgswelle für den Kinderfilm angestoßen, die bis heute erfreulicherweise anhält. Zum 100. Geburtstag von Erich Kästner starteten die verantwortlichen Produzenten Uschi Reich und Peter Zenk eine Reihe von Verfilmungen der bekanntesten Kästner-Titel (vgl. auch die Beiträge von Christel Strobel und Christian Exner in diesem Band). Aufwändig produziert, mit bekannten Schauspielern in den Erwachsenenrollen und hochkarätigen RegisseurInnen, erhielt der deutsche Kinderfilm ein neues Gepräge und rangierte regelmäßig in den oberen Charts der deutschen Filmhitlisten. Der Erfolg ermutigte auch andere Produktionsfirmen, sich dem Kinderfilm zuzuwenden. In den vergangenen Jahren entstanden zahlreiche Filme, häufig fußend auf literarischen Vorlagen, zum Teil in mehreren Folgen: *Das Sams* (2001 und 2003), *Der kleine Eisbär* (2001 und 2005), *Bibi Blocksberg* (2002 und 2004), *Lauras Stern* (2003 und 2009), *Die Wilden Hühner* (2006-08), *Der Mondbär* (2008), *Hexe Lilli* (2008), *Mullewapp* (2009) und in den Jahren 2008 und 2010 die *Vorstadtkrokodile* (vgl. zu letztgenanntem Film auch den Beitrag von Ulf Abraham in diesem Band).

An die Abräumer aus den USA – Disney, DreamWorks und *Harry Potter* – reichen sie alle nicht heran. Trotzdem handelt es sich in kommerziellem Sinne um Blockbuster, denn innerhalb der deutschen Filmlandschaft schreiben sie kontinuierlich schwarze Zahlen und als Kinderfilme erreichen sie auch mittels Langzeitprogrammierung in nicht-kommerziellen Vorführungen eine über mehrere Jahre anhaltende Auswertung. Zur Verdeutlichung wird im Folgenden die Hitliste der Filmförderungsanstalt (FFA) für die deutschen Filme im Jahr 2007 aufgeführt. Der Vollständigkeit halber und zum Vergleich sind hier die zehn ersten Titel gelistet – vier davon sind Kinderfilme! Man hätte fast jedes andere Jahr des vergangenen Jahrzehnts herausgreifen können, um ein ähnliches Bild zu erhalten.

Filmförderungsanstalt: Deutsche Filmhitliste 2007:[1]
1. *Die Wilden Kerle* 4 (Kinderfilm) D 01.02.2007, Walt Disney Studios Motion Pictures Germany GmbH, 2.454.325
2. *Lissi und der wilde Kaiser* (Trickfilm / Komödie) D 25.10.2007, Constantin Film Verleih GmbH, 2.273.804
3. *Keinohrhasen* (Komödie) D 20.12.2007, Warner Bros. Pictures Germany, 1.407.336
4. *Die Wilden Hühner und die Liebe* (Komödie) D 05.04.2007, Constantin Film Verleih GmbH, 1.003.217
5. *Warum Männer nicht zuhören und Frauen schlecht einparken* (Komödie) D 29.11.2007, Constantin Film Verleih GmbH, 934.720
6. *Neues vom Wixxer* (Komödie) D 15.03.2007, Constantin Film Verleih GmbH, 882.986
7. *Die drei ??? – Das Geheimnis der Gespensterinsel* (Kinderfilm) D 08.11.2007, Walt Disney Studios Motion Pictures Germany GmbH, 837.834
8. *Vollidiot* (Komödie) D 12.04.2007, Senator Film Verleih, 819.757
9. *Mein Führer – Die wirklich wahrste Wahrheit über Adolf Hitler* (Komödie) D 11.01.2007, X-Verleih AG, 796.907

---

1 Reihenfolge der Angaben: Rang, Filmtitel, Gattung, Land, Start, Verleiher, Besucher seit Start.

10. *Hände weg von Mississippi* (Kinderfilm) D 22.03.2007, Delphi Filmverleih GmbH, 727.043 (vgl. auch den Beitrag von Eva Lang in diesem Band)

### Trotz berühmter Vorlage gescheitert

Andere Buchadaptionen als die bereits erwähnten haben die Grenze von 500.000 Zuschauern nicht überschritten; diese gilt in der Branche als Marge, die man erreichen sollte, um das Projekt refinanzieren und weiterhin auf diesem Produkt aufbauen zu können. *Oh wie schön ist Panama* (2006), *TKKG – Das Geheimnis um die rätselhafte Mind-Machine* (2006), *Herr Bello* (2006), *Die drei Räuber* (2007) – alle erreichten deutlich unter 400.000 Zuschauern und sind damit kommerziell gescheitert, ebenso wie eine weitere Paul-Maar-Verfilmung, *Lippels Traum* (2009) (vgl. auch den Beitrag von Markus Pissarek in diesem Band). Wohlgemerkt, es geht hier um harte Marktfakten, nicht um die Qualität des einzelnen Films. Gibt es also ein Rezept für den Markterfolg? Ein Automatismus in der Form, dass jeder Bestseller zum Blockbuster wird, existiert jedenfalls nicht. Man könnte nun vermuten, dass es an den Verleihstrategien liegt bzw. daran, wie der Verleih sich um sein Produkt kümmert, Trailer in die Kinos bringt, mit wie vielen Kopien der Film startet usw. Aber bei den Verleihern der aufgezählten Filme handelt es sich fast ausschließlich um große, potente Firmen wie Constantin (*TKKG*) oder Universum (*Lippels Traum*), die eine Maschinerie der Werbung in Gang setzen, von der man annimmt, dass sie den Film erfolgreich macht.

So kann hier nur spekuliert werden über die Erfolgschancen der Bestseller als Filmvorlage. Uschi Reich hat schon 2008 festgestellt, dass das Marktsegment für Kinderfilme nicht unendlich erweiterbar ist. Je mehr Produzenten auf den Zug aufspringen, Kinderfilme zu produzieren, desto enger werden die Gewinnchancen. Eine Familie kann sich eben nicht leisten, zehn Kinderfilme im Jahr anzusehen, sondern vielleicht lediglich fünf. Dann muss ausgewählt werden. Startet ein Kinderfilm gleichzeitig mit einem amerikanischen Blockbuster, hat er sowieso kaum eine Chance. Weil Termine um *Harry Potter*- oder Disney-Premieren zeitlich großräumig umschifft werden, gibt es mitunter Gedränge, wie zum Beispiel Anfang Herbst diesen Jahres, als innerhalb von drei Wochen folgende Filme starteten: *Das Sandmännchen – Abenteuer im Traumland* (2010), *Ich – einfach unverbesserlich* (2010), *Die Konferenz der Tiere* (2010), *Ponyo – Das große Abenteuer am Meer* (2008; Regie: Hayao Miyazaki), bevor *Harry Potter* im November die Kinos übernahm. Die Zuschauer treffen eine Auswahl aus dem (Über-)Angebot.

Aber vielleicht liegt es auch an einem gewissen Abnutzungseffekt, vielleicht will ja niemand mehr die dritte und vierte Paul-Maar-Verfilmung sehen, so gelungen *Herr Bello* auch geworden sein mag? Möglicherweise haben die immer gleichen Erfolgsstrickmuster irgendwann ausgedient, sind sie zu durchschaubar geworden.

### Keine Chance ohne Buchvorlage

Während die ein oder andere Bestseller-Adaption floppt, haben Kinderfilmstoffe ohne Buchvorlage oft gar keine Chance auf Realisierung. Noch 2004 äußerte der damalige Leiter der *Generationen*-Sektion der Berlinale (vgl. auch den Beitrag von Holger Twele in diesem Band), Thomas Hailer, hoffnungsvoll über den Aufschwung des deutschen Kinderfilms,

> „wenn wir Jahr für Jahr zwei, drei extrem erfolgreiche deutsche Produktionen im Kino haben, so zieht das automatisch kleinere Originalstoffe nach sich. Eine gesunde Filmindustrie braucht auch im Kinderfilmbereich Blockbuster. Auf Dauer jedoch sind diese nur möglich, wenn ein Humus da ist, auf dem kleine, auf ihre Weise aufsehenerregende Filme entstehen – auch wenn diese dann nicht 1,2 Millionen, sondern vielleicht nur 80.000 Leute sehen" (Hailer 2004).

Diese Wunschvorstellung hat sich leider nicht bewahrheitet, im Gegenteil. Ist der Markt schon für die Bestsellerverfilmungen eng, haben Autoren-Filme keine Chance auf Realisierung. Produzenten und Regisseure werden regelmäßig mit ihren Stoffen von den verschiedenen Fördergremien abschlägig beschieden. Als ein herausragendes Beispiel mag das neue / alte Projekt von Bernd Sahling dienen, der mit seinem Film *Die Blindgänger* (2003) immerhin den bundesdeutschen Filmpreis gewann – mit einem Film, der übrigens nicht über 40.000 Zuschauer hinauskam. Seit zehn (!) Jahren versucht Sahling erfolglos, einen weiteren Kinderfilmstoff zu realisieren.

### „Fünf Independent-Kinderfilme pro Jahr, und die Vielfalt in der deutschen Kinderfilmkultur wäre gerettet"

Absolventen der *Akademie für Kindermedien* haben mit Unterstützung des *Fördervereins Deutscher Kinderfilm e. V.* eine Initiative ins Leben gerufen, die sich dafür stark macht, fünf Kinderfilme pro Jahr in Deutschland zu produzieren, die nicht auf berühmten Buch- oder TV-Vorlagen basieren und die Produzenten und potenzielle Förderer dazu anregen soll, Originalstoffe auf die Leinwand zu bringen: die *Filmotter*-Initiative. Sie sammelt Unterschriften, um ihr Anliegen auf eine breite Basis zu stellen. Prominente Unterstützer sind u. a. Anke Engelke, Christoph Maria Herbst oder Andreas Dresen, Dani Levy, Christoph Waltz, Caroline Link und Rolf Losansky.

Unabhängige Filme, wie sie die Initiative fordert, gibt es zwar, aber davon viel zu wenige und – wie schon geschildert – mit beängstigend kleinen Zuschauerzahlen. *Die Blindgänger* (2003) oder *Mondscheinkinder* (2005), die nicht nur auf deutschen, sondern auch auf internationalen Festivals reüssierten und verschiedenste Publikums- und sonstige Preise erhielten, blieben an den Kinokassen ohne nennenswerten Erfolg. Sie sind nach sehr kurzer Auswertung ausschließlich in den Nachmittagsschienen schnell wieder aus dem Programm verschwunden. Dabei zeigen gerade die Festivalerfolge, dass es sehr wohl Aufmerksamkeit für diese Stoffe gibt und sie vom Publikum gewünscht sind. Zuallererst sind die Fördergremien und Fernsehkoproduzenten gefragt, solchen originären Stoffen Potenzial zuzutrauen und sie mittels Finanzierung überhaupt erst zu ermöglichen. Verleih und Vertrieb müssen den Mut haben, sie ausgiebig zu bewerben und mit mehr als fünf Kopien in die Kinos zu bringen. Vor der Endauswertung an den Kassen bedarf es jedoch mutiger Produzenten, die diese Stoffe kompetent betreuen und mit ihrem ganzen Know-how auf den Weg bringen. Erst dann haben die Zuschauer wirklich die Freiheit, sich innerhalb eines ausgewogenen Angebotes unterschiedlicher Kinderfilme zu entscheiden.

## Filmographie

Bibi Blocksberg (D 2002; Regie: Hermine Huntgeburth)
Bibi Blocksberg und das Geheimnis der blauen Eulen (D 2004; Regie: Franziska Buch)
Die Blindgänger (D 2003; Regie: Bernd Sahling)
Die drei Räuber (D 2007; Regie: Hayo Freitag)
Die drei ??? – Das Geheimnis der Gespensterinsel (D 2007; Regie: Florian Baxmeyer)
Hände weg von Mississippi (D 2007; Regie: Detlev Buck)
Herr Bello (D 2006; Regie: Ben Verbong)
Hexe Lilli – Der Drache und das magische Buch (D / A / E / I 2008; Regie: Stefan Ruzowitzky)
Ich – einfach unverbesserlich (USA 2010; Regie: Chris Renaud und Pierre Coffin)
Keinohrhasen (D 2007; Regie: Til Schweiger)
Der kleine Eisbär (D 2001; Regie: Thilo Graf Rothkirch und Piet de Rycker)
Der kleine Eisbär – Die geheimnisvolle Insel (D 2005; Regie: Thilo Graf Rothkirch und Piet de Rycker)
Die Konferenz der Tiere (D 2010; Holger Tappe und Reinhard Klooss)
Krieg der Sterne (USA 1977; Regie: George Lucas)
Lauras Stern (D 2003; Regie: Piet de Rycker und Thilo Graf Rothkirch)
Lauras Stern und der geheimnisvolle Drache Nian (D 2009; Regie: Piet de Rycker und Thilo Graf Rothkirch)
Lippels Traum (D 2009; Regie: Lars Büchel)
Lissi und der wilde Kaiser (D 2007; Regie: Michael Herbig)
Mein Führer – Die wirklich wahrste Wahrheit über Adolf Hitler (D 2006; Regie: Dani Levy)
Der Mondbär (D 2008; Regie: Mike Maurus und Thomas Bodenstein)
Mondscheinkinder (D 2005; Regie: Manuela Stacke)
Mullewapp – Das große Kinoabenteuer der Freunde (D / I / F 2009; Regie: Tony Loeser und Jesper Moller)
Neues vom Wixxer (D 2007; Regie: Cyrill Boss und Philipp Stennert)
Oh wie schön ist Panama (D 2006; Regie: Martin Otevrel)
Ponyo – Das große Abenteuer am Meer (J 2008; Regie: Hayao Miyazaki)
Pünktchen und Anton (D 1998; Regie: Caroline Link)
Das Sams (D 2001; Regie: Ben Verbong)
Sams in Gefahr (D 2003; Regie: Ben Verbong)
Das Sandmännchen – Abenteuer im Traumland (D 2010; Regie: Sinem Sakaoglu und Jesper Moller)
TKKG – Das Geheimnis um die rätselhafte Mind-Machine (D 2006; Regie: Tomy Wigand)
Vollidiot (D 2007; Regie: Tobi Baumann)
Vorstadtkrokodile (D 2008; Regie: Christian Ditter)
Vorstadtkrokodile 2 – Das Abenteuer geht weiter (D 2010; Regie: Christian Ditter)
Warum Männer nicht zuhören und Frauen schlecht einparken (D 2007; Regie: Leander Haußmann)
Die Wilden Hühner (D 2006; Regie: Vivian Naefe)
Die Wilden Hühner und das Leben (D 2008; Regie: Vivian Naefe)
Die Wilden Hühner und die Liebe (D 2007; Regie: Vivian Naefe)
Die Wilden Kerle (D 2003; Regie: Joachim Masannek)
Die Wilden Kerle 2 (D 2004; Regie: Joachim Masannek)
Die Wilden Kerle 3 (D 2006; Regie: Joachim Masannek)
Die Wilden Kerle 4 (D 2007; Regie: Joachim Masannek)
Die Wilden Kerle – Hinter dem Horizont 5 (D 2008; Regie: Joachim Masannek)

## Literatur

Albers, Margret: Literaturverfilmungen als Erfolgsgarant? In: Schäfer, Horst / Claudia Wegener (Hgg.): Kindheit und Film. Konstanz 2009, 223-230
Hailer, Thomas: Kinder haben die besten Filme verdient. In: Neue Zürcher Zeitung, 20.02.2004

## Internetquellen

Portal für Independant-Kinderfilme. http://www.filmotter.org (Stand: 31.08.2010)
Homepage der Filmförderungsanstalt. http://www.ffa.de (Stand: 31.08.2010)

*Holger Twele*
# Links, Festivals, Filmverleiher und andere Vertriebe

Wer sich in Deutschland einen Überblick verschaffen möchte, was der Markt an verfilmter Kinderliteratur zu bieten hat, wird um eigene Recherchen nicht herumkommen. Denn es gibt (noch) kein Portal, das sich ausschließlich diesem Aspekt des ohnehin nicht allzu üppig ausgestatteten Kinderfilmbereichs widmet. Jeder Multiplikator und Anbieter, egal, ob Festival oder Verleih, wird ohnehin darauf bedacht sein, Filme im Programm zu haben, die qualitativ hervorstechen und / oder großes Interesse und gute Geschäfte versprechen. So haben sich spätestens mit den großen Erfolgen der neuen Kästner-Verfilmungen (vgl. auch die Beiträge von Christel Strobel und Christian Exner in diesem Band) nach der Jahrtausendwende plötzlich auch Verleiher für den Kinderfilm interessiert, die ihn einige Jahre zuvor noch mit spitzen Fingern anfassten und ihm keinerlei Marktchancen einräumten. Es sind vor allem die Marken und insbesondere die Verfilmungen von schon erfolgreichen und populären Kinder- und Jugendbüchern, die es inzwischen sogar unter die Top 10 geschafft haben und sich – leider nicht selten auf Kosten der originären Filmstoffe – auf dem Markt behaupten konnten (vgl. auch den Beitrag von Katrin Hoffmann in diesem Band). Für den Marktüberblick bedeutet das, dass sich verfilmte Kinderliteratur längst im Verleihangebot von Firmen findet, die man nicht automatisch mit dem Kinderfilmbereich assoziiert, und auch die Premieren entsprechender Filme lassen sich – zumal wenn sie aus dem Familien-Entertainment-Bereich kommen – nicht ausschließlich auf Kinderfilmfestivals finden. Hinzu kommt, dass gerade die anspruchsvolleren Verfilmungen von Kinderliteratur nicht selbstverständlich auch als Kinderfilme angekündigt werden und von Teilen des Publikums – zu Unrecht – als Filme für Erwachsene gelten. Ein aktuelles Beispiel hierfür ist die Verfilmung des Kinderbuchklassikers *Wo die wilden Kerle wohnen* (2009) durch Spike Jonze.

## Suchen und fündig werden

Ungeachtet derartiger Kategorisierungsprobleme gibt es eine Reihe von Publikationen und vor allem Websites, die bei der Suche nach geeigneten Verfilmungen von Kinderliteratur behilflich sein können, auch wenn sie ihren Fokus nicht speziell oder gar ausschließlich auf diese Gattung richten. Allen voran ist die *Kinder- und Jugendfilm Korrespondenz* (KJK) zu nennen, seit drei Jahrzehnten die einzige deutschsprachige Fachpublikation mit dem Schwerpunkt Kinder- und Jugendfilm. Die Zeitschrift informiert seit 1980 über neue Filme einschließlich entsprechender Altersempfehlungen, über Festivals und Tagungen im In- und Ausland, Filmförderung und Filmpolitik, Kinostarts und Kinderkinopraxis, Video / Multimedia und Kinderfernsehen, Arbeitsmaterialien und Termine. Sie erscheint vierteljährlich und wird von Hans und Christel Strobel sowie Gudrun Lukasz-Aden herausgegeben. Seit Herbst 2008 sind die Filmbesprechungen und Interviews aller bisher erschienenen Ausgaben auch über die Online-Ausgabe[1] abrufbar. Ergänzend zur vierteljährlichen Fachpublikation erscheinen zu bestimmten Themen und Anlässen Sonderdrucke der KJK (Abb. 1), wie *Verfilmte Märchenwelten nach Hans Christian Andersen* (1999) und *Magie der Märchenfilme* (2009), per se also verfilmte Kinderliteratur.

Abb. 1: Sonderdruck der Kinder- und Jugendfilm Korrespondenz (2009)

Das 1977 gegründete Kinder- und Jugendfilmzentrum in Deutschland (KJF)[2] arbeitet ebenfalls an einem eigenen Internetauftritt für den Kinderfilm, der spätestens 2011 online gehen soll. Darüber hinaus liefern die Top-Videonews[3] des KJF bereits seit 2001 wöchentlich aktualisierte Informationen und Fachkritiken über neue Filme bis einschließlich der FSK-Freigabe ab 16 Jahre, die Kinder und Jugendliche auf DVD bekommen können.

Wer es lieber schwarz auf weiß mag, ist mit dem von Horst Schäfer ursprünglich in Zusammenarbeit mit der KJK und dem KJF herausgegebenen *Lexikon des Kinder- und Jugendfilms* bestens bedient. Wem die Informationsfülle dieses Lexikons mit insgesamt 6.500 veröffentlichten Seiten (Stand: Mai 2010) zu groß sein sollte und wer lediglich auf der Suche nach aktuellen neuen Verfilmungen ist, wird spätestens ab Anfang 2011 in der vom Arbeitskreis für Jugendliteratur e. V., München, herausgegebenen Vierteljahreszeitschrift *JuLit* fündig, die eine eigene mehrseitige Rubrik über solche Literaturverfilmungen plant.

Nicht zuletzt dank der jahrzehntelangen Bemühungen von Filmpädagogen und Institutionen hat der regelmäßige Einsatz von Spiel- und Dokumentarfilmen im Rahmen des schulischen Unterrichts in den vergangenen Jahren quantitativ und qualitativ erhebliche Fortschritte gemacht. Inzwischen weisen die Curricula nahezu aller Schulformen und Jahrgangsstufen die Auseinandersetzung mit Formen des filmischen

---

1 Vgl. http://www.kjk-muenchen.de (Stand: 31.08.2010).
2 Vgl. http://www.kjf.de (Stand: 31.08.2010).
3 Vgl. http://www.top-videonews.de (Stand: 31.08.2010).

Erzählens und dem *Lesenlernen* von bewegten Bildern auf. Besonders beliebt bei den Lehrkräften sind – sicher auch wegen der unmittelbaren Anknüpfungspunkte an die Literatur und an bereits bekannte hermeneutische Herangehensweisen – Verfilmungen von literarischen Vorlagen vom Bilderbuch bis zum Roman. Sie ermöglichen den reizvollen Vergleich zwischen den beiden Medien und machen auf diese Weise Gemeinsamkeiten und Unterschiede deutlich. Solange sich der Einsatz von Spielfilmen im Unterricht nicht ausschließlich auf solche Literaturverfilmungen beschränkt, ist dagegen auch nicht das Geringste einzuwenden. Denn verfilmte Kinderliteratur ist immer ein dankbares Objekt für medienpädagogische Arbeit und auch der Spaß kommt dabei meistens nicht zu kurz. Mit dem vermehrten Interesse an geeigneten Filmen für den Unterricht insgesamt ist auch der Bedarf an filmpädagogischen Begleitmaterialien gestiegen, zumal das Medium Film bei einigen Lehrern noch mit Unsicherheiten oder gar Berührungsängsten verknüpft ist, die es weiter abzubauen gilt. Zur besseren Vernetzung und Koordination der bundesweiten Aktivitäten im Bereich filmschulischer Arbeit wurde 2005 Vision Kino GmbH, das Netzwerk für Film- und Medienkompetenz mit Sitz in Potsdam-Babelsberg, gegründet. Es ist eine Initiative des Beauftragten der Bundesregierung für Kultur und Medien, der Filmförderungsanstalt, der Stiftung Deutsche Kinemathek und der *Kino macht Schule GbR*. Vision Kino gibt auf der eigenen Website[4] monatlich mehrere Filmtipps heraus, die sich zwar keineswegs auf verfilmte Kinderliteratur allein beschränken, aber immer auch die betreffenden Jahrgangsstufen im Blick haben und medienpädagogische Anknüpfungspunkte auflisten. Darüber hinaus ist Vision Kino gemeinsam mit der Bundeszentrale für politische Bildung (bpb) für die Internetplattform http://www.kinofenster.de verantwortlich, die neben einem monatlich wechselnden Magazinteil über eine umfangreiche Datenbank verfügt. Dort lassen sich u. a. alle gespeicherten Daten zu einzelnen Filmen und insbesondere filmpädagogisches Begleitmaterial abrufen – unabhängig davon, ob es von öffentlichen Institutionen der Kinder- und Jugendarbeit oder beispielsweise auch von den Verleihern selbst herausgegeben wurde.

Nicht nur der Vollständigkeit halber (die nicht angestrebt wurde) seien an dieser Stelle noch die Internetauftritte des Instituts für Kino und Filmkultur e. V. in Wiesbaden[5] genannt, das zu bestimmten Filmen eigene Curricula-Informationsblätter herausgibt, sowie *HanisauLand*, die Kinderwebseite der Bundeszentrale für politische Bildung[6], die neben Comics, Buchtipps und Spielen auch Informationen zu aktuell anlaufenden Kinofilmen für Kinder liefert, sowie die zentrale Internet-Plattform des Deutschen Filminstituts (DIF e. V.) zum deutschen Film[7], welche kostenfrei Informationen zu mehr als 68.000 Filmen und 145.000 Personen bereithält.

Mit anderen Worten: Wer bei allen genannten Quellen nicht fündig wird, kann mit hoher Wahrscheinlichkeit davon ausgehen, dass die betreffende Literaturvorlage (noch) nicht verfilmt wurde, erst in den nächsten Monaten auf den Markt kommen wird (siehe Festivals) oder dem Markt nicht (mehr) zur Verfügung steht.

---

4  Vgl. http://www.visionkino.de (Stand: 31.08.2010).
5  Vgl. http://www.ikf-medien.de (Stand: 31.08.2010).
6  Vgl. http://www.hanisauland.de/filmtipps/filmarchiv (Stand: 31.08.2010).
7  Vgl. http://www.filmportal.de (Stand: 31.08.2010).

**Festivals**

Brandaktuelle Literaturverfilmungen wie auch andere Werke aus der internationalen Produktion wird man am ehesten auf den einschlägigen Kinderfilmfestivals in Deutschland entdecken, wobei nicht alle Verleiher hierzulande gleich bereit sind, schon gekaufte neue Filme gerade dort vorab zu präsentieren. Dennoch sind die Festivals für den Markt deshalb so wichtig, weil sie aktuellen internationalen Produktionen ein unverzichtbares und einzigartiges Forum geben. Nicht jeder dort präsentierte Film wird automatisch einen deutschen Verleiher finden, wobei das überhaupt nichts über die Qualität eines Films aussagt – im Gegenteil. Mittelmäßige Produktionen, die im Einkauf natürlich häufig auch billiger sind, haben nicht selten größere Chancen als die von den Jurys ausgezeichneten Preisträger. Einige von ihnen bekommen wenigstens eine Chance in der TV-Auswertung, andere wiederum erscheinen aus mitunter unerfindlichen Gründen überhaupt nicht mehr auf dem deutschen Markt. Um diese regelrechte Misere zu lindern, gehen immer mehr Festivals wie die Berlinale deshalb inzwischen dazu über, besonders herausragende Filme wenigstens auf DVD in einer eigenen Edition herauszubringen. Weil Literaturverfilmungen in der Regel ein größerer Marktwert eingeräumt wird, haben sie – von allfälligen Ausnahmen abgesehen – immerhin größere Chancen auf dem Markt als andere Filme.

Im Folgenden werden die wichtigsten deutschen Kinderfilmfestivals kurz vorgestellt, auf denen deutsche wie internationale Produktionen nicht selten ihre Deutschlandpremiere erleben. Daneben gibt es eine Reihe von regional bedeutsamen und vom Publikumszuspruch her teilweise sogar größeren Kinderfilmfestivals, die an dieser Stelle leider unerwähnt bleiben müssen.

Unangefochten die Nummer eins ist das Kinderfilmfest der Internationalen Filmfestspiele von Berlin. Es wurde 1978 von Wolf Donner, dem damaligen Leiter der Berlinale, in Zusammenarbeit mit der Landesbildstelle Berlin gegründet, nachdem Kinderreporter ihn zuvor gefragt hatten, warum das bedeutende A-Festival denn nur für Erwachsene sei, und er darauf keine passende Antwort wusste. Im Jahr 2003 um die Sektion *14plus* mit Filmen für die junge Generation erweitert, wurden aus dem einstigen Kinderfilmfest 2007 die zwei unabhängigen Wettbewerbe *Generation K plus* und *Generation 14 plus*, in denen die jeweils besten Filme mit einem Gläsernen Bären ausgezeichnet werden. Die Sektion *Generation* hat sich schnell zu einem Glanzlicht der Berlinale entwickelt und genießt den Ruf, in der Filmauswahl nicht nur besonders innovativ und risikofreudig zu sein, sondern auch das vielleicht beste Gesamtprogramm des Festivals zu zeigen. An Literaturverfilmungen waren 2009 bei *Generation K plus* beispielsweise die Neuverfilmung von Paul Maars Roman *Lippels Traum* durch Lars Büchel (vgl. auch den Beitrag von Markus Pissarek in diesem Band) und der Animationsfilm *Brendan und das Geheimnis von Kells* nach einer Geschichte von Tomm Moore vertreten, ebenso 2010 der norwegische Kinderfilm *Knerten* nach dem Roman von Anne-Cath Vestly sowie die belgisch-niederländische Koproduktion *Iep!* nach dem Roman von Joke van Leeuwen.[8]

---

8  Vgl. www.berlinale.de/de/das_festival/festival-sektionen/generation/index.html (Stand: 31.08.2010).

Das Deutsche Kinder-Medien-Festival GOLDENER SPATZ wurde 1979 in der ehemaligen DDR als zweijährige nationale Filmschau in Gera gegründet und seitdem mehrfach umbenannt. Es ist das größte seiner Art in Deutschland, richtet sich an Publikum und Fachleute, findet seit 2003 in Gera und Erfurt gleichermaßen statt und seit 2007 jährlich. Es präsentiert Film- und Fernsehproduktionen aus deutschsprachigen Ländern und gibt einen Überblick über deutschsprachige und koproduzierte Kinderfilme und entsprechende Fernsehbeiträge sowie Online-Angebote. Der derzeitige TV-Boom an neuen Verfilmungen klassischer Märchenstoffe (vgl. auch den Beitrag von Manfred Hobsch in diesem Band) hat 2009 und 2010 auch im Programm seinen Niederschlag gefunden.[9]

Das Internationale Kinderfilmfestival Frankfurt am Main, genannt LUCAS, wurde 1974 noch als Internationale Filmwoche des Frankfurter Kommunalen Kinos gemeinsam mit dem Hessischen Rundfunk gegründet. 1984 zog das Festival in das Kino des Deutschen Filmmuseums um, das kurz zuvor seine Eröffnung feierte. 1998 vorübergehend auf einen Zweijahresrhythmus umgestellt und einige Jahre auch um einen Jugendfilmwettbewerb erweitert, bietet das mittlerweile vom Deutschen Filminstitut (DIF e. V.) und der Hessischen Landesanstalt für privaten Rundfunk und neue Medien (LPR Hessen) im Deutschen Filmmuseum gemeinsam veranstaltete Kinderfilmfestival jährlich im September Kindern im Alter von fünf bis zwölf Jahren ein anspruchsvolles und zugleich unterhaltsames Programm, das sich in besonderer Weise der Förderung von Film- und Medienkompetenz verschrieben hat. Neben einer gemeinsam mit Kindern und Fachleuten besetzten Jury, die einen Lucas an den besten Film vergibt, werden die Wettbewerbsbeiträge auch von den beiden Jurys des Internationalen Filmclubverbands FICC und des Internationalen Zentrums für Kinder- und Jugendfilme CIFEJ beurteilt. Im Jahre 2010 sind ein Kurzfilmpreis Animation und ein Publikumspreis neu hinzugekommen.[10]

Auch der 1996 zunächst als Chemnitzer Kinderfilmschau gegründete und 2005 in Internationales Festival für Kinder und junges Publikum umbenannte SCHLINGEL findet jährlich statt. Er beinhaltet inzwischen eine wirklich beachtliche Anzahl von Wettbewerben, etwa auch zum Kurzfilm und Animationsfilm für Kinder. Im Mittelpunkt allerdings stehen die Spielfilme, die – als inzwischen erfolgreich bestätigtes Experiment – in drei Altersgruppen unterteilt sind, in Filme für Kinder bis 10 Jahre, für Junioren zwischen 11 und 13 Jahren sowie für Jugendliche ab 14 Jahren. An Literaturverfilmungen ragten beispielsweise 2008 die niederländisch-deutsch-polnische Koproduktion *Der Brief für den König* von Pieter Verhoeff nach dem Roman von Tonke Dragt heraus sowie 2009 der norwegische „Juniorfilm" *Wie durch dunkles Glas* von Jesper W. Nielsen, der auf dem Roman *Durch einen Spiegel, in einem dunklen Wort* von Jostein Gaarder basiert und von den letzten Wochen im Leben der 13-jährigen krebskranken Cecilie erzählt.[11]

Die Nordischen Filmtage Lübeck, 1956 vom Lübecker Filmclub erstmals veranstaltet und 1971 in städtische Trägerschaft übernommen, zählen zu den traditionsreichsten Filmfestivals weltweit. Sie sind das einzige Festival in Deutschland, das sich ganz auf die Präsentation von Filmen aus dem Norden und dem Nordosten des Kontinents spe-

---

9 Vgl. http://www.goldenerspatz.de/filmfestival/2010/index/index.htm (Stand: 31.08.2010).
10 Vgl. http://www.lucasfilmfestival.de (Stand: 31.08.2010).
11 Vgl. http://www.ff-schlingel.de (Stand: 31.08.2010).

zialisiert hat. 1979 kam unter dem damaligen Motto „Der skandinavische Kinder- und Jugendfilm – eine Rose, die nicht mehr im Verborgenen blüht" eine eigene Kinderfilmschau mit ins Programm. In der Kinderjury wählen vier Lübecker Kinder den ihrer Meinung nach besten Film des Festivals in der Altersgruppe bis 12 Jahren. Zusätzlich gibt es seit 1984 einen Kinder- und Jugendfilmpreis, den die Nordischen Filminstitute an die beste skandinavische Produktion dieses Genres vergeben. Nicht zuletzt dank einer kontinuierlichen und effizienten Förderungspraxis in diesen Ländern gehören skandinavische Kinder- und Jugendfilme ohnehin seit vielen Jahren regelmäßig zu den interessantesten Produktionen in ganz Europa.[12]

Das Filmfest München wurde 1983 zum ersten Mal veranstaltet. Das in das Festival von Anfang an eingebundene und über 20 Jahre von Christel und Hans Strobel geleitete Kinderfilmfest bietet neue internationale Qualitätsfilme für Kinder, darunter auch Kurz- und Trickfilme. Obwohl ohne Wettbewerb und Jury, vergibt das Kinderfilmfest immerhin einen Publikumspreis für den am besten beurteilten Kinderfilm. Im Jahr 2010 stand neben dem von der Berlinale übernommenen Kinderfilm *Knerten* als Literaturverfilmung auch der französisch-italienische Animationsfilm *Elenors Geheimnis* von Dominique Monféry beim Publikum hoch im Kurs. Im Mittelpunkt dieses fantasievollen Films steht ein kleiner Junge, der die Bibliothek seiner Tante erbt, die aus lauter Erstausgaben bekannter internationaler Kinderbücher besteht. Da der Junge selbst unter einer Leseschwäche leidet, weiß er die wertvolle Erbschaft zunächst nicht zu schätzen, bis er entdeckt, dass die Bücher ein Eigenleben führen. Die Figuren aus den Kinderbüchern bedürfen dringend seiner Hilfe, um nicht für immer zu verschwinden. Dieser spannende und amüsante Film mag auch als kleiner, aber feiner Beleg dafür dienen, dass sich verfilmte Kinderliteratur nicht ausnahmslos auf eine Verfilmung der betreffenden Werke selbst beziehen muss.[13]

### Filmvertrieb / Filmverleih

Filmverleih und Filmvertrieb sind nicht dasselbe, selbst wenn es manchmal um dieselben Filme, immer um Rechte und meistens um Geld geht. Ein Filmvertrieb handelt mit den auf ganz unterschiedliche Medien und Vertriebswege bezogenen (Aufführungs-)Rechten und Lizenzen eines Films und verkauft diese; ein Filmverleih bringt die betreffenden Filme (zumindest theoretisch) zuerst einmal in die Kinos, verkauft dann in der Regel ebenfalls Aufführungs- und Verleihrechte an Dritte wie Fernsehanstalten, DVD-Anbieter und nichtkommerzielle Verleiher. Darüber hinaus lässt sich der Markt für bewegte Bilder unterscheiden in kommerzielle Anbieter aus dem Profit-Bereich, die überwiegend für die kurzfristige Erstauswertung der Filme zuständig sind, und in nichtkommerzielle Anbieter aus dem Non-Profit-Bereich, die eine langfristige Zweitauswertung anstreben und sich für eine kontinuierliche filmkulturelle Arbeit stark machen. Mit dem Aufkommen der neuen Speichermedien DVD und Blu-Ray, aber beispielsweise auch mit dem filmwirtschaftliche und filmkulturelle Interessen verbindenden Netzwerk Vision Kino, sind die beiden Bereiche durchlässiger geworden, die

---

12 Vgl. http://www.luebeck.de/filmtage/de (Stand: 31.08.2010).
13 Vgl. http://www.filmfest-muenchen.de (Stand: 31.08.2010).

Vertriebswege zahlreicher. Unzählige Mischformen und besondere Konstruktionen zur bestmöglichen und variationsreichen Vermarktung sind eher die Regel als die Ausnahme. Vor der Jahrtausendwende war die Unterscheidung noch wesentlich einfacher zu treffen, wenn auch niemals hinreichend. Die kommerzielle Filmarbeit erfolgte über den 35-mm-Film im Kino und über TV-Anstalten, die nichtkommerzielle über den 16-mm-Film und – als denkbar schlechteste Variante – über VHS-Kassetten mit garantierter, weil systemimmanenter Bildunschärfe.

Wie eingangs schon erwähnt, haben selbst die kommerziellen Verleiher und die amerikanischen Majors längst beide Augen auf den Kinderfilm geworfen, wobei die traditionelle Ausrichtung auf den Familienunterhaltungsfilm insbesondere bei den Walt Disney Studios Motion Pictures Germany, früher unter dem einprägsameren Namen Buena Vista bekannt, ohnehin bereits die Richtung wies. Das hatte nicht nur US-Filme wie *Charlie und die Schokoladenfabrik* nach dem Roman von Roald Dahl zur Folge, sondern auch deutsche Produktionen wie *Die Wilden Kerle* nach Joachim Masanneks *Die-Wilden-Fußballkerle*-Büchern oder *Es ist ein Elch entsprungen* nach der Vorlage von Andreas Steinhöfel. Andere US-Majors konnten und wollten da nicht nachstehen. Stellvertretend für viele weitere Literaturverfilmungen seien *Die rote Zora* und *Hanni und Nanni* genannt, die bei der Universal Pictures International Germany GmbH herauskamen, *Der Indianer im Küchenschrank* nach einer Kinderbuch-Serie von Lynne R. Banks und *Peter Pan* (vgl. auch den Beitrag von Horst Schäfer in diesem Band) bei Columbia TriStar (jetzt Sony Pictures Releasing GmbH), bei Warner Bros. die beiden Literaturverfilmungen der Autorin Frances Hodges Burnett *Der geheime Garten* und *A Little Princess*, *Die geheimnisvolle Minusch* nach dem gleichnamigen Roman von Annie M. G. Schmidt, *Der kleine Vampir* nach den Romanen von Angela Sommer-Bodenburg sowie *Garfield* oder *Der fantastische Mr. Fox* bei der Twentieth Century Fox of Germany.

Unter den deutschen Verleihern sind besonders zu nennen die Constantin, die auch eng mit der Produzentin Uschi Reich zusammenarbeitet und daher alle neuen Erich-Kästner-Verfilmungen herausbrachte, aber auch Cornelia Funkes *Die Wilden Hühner* oder *Sams in Gefahr* nach den Büchern von Paul Maar, weiterhin der Progress-Verleih, nicht nur wegen seiner Märchenverfilmungen aus der ehemaligen DDR, Kinowelt mit dem ersten *Sams*-Film und der Arsenal Filmverleih mit den beiden *Tsatsiki*-Filmen nach den Buchvorlagen von Moni Brännström. Keinesfalls vergessen werden dürfen in der bei weitem nicht vollständigen Liste zwei Verleiher, die sich dem Kinderfilm traditionell besonders stark widmen: MFA+ Filmdistribution in Regensburg, u. a. mit den beiden Verfilmungen von *Emil und die Detektive* von 1931 und 1954, der *Pippi-Langstrumpf*-Serie von Astrid Lindgren und auch den Zeichentrickabenteuern des Bilderbuch-Gespanns *Pettersson & Findus*, sowie der alpha medienkontor in Erfurt, ebenfalls mit etlichen Astrid-Lindgren-Verfilmungen und Filmen wie *Erik im Land der Insekten* oder *Das Dschungelbuch*.

Für Filmclubs, Schulkino-, Kinder- und Jugendarbeit sowie den Bereich der kulturellen Filmveranstaltungen sind die nichtkommerziellen Verleihstellen in Deutschland der richtige Ansprechpartner. Nahezu alle Medienzentren in den Bundesländern und in einigen Städten sowie die Medienzentralen der Evangelischen und der Katholischen

Kirche, aber auch hier nicht genannte Anbieter (die den fehlenden Werbehinweis verzeihen mögen) haben Kinderfilme und damit mit sehr hoher Wahrscheinlichkeit auch Literaturverfilmungen in ihrem Angebot. Stellvertretend für alle sei der Bundesverband Jugend und Film e. V. (BJF) mit Sitz in Frankfurt am Main hervorgehoben, der sich seit 1970 erfolgreich für die Filminteressen von Kindern und Jugendlichen engagiert und mit etwa 1.000 Mitgliedern eine große Lobby bildet. Mit rund 500 ständig verfügbaren Filmen bietet der verbandseigene Filmverleih BJF-Clubfilmothek im Verbund mit dem KJF-Medienvertrieb vom Blockbuster bis zum kleinen Independent-Streifen, vom Dokumentarfilm bis zum Kinderprogramm, vom Filmklassiker bis zu *Harry Potter* ein

*Abb. 2:* Szene aus *Villa Henriette* (CH / A 2004; Regie: Peter Payer)

breit gefächertes Programm an Filmen, die sich für Kinder und Jugendliche gut eignen. Die Filme stehen als 16-mm-Kopie, als DVD und / oder als Blu-Ray Disc zur Verfügung und sind zum überwiegenden Teil allgemein entleihbar, BJF-Mitglieder zahlen einen Sonderpreis. Mit etwa 140 Titeln beruht ein knappes Drittel des Filmangebots auf Verfilmungen von Kinderliteratur, Comics wie *Asterix der Gallier*, Märchenverfilmungen wie *Dornröschen* oder *Die Abenteuer des Prinzen Achmed* und einige Kurzfilme eingeschlossen. Die Verfilmungen von Astrid-Lindgren-Büchern (vgl. auch den Beitrag von Hauke Lange-Fuchs in diesem Band), von *Pippi* über *Michel*, *Lotta*, *Madita*, *Karlsson auf dem Dach* bis hin zu *Mio mein Mio*, den *Brüdern Löwenherz* und *Ronja Räubertochter*, finden sich dort neben alten und neuen Verfilmungen der Kinderbücher von Erich Kästner, Otfried Preußler, Paul Maar und Max von der Grün, gleichfalls die Adaptionen einiger Werke von Cornelia Funke (*Hände weg von Mississippi*, *Tintenherz*), Gudrun Pausewang (*Die Wolke*), Christine Nöstlinger (*Villa Henriette*; Abb. 2) und Holly Jane-Rahlenz (*Max Minsky und ich*).[14]

---

14 Vgl. http://www.bjf.info und http://www.durchblick-filme.de (Stand: 31.08.2010).

Seit 2007 gibt der BJF jährlich auch mehrere Filme unter dem eigenen Label *DVD Durchblick* heraus, die auf der Videoebene und auf einer eigenen ROM-Ebene eine Fülle an Arbeitsmaterialien und Vorschlägen für den Einsatz im Unterricht sowie in der außerschulischen Bildungsarbeit enthalten. Damit schließt sich der Kreis zu den Filmfestivals, denn zumindest ein Teil dieser Filme von hoher Qualität hätte ohne diese Durchblick-Reihe kaum eine Chance, ein Publikum hierzulande zu erreichen.

**Filmographie**
Die Abenteuer des Prinzen Achmed (D 1923-26; Regie: Lotte Reiniger)
Asterix, der Gallier (F 1967; Regie: Ray Gossens)
Brendan und das Geheimnis von Kells (F / B / IRL 2009; Regie: Tomm Moore)
Der Brief für den König (NL / D 2008; Regie: Pieter Verhoeff)
Die Brüder Löwenherz (S / DK 1977; Regie: Olle Hellbom)
Charlie und die Schokoladenfabrik (USA / UK 2005; Regie: Tim Burton)
Dornröschen (DDR 1971; Regie: Walter Beck)
Das Dschungelbuch (USA 1994; Regie: Stephen Sommers)
Elenors Geheimnis (F / I 2009; Regie: Dominique Monféry)
Emil und die Detektive (D 1931; Regie: Gerhard Lamprecht)
Emil und die Detektive (BRD 1954; Regie: Robert A. Stemmle)
Erik im Land der Insekten (B / NL 2004; Regie: Gidi van Liempd)
Es ist ein Elch entsprungen (D 2005; Regie: Ben Verbong)
Der fantastische Mr. Fox (USA / UK 2009; Regie: Wes Anderson)
Der geheime Garten (USA 1993; Regie: Agnieszka Holland)
Die geheimnisvolle Minusch (NL 2001; Regie: Vincent Bal)
Garfield (USA 2004; Regie: Peter Hewitt)
Hände weg von Mississippi (D 2006; Regie: Detlev Buck)
Hanni und Nanni (D 2010; Regie: Christine Hartmann)
Iep! (B / NL 2010; Regie: Ellen Smit)
Der Indianer im Küchenschrank (USA 1994; Regie: Frank Oz)
Karlsson auf dem Dach (S 1974; Regie: Olle Hellbom)
Der kleine Vampir (D / NL 2000; Regie: Uli Edel)
Knerten (N 2009; Regie: Askeik Engmark)
Lippels Traum (D 2008; Regie: Lars Büchel)
A Little Princess (USA 1995; Regie: Alfonso Cuarón)
Lotta aus der Krachmacherstraße (S 1992; Regie: Johanna Hald)
Lotta zieht um (S 1993; Regie: Johanna Hald)
Madita (S 1979; Regie: Göran Graffman)
Madita und Pim (S 1980; Regie: Göran Graffman)
Max Minsky und ich (D 2007; Regie: Anna Justice)
Michel bringt die Welt in Ordnung (S 1973; Regie: Olle Hellbom)
Michel in der Suppenschüssel (S 1971; Regie: Olle Hellbom)
Michel muss mehr Männchen machen (S 1972; Regie: Olle Hellbom)
Mio, mein Mio (S / UdSSR / N 1987; Regie: Vladimir Grammatikov)
Peter Pan (AUS / USA / UK 2003; Regie: P. J. Hogan)
Pettersson und Findus (D / S 1999; Regie: Albert Hanan Kaminski)
Pippi außer Rand und Band (S / BRD 1970; Regie: Olle Hellbom)
Pippi geht von Bord (S / BRD 1969; Regie: Olle Hellbom)
Pippi in Taka-Tuka-Land (S / BRD 1969; Regie: Olle Hellbom)
Pippi Langstrumpf (S / BRD 1968; Regie: Olle Hellbom)
Ronja Räubertochter (S / N 1984; Regie: Tage Danielsson)
Die rote Zora (D 2008; Regie: Peter Kahane)
Das Sams (D 2001; Regie: Ben Verbong)
Sams in Gefahr (D 2003; Regie: Ben Verbong)

Tintenherz (USA 2007; Regie: Iain Softley)
Tsatsiki – Freunde für immer (S 2001; Regie: Eddie Thomas Petersen)
Tsatsiki – Tintenfische und erste Küsse (S / N / DK 1999; Regie: Ella Lemhagen)
Villa Henriette (A / CH 2004; Regie: Peter Payer)
Wie durch dunkles Glas (N 2008; Regie: Jesper W. Nielsen)
Die Wilden Hühner (D 2006; Regie: Vivian Naefe)
Die Wilden Kerle (D 2003; Regie: Joachim Masannek)
Die Wilden Kerle 2 (D 2004; Regie: Joachim Masannek)
Die Wilden Kerle 3 (D 2006; Regie: Joachim Masannek)
Die Wilden Kerle 4 (D 2007; Regie: Joachim Masannek)
Die Wilden Kerle 5 (D 2008; Regie: Joachim Masannek)
Wo die wilden Kerle wohnen (USA 2009; Regie: Spike Jonze)
Die Wolke (D 2006; Regie: Gregor Schnitzler)

**Internetquellen (Stand: 31.08.2010)**
Bundesverband Jugend und Film. http://www.bjf.info
Filmfest München. http://www.filmfest-muenchen.de
Institut für Kino und Filmkultur – empfohlene Medien. http://www.ikf-medien.de
Internationales Filmfestival Schlingel. http://www.ff-schlingel.de
Internationales Kinderfilmfestival LUCAS. http://www.lucasfilmfestival.de
Internetmagazin Top-Videonews. http://www.top-videonews.de
Internetplattform zum deutschen Film. http://www.filmportal.de
Sektion Generation auf der Berlinale. http://www.berlinale.de/de/das_festival/festival-sektionen/
    generation/index.html
Kinder- und Jugendfilme für nichtgewerbliche öffentliche Vorführungen. http://www.durchblick-
    filme.de
Kinder-Medien-Festival Goldener Spatz. http://www.goldenerspatz.de/filmfestival/2010/index/
    index.htm
Kinder- und Jugendfilm Korrespondenz online. http://www.kjk-muenchen.de
Kinder- und Jugendfilmzentrum in Deutschland. http://www.kjf.de
Kinderwebseite der Bundeszentrale für politische Bildung. http://www.hanisauland.de/filmtipps/
    filmarchiv
Netzwerk für Film- und Medienkompetenz. http://www.visionkino.de
Nordische Filmtage Lübeck. http://www.luebeck.de/filmtage/de

*Tilmann P. Gangloff*
## Umsatz mit Kinderträumen
TV-Sender und Lizenzgeschäfte mit Vorschulserien

Jahrzehntelang war Fernsehen für Vorschulkinder eine öffentlich-rechtliche Domäne: Angesichts der überschaubaren Zielgruppe lohnte sich das Engagement für kommerzielle Sender nicht. Dies änderte sich grundlegend, als man erkannte, dass das Segment ein ungeheures Vermarktungspotenzial hat. Seither wird bei Reihen wie *Bob der Baumeister* mit dem Merchandising mehr Geld verdient als mit den TV-Rechten. Ohne entsprechendes Potenzial haben Stoffe kaum noch Aussichten darauf, realisiert zu werden. „Merchandising, Lizenzen und Fernsehprogramme gehen meist Hand in Hand", sagt Preben Vridstoft, Leiter des Kinderfernsehens beim dänischen Sender TV2, in einem Interview mit der Zeitschrift *Televizion*: „Wer versucht, eine Serie ohne Lizenzvergabe auf den Markt zu bringen, wird es ausgesprochen schwer haben." (vgl. Götz 2009a, 4) Aus Sicht der Produzenten ginge das auch gar nicht anders: „Die Produktion ist sehr kostenintensiv. Gerade im Animationsbereich müssen oft bis zu achtzig Prozent der Produktionskosten durch Merchandising erwirtschaftet werden." (Ebd.)

Im Umkehrschluss heißt das: Gibt es keine hinreichenden Aussichten auf eine Vermarktung in Form von Spielzeug, Bettwäsche, Party-Artikeln, Textilien, Lebensmitteln und Alltagsutensilien von der Zahnbürste bis zur Brotdose, wird ein Stoff vermutlich nicht realisiert.

Natürlich wissen alle Beteiligten, wie abhängig ein Erfolg auf dem Lizenzmarkt von der Ausstrahlung einer Serie ist. Oftmals kaufen Lizenzagenturen die TV-Rechte gleich mit, um sie den Sendern dann zu extrem günstigen Preisen anzubieten. Die Fernsehveranstalter fordern in solchen Fällen meist auch eine Beteiligung (*Backend*) am Verkauf der Produkte in ihrem Sendegebiet. Die restlichen Einnahmen verteilen sich auf Handel, Lizenzagentur und Rechteinhaber.

Ganz anders sieht das allerdings aus, wenn der Sender – wie hierzulande Super RTL und Nickelodeon – eine eigene Merchandising-Agentur betreibt. Auf diese Weise, sagt Christoph Ahmadi, Marketing-Direktor bei Super RTL,

> „übernimmt man einen Teil der Wertschöpfungskette sowie eine Dienstleistungsfunktion: von Marketing und Vertrieb über die Produktentwicklung bis hin zu Handels-*Promotions*."[1]

Das lässt man sich natürlich entsprechend höher vergüten; laut Ahmadi liegt die *Backend*-Summe in solchen Fällen bei „schätzungsweise 10 bis 20 Prozent". Selbst bei einer

---

1  Die Aussagen von Christoph Ahmadi, Oliver Schablitzki, Steffen Kottkamp, Siegmund Grewenig, Irene Wellershoff und Judith Kaiser in diesem Beitrag beruhen auf persönlichen Gesprächen mit dem Autor.

reinen Ausstrahlung aber würde sich der Sender nicht mit einer Beteiligung von drei Prozent zufrieden geben. Das bestätigt auch Nickelodeon-Chef Oliver Schablitzki.

Die beiden frei empfangbaren Kindersender sind jeweils Ableger einer starken Weltmarke: Nickelodeon ist eine Tochter des US-Konzerns Viacom, der Sender wie MTV und Nickelodeon in der ganzen Welt betreibt; Super RTL gehört jeweils zur Hälfte Disney und RTL. Die *Hausmarken* der Muttersender vermarkten beide naturgemäß selbst; Lizenzknüller bei Nickelodeon dürfte der Welthit *SpongeBob* (*Schwammkopf*) sein. Super RTL wiederum hat nicht automatisch alle Rechte des Mutterhauses, da Disney hierzulande auch in Eigenregie vermarktet. Im Vorschulbereich besitzt Super RTL an fast allen Produktionen die Nebenrechte; wichtigste Bestandsmarken sind laut Ahmadi *Bob der Baumeister* und *Thomas & seine Freunde*. Außerdem vermarktet Super RTL die Dachmarken *Toggo* und *Toggolino*, wobei alleine die *Toggo*-Musik-CDs sich über eine Million Mal verkauft hätten.

Bei beiden Sendern arbeiten Redaktion und Merchandising-Abteilungen eng zusammen; auf Programm-Messen wie der Mip-TV oder der Mipcom in Cannes werden oft schon die Einkaufsgespräche gemeinsam geführt. Bei neuen Stoffen, erklärt Schablitzki,

> „ist das Merchandising-Potenzial von enormer Bedeutung. Man setzt sich schon früh in der Entwicklungsphase mit den potenziellen Partnern auseinander. Da kann es zum Beispiel vorkommen, dass das Design einer Figur oder ihre Anatomie verändert werden muss, damit sie später auch als Spielzeugfigur funktioniert."

Der Nickelodeon-Chef bestreitet allerdings, „dass ein Stoff nicht entwickelt wird, wenn ihm dieses Potenzial fehlt. Gerade die großen Kindersender sind vor allem an starken Inhalten interessiert." Schablitzki erklärt auch, warum der Erfolg des Vorschulfernsehens untrennbar mit dem Lizenzgeschäft verbunden ist:

> „Dieser Bereich war lange öffentlich-rechtlich dominiert, weil die Refinanzierung für die kommerziellen Sender sehr schwierig war; der Werbezeitenmarkt ist in diesem Alterssegment viel kleiner als bei älteren Kindern. Die Vorschulsendungen laufen zudem wochentags morgens und haben eine entsprechend geringe Reichweite, das ist für die Werbezeitvermarktung im Gegensatz etwa zum Vorabend nicht attraktiv."

Seit die Privatsender den Vorschulmarkt entdeckt hätten, werde allerdings bei jedem Verkaufsgespräch betont, die entsprechende Produktion habe „ein gigantisches Merchandising-Potenzial". Das stimme aber nur, wenn die Bedingung der *Play-Patterns* erfüllt sei. Paradebeispiel dafür ist laut Schablitzki *Bob der Baumeister* (Super RTL):

> „Die Spielhandlung der Serie ist so konzipiert, dass die Kinder sie problemlos nachspielen können. Und eine Serie über Baustellenfahrzeuge als Spielzeug zu vermarkten, ist natürlich ungleich einfacher als bei anderen Produktionen, in denen es eher um soziale Interaktion geht."

Laut Ahmadi besitzt Super RTL an zwanzig bis dreißig Marken auch die Nebenrechte:

„Wenn möglich, kaufen wir die Lizenzrechte immer mit. Für den Produzenten ist es ja ein enormer Vorteil, wenn sich alle Rechte in einer Hand befinden, zumal sich die verschiedenen Abteilungen innerhalb des Senders problemlos und ohne Zeitverlust absprechen können."

Serien mit großer Akzeptanz erhielten automatisch gute Sendeplätze, ganz unabhängig von den Nebengeschäften:

„Funktioniert eine Serie dagegen nur mittelmäßig, hat aber ein riesiges Merchandising-Potenzial, wird man versuchen, sie durch entsprechende Marketing- und PR-Maßnahmen besser zu positionieren und die Performance zu steigern."

Allerdings lasse sich nicht jedes Thema lizenzrechtlich verwerten:

„Bei diversen erfolgreichen Serien, die im TV seit Jahren eine starke Marke sind, zum Beispiel *Typisch Andy*, spielen die Nebenrechte überhaupt keine Rolle. Serien werden ja auch aus reiner Programmlogik gekauft. Das gilt unter anderem für die meisten Disney-Serien, die vom Gesellschafter Disney selbst vermarktet werden."

Aber auch für Produktionen unabhängiger Produzenten gilt:

„Wenn eine Serie kein Merchandising-Potenzial hat, heißt das nicht, dass wir sie dann auch nicht kaufen; Fernsehen ist schließlich das Kerngeschäft von Super RTL. Ein Großteil unserer Serien wird von uns überhaupt nicht ausgewertet, da es kein nennenswertes Verwertungspotenzial außerhalb der Medienplattformen gibt."

Die Tendenz für *Backend*-Beteiligungen sei aber „definitiv steigend und wird auch hier weiter voranschreiten", zumal

„insbesondere im Vorschulbereich bei einigen etablierten Marken, die über Jahre hinweg ausgewertet werden können, die Einnahmen durch Lizenzrechte höher sind als die Erlöse durch den Verkauf der Senderechte."

Die Einnahmen von Super RTL verteilen sich zu 75 Prozent auf klassische Werbeerlöse und zu 25 Prozent auf so genannte Diversifikationserlöse; der größte Teil davon sind Merchandising-Umsätze. In diesem Bereich sind die Gewinne laut Ahmadi relativ gesehen deutlich höher:

„Ein Großteil des Marketings erfolgt durch die Ausstrahlung, es muss also bei Weitem nicht so viel Geld in den Aufbau einer Marke investiert werden. Auf diese Weise entstehen geringe Extrakosten. Ausgaben entstehen im Wesentlichen durch die Personalkosten, weil Merchandising sehr personalintensiv ist."

Lässt man die aufwändige Programmplanung außer Acht, sind Redaktion und Merchandising-Bereich bei Super RTL mit jeweils 15 Mitarbeitern gleich stark besetzt. Bei Nickelodeon beträgt das Verhältnis zwischen Werbeerlösen und sonstigen Einnahmen 60 zu 40 Prozent, wobei allerdings berücksichtigt werden muss, dass die Werbeumsätze bei Super RTL durch die Abendschiene, die sich an erwachsene Zuschauer richtet, deutlich höher sind. Die Merchandising-Abteilung von Nickelodeon vermarktet vor allem die Netzwerkthemen (*SpongeBob*, *Dora*, *Avatar*, *iCarly*), aber auch Kaufproduktionen.

> Weltmeister bei den *Consumer Products* ist der Disney-Konzern mit einem weltweiten Jahresumsatz von 30 Milliarden Dollar. In Deutschland macht der Lizenzmarkt 17 Prozent des gesamten Spielwarenmarktes aus. In anderen europäischen Ländern ist dieser Anteil deutlich höher; in Spanien und Großbritannien liegt er über 30 Prozent. Auf dem internationalen Markt sind in über 25 Prozent aller kinderrelevanten Werbespots Produkte mit Figuren aus Fernsehen und Kino zu sehen. 50 Prozent aller Werbespots, die sich eindeutig an Jungen richten, machen Reklame für Lizenzprodukte. Kleine Kinder können schon im Alter von 19 Monaten Logos erkennen, ab dem dritten Lebensjahr benennen sie Gegenstände nach Markennamen. Bekannteste Marken im Vorschulsegment sind *SpongeBob* (Serie bei Nickelodeon), *Bob der Baumeister* (Super RTL) und *Prinzessin Lillifee* (Kika).

Das gewinnträchtige Konzept hat aus Sicht der Lizenzgeber einen Haken: Es lässt sich nicht auf alle Altersstufen der Zielgruppe (3 bis 13 Jahre) ausdehnen. „Ältere Kinder sind ungleich wählerischer", bedauert Ahmadi. Ab einem Alter von circa zehn Jahren bevorzugt die Zielgruppe der Kindersender seit einiger Zeit Realserien, die sich naturgemäß nicht so leicht vermarkten lassen; hier lässt sich das Geld noch am ehesten mit Musik-CDs verdienen. „Ein richtig gigantisches Geschäft" (Götz 2009a, 5) machen die Agenturen laut Vridstoft mit Sammel- und Tauschkarten, deren Herstellung nur wenige Cent kostet. Im besten Fall werden diese Karten (wie etwa bei *Yu-Gi-Oh!*) selbst Gegenstand der Handlung, um die Kauflust der Kinder erst recht anzustacheln.

Bei ARD, ZDF und ihrem gemeinsamen Tochtersender Kika spielt das Thema Merchandising naturgemäß eine entschieden kleinere Rolle. Unterschätzt aber würden dessen Auswirkungen nicht, beteuert Kika-Programmgeschäftsführer Steffen Kottkamp, „weil wir sonst im Kanon der Programmanbieter ein wichtiges Feld der Kommunikation in Richtung Zuschauer ausschließlich der privaten Konkurrenz überließen." Es sei „richtig und wichtig, Kindern die Möglichkeit zu geben, sich nach der Sendung spielerisch mit dem Erlebten auseinander zu setzen", aber entscheidend sei das Wie – „und an diesem Punkt trennen sich sicher die Ansichten der kommerziellen Sender und des Kika." *Klein, aber fein*, lässt sich daher als Devise zusammenfassen, nach der der Kika sein „hochwertiges, am Inhalt orientiertes Lizenzprogramm mit wenigen, aber guten Büchern, DVDs und Plüschfiguren gestaltet." Ramsch komme definitiv nicht in Frage, „nicht für *Backend* und nicht für gute Worte. Lizenzagenturen gehören daher auch nicht zu den Programmlieferanten des Kika."

Auch Siegmund Grewenig, beim WDR Leiter des Programmbereichs Unterhaltung, Familie und Kinder, betont den Unterschied zur kommerziellen Konkurrenz:

> „Bei uns ist das entscheidende Kriterium immer der Inhalt. Wenn eine Serie nicht zu unserem Programm passt, würden wir selbst dann nicht koproduzieren, wenn man uns 50 Prozent der Erlöse aus dem Lizenzgeschäft anbieten würde."

Grewenig bestätigt, dass Produzenten die erhofften Einnahmen aus den Lizenzrechten mitunter schon als Teil des Finanzierungsplans verbuchten. Der WDR trete jedoch „nur dann als Koproduzent auf, wenn die Finanzierung solide ist, etwa durch verschiedene TV-Sender, Fördergelder sowie eine Garantiesumme für den Weltvertrieb." Über seine Tochter WDR Mediagroup besitzt der WDR ebenfalls Lizenzrechte, etwa an der *Sendung mit der Maus*. Diese Rechte, rechtfertigt Grewenig den teuren Einkauf, habe man vor allem erworben, um sie kontrollieren zu können: „Jedes *Maus*-Produkt in einem Kinderzimmer ist Reklame für die Sendung, aber natürlich würden sich negative Schlagzeilen ebenfalls auswirken." Als GmbH muss die Mediagroup ihre Zahlen nicht offenlegen. Man kann aber davon ausgehen, dass sie den Kauf nicht bereuen musste. Eine Risikoinvestition war hingegen der Kauf der Rechte an *Shaun, das Schaf*, einem von der britischen Firma Aardman produzierten Stop-Motion-Spaß aus der *Sendung mit der Maus*. Die Nachfolgeproduktion *Timmy, das Schäfchen* hat sich hingegen samt Lizenzrechten Super RTL gesichert.

Auch Irene Wellershoff, stellvertretende Leiterin der ZDF-Hauptredaktion Kinder und Jugend und dort für den Bereich Fiktion verantwortlich, versichert, beim ZDF würden „Programmentscheidungen nicht aufgrund des Merchandisingpotenzials von Programmen getroffen, sondern ausschließlich aus inhaltlichen Gründen." Der Sender mache auch keine Geschäfte mit Lizenzfirmen, sondern nur mit Produktions- oder Vertriebsunternehmen: „Das ZDF besteht auf seiner Programmplanungshoheit. Wir schließen grundsätzlich keine Verträge, in denen bestimmte Sendeplätze zugesagt werden." Allerdings fordern die Mainzer im Einzelfall durchaus „eine kleine *Backend*-Beteiligung am Merchandising".

Nach ganz ähnlichen Grundsätzen arbeitet die für die Qualität ihrer Bücher geschätzte Verlagsgruppe Oetinger, wie Unternehmenssprecherin Judith Kaiser erklärt:

> „Merchandising wird bei uns erst dann zu bestimmten Büchern und Themen gemacht, wenn die Bücher in unserem Programm bereits erfolgreich sind und die Charaktere einen breiten Bekanntheitsgrad haben. Aber natürlich ist es nicht unwichtig, ob es Kino- oder Fernsehbegleitung gibt. Wir konzentrieren uns in unserem *Non-Book*-Programm deshalb auf populäre Themen wie *Pippi Langstrumpf*, *Die Wilden Hühner*, *Der kleine König* oder *Pettersson und Findus*. Die Produkte sollten inhaltlich zu den Büchern passen. Wir suchen nicht umgekehrt Bücher, die zu Merchandising-Artikeln passen."

Ähnlich wie die Sender kauft auch die Verlagsgruppe gleichzeitig Buch- und Vermarktungsrechte. 2007 ist Oetinger erstmals mit den *Non-Books* als eigenem Programmsegment auf den Markt gegangen. Der Katalog, in dem die entsprechenden Artikel vorgestellt werden, heißt *Kinderträume*. Traumhaft hat sich dieser „wichtige Geschäftsbereich" laut Kaiser auch für die Verlagsgruppe entwickelt: Die Umsatzzahlen bewegen sich im siebenstelligen Bereich.

Das Internationale Zentralinstitut für das Jugend- und Bildungsfernsehen (IZI) hat untersucht, welche Bedeutung Lizenzprodukte für Kinder haben. Rund die Hälfte der 700 befragten Mütter mit Kindern bis zu sechs Jahren gab an, ihr Kind habe sich einen Artikel gewünscht, den es zuvor im Fernsehen gesehen habe (vgl. Götz 2009b, 14). Mit zunehmendem Alter wächst der TV-Konsum der Kinder und damit auch der

Wunsch nach entsprechenden Produkten. In einer weiteren Studie gingen IZI-Leiterin Maya Götz und ihre Mitarbeiterin Julia Cada in mehreren Fallstudien der Frage nach, warum gerade *Prinzessin Lillifee* bei Kindern so eine große Rolle spielt (vgl. Götz / Cada 2009). Die Kinderbücher von Monika Finsterbusch, erstmals 2004 im Coppenrath-Verlag erschienen, sind weltweit 1,5 Millionen Mal verkauft und mittlerweile als Musical und Kinofilm adaptiert worden; für den Kinderkanal ist zudem die Reihe *Tanz mit Prinzessin Lillifee!* entstanden. Spätestens die vielseitige Vermarktung verdeutlicht die Popularität dieser Figur: Das unverkennbare Konterfei der Titelfigur mit ihren Goldlöckchen und den rosa Wangen ziert 350 Lizenzprodukte.

Sicher nicht der einzige, aber offenbar ein wichtiger Grund für den Erfolg der *Lillifee*-Welt scheint die Farbe Rosa zu sein. Rosa kennen Kinder „als ‚Mädchenfarbe', also als bedeutungstragende und geschlechterkennzeichnende Farbe" (Götz / Cada 2009, 31). Für Erwachsene stehe die Farbe „für Sensibilität, Zärtlichkeit, Kindheit. Sie symbolisiert etwas Sanftes, Weiches, Junges und Liebliches, also lauter Eigenschaften, die einem idealisierten Mädchen zugeschrieben werden" (ebd., 32). Die Hauptfigur Prinzessin Lillifee sei „eine Addition idealisierter Stereotype von ‚Mädchen-Sein', eindeutig und ungebrochen in Handlung und Ästhetik" (ebd.). Die Befragungen von Kindern und Müttern haben zudem ergeben, dass aus der Perspektive der Mädchen gar nicht so sehr die Geschichten im Mittelpunkt der Begeisterung stehen: „Sie sind nicht darauf angelegt, Kinder auf einer tieferen Ebene zu berühren und in ihren Werten und ihrer Selbstfindung intensiv voranzubringen. Es sind leichte, eher oberflächliche Themen, die mit blumigen Worten ohne narrative Tiefe erzählt werden." (Ebd.) Der Reiz der *Lillifee*-Welt erschließt sich also offenbar tatsächlich erst durch die Produkte sowie die damit verbundenen Aktivitäten.

Interessanterweise ist das Phänomen generationenübergreifend. Verwundert stellt Maya Götz fest, dass sich auch Mütter „auf ein derart stereotyp-mädchenhaftes Lizenz- und Medienarrangement einlassen", zumal viele der Befragten „dem Bild von stereotyper, in Hierarchien unterwürfig angepasster Weiblichkeit in keiner Weise entsprachen" (ebd., 34). Mütter und Töchter hätten mit *Lillifee* anscheinend „gemeinsames symbolisches Material gefunden, das sie ästhetisch anspricht und für sie zum ausgelebten ‚Mädchen-Sein' gehört" (ebd.). Aus dem gleichen Grund fänden auch die Großmütter Zugang zu dieser *Mädchenwelt*, zumal sie laut Götz in gewisser Weise auch Wiedergutmachung leisten könnten: „Vor dreißig Jahren galt es, den eng gesteckten Rahmen von ‚Richtig Mädchen sein' zu durchbrechen und sich Freiräume zu erobern, die bis dahin meist nur Jungs zugestanden wurden." (Ebd.) Das Spielen mit Barbie-Puppen und die Farbe Rosa seien als „typisch mädchenhaft" gedeutet und daher begrenzt worden. Die Großmütter könnten „ihren damaligen Umgang mit dem ‚Mädchen sein' durch die Enkel relativieren" (ebd.).

**Literatur**

Götz, Maya: Das Kinderfernsehen hat seine Unschuld längst verloren. Interview mit Preben Vridstoft. In: Televizion 22 (2009), 4-6 [Götz 2009a]

Götz, Maya: Vorschulkinder und Lizenzwünsche. In: Televizion 22 (2009), 14 [Götz 2009b]

Götz, Maya / Julia Cada: Die Creme von Lillifee „riecht nach Rosa". Prinzessin Lillifee im Alltag von Familien. In: Televizion 22 (2009), 30-35

*Claudia Maria Pecher*
# „Zeig mir einen Film, und ich sag Dir, wer Du bist!"
Das Augsburger Kinderfilmfest –
ein Modell aktiver Migrations- und Integrationshilfe

Filmfeste für Kinder und Jugendliche zu initiieren, besitzt in Deutschland Tradition. Diese scheint sich im Zusammenhang medialer Veränderungen und politischer Förderung entwickelt zu haben. So hatte sich das Kino in Deutschland spätestens seit Mitte der 1960er-Jahre gegenüber dem Fernsehen vor allem im Kinder- und Jugendbereich neu zu positionieren. War von einer Zunahme der Medien in der individuellen häuslichen Umgebung von Kindern auszugehen, so galt es, einen Akzent in der kollektiv öffentlichen Darbietung von Kinder- und Jugendfilmen zu setzen. „Sehsozialisation" (Mikos 2009, 29) unter Einbezug von Filmschaffenden bot eine Antwort auf eine sich neu entwickelnde Medienkindheit, die weder von Eltern noch von Lehrern ausreichend begleitet werden konnte. Der Filmkultur gerecht zu werden, sollte bedeuten, das Medienkommunikationsfeld Film sowie den Sozialisationsraum Kino über den persönlichen Zugang hinaus für den Einzelnen erfahrbar zu machen. Diese Erfahrung ist aus fachlicher Sicht nicht in der individuellen Filmrezeption vor dem Fernsehapparat möglich, sie muss den Weg zurück ins Kino nehmen. Dies zeigt sich bis in die gegenwärtigen landes- und bundesweiten Initiativen zur Förderung der Filmkultur, die vor allem Schulen mit dem außerschulischen Lernort Kino in Verbindung bringen, um in Zeiten von *public viewing* das gemeinschaftliche Seherlebnis zu steigern.

In diesen Entstehungskontext gilt es, die Kinderfilmfeste in Deutschland Anfang der 1970er-Jahre einzuordnen, die sich nahezu zeitgleich mit entsprechenden Kinder- und Jugendfilmeinrichtungen, wie z. B. dem 1977 gegründeten Kinder- und Jugendfilmzentrum in Remscheid, entwickelten. Wegweisend für das Profil der Kinderfilmfeste in West- und Ostdeutschland waren zunächst das Frankfurter LUCAS-Festival sowie das Geraer Festival Goldener Spatz (vgl. auch den Beitrag von Holger Twele in diesem Band). Neben dem Kinderfilmfest Berlin im Rahmen der Berlinale 1978 folgten sehr zügig 1982 das Augsburger Kinderfilmfest, das Kinderfilmfest in München und Münster, 1989 das Kölner Kinderfilmfest Cinepänz, 1990 das Kinderfilmfest Hof, 1992 das Dresdner Kinderfilmfest sowie das Kinderfilmfest Hamburg, um nur einige Beispiele aufzuzählen. Jedes dieser Feste weist regionale Besonderheiten auf. Das ästhetische Erlebnis Film wird dabei oftmals mit sozialen Aspekten verknüpft, um nicht zuletzt an die Beliebtheit des außerschulischen Sozialisationsraumes Kino bei Kindern und Jugendlichen anzuknüpfen. Wenn im Zusammenhang mit Kinderfilmveranstaltungen von sozialen Aspekten gesprochen wird, ist dies durchaus differenziert zu betrachten und mit einem kritischen Blick in die Publikumsreihen zu beantworten. So fällt auf, dass Filmevents schon aufgrund der zu erwartenden Prominenz oftmals auch einen entsprechenden Publikumskreis anziehen. In Augsburg wird dies sehr bewusst anders gestaltet.

## Das Augsburger Kinderfilmfest – ein Migrationsprojekt

Die Anfänge des Augsburger Kinderfilmfestes, dessen Leitung seit 20 Jahren in den Händen von Ellen Gratza liegt, gehen auf eine UNICEF-Filmreihe im damals kommunalen Kino Augsburg (Stadtkino) zurück. Rein äußerlich erinnert es in seiner Struktur der Filmauswahl und -darbietung, seinem Rahmenprogramm unter Einbezug prominenter Filmschaffender aus dem In- und Ausland sowie seiner Preisauswahl durch eine Kinder- und Erwachsenenjury an die genannten Vorläufer.

*Abb. 1:* Junge Besucher des Augsburger Filmfestes (Foto: Ellen Gratza und Franz Fischer)

Was die inhaltliche Ausrichtung betrifft, haben die Organisatoren, allen voran Ellen Gratza und Franz Fischer, offenbar den Eingangsgedanken von UNICEF – *Gemeinsam für Kinder* – aufgegriffen und erweitert. Einmal im Jahr sollen Kinder aus dem Großraum Augsburg die Gelegenheit haben zu sehen, was in der internationalen Filmwelt der Kinder geboten ist. „Nur ganz wenige internationale Kinderfilmproduktionen schaffen es", so erläutern die beiden Initiatoren in einem Interview, „ins deutsche Kino zu kommen. Wir wollen zeigen, dass es auch im Spektrum Kinder- und Jugendfilm viel mehr zu sehen gibt." Internationales Kinderkino bietet zudem eine hervorragende Möglichkeit, Kinder mit Migrationshintergrund direkt anzusprechen und ins kulturelle Leben einer Stadt einzubinden. Mit der Aufnahme von Kinderfilmen aus Russland, der Türkei oder Vietnam wird es Kindern aus diesen Ländern möglich, ihren deutschen Mitschülern und Freunden ein Stück ihrer Heimat zu zeigen oder oftmals auch erst einmal selbst ein Bild ihrer eigenen Herkunft zu entwickeln (Abb. 1).

Augsburg gehört zu den Städten mit dem bundesweit höchsten Migrationsanteil aus rund 140 Nationen, und ein Drittel der Augsburger besitzt einen Migrationshintergrund. Die zwei größten Migrantengruppen stammen aus Russland und der Türkei. Nach Ergebnissen des Forschungsprojekts *Sozialisation und Akkulturation in Erfahrungsräumen von Kindern mit Migrationshintergrund – Schule und Familie* (SOKKE) aus dem Jahr 2005, betreut von der Arbeitsgruppe der Pädagogin Leonie Herwartz-Emden (Universität Augsburg), weist die Hälfte aller Erstklässler in Augsburg einen Migrationshintergrund auf. Die Zusammensetzung an Augsburgs Grundschulen ist damit repräsentativ großstädtisch. Oftmals besitzen die Kinder und Jugendlichen keine guten Deutschkenntnisse und stammen aus sozial schwächeren Familien. „Gleichzeitig sinkt deren Anteil an den weiterführenden Schulen dramatisch, insbesondere an den Gymnasien", so fasst es Franz Schaffer, Emeritus am Lehrstuhl für Sozialgeographie an der Universität Augsburg, anlässlich eines Projekts zur *Sozialstadt Augsburg* im Sommer 2007 zusammen. Augsburg ist daher aufgefordert, sich insbesondere auch im Schulunterricht dem Thema Migration und Integration zu widmen.

Einen geeigneten außerschulischen Lernort bietet dafür das Kino, dessen Beliebtheit bei allen Kindern ungebrochen ist. Die Bilderwelt des Films erleichtert nicht nur das Verständnis, sondern regt zur Auseinandersetzung mit der eigenen Identität an. Ein wesentlicher Schwerpunkt des Kinderfilmfestes Augsburg ist daher insbesondere auch die Kooperation mit Schulen. Bis zu 15.000 Besucher nehmen am Kinderfilmfest jährlich teil, das organisatorisch in die Filmtage Augsburg eingegliedert ist und vom Freistaat Bayern sowie der Stadt Augsburg finanziell unterstützt wird. Die meisten Schulgruppen kommen aus Hauptschulen. Ein fester Bestandteil des Festes ist der Kinderfilmfestpreis. Jedes Jahr wird für die Jury-Arbeit eine Augsburger Schulklasse ausgewählt, die in Zusammenarbeit von Lehrern und Veranstaltern intensiv auf ihre Aufgabe als Juror vorbereitet wird. Dabei wird nicht nur hinterfragt, wie Filme gemacht werden und welche Sprache sie sprechen, sondern auch, welche Bedingungen in den Ländern herrschen, aus denen die Filme kommen. Die Vorbereitung findet im Religions- und Erdkundeunterricht genauso statt wie im Deutschunterricht. Die Sensibilisierung für das Medium Film erfolgt interdisziplinär. Der Preis, der vergeben wird, ist leider nicht dotiert, bietet aber indirekt dem Filmverleih Orientierung, für welche Filme der Erwerb von Rechten für das deutsche Kino interessant sein könnte. Filmen, die bereits von einem Filmverleih vertrieben werden, verleiht er zusätzliche Schubkraft. Neben der Kinderjury gibt es auch eine Elternjury, die einen Preis vergibt. 2009 haben sich sowohl Kinder- als auch Elternjury für den Film *Mein bester Freund* der französischen Regisseurin Isabelle Doval entschieden. Für das diesjährige Kinderfilmfest im Oktober 2010 konnte erstmalig eine Jury türkischer und russischer Mütter gewonnen werden, was als ein weiteres positives Ergebnis des Integrationsgedankens gewertet werden darf.

Hamdiye Çakmak, Projektkoordinatorin der *Stadtteilmütter* des Augsburger Kinderschutzbundes, gibt in einem Interview Einblick in die besondere Entwicklung des Augsburger Kinderfilmfestes (vgl. Gräfe 2009). Sie hatte selbst vor 25 Jahren die Kinowoche besucht und wollte ihr positives Erleben dort mit anderen Müttern teilen. Seit einigen Jahren nun ist sie für das Kinderfilmfest als Moderatorin, Gästebetreuerin und Übersetzerin tätig und ihr fällt auf, dass der Publikumsanteil mit Migrationshintergrund zunimmt. Grund hierfür ist sicherlich die rege Zusammenarbeit der Kinderfilmfestleitung mit der Projektgruppe *Stadtteilmütter*, einem Elternbildungsprojekt, das rund 17 internationale Müttergruppen, so z. B. aus Albanien oder China, umfasst. Dazu sind 30 türkische Müttergruppen, acht russische, eine italienische und eine assyrische Gruppe zu rechnen. „Wir gehen davon aus", so berichtet Çakmak, „dass Eltern Interesse an ihrem Kind haben, ihm die Welt zeigen möchten. Wir helfen dabei, dass Eltern das differenzierter machen. [...] Dazu gehören auch Ereignisse in dieser Stadt, wie zum Beispiel die Kinderkinowoche." (Ebd.) Die Mütter treffen sich einmal in der Woche, um gemeinsam ihre Kompetenzen für die Förderung ihrer Kinder zu erweitern. Regelmäßige Hausaufgabe der Mütter ist es, gemeinsam mit ihren Kindern etwas zu unternehmen. „Eine dieser Hausaufgaben ist", erläutert Çakmak, „das gemeinsame Fernsehen. Wir halten kritisches Fernsehen, aber auch Kino – quasi als Gourmet – für sehr, sehr wichtig." (Ebd.) Dabei gilt es den Müttern nahezubringen, eine sorgfältige Sichtung und Auswahl der Filme vorzunehmen, denn ebenso, wie sie „nicht jedes Brot essen, schauen sie mit ihrem Kind auch nicht jeden Film an" (ebd.). Dass das Projekt gerade auch die Eltern im Umgang mit dem Film stärkt, schildert Çakmak an einem Erlebnis, das sie während einer Veranstaltung im Kino beobachtet hatte. Da hatte ein türkisches Mädchen seine Mutter so lange angetrieben, bis die Mutter die Fragen, die sie beschäftigten, selbst zu stellen wagte. „Irgendwann hat sie den Finger gehoben und ich habe sie auch sofort drangenommen. Das war für mich ein Zeichen dafür", so erläutert Çakmak, „dass das Projekt also ihr Selbstbewusstsein stärkt, weil sie an sich glauben: *Ich kann das.*" (Ebd.)

Wichtig ist, dass die Kinder und Familien den Kinogang gemeinsam erleben können. Gemeinsam bedeutet in diesem Fall nicht nur mit ihren Familien und Freunden gleicher Herkunft, sondern eben auch gemeinsam mit ihren deutschen Freunden. Chancengleichheit gilt es hierbei auf beiden Seiten zu schaffen. Um einen finanziellen Ausgleich für sozial benachteiligte Familien zu ermöglichen, stellt beispielsweise das städtische Projekt *Kinderchancen* für das Kinderfilmfest seit 2007 regelmäßig Kinokarten zur Verfügung. Denn, so erläutert Max Weinkamm, Sozialreferent der Stadt Augsburg, in einem Interview der *Augsburger Allgemeinen*: „Auch Kino bedeutet Teilhabe an der Gesellschaft. Je qualitätvoller die Filme sind, desto besser."

Dass die ausgewählten Kinderfilme qualitativ hochwertig sind, zeigt beispielsweise die deutsch-schwedische Produktion *Die Stimme des Adlers* (2009), die zum Auftakt des 27. Kinderfilmfestes 2009 vor mehr als 500 jungen und jung gebliebenen Kinofreunden gezeigt wurde. Dabei hat die Leitung des Augsburger Kinderfilmfestes mit diesem Film einen keineswegs leichten Stoff ausgewählt. Gezeigt wird das Nomadenleben im kasachisch-mongolischen Grenzland. Der 14-jährige Barzabai träumt davon, wie sein Bruder Khan in die Stadt Ulan Bator zu gehen. Sein Vater aber will, dass Barzabai wie er die Kunst der Adlerjagd erlernt und in seine Fußstapfen tritt. Als ihm der Adler bei einem Adlerfest davonfliegt, läuft der Junge von zu Hause fort, um seinem Bruder in die Stadt zu folgen. Auf seinem Weg begleitet ihn der Adler des Vaters. Zwischen dem Jungen und dem Adler entwickelt sich eine innige Freundschaft. Der Film entfaltet seine Wirkung durch die Kraft der Bilder, die die karge Weite der mongolischen Steppe, das schlichte Leben der Nomaden und die Not der nach Glück strebenden Stadtarbeiter stimmig miteinander verbinden. Er fordert vom Zuschauer ein, sich auf ein völlig fremdes Lebensbild einzulassen – für Kinder und Jugendliche einer hochtechnisierten, immer schneller werdenden Lebenswelt kein leichtes Unterfangen. Zuversicht und Freundschaft geben dem jungen Barzabai ein stabiles Rüstzeug, um sein Ziel, den Bruder zu finden, nicht aus den Augen zu verlieren.

Nach der Filmvorführung gab es ein besonderes Highlight. Der Hauptdarsteller Barzabai Matyei war zur Eröffnung aus der Mongolei angereist, um den Zuschauern mit Hilfe einer Übersetzerin persönlich Fragen zu beantworten (Abb. 2). Dabei konnte man erfahren, dass Barzabai reitet, seit er fünf ist, und mit acht Jahren begann, eigene Adler zu züchten. Weiterhin verriet er, dass der Adler im Film der seines Vaters ist und dass auch die Eltern und die Schwester im Film seine echte Familie sind. Die Anteilnahme und das Interesse der Kinder an dem Film, an dessen Hauptdarsteller und dessen Kultur waren groß, rund 200 Kinder reihten sich im Anschluss an die Veranstaltung in die Schlange der Autogrammjäger.

Auch das übrige Programm des Augsburger Kinderfilmfestes 2009 spricht für eine gehaltvolle Auswahl. Ein Leitmotiv bei der Filmauswahl ist es, dass die Geschichten strikt aus der Sicht der Kinder erzählt werden. Gezeigt wurden neben dem Auftaktfilm die niederländisch-belgische Produktion *Wo ist Winkys Pferd?* (2007), *Rot wie der Himmel* (2006/07) aus Italien, *Herr Figo und das Geheimnis der Perlenfabrik* (2006) aus Argentinien / Spanien, *SOS – ein spannender Sommer* (2008) sowie *Das zehnte Leben der Titanic* (2007) aus Norwegen, *Mein bester Freund* (2007) aus Frankreich, *Hinter den Wolken* (2006) aus Portugal, *Fightgirl Ayse* (2007) sowie *Alien Teacher – Die Vertretungslehrerin* (2007) aus Dänemark. Der internationale Anspruch abseits von Hollywood-Produktionen wird für alle Kinder möglich und macht Kulturbegegnungen über Kinderfilme erfahrbar. Gespannt blickt man auf das Augsburger Kinderfilmfest 2010, das vom 16. bis zum 24. Oktober zum 28. Mal seine Tore öffnet.

*Abb. 2:* Der männliche Hauptdarsteller aus *Die Stimme des Adlers* beim Augsburger Kinderfilmfest 2009 (Foto: Ellen Gratza und Franz Fischer)

**Filmographie**
Alien Teacher – Die Vertretungslehrerin (DK 2007; Regie: Ole Borned)
Fightgirl Ayse (DK 2007; Regie: Natasha Arethy)
Herr Figo und das Geheimnis der Perlenfabrik (RA / E 2006; Regie: Juan Pablo Buscarini)
Hinter den Wolken (P 2006; Regie: Jorge Queiroga)
Mein bester Freund (F 2007; Regie: Isabelle Doval)
Rot wie der Himmel (I 2006; Regie: Christiano Bortone)
SOS – ein spannender Sommer (N 2008; Regie: Arne Lindner Næss)
Die Stimme des Adlers (S / D 2009; Regie: René Bo Hansen)
Wo ist Winkys Pferd? (NL / B 2007; Regie: Mischa Kamp)
Das zehnte Leben der Titanic (N 2007; Regie: Grethe Boe-Waal)

**Literatur**

Gräfe, Lutz: Interview mit Hamdiye Çakmak. In: Kinder- und Jugendfilm Korrespondenz (2009) H. 4, 57-59

Mikos, Lothar: Sehsozialisation – Warum Kinder nicht nur Lesen, sondern auch Sehen lernen sollten. In: Wegener, Claudia / Dieter Wiedemann (Hgg.): Kinder, Kunst und Kino. Grundlagen zur Filmbildung aus der Filmpraxis. München 2009, 29-38

**Internetquellen (Stand: 23.07.2010)**

Programm der Filmtage Augsburg. http://www.filmtage-augsburg.de

Deutsche Kindermedienstiftung. http://www.goldenerspatz.de

Kinodreieck Augsburg. http://www.lechflimmern.de

Internationales Kinderfilmfestival. http://www.lucas-filmfestival.de

Sozialisation und Akkulturation in Erfahrungsräumen von Kindern mit Migrationshintergrund. http://www.philso.uni-augsburg.de/lehrstuehle/paedagogik/paed3/forschung/laufend/sokke

*Isabell Tatsch*
# Filmwahrnehmung und Filmerleben von Kindern

## Einleitung

Filme prägen unsere Gesellschaft bereits seit mehr als 100 Jahren. Heutzutage ist das Filmische allgegenwärtig – wir rezipieren Filme via Fernsehen und Internet, auf DVD oder auch ganz traditionell im Kino. Für Heranwachsende erfüllen Filme wichtige Funktionen: Sie bieten ihnen ein Reservoir an Vorbildern (vgl. mpfs 2009, 14), können über die Filmhandlung Antworten auf unbeantwortete Fragen geben und alternative Handlungsmuster oder neue Formen des Miteinanders aufzeigen. Durch Filme haben Kinder die Möglichkeit, die Welt zu erkunden, bevor sie es selbst tun können: „Kinderfilme sind […] Ouvertüren für das wirkliche Leben." (Barthelmes 2006, 5) Dass Filme bereits für die jüngsten Rezipienten[1] eine große Rolle spielen, zeigt sich auch am Interesse, das Kinder Kino und Filmen entgegenbringen (vgl. ebd.) und spiegelt sich zudem im umfangreichen Filmangebot für diese Altersgruppe: Von allen Kinofilmen, die im Jahr 2009 von der Freiwilligen Selbstkontrolle der Filmwirtschaft (FSK) geprüft wurden, wurden fast 40 Prozent ohne Altersbeschränkung und ab sechs Jahren freigegeben (vgl. FSK 2010a). Kinder machen ihre ersten Kinoerfahrungen dabei bereits sehr früh: In einer der wenigen Untersuchungen[2], die sich den jüngsten Rezipienten widmet, wurden Eltern zu den Kinoerfahrungen ihrer Kinder befragt. Danach hat die Mehrheit der Kinder (74 Prozent) bereits mit vier bis fünf Jahren das erste Mal ein Filmtheater besucht (vgl. mpfs 2004, 7).

Ergebnisse aus der Rezeptionsforschung weisen darauf hin, dass Kinder sich Medien thematisch voreingenommen zuwenden: Sie selektieren Medienangebote vor dem Hintergrund ihrer eigenen Themen und wenden sich vor allem solchen Inhalten zu, die sich auf ihre Lebenssituation beziehen (vgl. Charlton / Neumann 1990). Doch wie nehmen die jüngsten Kinogänger Filme wahr und welche Rolle spielt dabei der individuelle Entwicklungsstand? Die folgenden Ausführungen beschäftigen sich mit diesen Fragen. Dabei werden zunächst ausgewählte Studien vorgestellt, die sich mit der Filmrezeption von Kindern auseinander gesetzt haben. Im Anschluss daran werden die Entwicklung des kindlichen Filmverständnisses und die Bedeutung des emotionalen Filmerlebens ins Zentrum der Betrachtung gestellt sowie Handlungsempfehlungen für Kinobesuche mit Kindern aufgezeigt.

---

1 Aus Gründen der besseren Lesbarkeit wird auf die gleichzeitige Verwendung männlicher und weiblicher Sprachformen verzichtet. Es sind selbstverständlich immer beide Geschlechter gemeint.
2 Auch in den Statistiken der FFA finden die unter Zehnjährigen so gut wie keine Berücksichtigung. Die Daten für diese Altersgruppe basieren lediglich auf Schätzungen (vgl. FFA 2010).

## Forschungslage

Im Hinblick auf die lange Tradition des Films und die Entwicklungen im filmpädagogischen Bereich in den letzten Jahren[3] wird der Filmrezeption von Kindern in der medienpädagogischen Forschung nur wenig Aufmerksamkeit geschenkt. Jedoch erscheint es insbesondere in Bezug auf die Filmarbeit mit den jüngsten Rezipienten unverzichtbar, deren spezielle Wahrnehmungsweise zu berücksichtigen, um an ihre jeweiligen Kompetenzen anknüpfen zu können. Broschüren, die an Eltern und Pädagogen adressiert sind, beruhen daher meist auf Erfahrungswerten, und nicht auf der Grundlage wissenschaftlicher Studien.

Die ersten Studien zur kindlichen Filmrezeption wurden bereits in den 1950er-Jahren durchgeführt. Zu den Pionieren auf diesem Gebiet zählt die Forschergruppe um Martin Keilhacker, deren Forschungsinteresse sich insbesondere auf das emotionale Filmerleben fokussierte (vgl. Keilhacker 1953 und 1957). Die Studien beruhen dabei vorwiegend auf Beobachtungen von Kindern und Jugendlichen während der Filmrezeption. Für das kindliche Filmerleben konstatiert Keilhacker eine Art Wirklichkeitserleben – ein derart intensives Eintauchen des Rezipienten in einen medialen Text, dass die umgebende physische Welt kaum noch wahrgenommen wird. Keilhacker ging davon aus, dass Kinder nicht emotional erleben können, ohne dies als körperlichen Ausdruck nach außen zu transportieren (vgl. Keilhacker 1957, 5). Die damit einhergehende starke emotionale Beteiligung zeigt sich in den deutlichen körperlichen Reaktionen, mit denen Kinder auf den Filminhalt reagieren (vgl. ebd., 5ff.).

Seit Keilhackers Studien gibt es bis heute kaum Forschungsvorhaben, die explizit die Rezeptionsweise von Kindern im Kino untersuchen. In den letzten Jahren ist das Thema allerdings wieder vermehrt in den wissenschaftlichen Fokus gerückt. So wurden verschiedene Projekte durchgeführt, die sich empirisch mit der Filmrezeption von Kindern beschäftigen: Im Jahr 2004 führte die Stiftung MedienKompetenz Forum Südwest (MKFS) in Zusammenarbeit mit der FSK sowie dem rheinland-pfälzischen Ministerium für Bildung, Frauen und Jugend das Projekt *Medienkompetenz und Jugendschutz – Wie wirken Kinofilme auf Kinder?* durch. Die Zielgruppe des Projekts umfasste die Altersgruppe der Vier- bis Vierzehnjährigen. Im Zentrum stand dabei u. a. die Frage nach der Wirkung von Kinofilmen auf die jüngsten Rezipienten. Das Projekt zielte darauf ab, Medien- bzw. Filmkompetenz bereits bei den Kleinsten zu fördern und somit zu einem nachhaltigen Jugendschutz beizutragen. Die hier gewonnenen Ergebnisse zeigen, dass insbesondere jüngere Kinder Filme emotional und erlebnisorientiert wahrnehmen, jedoch bereits kreativ bewerten und ihren eigenen Bedürfnissen entsprechend nutzen können. Zudem waren schon unter Sechsjährige in der Lage, Filmhandlungen nachzuerzählen und die zentralen Filmbotschaften zu erkennen. Bei komplexeren Handlungen neigten die jüngeren Rezipienten jedoch zu einer episodischen Rezeptionsweise (vgl. MKFS 2004). Diese Ergebnisse bildeten den Ausgangspunkt für das im Jahr 2005 durchgeführte Projekt *Filmgespräche mit Kindern*, dessen Träger ebenfalls die MKFS war. Die Umsetzung erfolgte durch die Stiftung Lesen in Kooperation mit der Arbeitsgruppe Medienpädagogik der Universität Mainz. Ziel war es, ein

---

3  Beispielhaft sei an dieser Stelle das Bemühen um eine umfassende Filmkompetenzförderung im schulischen- und außerschulischen Kontext genannt (vgl. bpb 2003 und Vision Kino 2009).

filmpädagogisches Angebot für Kinder zwischen vier und acht Jahren zu entwickeln. Die Ergebnisse des Projekts decken sich weitgehend mit denen des Modellprojekts und verdeutlichen nochmals, dass sich bereits die jüngsten Kinogänger konstruktiv mit Filmen auseinander setzen können (vgl. Ihm / Wahlberg 2006).

## Die Entwicklung des Filmverständnisses

Kinder nehmen Filme auf eine andere Weise wahr als Erwachsene. Ihr Filmverständnis ist in erheblichem Maße abhängig von ihrem Entwicklungsstand: „Die jeweils ausgebildeten kognitiven Strukturen bilden das Einfallstor, durch das die Medienangebote passieren müssen." (Sutter 1999, 77) Um Filme verstehen zu können, muss ein Rezipient zudem über verschiedene Arten von Wissen verfügen, mit den symbolischen Codes des Mediums vertraut sein und die Fähigkeit besitzen, zwischen Fiktion und Realität zu unterscheiden sowie Handlungsabläufe miteinander zu verbinden. Wie sich die verschiedenen Kompetenzen im Laufe der Kindheit ausbilden, soll im Folgenden aufgezeigt werden.[4] Die Darstellungen konzentrieren sich dabei auf die Altersgruppe der Grundschüler.

Für das Verstehen von Filmen werden nach Charlton (2004) drei verschiedene Arten von Wissen benötigt: Das prozedurale Wissen umfasst Kenntnisse, die auf sozialkognitiven Fähigkeiten basieren. Dabei handelt es sich um Wissen über die Verarbeitung von Informationen, die es dem Kind ermöglichen, Schlussfolgerungen aus beobachtetem Verhalten zu ziehen und so Intentionen des Gegenübers auszumachen (vgl. Charlton 2004, 138ff.). Dieses Wissen ist an die Fähigkeit gekoppelt, die Perspektive eines anderen einzunehmen und kann somit erst ab einem bestimmten Alter erworben werden. Das deklarative Wissen hingegen ist weniger an den Entwicklungsstand gebunden und impliziert das Wissen um die Eigenschaften von Dingen oder Ereignissen (z. B. Schokolade ist süß, am Geburtstag gibt es Geschenke). Schließlich wird zum Verstehen von Filmen auch medienbezogenes Wissen benötigt, das stark erfahrungsabhängig ist. Hierzu zählen neben dem Genrewissen z. B. auch Kenntnisse darüber, welche Gestaltungsmittel eingesetzt werden, sowie das Wissen um den Aufbau von Geschichten (vgl. ebd.).

Des Weiteren spielt das Entschlüsseln von audiovisuellen Codes eine wichtige Rolle für das Filmverstehen: In diesem Zusammenhang spricht Greenfield (1987) von einer *television literacy* bzw. Filmlesefähigkeit, die im Laufe der Kindheit erworben wird. Neben visuellen Elementen, wie Schnitt, Kameraschwenk und Zoom, müssen auch auditive Informationen, wie die Stimme im Off, entschlüsselt werden. Diese symbolischen Bedeutungen müssen erst gelernt werden und gelten als Voraussetzung, um Filme angemessen interpretieren zu können. Wenn Kinder Filme nicht richtig verstehen, kann es daran liegen, dass sie die Bedeutung der Schnitte bzw. die darin üblicherweise enthaltenen Informationen über Raum und Zeit nicht richtig deuten können. Das Verstehen von solchen medienspezifischen Hinweisen ist zu einem beträchtlichen Teil vom Entwicklungsstand des Kindes mitbestimmt (vgl. Greenfield 1987).

---

4    Da es hinsichtlich der Rezeptionsweisen von (Kino-)Filmen kaum explizite Untersuchungsergebnisse gibt, werden auch Ergebnisse aus der Fernsehforschung herangezogen.

Um die entwicklungsbedingten Voraussetzungen für die Filmrezeption näher zu be-
leuchten, wird im Folgenden in Bezugnahme auf die Theorie der kognitiven Entwicklung nach Piaget (1984) aufgezeigt, wie sich die jeweiligen Kompetenzen im Laufe der
Kindheit ausbilden. Danach befinden sich Kinder im Vorschulalter und zu Beginn der
Grundschulzeit noch in der prä-operationalen Phase des Denkens. Sie nehmen die
Welt aus einer egozentrischen Perspektive wahr: Sie sind noch nicht in der Lage, sich
in andere Personen hineinzuversetzen und deren Perspektive einzunehmen (vgl. Montada 2002, 422). Darüber hinaus ist ihr Denken noch weitgehend an die unmittelbare
Anschauung gebunden. Wahrgenommen werden auffällige Aspekte, wobei die Kinder
noch nicht fähig sind, mehr als einen Wahrnehmungsaspekt auf einmal zu berücksichtigen (Zentrierung des Denkens). Entsprechend der egozentrischen Weltsicht werden
auch Medieninhalte aus einem ichbezogenen Blickwinkel betrachtet. Die Aufmerksamkeit der Kinder richtet sich demnach vor allem auf bekannte Aspekte, die sie zu
sich selbst und ihrer Alltagswelt in Beziehung setzen können (vgl. Theunert / Lenssen /
Schorb 1995, 50). Bei der Rezeption stehen die Protagonisten im Zentrum des Interes-
ses, die vor allem anhand ihres äußeren Erscheinungsbildes und ihrer Handlungen beurteilt werden. Allerdings ist die Personenwahrnehmung aufgrund der egozentrischen
Sichtweise sehr unausgereift, sodass die Handlungsabsichten der Medienakteure noch
verschlossen bleiben (vgl. ebd., 51f.). In der Phase des voroperationalen Denkens sind
Kinder besonders empfänglich für auffällige medienspezifische Darstellungselemente,
wie z. B. laute Geräuscheffekte, Kamerabewegungen, Schnitte, Zeichentrickfiguren,
sowie akustische und visuelle Spezialeffekte (vgl. Rice / Huston / Wright 1984). Sie
nutzen diese *formal features* (Dorr 1983, 209), um den Realitätsgehalt einer Sendung
zu beurteilen, was ihnen in diesem Alter allerdings noch schwer fällt: Zwar stufen sie z.
B. Zeichentrickprogramme als unrealistisch ein; darüber hinaus halten sie jedoch alles
für real, was auch real aussieht, wie Nachrichten oder Kriminalfilme (vgl. ebd., 210f.).
Kinder im Vorschulalter haben darüber hinaus noch Schwierigkeiten, die Gesamthand-
lung einer Geschichte nachzuvollziehen. Ihr Verständnis ist oftmals fragmentarisch: Sie
nehmen Geschichten nicht als Gesamtheit wahr, sondern als Aneinanderreihung von
Einzelepisoden und neigen dazu, sich vor allem an für die Filmhandlung nebensäch-
liche Details zu erinnern. Das Verständnis für einen chronologischen Handlungsverlauf scheint im Vorschulalter noch keine wichtige Rolle zu spielen und sich erst nach
und nach zu entwickeln. Bis dahin dominiert ein stark episodisches Verstehen (vgl.
Moser 2010, 169f.). Diese an Details orientierte Wahrnehmung wird auch als „Und-
Summen-Auffassung" (Rogge 1993, 73) bezeichnet. Dieser Begriff bezeichnet die für
diese Altersgruppe kennzeichnende fehlende Verknüpfung von Szenen und die damit
einhergehende unabhängige Aneinanderreihung von Filmszenen, denen Kinder eine
subjektive Bedeutung zuschreiben (vgl. ebd.). Durch die mangelnde Reversibilität –
die Unfähigkeit, Handlungen in Gedanken umzukehren, die das Denken in der voroperationalen Phase kennzeichnet (vgl. Rossmann 1996, 94) – haben Kinder darüber
hinaus noch große Schwierigkeiten, Rückblenden oder Perspektivenwechsel in Filmen
zu verstehen (vgl. Theunert / Lenssen / Schorb 1995, 52).

Mit etwa sieben Jahren erreichen Kinder nach Piaget die Phase des konkret-operationalen Denkens. Dieses ist gegenüber der frühen Kindheit viel logischer, flexibler und
organisierter (vgl. Berk 2005, 390), was sich beispielsweise darin zeigt, dass sich die

Wahrnehmung nicht mehr nur auf einzelne Aspekte fokussiert. Vielmehr kann nun die Gesamtheit eines konkreten Systems erfasst werden. Kinder entwickeln ab diesem Alter kognitive Strategien, die ihnen den logischen Umgang mit konkreten Objekten ermöglichen. Die mangelnde Reversibilität der vorangegangenen Stufe wird überwunden: Kinder verstehen nun, dass konkrete Operationen umkehrbar sind. Diese Umkehrung ist dabei nicht auf konkrete Handlungen beschränkt, sondern kann auch geistig vorgenommen werden (vgl. Rossmann 1996, 114). Die Kinder sind in der Lage, an konkreten Beispielen verschiedene Aspekte von Objekten und Ereignissen zu erfassen und gedanklich zu verknüpfen, woraus sich die Fähigkeit ergibt, Handlungsfolgen vorauszusehen (vgl. Theunert / Lenssen / Schorb 1995, 54).

Durch die veränderte Wahrnehmungsweise, die sich jetzt nicht mehr primär auf auffällige Aspekte konzentriert, ist die Rezeption von Medienangeboten bei Grundschülern nicht mehr in dem Maße von wahrnehmungsauffälligen Elementen bestimmt, wie es noch bei Vorschülern der Fall ist (vgl. Huston / Wright 1983, 43). Den Realitätsgehalt von Sendungen können Grundschüler schon besser beurteilen als jüngere Kinder, was u. a. auf die vermehrte Medienerfahrung zurückgeführt wird. Sechs- bis Elfjährige halten Programme dann für real, wenn sie auch in der Wirklichkeit vorkommen können. Demzufolge werden beispielsweise sprechende Tiere oder die fliegende Mary Poppins als unrealistisch eingestuft (vgl. Böhme-Dürr 2000, 145). Darüber hinaus können Grundschulkinder Realitätsbeurteilungen anhand formaler Darstellungselemente schon sicherer vornehmen als jüngere Kinder und verwenden zusätzliche Kriterien, um Sendungen zu bewerten: So ordnen sie beispielsweise Geschichten, die in der Vergangenheit oder Zukunft spielen, als Fiktion ein (vgl. Dorr 1983, 210f.). Dennoch ist die Realitätswahrnehmung von Schulanfängern noch stark geprägt von situationsbedingten Faktoren: Häufig werden nur Teile einer Sendung, und nicht die Sendung als Ganzes beurteilt, was dazu führen kann, dass zwar einzelne Szenen richtig eingeschätzt werden, andere wiederum nicht (vgl. Böhme-Dürr 2000, 145). Insgesamt nimmt die Fähigkeit zur Unterscheidung von Fiktion und Realität im Grundschulalter aber kontinuierlich zu (vgl. Theunert / Lenssen / Schorb 1995, 55).

Der sehr heterogenen Altersgruppe der Grundschüler entsprechend, sind auch die Annahmen zum Verständnis von Handlungsabläufen uneinheitlich: So gibt es auf der einen Seite Positionen, die davon ausgehen, dass erst gegen Ende der Grundschulzeit Filmhandlungen in Gänze erfasst werden können (vgl. ebd., 56) und es für Kinder bis zum neunten Lebensjahr sowohl problematisch ist, Haupt- und Nebenhandlungen auseinander zu halten als auch räumliche und zeitliche Handlungsabläufe zu unterscheiden (vgl. Rogge 1993, 44). In einer Studie von Rogge (1991) wurde Vorschul- und Grundschulkindern ein Kurzfilm gezeigt, den sie anschließend nacherzählen sollten. Aus den Beobachtungen schließt Rogge, dass sich Schulanfänger vorwiegend an Filmszenen erinnern, die auch ihrer eigenen Lebenswelt entsprechen. Die Nacherzählungen dieser Altersgruppe sind sehr detailreich und folgen einer eigenen Ordnung, wodurch ihnen die objektive Filmhandlung größtenteils verschlossen bleibt. Mit zunehmendem Alter tritt die Detailtreue aber zugunsten eines besseren Verständnisses der Filmhandlung in den Hintergrund, wobei noch nicht sicher zwischen wichtigen und unwichtigen Szenen unterschieden wird. Zudem wird bei der Rekonstruktion die

Filmhandlung häufig mit eigenen Erfahrungen vermischt (vgl. Rogge 1991, 29f.). Dieses Phänomen wird als *fill-in-tendency* bezeichnet, wonach vor allem Zweitklässler bei Nacherzählungen noch auf ihr eigenes Wissen zurückgreifen (vgl. Palmer / MacNeil 1991, 35). Bei älteren Grundschulkindern ließen sich zwar erste Gliederungsmomente feststellen, allerdings findet sich eine strukturierte Wiedergabe der Filmhandlung laut Rogge erst bei Kindern ab zehn Jahren (vgl. Rogge 1991, 30). Diese Annahmen lassen sich jedoch nicht verallgemeinern, wie die Ergebnisse des Projekts *Medienkompetenz und Jugendschutz – Wie wirken Kinofilme auf Kinder?* verdeutlichen: Hier konnte beobachtet werden, dass bereits Vorschüler dem Handlungsverlauf eines kompletten Kinofilms folgen und die Filmhandlung nacherzählen können, wenn diese nicht zu komplex ist (vgl. MKFS 2004). Da die Studie im Kino durchgeführt wurde, lässt sich die Vermutung anstellen, dass der speziellen Rezeptionssituation eine besondere Bedeutung zukommt und Kinder dem Geschehen auf der Leinwand möglicherweise generell mehr Aufmerksamkeit entgegenbringen, als dies beim Fernsehen der Fall ist.

Die erhebliche Verbesserung der kognitiven Fähigkeiten in der konkret-operationalen Phase, insbesondere des schlussfolgernden Denkens, führt zu einem zunehmenden Filmverständnis zwischen dem achten und elften Lebensjahr, was durch die erhöhte Aufmerksamkeitsspanne und Gedächtnisleistung gegenüber den Vorschülern zusätzlich unterstützt wird (vgl. Rydin 1984). Während der Grundschulzeit erwerben Kinder zudem die Fähigkeit zur Perspektivenübernahme, wodurch der Egozentrismus der vorangegangenen Phase überwunden wird (vgl. Montada 2002, 422). Die Heranwachsenden entwickeln zunehmend ein besseres Verständnis für das Denken und Fühlen anderer (vgl. Rossmann 1996, 120) und erkennen allmählich, dass andere Personen anders fühlen und denken als sie selbst (vgl. Theunert / Lenssen / Schorb 1995, 54). Dem Charakter und Verhalten der Medienakteure wird nun auch größere Bedeutung zugeschrieben als ihrem Aussehen. Im Laufe der Grundschulzeit lernt das Kind sowohl Intentionen und Gefühle als auch Handlungen und das äußere Erscheinungsbild einer Person als Einheit zu sehen (vgl. ebd.).

## Emotionales Filmerleben

Dass die Filmrezeption von Kindern, insbesondere bei den jüngsten Rezipienten, stark durch ein emotionales Erleben geprägt ist, wurde bereits weiter oben beschrieben. Das Filmerleben spielt in dieser Altersgruppe noch eine größere Rolle als das Filmverstehen. So beschreibt auch Rogge (1991) die kindliche Filmrezeption „als gefühlsbetonte Aktivität […], bei der sich körperliche und psychische Anteile miteinander vermischen" (Rogge 1991, 30). Ähnlich der kognitiven Filmverarbeitung entwickelt sich auch das emotionale Filmerleben in Abhängigkeit vom Alter bzw. Entwicklungsstand. Im Vorschulalter, meist bis in die Grundschulzeit hinein, herrschen vor allem direkte Ausdrucksformen vor. Das intensive Miterleben lässt sich sowohl an der Mimik und Gestik der Kinder als auch an der angespannten Sitzhaltung während der Rezeption festmachen (vgl. ebd.). Die erlebnisorientierte und emotionale Wahrnehmungsweise von Filmen bei dieser Altersgruppe, die von unmittelbaren Reaktionen (Klatschen, Lachen, Aufspringen von den Sitzen etc.) auf das Leinwandgeschehen begleitet ist, konnte auch in der bereits zitierten Studie *Medienkompetenz und Jugendschutz – Wie wirken Kinofilme auf Kinder?* beobachtet werden (vgl. MKFS 2004, 17f., 29). Im späteren Grundschulalter werden Filme zunehmend distanzierter betrachtet, wobei die Rezeption noch immer von einem gefühlsmäßigen und ganzheitlichen Engagement begleitet ist. Diese im Vergleich zu Jugendlichen und Erwachsenen auffällig starken Reaktionen lassen mit zunehmendem Alter nach (vgl. Rogge 1991, 31). Die besondere Bedeutung medienvermittelter Gefühlseindrücke zeigt sich auch darin, dass emotionale Eindrücke deutlich länger und intensiver anhalten als Sacherinnerungen an einen Film (vgl. Sturm / Holzheuer / Helmreich 1978). Darüber hinaus können filmbezogene Ängste für Jahrzehnte in Erinnerung bleiben und sich bis ins Erwachsenenalter hinein auf Verhaltensweisen auswirken (vgl. Holler / Bachmann 2009).

Filmische Gestaltungsmittel wie Kameraeinstellungen, Schnitte, Darbietungstempo und insbesondere die musikalische Untermalung können die emotionalen Reaktionen dabei noch verstärken (vgl. Dorr / Doubleday / Kovaric 1984). Rogge (1993 und 1996) betont in diesem Zusammenhang die Bedeutung der auditiven Gestaltungsmerkmale: Bis zum Alter von etwa zehn Jahren spielt der Gehörsinn eine zentrale Rolle bei der Rezeption von Filmen, da sich erst zu diesem Zeitpunkt der Gesichtssinn mit all seinen Wahrnehmungsleistungen vollständig ausgebildet hat. So halten sich Kinder bei spannenden Szenen oftmals zunächst die Ohren zu, bevor sie sich die Augen zuhalten (vgl. Rogge 1993, 23f.). Einerseits sprechen Hörelemente Kinder besonders an und tragen zu einem intensiven Filmerleben bei, andererseits werden sie von ihnen oftmals als so überwältigend empfunden, dass sie zu starken Verunsicherungen und Überforderung führen können. So führte ein Kinobesuch bei einem fünfjährigen Jungen zu einer starken gefühlsmäßigen Verunsicherung, obwohl er sich während der Vorstellung nicht dem Filmgeschehen zuwandte, sondern den Film lediglich über die Hörelemente rezipierte. Durch die selbstständige Auseinandersetzung mit dem Filmsoundtrack konnte er schließlich die über die auditive Rezeption hervorgerufenen Probleme verarbeiten (vgl. Rogge 1996, 91f.).

Für das emotionale Filmerleben spielt auch das Einfühlen in die fremdpsychische Erfahrungswelt der Protagonisten bzw. der Nachvollzug der dargestellten Gefühle eine bedeutsame Rolle (vgl. Charlton 2004). Die zuweilen sehr starke Identifikation mit den Protagonisten, die insbesondere durch spannungsgeladene Szenen hervorgerufen wird, kann sich dabei ebenso auf nicht-menschliche Filmfiguren beziehen (vgl. Holler / Bachmann 2009).

Filminhalte können beim Rezipienten sowohl negative als auch positive Emotionen hervorrufen. Kinder im Vor- und Grundschulalter werden besonders traurig, wenn sie mit Verlustsituationen im Film konfrontiert werden und ängstigen sich vor unheimlichen Kreaturen, bei Verfolgungsjagden sowie Bedrohungssituationen, Gewalttätigkeiten und Aggressivität oder bei Gefahr für Tiere und Protagonisten (vgl. Dorr / Doubleday / Kovaric 1984, 108ff.; mpfs 2004). Insbesondere drastische Gewalthandlungen, vor allem, wenn es sich um realitätsnahe Darstellungen handelt und Kinder mit den Opfern leiden, können zu starker Betroffenheit, Angst und Verunsicherung führen (vgl. Theunert u. a. 1992).

Durch die starke emotionale Teilhabe kann es besonders bei spannenden Szenen zu heftigen Gefühlsreaktionen kommen. Allerdings verfügen Kinder über Bewältigungsstrategien, die sie einsetzen können, um Spannungszustände auszugleichen (vgl. ebd.). Zu diesen Distanzierungstechniken gehören neben der Suche nach emotionaler Sicherheit bzw. körperlicher Nähe zu einer Bezugsperson auch die Ablenkung vom Filmgeschehen durch die Beschäftigung mit nicht filmbezogenen Tätigkeiten (vgl. ebd. und Rogge 1993). Darüber hinaus haben Kinder im Grundschulalter aufgrund ihrer Fernseherfahrungen einen rationalen Umgang mit dem Medium erlernt. Sie vermeiden z. B. für sie unangenehme Sendungen oder rationalisieren Belastungen, indem sie sich die Fiktionalität des Dargebotenen vergegenwärtigen. Dies gelingt jedoch nur, wenn die emotionale Belastung eine gewisse Grenze nicht überschreitet (vgl. Theunert u. a. 1992). Die Vermeidung emotionaler Überforderung durch diese Schutzmechanismen funktioniert besonders gut, wenn die Kinder mit den Formaten vertraut sind (vgl. Rogge 1993, 61). Zudem werden Medienerlebnisse von Kindern auch aktiv bewältigt: In Gesprächen mit Gleichaltrigen können sie ihre Rezeptionserlebnisse rational und emotional verarbeiten, indem sie ihre Eindrücke und Empfindungen reproduzieren (vgl. Theunert u. a. 1992).

Der besonderen Rezeptionssituation im Kino kommt eine spezielle Bedeutung zu. Im Gegensatz zu Filmen, die im Fernsehen oder auf DVD gesehen werden, erzeugt das Kino alleine schon durch sein besonderes Ambiente (dunkler Kinosaal, große Leinwand, Tonspur, weniger Ablenkungsmöglichkeiten als beim Fernsehen etc.) eine andere Erlebnisqualität und kann dem Rezipienten ein ausgeprägtes emotionales (Mit-) Erleben ermöglichen (vgl. Hohmann 2000), „denn für Kinder ist Kino ein großes, gemeinsames und emotionales Ereignis, das durch Video und Fernsehen nicht zu ersetzen ist", konstatiert Kommer (1989, 47) und bezeichnet das Kino im Gegensatz zum Fernsehen als heißes Medium, das unter die Haut geht und alle Sinne des Zuschauers in den Bann zieht. Die spezielle Qualität der visuellen Gestaltung sowie die bessere Konzentration in der Kinosituation ermöglichen vor allem den jungen Rezipienten ein umfassendes Filmerlebnis und intensives Eintauchen in die Filmwelt (vgl. ebd.).

**Fazit**

Dieser Beitrag hat die Entwicklung des Filmverständnisses von Kindern vor dem Hintergrund ihrer sozialkognitiven Entwicklung sowie die Bedeutung des emotionalen Filmerlebens beleuchtet. In Bezug auf den Rezeptionsort Kino wurde vermutet, dass dieser einen positiven Einfluss auf die Aufmerksamkeit ausübt und somit neben dem reinen Genussmoment auch als Lernort gute Ansatzmöglichkeiten für die filmpädagogische Arbeit bietet: Denn Filme erfreuen sich bei Kindern großer Beliebtheit, sodass an die bereits vorhandenen Erfahrungen angeknüpft werden kann. Zudem sind Filme ein sehr anschauliches Medium, in dem Zusammenhänge einfach verdeutlicht oder Handlungsfolgen einleuchtend aufgezeigt werden können.

Bis ins Grundschulalter werden Filme vorwiegend erlebnisorientiert und emotional rezipiert. Kinder tauchen mit allen Sinnen in die Filmhandlung ein, identifizieren sich sehr stark mit den Protagonisten und sind dementsprechend emotional intensiv in das Filmgeschehen involviert. Spannende Szenen und Emotionen gehören zum Filmerlebnis wie das Popcorn zum Kino: Das gilt für Erwachsene wie auch für die jüngsten Rezipienten. Kindern macht es mitunter auch Spaß, hier ihre eigenen Grenzen auszuloten (vgl. Holler / Bachmann 2009). Allerdings sollten sie in solchen Momenten durch den Film nicht emotional überfordert und im schlimmsten Fall nachhaltig belastet werden. Informationen über die Besonderheiten des kindlichen Filmerlebens können hier mehr Sicherheit im Umgang mit den Reaktionen von Kindern geben: Wer sich der Vorbereitungsmöglichkeiten auf den Kinobesuch bewusst ist, z. B. indem er die Erfahrungen und Themen der Kinder vorab erfragt, sich mit der Filmthematik auseinander setzt und Gefahrenthemen auslotet, wird Überforderungen möglicherweise umgehen oder sie zumindest antizipieren können.

Orientierungen für eine kindgerechte Filmauswahl bieten z. B. die Deutsche Film- und Medienbewertung (FBW), die Prädikate für herausragende Filme vergibt (vgl. FBW o. J.), die Altersfreigaben der FSK[5] oder das Onlineportal http://www.kinofenster.de (vgl. Kinofenster 2010).

Darüber hinaus gibt es Broschüren für Eltern und Pädagogen, die Hinweise geben, wie man Kinder auf einen Kinobesuch vorbereiten kann, und Möglichkeiten aufzeigen, nach dem Kinobesuch filmpädagogisch aktiv zu werden. Beispielhaft seien an dieser Stelle der Leitfaden *Mit Kindern ins Kino* der MKFS (2007), das Arbeitsheft *Das Kino. Ein Besuch im Kino* des Instituts für Kino und Filmkultur (IKF 2004) und die Broschüre *Mit der Familie ins Kino* von Vision Kino (2009) genannt, die sich speziell an Eltern richtet.

### Literatur
Barthelmes, Jürgen: Erleben – Lernen – Erfahren. Der Stellenwert des Kinderkinos für die Bildungsprozesse der Heranwachsenden. In: Kinder- und Jugendfilm Korrespondenz (2006) H. 3, 3-11

Berk, Laura E.: Entwicklungspsychologie. 3., akt. Aufl. München 2005

Böhme-Dürr, Karin: Fernsehen als Ersatzwelt. Zur Realitätsorientierung von Kindern. In: Hoppe-Graff, Siegfried / Rolf Oerter (Hgg.): Spielen und Fernsehen. Über die Zusammenhänge von Spiel und Medien in der Welt des Kindes. München 2000, 133-151

Charlton, Michael: Entwicklungspsychologische Grundlagen. In: Mangold, Roland / Peter Vorderer / Gary Bente (Hgg.): Lehrbuch der Medienpsychologie. Göttingen [u. a.] 2004, 129-150

Charlton, Michael / Klaus Neumann: Medienrezeption und Identitätsbildung. Kulturpsychologische und kultursoziologische Befunde zum Gebrauch von Massenmedien im Vorschulalter. Tübingen 1990

Dorr, Aimeé: No Shortcuts to Judging Reality. In: Anderson, Daniel R. / Bryant Jennings (Hgg.): Children's Understanding of Television. New York 1983, 199-220

Dorr, Aimeé / Cathrine Doubleday / Peter Kovaric: Im Fernsehen dargestellte und vom Fernsehen stimulierte Emotionen. In: Meyer, Manfred (Hg.): Wie verstehen Kinder Fernsehprogramme? Forschungsergebnisse zur Wirkung formaler Gestaltungselemente des Fernsehens. München [u. a.] 1984, 93-137

Greenfield, Patricia M.: Kinder und neue Medien. Die Wirkungen von Fernsehen, Videospielen und Computern. München [u. a.] 1987, 1-55

---

5   Die Freigaben sind dabei allerdings nicht als pädagogische Empfehlung zu sehen, sondern orientieren sich ausschließlich an den Vorgaben des Jugendschutzgesetzes (§14 Abs. 1 JuSchG). Demnach werden Filme freigegeben, die keine negativen Auswirkungen für die jeweilige Altersgruppe befürchten lassen (vgl. FSK 2010b). Ob der Film ein positives Filmerleben mit sich bringt, findet in der Beurteilung der FSK keine Berücksichtigung.

Hohmann, Tanja: Medienkompetenz und Kinderkino. Perspektiven der kulturellen Kinderfilmarbeit und ihr Beitrag zur Vermittlung und zum Erwerb von Medienkompetenz. Sonderdruck der Kinder- und Jugendfilm Korrespondenz. München 2000, 49-51

Holler, Andrea / Sabrina Bachmann: „Albträume hatte ich lange." Wo gemeinsames Fernsehen überfordert. In: Televizion 22 (2009) H. 1, 44-47

Huston, Aletha C. / John C. Wright: Children's Processing of Television. The Informative Functions of Formal Features. In: Anderson, Daniel R. / Bryant Jennings (Hgg.): Children's Understanding of Television. New York 1983, 35-68

Ihm, Karen / Hanne Walberg: „Da hat's gedonnert und dann kam von einmal er" – Filmwahrnehmung und Filmerleben vier- bis achtjähriger Kinder. In: medien + erziehung (2006) H. 3, 53-58

Institut für Kino und Filmkultur e. V. (IKF) (Hg.): Das Kino. Ein Besuch im Kino. Köln 2004

Keilhacker, Martin: Das Filmerleben des Kindes in seiner Eigenart. In: Keilhacker, Martin / Wolfgang Brudny / Paul Lammers (Hgg.): Kinder sehen Filme. Ausdruckspsychologische Studien zum Filmerleben des Kindes unter Verwendung von Foto- und Filmaufnahmen. München 1957, 5-15

Keilhacker, Martin / Margarete Keilhacker: Jugend und Spielfilm. Erlebnisweisen und Einflüsse. Stuttgart 1953

Kommer, Helmut: Filmkultur für junge Leute. Fünf Jahre Kinderkino „Sternschnuppe". Hildesheim 1989

Medienpädagogischer Forschungsverbund Südwest (mpfs) (Hg.): KIM-Studie 2008. Kinder und Medien. Computer und Internet. Basisuntersuchung zum Medienumgang 6- bis 13-Jähriger in Deutschland. Stuttgart 2009

Montada, Leo: Die geistige Entwicklung aus der Sicht Jean Piagets. In: Oerter, Rolf / Leo Montada (Hgg.) Entwicklungspsychologie. 5., vollst. überarb. Aufl. Weinheim [u. a.] 2002, 418-442

Moser, Heinz: Einführung in die Medienpädagogik. Aufwachsen im Medienzeitalter. 5., durchges. u. erw. Aufl. Wiesbaden 2010, 162-172

Palmer, Edward, L. / Maurya MacNeil: Children's Comprehension Processes. From Piaget to Public Policy. In: Bryant, Jennings / Dolf Zillmann (Hgg.): Responding to the Screen. Reception and Reaction Process. Hillsdale [u. a.] 1991, 27-44

Piaget, Jean: Psychologie der Intelligenz. 8. Aufl. Stuttgart 1984

Rice, Mabel L. / Aletha C. Huston / John C. Wright: Fernsehspezifische Formen und ihr Einfluss auf Aufmerksamkeit, Verständnis und Sozialverhalten der Kinder. In: Meyer, Manfred (Hg.): Wie verstehen Kinder Fernsehprogramme? Forschungsergebnisse zur Wirkung formaler Gestaltungselemente des Fernsehens. München [u. a.] 1984, 17-51

Rogge, Jan-Uwe: „Das find ich total spannend, eh!" Stichworte zum Filmerleben von Kindern. In: Grundschule (1991) H. 7-8, 28-31

Rogge, Jan-Uwe: Kinder können fernsehen. Vom sinnvollen Umgang mit dem Medium. Hamburg 1993

Rogge, Jan-Uwe: „Einfach stark!"... und manchmal zu stark. Von den Ritualen der Kinder, problematische Film- und Fernsehereignisse zu verarbeiten. In: medien + erziehung (1996) H. 2, 86-93

Rossmann, Peter: Einführung in die Entwicklungspsychologie des Kinder- und Jugendalters. Bern [u. a.] 1996

Rydin, Ingegerd: Wie Kinder Fernsehsendungen verstehen und daraus lernen. In: Meyer, Manfred (Hg.): Wie verstehen Kinder Fernsehprogramme? Forschungsergebnisse zur Wirkung formaler Gestaltungselemente des Fernsehens. München [u.a.] 1984, 158-177

Stiftung MedienKompetenz Forum Südwest (MKFS) (Hg.): Medienkompetenz und Jugendschutz II – Wie wirken Kinofilme auf Kinder? Wiesbaden 2004

Stiftung MedienKompetenz Forum Südwest (MKFS) (Hg.): Mit Kindern ins Kino. Ein Leitfaden zur praktischen Filmarbeit an Grundschulen. Mainz 2007

Sturm, Herta / Katharina Holzheuer / Harald Helmreich: Emotionale Wirkungen des Fernsehens – Jugendliche als Rezipienten. München 1978

Sutter, Tilmann: Entwicklungspsychologische Grundlagen der Mediensozialisation. Drei Ebenen einer Theorie. In: Schell, Fred / Elke Stolzenburg / Helga Theunert (Hgg.): Medienkompetenz. Grundlagen und pädagogisches Handeln. München 1999, 73-81

Theunert, Helga / Margit Lenssen / Bernd Schorb: „Wir gucken besser fern als ihr!" Fernsehen für Kinder. München 1995

Theunert, Helga u. a.: Zwischen Vergnügen und Angst – Fernsehen im Alltag von Kindern: Eine Untersuchung zur Wahrnehmung und Verarbeitung von Fernsehinhalten durch Kinder aus unterschiedlichen soziokulturellen Milieus in Hamburg. Berlin 1992

Vision Kino GmbH (Hg.): Mit der Familie ins Kino. Leitfaden für Eltern. Potsdam 2009

**Internetquellen**

Bundeszentrale für politische Bildung (bpb) (Hg.) (2003): Materialsammlung zum Kongress Kino macht Schule. http://www.bpb.de/files/IFMV8W.pdf (Stand: 01.05.2010)

Deutsche Film- und Medienbewertung (FBW) (o. J.): http://www.fbw-filmbewertung.com (Stand: 01.06.2010)

Filmförderungsanstalt (FFA) (2010): Der Kinobesucher 2009. Strukturen und Entwicklungen auf Basis des GfK Panels. Berlin. http://www.ffa.de/downloads/publikationen/kinobesucher_2009.pdf (Stand: 05.05.2010)

Freiwillige Selbstkontrolle der Filmwirtschaft (FSK) (2010a): FSK – Statistik 2009. http://www.spio.de/index.asp?SeitID=307 (Stand: 01.05.2010)

Freiwillige Selbstkontrolle der Filmwirtschaft (FSK) (2010b): Alterseinstufungen. http://www.spio.de/index.asp?SeitID=18 (Stand: 01.06.2010)

Kinofenster (2010): kinofenster.de – Das Onlineportal für Filmbildung. http://www.kinofenster.de/index.html (Stand: 01.06.2010)

Medienpädagogischer Forschungsverbund Südwest (mpfs) (Hg.) (2004): Welche Rolle spielt der Kinofilm bei jüngeren Kindern? Begleitforschung zum Projekt „Medienkompetenz und Jugendschutz – Wie wirken Kinofilme auf Kinder?". http://www.mkfs.de/fileadmin/PDF/presse/Elternbefagung_Abschlussbericht_21.01.05_03.pdf (Stand: 01.06.2010)

Vision Kino (2009): Über Vision Kino. http://www.visionkino.de/WebObjects/VisionKino.woa/wa/CMSshow/1055117 (Stand: 01.05.2010)

*Stefanie Rose / Gudrun Marci-Boehncke*
## „Na klar, ich hab's!" –
## Wickie in der Remake-Rezeption
Wie Lehrer und Schüler über Film
ins Gespräch kommen können

Wenn Kinder und Jugendliche über Kino und Filme sprechen, dann sind die Lehre-rInnen meistens außen vor. Dieses Ergebnis der Ravensburger Jugendmedienstudien (Marci-Boehncke / Rath 2007) zeigt eine mediale Vertrauenskluft zwischen Schülerin-nen und Schülern und ihren Lehrpersonen. Offensichtlich ist die Schule nur schwer anschlussfähig an die Lebenswelt der Jugendlichen. Dieses Verhältnis darf sie nicht einfach hinnehmen, hat sie doch explizit den Auftrag, die Lerner in ihrer Lebenswelt abzuholen und auch für ihre Lebenswelt auszubilden.

Grundsätzlich sind gerade TV und Film geeignete Medien, um generationsübergreifend ins Gespräch zu kommen, vor allem dann, wenn sie gemeinsam rezipiert werden – das hatte die Studie *Erst die Freunde, dann die Medien* des Deutschen Jugendinstituts (Bar-thelmes / Sander 2001) bereits ergeben. Mit dem Remake von *Wickie und die starken Männer* (2009) bieten sich in besonderer Weise Gespräche zwischen den Genera-tionen an. Zwar mag der neue Film von Michael Bully Herbig die Lehrenden nicht unbedingt in die Kinos locken, die meisten Lehrkräfte der mittleren Generationen (ab 40) kennen jedoch die Zeichentrickserie aus der eigenen Kindheit und Jugend (*Wickie und die starken Männer* 1973; Regie: Eberhard Storek). Die Anknüpfung erfolgt also in der Rückerinnerung und damit im Hineinversetzen in die Altersgruppe heutiger Schü-lerInnengenerationen. Die gemeinsame Kinder- / Jugendbegeisterung soll Thema des Unterrichts sein, es geht mehr um die Suche nach einer gemeinsamen Gesprächsbasis zum Thema *Film* als um die filmphilologische Aufwertung einer Unterhaltungsklamot-te. Es geht um eine Art filmische Erinnerungskultur in einem metakognitiven Prozess.

Unser Beitrag gliedert sich in sechs Teile: Zunächst wird auf die verschiedenen Umset-zungsformen des *Wickie*-Plots als Teil einer mediengeschichtlichen Entwicklung hinge-wiesen, danach werden die Besonderheiten des Remakes von Herbig herausgearbeitet, die unseres Erachtens wesentlichen Einfluss auf die Rezeptionshaltung ausüben. Das setzt sich in der Vermarktung fort. *Wickie* wird gezielt für mehrere Publika beworben und somit als *Crossover Fiction* (vgl. Beckett 2009) verkauft. *Wickie* ist jedoch nicht nur ein Beispiel für *Crossover Fiction*, sondern auch explizit für *Crossover Media*. Die me-dienbildnerischen Chancen dieser Vermarktungsstrategie werden dann unter Bezug auf die Rezeptionssituation des *doing family* aus der Langzeitstudie von Barthelmes / Sander herausgestellt und abschließend in einem Vorschlag zum empiriegestützen Gespräch im Klassenraum didaktisch realisiert. Ziel ist es, dass sich Lehrende und Ler-nende in einer metaperspektivischen Betrachtungsweise ihre Gemeinsamkeiten und Unterschiede in der Rezeption mitteilen und dadurch einen Blick entwickeln für die

Vermarktungsstrategien der Filmwirtschaft – und zwar ohne dass das lustvolle mediale Erlebnis darunter leidet.

## Die Realisierungsformen des *Wickie*-Plots

*Wickie der Wikinger* (im Original *Vicke Viking*; 1963) begann als siebenteilige Kinderbuchserie des schwedischen Autors Runer Jonsson, der 1965 für das erste Buch *Wickie und die starken Männer* mit dem deutschen Jugendliteraturpreis ausgezeichnet wurde. Auch heute noch erscheinen die Kinderbücher Jonssons in modernisierter Form im Ellermann Verlag – inzwischen mit deutlichen graphischen Verweisen (von Christoph Schöne) auf die Anime-Serie. Dies ermöglicht gerade für schwerer lesemotivierbare Jungen einen Anschluss an die bewegte Realisierungsform und wird als Buch zum Film erkannt und rezipiert. Die eigentlich ältere mediale Form wird als nachgeordnet vermarktet, weil das Leitmedium der Kinder eher in der Serie erkannt wurde.

In der Verwertungskette des *Wickie*-Plots tauchten im Laufe der Jahre immer wieder neue Versionen auf, die auf verschiedensten medialen Trägern dargeboten wurden. Ein zweiteiliges Hörspiel zur *Wickie*-Geschichte wurde bereits 1965 vom Westdeutschen Rundfunk produziert. Auf Basis der literarischen Vorlage Jonssons wurde ab 1972 die Animeverfilmung durch das ZDF in Kooperation mit dem ORF und dem japanischen Zeichentrickstudio *Zuiyo Enterprise Company* produziert. Insgesamt entstanden 78 Serienfolgen und ein gleichnamiger Anime-Spielfilm, die noch heute ausgestrahlt werden.

Schon in den 1970er-Jahren entstanden crossmediale Angebote zur *Wickie*-Serie. Die letzte filmisch aktualisierende Umsetzung stammt vom Schauspieler, Comedian und Produzenten Michael Bully Herbig, der im September 2009 eine Realverfilmung nach Motiven der literarischen Vorlage in die Kinos brachte. Er begann die Vermarktung jedoch bereits vor der Produktion und nutzte die Möglichkeiten der neuen Medien: Stark öffentlichkeitswirksam suchte er ab 15. April 2008 im Abendprogramm des privaten Fernsehsenders Pro 7 in der Castingshow *Bully sucht die starken Männer* passende Darsteller für seinen Kinofilm. Über das Internet war diese Suche bereits mit Beteiligung des Publikums vorbereitet worden und hat sowohl Aufmerksamkeit als auch Zuschauerbindung erzeugt.

## Das *Remake* – von der Anime-Serie zum Realfilm

Als Remake bezeichnet Monaco die „Neuverfilmung eines schon einmal verfilmten Stoffes" (1980, 404). Problematisch scheint bei dieser allgemein gehaltenen Definition der Begriff des *Stoffs*, der noch inhaltlich zu füllen wäre. Zudem geht Monaco nicht auf den Grad der Parallelen zwischen den zwei Fassungen ein (vgl. Manderbach 1988, 7). Druxman (1975) füllt diese Lücke und spezifiziert das Wechselverhältnis zwischen altem und neuem Film, wonach von einem Remake nur dann zu sprechen sei, wenn beide Filme auf derselben literarischen Vorlage basieren:

„In defining a *remake* for our purpose, I decided to limit the discussion to those theatrical films that were based on a common literary source […], but were not a sequel to that material." (Ebd., 9)

Zudem sind sowohl gleiche Handlung, analoger Aufbau der Dramaturgie als auch eine homogene Figurenkonstellation für Druxman obligatorische Aspekte des Remakes (vgl. ebd., 13). Eine etwas durchlässigere Definition schlägt Manderbach (1988) vor. Er definiert Remakes als

„die Neuverfilmung eines schon einmal verfilmten Stoffes. Als Remakes bezeichnet man nur solche Filme, die einen Vorläufer mehr oder weniger detailgetreu nachvollziehen – meist aktualisiert, bisweilen in andere Genres übertragen, gelegentlich auch in ganz andere Schauplätze und Zeiten versetzt." (Ebd., 13)

Manderbach verzichtet also auf das Kriterium einer literarischen Vorlage und öffnet die Definition des Remakes für Genreänderungen und Handlungstransformationen, was – z. B. aus ideologischen Gründen – die Stoßrichtung eines Produkts grundlegend verändern kann, obwohl die offensichtliche Nähe zur Vorlage nicht abnimmt (vgl. Marci-Boehncke 1994). Damit ist diese Definition Manderbachs geeignet, einer voreiligen, inhaltsunabhängigen Diskreditierung von Remakes als bloßen Nachverfilmungen einer Filmvorlage entgegenzuwirken.

Im systematischen Sinne kann der neue Film um den kleinen und einfallsreichen Wikingerjungen *Wickie* sowohl im Sinne Druxmans als auch im Sinne Manderbachs als Remake bezeichnet werden. Denn sowohl basiert dieser auf der literarischen Vorlage einer Kinderbuchserie als auch orientiert er sich stark an der ersten Zeichentrickumsetzung des Stoffes. Die Sanktionierung durch den Jugendliteraturpreis würde es begründen, die Buchvorlage als Leitmedium zu sehen und von einer Neuverfilmung zu sprechen (also im Sinne einer Literaturverfilmung), aus heutiger Sicht dürfte jedoch die Bekanntheit des Animes über die des Kinderbuches dominieren, so dass man hinsichtlich der zu erwartenden Rezeption von einem Remake der Anime-Serie bzw. des Anime-Spielfilms sprechen könnte.

In jedem Fall generierten die Produzenten ein hohes Anschlusspotenzial zur Animesserie – und das sowohl für die Kinder als auch für die erwachsenen Rezipienten, die an ihre eigene Kindheits- und Jugenderfahrungen anknüpfen können – und machten so den neuen Film um *Wickie* zu einem scheinbar sicheren Erfolg. In einer Zeit, in der *Aufmerksamkeit* ein knappes Gut mit direkter ökonomischer Qualität ist (vgl. Franck 1998), korrespondierend mit der Zunahme medialer Angebote, sichern Wiederverfilmungen von (auch literarischen) Klassikern die *attentiale* Erreichbarkeit der anvisierten Klientel (vgl. Beck 2002, 139). Gerade die Nutzung erfolgreicher Stoffe, die potenziell in der Lage sind, durch eine Wiederverfilmung den kommerziellen Erfolg des Ursprungswerks zu wiederholen, sind in der Filmindustrie ein probates Mittel, um Besucherzahlen und damit ökonomische Gewinne zu generieren.

Allerdings finden sich in dem neuen *Wickie*-Film deutliche Unterschiede zu den Anime-Fassungen. Im Gegensatz zur von den japanischen Zeichnern geschaffenen Unisex-Figur finden sich in Herbigs Realfilm klare und unmissverständliche Botschaften und Rollenbilder, die als Projektionsfläche jugendkultureller Bedürfnisse, Lebensgefühle und Themen fungieren (vgl. Schluchter 2009). So wurde u. a. die Farbsymbolik an dieser Stelle subtil verändert: Trug der Zeichentrickheld *Wickie* noch pink, wurde daraus im Film ein helles Beige. Unmissverständlich blieben die roten Kutten *Wickies* Freundin *Ylvi*, aber auch der Mutter *Ylva* vorbehalten.

Der Handlungsstrang sowohl der Anime- als auch der Realverfilmung zeichnet sich stets durch Einfachheit und wenig Komplexität aus. Szenisch wurde mehrfach umgearbeitet – die Rollenausgestaltung bleibt aber nah am Ursprungswerk. Der Held Wickie ist anders als das von seinem Vater vertretene Stereotyp des Wikingers. Ihn charakterisieren eher Ideenreichtum und menschliche Loyalität als Machtgier und Schlagkraft. Vor allem aber zeichnet er sich durch die Fähigkeit zur Folgenabschätzung seiner Handlungen aus und in wichtigen Fragen bleibt er stets am Wohl der eigenen Gruppe orientiert, gibt nicht individuellem Vorteilsstreben nach. Er entspricht nicht dem herkömmlichen Bild des groben, kampfeslustigen und plündernden Wikingers. Besonders bei Kinderfilmen sind vermeintliche kleine Schwächen der Helden oder von der Umwelt als Mangel eingeschätzte Eigenschaften, mit denen sich das junge Publikum leicht identifizieren kann, konstitutiv (vgl. Necknig 2007, 23) – andererseits sollen diese Helden auch die Möglichkeit zur Profilierung besitzen und im Rahmen einer Heldenreise nicht nur ihr persönliches Glück durch Mut und mit Hilfe von Freunden erreichen, sondern auch und gerade das ihrer Gruppe (vgl. Weißenburger 2009).

Wickie stellt besonders für Jungen ein gesellschaftlich tragfähiges und sozialverträgliches Rollenmodell dar, welches das Typische hinter sich lässt und eigene Defizite produktiv und innovativ löst. Er ermöglicht in diesem Zusammenhang Orientierung und Hilfestellung beim Aufbau eigener Handlungsnormen, jenseits einer eindimensionalen, sozial und medial konstruierten *männlichen* Rollennorm mit typisch gendermännlichen Stereotypisierungen und Zuschreibungen (vgl. Straub 2006, 23). So werden die Wikinger, allen voran Halvar, der Vater Wickies, im Realfilm häufig infantilisiert wiedergegeben – die (körperliche) Überlegenheit wird durch unselbstständiges Handeln relativiert. Wickie bleibt im Gegensatz zu seinem Vater, welcher über durchgängig stereotyp formulierte, gendermännlich konnotierte Eigenschaften verfügt, stets handlungssouverän und rettet zum Schluss seine Freundin vor dem Feind.

So wird der Stoff zeitgemäß und modern transformiert. Mehrfachadressierungen zeigen sich in Anspielungen, intertextuellen Momenten und Ironisierungen, die für Kinder kaum erschließbar und verstehbar sind. Wenn die Einwohner des Wikingerdorfs die Wiederkehr der Männer feiern, erfolgt die Darstellung analog zum Gemälde *Bauernhochzeit* (ca. 1568) von Pieter Bruegel d. Ä. Wenn im Hintergrund der Stammesältesten völlig ahistorisch der *Teppich von Bayeux* zitiert wird (Abb. 1 und 2), dann wird kulturelles Wissen aufgerufen bzw. benötigt, über das Kinder kaum verfügen dürften. Hier zeigt sich: Auch bei audiovisuellen Angeboten erfolgt die Bedeutungskonstruktion stets auf Grundlage der sozialen wie kulturellen Ressourcen der Rezipienten (Winter 1997, 54) – Textbedeutungen werden auch beim Film nicht objektiv entnommen, sondern unter Rückgriff auf Symbolrepertoires und auf Basis sozialer Erfahrung individuell konstruiert.

*Abb. 1 und 2:* Teppich von Bayeux (um 1070), zitiert im Film

## Das Remake als Crossover Fiction

Die kreative Transformation der *Wickie*-Bücher von Jonsson zum Realfilm bei Herbig wird hier also nicht als defizitäre oder simplifizierende Umsetzung verstanden. Der Medienwechsel – vom Printtext zum audiovisuellen Text – bringt sowohl Veränderungen in der formalen als auch inhaltlichen Struktur mit sich (vgl. Marci-Boehncke 2006a). Das Bild ist das bestimmende Element des Films, die visuelle Komponente des Mediums konstituiert die kinematographische Struktur (vgl. Hurst 1996, 78).

„Während der Film auf seine nicht kinematographischen Elemente (Sprache, Geräusche, Musik) durchaus verzichten könnte und trotzdem noch Film bliebe, wäre er ohne sein kinematographisches Element (Bild) kein Film mehr." (Schneider 1981, 97ff.)

In der Rezeption lassen die Symbolsysteme des Films mehr Interpretationen zu als ein Schrifttext. Der erweiterte Textbegriff betont die dem Rezipienten gegenwärtige Textualität, die es jeweils individuell zu entschlüsseln, mit Bedeutung zu versehen und an lebensweltliche Verweisungszusammenhänge zu koppeln gilt. Leerstellen, die vor allem aus rezeptionsästhetischer Literatur- und Kunstwissenschaft bekannt sind, verlangen im Film vermehrt die kognitive Aktivität des Rezipienten (vgl. Mikos 2008, 26). Als individuell zu füllende Lücken im Erzählfluss bedürfen sie verstärkt der sinn-generierenden Arbeit der Zuschauer, öffnen zudem dabei auch immer Spielräume der Interpretation des Gesehenen. So weist Neuß unter Rekurs auf die Anime-Serie darauf hin, dass schon die dargestellten Figuren deutungsoffen sind:

> „So wird z. B. Wickie […] von Kindern mal als Junge und mal als Mädchen interpretiert. Je nachdem, wie man diese Figur füllt, entstehen in dem Film ganz neue Perspektiven und Beziehungskonstellationen." (Neuß 2002)

*Crossover Fiction*, ein Terminus, der primär Anwendung zur Beschreibung von fiktionaler Literatur im Medium Buch findet, muss viel allgemeiner als Charakteristikum von Inhalten gesehen werden, die sich über verschiedene mediale Träger realisieren. So tragen besonders Kinder- und Jugendbuch-Verfilmungen das Crossover-Phänomen in sich. Kinderfilme werden auch immer unter Rückgriff auf wünschenswerte Rezeptionserwartungen der Eltern produziert, da gerade diese oftmals einen Film als potenziell sehenswert charakterisieren und somit in letzter Instanz entscheiden, ob er von Kindern gesehen wird (vgl. Abraham 2002). Anders als die Anime-Version ist der Film Herbigs allerdings für zwei Publika bestimmt – und zwar nicht nur altersmäßig unterschiedlich, sondern auch mit dezidiert verschiedenen Kontextualisierungsmöglichkeiten. Herbig richtet zum einen den Fokus auf die originalgetreue Darstellung von *Wickie und die starken Männer* und bleibt dabei eng dem Anime-Spielfilm verhaftet. Handlungsverlauf und Figurencharakteristika bleiben weitgehend unverändert. Gleiches gilt für die Tonspur, die bis hin zur emotional wirkenden Musik (vgl. Köberer / Rose 2009) eine hohe Ähnlichkeit mit den Zeichentrickfolgen und dem Anime-Film aufweist. Allerdings gibt es auch Neues – so z. B. die Figur eines impliziten Erzählers, der spanische Chronist *Ramon Martinez Congaz* vom „königlich-spanischen Depeschendienst". Diese Figur, gespielt von Herbig selbst, befriedigt die auf die Comedy-Erfolge Herbigs im Fernsehen (*Bullyparade*, 1997-2002) und auf seine vorhergehenden Filme (*Der Schuh des Manitu*, 2001; *(T)Raumschiff Surprise – Periode 1*, 2004; bedingt *Hui Buh – Das Schlossgespenst*, 2006 und *Lissi und der wilde Kaiser*, 2007) ausgerichteten Erwartungen der vornehmlich erwachsenen Fans. Die Assoziationsangebote in diesem Namen – *Ra-mon* als ein veränderter *Roman*, *Con-gaz* als *con gas*, die spanische Bezeichnung für Wasser mit Kohlensäure, also belebend, prickelnd, sprudelnd – dürften Kindern noch nicht auffallen. Erwachsene können jedoch, wie gesagt, solche sprachlichen Verweise erkennen und lustvoll rezipieren.

Herbigs Film leistet hier *crosswriting*, antizipiert also verschiedene Publika und Gratifikationserwartungen. Das zeigt sich einmal auf der inhaltlichen und filmisch-narrativen Seite, bei der vielfach parodierende Elemente und hintergründige Ironie – welche sich in ihrer Form an Erwachsene richten – angeboten werden. Aber auch auf der Seite der Distribution zeigt sich die Orientierung des Films an zwei Generationen. Wird die Zielgruppe der Kinder, als Rezipienten der zweiten Generation, durch eine starke crossmediale Markenstrategie gefesselt, wird bei den Erwachsenen an den Trendcharakter der Anime-Serie appelliert.

Wesentlich dürfte zum Erfolg des Realfilms[1] auch die Genrewahl beigetragen haben. So formuliert Beckett (vgl. 2009, 4), dass auf der Inhaltsebene Abenteuerliteratur immer schon Altersschranken dekonstruierte – indem sie anschlussfähig blieb an Geschichten, die die Heldenreise beschreiben und generationenübergreifend rezipiert und mündlich wie schriftlich tradiert wurden. Das Drehbuch lässt Wickie auch die universale Heldenreise mit ihren typischen Stadien durchlaufen (vgl. Vogler 1999). Damit bleibt der Film kompatibel mit der thematischen Vorliebe für das Abenteuer, die von Kindern, Jugendlichen, aber auch Erwachsenen über verschiedenste mediale Träger befriedigt werden kann. Andererseits bleibt der Film dort nicht stehen und ironisiert dieses Genre gleichzeitig durch seine Veränderungen in der Erzählstruktur (Erzählerfigur) und den Bildverweisen. Diese Änderungen sind nur für die Zuschauer interessant, die zu einer kritischen Rezeption und Erinnerung des ersten Filmerlebnisses fähig sind. Nur sie wissen, dass der Erzähler als Strukturmerkmal neu ist und sehen in der Figur des Chronisten den ironischen Verweis aus dem Plot heraus auf die Vermarktungsstrategie, die so aber bereits werkimmanent kommuniziert wird.

### *Wickie*: Crossover Fiction in Crossover Media

Beckett (vgl. 2009, 14) weist darauf hin, dass Crossover Fiction nicht nur als Genre zu verstehen sei, sondern auch dezidiert als Marketing-Kategorie. Die Produkte werden so lanciert, dass die verschiedenen Zielgruppen angesprochen werden. Kinder und Jugendliche adaptieren und habitualisieren neue Technologien im Informations- und Kommunikationsbereich sehr schnell und erwarten von ihren Medienmarken zunehmend einen plattformunabhängigen Zugang zu Information und Unterhaltung (vgl. Sobek 2004, 41). Auch beim Realfilm *Wickie* wurde stark auf die Synergieeffekte einer crossmedialen Markenstrategie gesetzt. Bezeichnet *Konvergenz* stärker die individuellen und sozialen Gebrauchsweisen von Medien (vgl. Theunert / Wagner 2007), fokussiert *Crossmedia* die Herstellung von Wertschöpfungsnetzwerken, also die Distribution identischer Inhalte über verschiedene Mediengattungen (vgl. Schweiger 2002, 124f.). So werden auch bei *Wickie* Medienunternehmen in Medienteilbranchen aktiv, die sich technologisch von der Ursprungsbranche unterscheiden.

Der Mehrwert für das Publikum besteht dabei im potenziellen Erwerb komplementärer Gratifikationen durch medienadäquate Inhalte oder Anerkennung im Gruppendiskurs (vgl. Marci-Boehncke 2006b). Zudem gewährleisten die Angebote Orientierung, indem auf andere Medienangebote mit Themen-, Programm- und Genreanbindung verwiesen wird, was die Homepage des Films *Wickie* veranschaulicht, die sich als effektvolle Bündelung der verschiedenen (Merchandising-)Angebote charakterisieren lässt. User erhalten sowohl die Möglichkeit, ihr Wissen rund um den Kinofilm zu vertiefen, als auch die Gelegenheit, durch Teaser / Trailer und eine Galerie einen ersten Vorgeschmack auf den Film zu erhalten. Bei diesem primären *push*-Angebot werden Konsumwünsche bei der jungen Kundschaft generiert, aber in Teilen durch einen Downloadbereich auch bereits befriedigt. Der *Wickie*-Fan hat darüber hinaus die

---

1  Mit 4,9 Millionen Zuschauern war *Wickie und die starken Männer* der an den Kinokassen erfolgreichste deutsche Film des Jahres 2009.

Möglichkeit, sein Fan-Sein durch eine Vielzahl medialer und nonmedialer Angebote zu verwirklichen. Den Rezipienten wird durch Fernseh- und Zeitschriftenbeiträge, die vor Anlauf des *Wickie*-Films wie auch in seiner Nachbereitung spezifische Entstehungs- als auch Produktions- und Rezeptionsweisen zum Gegenstand haben, Insiderwissen zum Film vermittelt. Darüber hinaus finden sich mediale Nebenformate und nonmediale Merchandising-Artikel: neben Computer- und Konsolenspielen sowie DVD- und Blu-ray-Vertrieb, Hörspielen, Filmbüchern, Homepages und Soundtracks auch Bettwäsche, Helme, Gläser, Besteck, Teller, Bekleidung, Poster, Lebensmittel und natürlich Spielwaren.

Die Heranwachsenden nutzen diese vom Markt vorgeschlagenen Optionen, solange sich für sie ein Mehrwert ergibt.[2] Die Medienmarken gewinnen erst dann an Bedeutung, wenn diese für die individuellen lebensweltlichen Anliegen von Interesse sind und sich soziale und symbolische Mehrwerte ergeben. Fungieren Helden wie Wickie als Agendasetter in der Peergroup, lassen sich Teilhabe und Positionierung in der Gleichaltrigengruppe auch über die Merchandisingartikel sichern. Von Seiten der Medienproduzenten ist die Marktabdeckung konsequent durchdacht. Gerade die jungen Rezipienten produzieren durch ihr Fandasein auch reales Kapital (vgl. Karmasin 2006). Die KidsVerbraucherAnalyse 2008 zeigt, dass die 6- bis 13-Jährigen durch „regelmäßige Geldzuwendungen und Geldgeschenke zu Weihnachten, Ostern und am Geburtstag [...] fast 2,5 Milliarden Euro" im Jahr ausgeben (Egmont Ehapa Verlag 2009). Der Medienverbund kann als ein wesentlicher Markt für diese Beträge verstanden werden.

## Vom *Doing Family* als Rezeptionshaltung zum *Doing School*

Innerhalb von Familien bestehen unter den Generationen und Geschlechtern zwar unterschiedliche Medieninteressen und medienbezogene Handlungsweisen. Diese dienen auf der einen Seite der Abgrenzung, um als Individuum eigene Bedürfnisse zu befriedigen und Genuss für sich zu erleben. Sie dienen auf der anderen Seite aber auch dem Zusammenhalt über gemeinsame Medienerlebnisse. Die KIM Studie 2008 zeigt, dass gerade das Fernsehen bei den 6- bis 13-Jährigen mit einer Quote von immerhin 30 Prozent oftmals noch mit den Eltern stattfindet – deutlich häufiger als jede andere Medientätigkeit. Nun ist *Wickie* zwar ein Kinofilm – er verweist aber auf TV-Rezeptionssituationen, sowohl bei Erwachsenen (Serie) als auch bei Kindern (Anime-Spielfilm und -Serie).

*Wickie* ermöglicht mit seiner Doppeladressierung, dass audiovisuelle Medienerfahrungen zwischen den Generationen geteilt werden. Diese Medienerfahrungen finden vielleicht einerseits nur zeitlich versetzt statt – sie beziehen sich jedoch auf ein zu je unterschiedlicher Zeit ähnliches Erleben. Ähnlich wie auch Gespräche über Kinderbuchklassiker zwischen den Generationen stattfinden – nicht aus der unmittelbar

---

2  Umso verwunderlicher ist es, dass interaktive Möglichkeiten, sei es im Chat oder mit eigenen Produktionen zum Film, hier nicht angelegt wurden. Derartiges ist für so breit gepushte Medienangebote heute Usus.

zeitgleichen Lektüre, aber aus der Erinnerung an die frühere Lektüre –, mag dies beim Anknüpfen an den Plot von *Wickie* sein. Dann reden die Generationen über den Plot, aber nicht über die gleiche Adaption. Vielleicht sind bei den Erwachsenen sogar beide Versionen bekannt, die eine aus der Erinnerung an kindliche / jugendliche Rezeption, die andere angeschaut mit nostalgischem Aktualisierungsbedürfnis und einer Anknüpfung an erwachsene Comedy-Vorlieben des Klamauk-Produzenten Herbig. Beim Realfilm handelt es sich nicht nur um eine Neuverfilmung wie bei Filmklassikern, sondern mit ihm geht auch eine Verschiebung des Genres einher – gerade die erwachsenen Rezipienten verstehen und integrieren die parodistischen Elemente. Das Remake erlaubt den Erwachsenen eine Metaperspektive zu ihren eigenen Jugenderinnerungen. Für die Kinder sind sowohl die Anime-Serie als auch der Realfilm die literarische Primärerfahrung, welche sie in aktivem Medienhandeln bearbeiten.

Im Privatbereich moderner Gesellschaften konstituiert sich Familie zunehmend als selbst hervorgebrachter und gestalteter Prozess, der mehr oder weniger bewusste und zielgerichtete Aktivitäten notwendig macht. Die gemeinsame Rezeption und der Austausch über Filme ermöglichen mediale Kultur als gemeinsamen Gesprächs- und Erlebnishintergrund (vgl. Sander / Lange 2006). Barthelmes / Sander (vgl. 2001, 238-244) formulieren in diesem Zusammenhang zwei Arten von Mediengesprächen, die im Verhältnis der Generationen zur Herstellung von Nähe und Gemeinschaft genutzt werden. Werden in *diskursiven* Gesprächen „kulturelle Diskurse der Generationen geführt" (ebd., 231), indem über Filme unterschiedliche Geschmacksvorlieben verhandelt und abgegrenzt werden, ermöglichen die *assoziativen* Gespräche vor allem Kindern und Jugendlichen, anhand von Motiven aus Spielfilmen und Serien ihre aktuellen Fragen und Befindlichkeiten zu bearbeiten; den Familienmitgliedern bieten sie die Chance, Aufschluss und Zugang zu den als (entwicklungs-)relevant eingeschätzten Themen der Heranwachsenden zu geben.

Gerade diskursive Gespräche zu den *Wickie*-Filmen ließen sich – entsprechend initiiert – auch in der Schule motivieren (vgl. Möbius 2008). Die Lehrenden würden ihre Lehrerrolle ein Stück weit aufgeben und könnten deutlich machen, dass auch sie die Rezeptionssituation ihrer Schüler kennen und teilen. Bei einem solchermaßen rezeptions- und nicht kritikzentriert geführten Diskurs können – ohne Gesichtsverlust auf beiden Seiten – Rollenerwartungen durchbrochen werden, kann das Vertrauen in offenere Mediendiskurse wachsen. Die empirisch nachweisbare Sprachlosigkeit der Schülerinnen und Schüler wie der Lehrenden hat in dieser Perspektive in der mangelnden Anbindung an gemeinsame Rezeptionsformen eine Ursache (vgl. Marci-Boehncke / Rath 2007).

**Erinnerungskultur erfragen: *Wickie* gesehen? „Na klar, ich hab's!" –**
**Einen Filmdiskurs motivieren als Teil des medienintegrativen Deutschunterrichts**

Nicht die Analyse soll deshalb Ziel der vorgeschlagenen Auseinandersetzung mit dem neuen *Wickie*-Film sein, sondern eine *kleine* Empirie (vgl. Marci-Boehncke 2008), in der das Rezeptionserinnern generationsübergreifend erfragt werden soll. Fragende sind die Schülerinnen und Schüler, möglich und lehrplanmäßig passend erscheint eine solche Einheit für die Jahrgangsstufen 4-6, hier werden auch Lesen und Verstehen von Diagrammen sowie das Durchführen eigener Umfragen motiviert. Je nach Ausgestaltung der Befragung ist eine solche Einheit unseres Erachtens aber auch schulartübergreifend ausweitbar auf die Jahrgangsstufen 7-8. Dann könnten noch weitere Aspekte von Erinnerungskultur thematisiert werden.

Erinnerungskultur wird heute vorrangig in Verbindung mit geschichtlichem Erleben (Mauerfall, NS-Alltag) gesehen. Auch bei Sportevents oder in Chartshows wird jedoch immer häufiger auf mediales Rezeptionserinnern verwiesen. Dieses soll auch Gegenstand der Befragung werden. In einem Unterrichtsgespräch kann dabei vom eigenen, kindlichen Rezeptionserlebnis ausgegangen werden: Es wird gesammelt, welche Umsetzungen und Medienverbund- / Merchandising-Produkte die Kinder kennen. Dabei wird bereits die große Reichweite der medialen Vermarktung des Plots sichtbar – der Umgang mit dem Angebot zeigt auch die Werbewirkung des Marktes auf die jugendlichen Nutzer und lässt sowohl medienkundliche als auch medienkritische Potenziale erkennen. Darüber hinaus erfahren die Kinder – auch über eigene Netzrecherche –, seit wann der Plot bereits medial präsent ist. Hier ergibt sich der Anschluss an die Welt der Erwachsenen – eventuell im Gespräch, ausgehend von der Frage nach einer Familienrezeption des Films. Daran schließt sich die Überlegung an, wie Erwachsene die alte und neue Version des Films in ihrem Erinnern zusammenbringen. Etwa: Werden Unterschiede festgestellt? Wie werden sie bewertet? Sind sie lustig oder eher störend? Werden Ähnlichkeiten festgestellt, die in einer Neuverfilmung vielleicht ungewöhnlich sind (etwa die Beibehaltung der Musikmotive und der Plansequenz sowie charakteristische Aussprüche, vor allem etwa Wickies „Na klar, ich hab's!")?

Interessant wäre zudem, zu erfragen, woran Erwachsene bei *Wickie und die starken Männer* zunächst denken. Erkannt werden kann hier, dass nicht nur unmittelbare Erinnerungen an den Plot eine Rolle spielen, sondern diese Medienerinnerungen an Situationen der Rezeption gebunden sind: Entspannung beim Vorabendprogramm, das den Alltag schon damals ähnlich strukturierte wie heute etwa Soaps. Die Verwendung TV-medialer Sprache und Gestik – Wickies Problemlösungsfloskel als Teil einer vorjugendlichen Mediensprache. Identifikationsangebote für Jungen und Mädchen können erfragt und verglichen werden.

Für die Erhebung bietet sich das Instrument Grafstat an, das unter http://www.grafstat.de für Bildungsinstitutionen kostenlos zur Verfügung gestellt wird. Auch auf dem Klassencomputer lässt es sich ohne Netzanschluss mittels Software, die die Bundeszentrale für politische Bildung vertreibt, installieren (vgl. hierzu ausführlicher Marci-Boehncke 2008).

Nach dem Blick auf die eigene Rezeption wäre der Fragebogen für die Erhebung der Erwachsenenrezeption sinnvoll – eventuell kann auch ein gemeinsamer Bogen für Kinder und Erwachsene erstellt werden, in dem lediglich über die Kreuztabellierung mit dem Alter die unterschiedlichen Nutzertypen genauer profiliert werden. Die Befragung erfolgt dann als Partner- / Gruppenarbeit bei Lehrenden in der Schule oder auch vergleichend im Familienkreis. Die Auswertung wird angeleitet durchgeführt, aber doch schülerzentriert in Gruppen. So können hinterher die verschiedenen Rezipientengruppen gesondert oder auch vergleichend vorgestellt werden.

Die Arbeit am Film thematisiert Mediengeschichte, Medienmarkt, Medienrezeption. Sie knüpft an die Lebenswelt der Kinder an und nutzt deren z. T. inhaltlich *triviale* Unterhaltungsmedien zu einem nicht trivialen Erfahrungsaustausch. Dabei werden Fähigkeiten und Fertigkeiten geschult, Kenntnisse vermittelt und Haltungen reflektierbar gemacht, die vom Plot einer Trivialgeschichte weit entfernt sind und dem lustvollen Erleben ebenso entsprechen wie den Bildungsansprüchen des Deutschunterrichts.

**Filmographie**
Wickie und die starken Männer (BRD / Japan 1973; Regie: Eberhard Storek)
Wickie und die starken Männer (D 2009; Regie: Michael Bully Herbig)

**Primärliteratur**
Runer Jonsson: Wickie und die starken Männer. München: Herold 1964 [schwed. EA Vicke Viking 1963]

**Sekundärliteratur**
Abraham, Ulf: Kino im Klassenzimmer. Klassische Filme für Kinder und Jugendliche im Deutschunterricht. In: Praxis Deutsch 175 (2002), 6-18
Barthelmes, Jürgen / Ekkehard Sander: Erst die Freunde, dann die Medien. Medien als Begleiter in Pubertät und Adoleszenz. Opladen 2001 (Medienerfahrungen von Jugendlichen; 2)
Beck, Klaus: Aufmerksamkeitsökonomie im Medienensemble. In: Theunert, Helga / Ulrike Wagner (Hgg.): Medienkonvergenz in Angebot und Nutzung. München 2002, 137-149
Beckett, Sandra L.: Crossover Fiction. Global and Historical Perspectives. New York 2009
Campbell, Joseph: Der Heros in tausend Gestalten. Frankfurt / M. 1999
Druxman, Sam: Make It Again, Sam – A Survey of Movie Remakes. South Brunswick [u. a.] 1975
Franck, Georg: Ökonomie der Aufmerksamkeit. Ein Entwurf. Wien, München [u. a.] 1998
Hurst, Matthias: Erzählsituationen in Literatur und Film. Ein Modell zur vergleichenden Analyse von literarischen Texten und filmischen Adaptionen. Tübingen 1996 (Medien in Forschung + Unterricht; 40)
Karmasin, Matthias: Kinder und Medien (Mehr-)wert. In: Marci-Boehncke, Gudrun / Matthias Rath (Hgg.): Jugend – Werte – Medien. Der Diskurs. Weinheim 2006, 45-56
KIM-Studie 2008: Kinder und Medien, Computer und Internet. Basisuntersuchung zum Medienumgang 6- bis 13-Jähriger in Deutschland. Stuttgart 2008
Luca, Renate / Stefan Aufenanger: Geschlechtersensible Medienkompetenzförderung. Mediennutzung und Medienkompetenz von Mädchen und Jungen sowie medienpädagogische Handlungsmöglichkeiten. Berlin 2007
Manderbach, Jochen: Das Remake – Studien zu seiner Theorie und Praxis. Siegen 1988
Marci-Boehncke, Gudrun: „Welches Buch wollt ihr denn lesen?" Die Auswahl kinderliterarischer Ganzschriften als „kleine Empirie": Abstrahieren, Auswerten und Präsentieren im unterrichtlichen Prozess. In: Mitteilungen des Deutschen Germanistenverbandes 55 (2008) H. 1, 10-26
Marci-Boehncke, Gudrun: Verfilmung. In: Kliewer, Hans-Jürgen / Inge Pohl (Hgg.): Lexikon Deutschdidaktik. Bd. 2. Baltmannsweiler 2006, 785-787 [Marci-Boehncke 2006a]
Marci-Boehncke, Gudrun: Jungen lesen Filme – Medienerziehung als Gender-Mainstreaming in der Grundschule. In: Josting, Petra / Heidrun Hoppe (Hgg.): Mädchen, Jungen und ihre Medienkompetenzen. Aktuelle Diskurse und Praxisbeispiele für den (Deutsch-)Unterricht. München 2006, 106-133 [Marci-Boehncke 2006b]
Marci-Boehncke, Gudrun: Rollenwandel im Remake. Eine Untersuchung zu einem Unterhaltungsfilm aus dem „Dritten Reich" und seinem Remake aus den Fünfzigern. In: Bosshart, Louis

/ Wolfgang Hoffmann-Riem (Hgg.): Medienlust und Mediennutz. Unterhaltung als öffentliche Kommunikation. München 1994, 411-421

Marci-Boehncke, Gudrun / Matthias Rath: Jugend – Werte – Medien. Die Studie. Weinheim [u. a.] 2007

Mikos, Lothar: Film- und Fernsehanalyse. 2. Aufl. Berlin 2008

Möbius, Thomas: Das „literarische Sehgespräch" als sprachlich-kommunikative Vermittlungsweise bilddominierter Medienangebote. In: Frederking, Volker / Matthis Kepser / Matthias Rath (Hgg.): Log In! Kreativer Deutschunterricht und Neue Medien. Festschrift für Hartmut Jonas. München 2008, 141-156

Monaco, James: Film verstehen (Sonderausgabe). Reinbek bei Hamburg 2002

Monaco, James: Film verstehen. Kunst, Technik, Sprache. Geschichte und Theorie des Films. Reinbek bei Hamburg 1980

Necknig, Andreas Thomas: Wie Harry Potter, Peter Pan und Die unendliche Geschichte auf die Leinwand gezaubert wurden. Literaturwissenschaftliche und didaktische Aspekte von Verfilmungen phantastischer Kinder-und Jugendliteratur. Frankfurt / M. 2007

Sander, Ekkehard / Andreas Lange: Familie und Medien im Spiegel von Medienrhetorik und empirischen Befunden. In: Marci-Boehncke, Gudrun / Matthias Rath (Hgg.): Jugend – Werte – Medien: Der Diskurs. Weinheim [u. a.] 2006, 70-92

Schluchter, Jan-René: Subjektorientierte Filmbildung im Kontext sozialer Benachteiligung. In: Marci-Boehncke, Gudrun / Matthias Rath (Hgg.): Jugend – Werte – Medien: Das Modell. Weinheim [u. a.] 2009, 171-186

Schneider, Irmela: Der verwandelte Text. Wege zu einer Theorie der Literaturverfilmung. Tübingen 1981 (Medien in Forschung + Unterricht; 4)

Schweiger, Wolfgang: Crossmedia zwischen Fernsehen und Web. In: Theunert, Helga / Ulrike Wagner: Medienkonvergenz in Angebot und Nutzung. München 2002, 123-134

Sobek, Eva: Crossmediale Markenführung im Segment der Jugendzeitschriften. Frankfurt / M. 2004

Straub, Ingo: Medienpraxiskulturen männlicher Jugendlicher. Medienhandeln und Männlichkeitskonstruktionen in jugendkulturellen Szenen. Wiesbaden 2006

Theunert, Helga / Ulrike Wagner: Neue Wege durch die konvergente Medienwelt. Eine Untersuchung zur konvergenzbezogenen Medienaneignung von 11- bis 17-Jährigen. In: medien + erziehung 51 (2007) H. 1, 42-50

Vogler, Christopher: Die Odyssee des Drehbuchschreibers: Über die mythologischen Grundmuster des amerikanischen Erfolgskinos. 5. Aufl. Frankfurt / M. 1999

Weißenburger, Christian: Helden lesen! Die Chancen des Heldenmotivs bei der Leseförderung von Jungen. Eine empirische Unterrichtsuntersuchung zum Lektüreunterricht bei Jugendlichen der Klassenstufe 7/8. Baltmannsweiler 2009

Winter, Rainer: Cultural Studies als kritische Medienanalyse. Vom „encoding / decoding"-Modell zur Diskursanalyse. In: Hepp, Andreas / Rainer Winter (Hgg.): Kultur – Medien – Macht. Cultural Studies und Medienanalyse. Opladen 1997, 47-63

**Internetquellen** (Stand: 22.06.2010)

Egmont Ehapa Verlag: Kids Verbraucher Analyse (2009). http://egmont-mediasolutions.de/pdf/services/studien/KVA09_Pressemitteilung.pdf

Köberer, Nina / Stefanie Rose: „Musik gefällt jedem, darum …" – Medienverhalten und Medienkritik jugendlicher Musikexperten. In: Ludwigsburger Beiträge zur Medienpädagogik 11 (2008). http://www.ph-ludwigsburg.de/2081.html

Neuß, Norbert: Leerstellen für die Fantasie in Kinderfilmen – Fernsehen und Rezeptionsästhetik. In: TeleVIZIon, 15 (2002) H. 1, 17-23. http://www.br-online.de/jugend/izi/deutsch/publikation/televizion/15_2002_1/neuss15_1.htm

# Teil III

# Kinderfilme im Deutschunterricht (Jahrgangsstufen 1-7)

*Klaus Maiwald*
# Grundlegende filmanalytische Begriffe und Kategorien

Der schulische Umgang mit Literatur soll keine Literaturwissenschaftler heranziehen, er braucht aber philologisch gebildete Lehrer und Lehrerinnen. Ähnlich beim Film: Auch hier geht es nicht um filmanalytische Exerzitien (im Klassenzimmer), wohl aber um die sachanalytische Kompetenz (am Schreibtisch). Für die Unterrichtsvorbereitung handhabbare Einführungen in die Filmanalyse existieren mittlerweile in beträchtlicher Anzahl. Zu nennen wären hier einmal umfassende Standardwerke von James Monaco (2002) und Knut Hickethier (2007). Ausdrücklich als *ratgeber für lehrer* [sic] versteht sich Jens Hildebrand (2006), eher für Schüler gedacht ist das Buch von Peter Beicken (2004). Wer es kompakter braucht, findet entsprechende Kapitel bei Leubner / Saupe (2006, 177-230) oder bei Frederking / Krommer / Maiwald (2008, 173-182) bzw. Zeitschriftenbeiträge von Gast (1996), Rußegger (2003) oder Staiger (2008). Für ganz Eilige gibt es den folgenden Beitrag.

Angelehnt an *Mediendidaktik Deutsch* (Frederking / Krommer / Maiwald 2008) werden im Folgenden drei filmanalytische Hauptkategorien unterschieden: das *Narrative*, das sich mit printmedialen Erzähltexten überschneidet, sowie das *Visuelle* und *Auditive* als genuin filmspezifische Bereiche. Wie im Umgang mit literarischen Texten sind Fachbegriffe und Analyse kein Selbstzweck, sondern gezielt einzusetzende Mittel der Verständigung über inhaltliche und interpretatorische Fragen. Das (im ersten Teil) dargestellte Kompendium dient daher rein der sachanalytischen Grundlegung, es ist *keine* curriculare Systematik und *kein* filmdidaktisches Programm. Hingegen kann ein (im zweiten Teil) entfaltetes *Modell filmischer Codes* auch bereits didaktische Perspektiven eröffnen.

## Analytische Hauptkategorien: visuell – auditiv – narrativ

### Das Visuelle
Eine Reihe filmanalytischer Kategorien und Begriffe kann dem *Einzelbild* zugeordnet werden.

- *Einstellungsgröße*

Die Einstellungsgröße besagt, wie groß Figuren oder Objekte im Bild zu sehen sind. Sie stellt damit auch Nähe bzw. Entfernung des Zuschauers zum Leinwandgeschehen her. Man unterscheidet im Allgemeinen folgende Größen:

| weit | weite Landschaften, Panoramen |
|---|---|
| Totale | Gesamtüberblick, einzelne Figuren aber erkennbar |
| Halbtotale | Ganzansicht, Figurenumgebung mit Eigengewicht |
| halbnah / amerikanisch | Figur bis zum Oberschenkel (bzw. bis zum Colt) |
| nah | Figur bis zur Brust / zum Bauch |
| groß | Gesicht der Figur, Objekt bildfüllend |
| Detail | stark vergrößerter Ausschnitt (z. B. Wimper, Mundwinkel) |

- *Perspektive*

Die Perspektive bezeichnet die Sicht des Zuschauers auf das Geschehen. In der *Normalperspektive* sind wir auf Augenhöhe mit den Figuren, die *Froschperspektive* ist hingegen eine Untersicht, die *Vogelperspektive* eine Aufsicht des Geschehens.

- *Farbe, Format, Licht*

Für Einzelbilder relevant sind auch Farbe (oder Schwarzweiß) und Format (z. B. Cinemascope oder 16:9). Licht kann *Vorder-*, *Gegen-* oder *Unterlicht* sein, die Ausleuchtung kann *normal*, *hell* (high key) oder eher *dunkel* (low key) wirken.

- *Bewegungen*

Sie vollziehen sich im Film auf drei Ebenen, nämlich als Bewegung der Figuren und der Objekte, in der Kamerabewegung und als Resultat von Schnitt und Montage. Figuren können sich parallel zur Bildfläche (z. B. von links nach rechts), aber auch parallel zur Blickachse bewegen (auf den Betrachter zu oder vom Betrachter weg).

Besonderes Augenmerk verdienen die *Kamerabewegungen:* Kameras können (horizontal oder vertikal) *schwenken*. Sie können Objektbewegungen parallel zur Bildfläche in einer *Kamerafahrt* begleiten und sich parallel zur Blickachse auf Figuren oder Objekte zu oder von ihnen weg (*pull back*) bewegen (zu weiteren Bewegungen wie Reißschwenks, Rollen, Kranaufnahmen vgl. Hildebrand 2006).

- *Schnitt und Montage*

*Schnitt* im engeren Sinn bezeichnet die Art des Überganges von einer Einstellung zur nächsten. Als Möglichkeiten stehen zur Verfügung:

| einfacher Schnitt | Der Cut erfolgt ohne Übergang. |
|---|---|
| Abblende | Das Bild wird allmählich verdunkelt. |
| Aufblende | Das Bild wird allmählich erhellt. |
| Überblendung | Das Schlussbild geht ins Anfangsbild der nächsten Einstellung über. |
| Wischblende | Die alte Einstellung wird von der neuen (z. B. seitwärts) aus dem Bild gewischt. |
| Iris-Blende | Die alte Einstellung wird kreisförmig aus-, die neue kreisförmig eingeblendet. |

Im Gegensatz zum Schnitt betrifft die *Montage* auch bereits die Organisation des Erzählten durch unterschiedliche Zusammenfügungen der geschnittenen Einstellungen. Die folgenden Beispiele verdeutlichen, dass diese Kategorie des Visuellen auch ins Narrative spielt:

| straight cut | Die Einstellungsabfolge orientiert sich an der natürlichen Handlungskontinuität. |
|---|---|
| jump cut | Eine Bewegung (z. B. ein Sturz) wird nur in Ausschnitten gezeigt. |
| match cut | Zwei Einstellungen werden durch ein visuelles, akustisches, oder ein Motivelement verbunden. (Das klassische Beispiel hierfür ist der in Stanley Kubricks *2001. A Space Odyssee* hochgeworfene Knochen, aus dem in der Folgeeinstellung ein Raumschiff wird.) |
| split screen | In einem Mehrfachbild laufen Handlungen parallel. |
| Rückblende / flashback | Bereits Geschehenes / Gezeigtes wird in den Handlungsgang einmontiert. |
| Vorausschau | Noch Zukünftiges wird in den Handlungsgang einmontiert. |
| Zwischentitel | Eine Texttafel wird eingeblendet. |

### Das Auditive

Grundsätzlich lässt sich Auditives danach unterscheiden, ob es im Bild und Teil der Handlung ist (*on / synchron*) oder ob es von außen dazukommt (*off / asynchron*). Die Tonspur eines Filmes enthält mehrere Komponenten:

* *Hintergrundmusik / Soundtrack*

Hintergrundmusik wird in der Regel eingesetzt, um die dargestellte Handlung atmosphärisch zu verstärken: Schmetternde Fanfaren begleiten das Herannahen der Kavallerie, Geigenchöre den Kuss im Mondschein. Wichtige musikalische Elemente sind Melodie, Harmonie, Rhythmus, Tonalität, Instrumentierung, Dynamik, Tempo. Die Hintergrundmusik eines Filmes verwendet oft Leitmotive, also kurze Signale oder Melodien, die z. B. immer dann ertönen, wenn ein bestimmter Schauplatz oder eine bestimmte Figur ins Bild kommt oder wenn eine besondere Stimmung herrschen soll (z. B. Romantik oder Spannung). Beachtung verdienen auch Titel- oder Abspannmusiken sowie eigenständige Filmsongs.

* *Geräusche aus der dargestellten Wirklichkeit*

Hierzu zählt auch Musik, wenn sie etwa aus einem Radio ertönt oder von einer Kapelle gespielt wird. Vor allem aber geht es bei Geräuschen aus der Filmwirklichkeit um Dinge wie Verkehrslärm, Stimmengewirr, Donner, peitschende Schüsse, quietschende Reifen, knarrende Türen, tickende Uhren. Solche Geräusche sind nur vordergründig realistisch: Vieles wird im Rahmen der so genannten *post-production* erst nachvertont und in der Regel auch überakzentuiert (z. B. das Hufgetrappel und die Kinnhaken im Western). Vor allem können Geräusche auch Erfordernisse der Inszenierung sein: Begräbnisse oder Trennungen finden bevorzugt im prasselnden Regen statt; in der grausigen Nacht heult der Wind; eine Zeitbombe tickt laut.

- *Gesprochene Sprache*

Der Großteil der gesprochenen Sprache in einem Film stammt von den Figuren, ihren Reden und Dialogen. Zu beachten sind hier nicht nur die verbalsprachlichen Inhalte, sondern auch nonverbale Elemente der Mündlichkeit. Hierzu zählen paralinguistische Phänomene wie Pausen, Sprachmelodie (Prosodie), Seufzen, Lachen und der gesamte Bereich der Körpersprache (Gestik, Mimik, Raumbewegungen). Gesprochene Sprache kann aber auch aus Geräuschquellen innerhalb der Handlung stammen oder in Form von Kommentaren aus dem Off zu hören sein, entweder von einer der Figuren oder von einem externen Erzähler.

**Das Narrative**

Jedes Erzählen besteht darin, etwas durch Anfang und Ende nach außen zu begrenzen und nach innen zu strukturieren. Insofern lässt sich das Narrative eines Filmes teilweise mit den Kategorien der Literaturanalyse erfassen. Die Frage *Was will ich erzählen und wie?* stellen sich Autor und Filmemacher gleichermaßen. Film ist jedoch ein mimetisches Medium, welches das Erzählte in dramatischer Handlung verkörpert und dabei fortlaufend etwas ins Bild setzen kann – und muss. Daher gründet das Narrative des Filmes in hohem Maße auch in den Eigenheiten des Mediums.

- *Figuren*

In einem Roman wie in einem Film kann es einen Protagonisten, Hauptfiguren und Nebenfiguren geben, einen Helden und einen Gegenspieler, Helfer- und Schädigerfiguren. In beiden Medien lassen sich so genannte *runde* und *flache* Charaktere modellieren. Erstere sind facettenreich, entwickeln sich und überraschen, Letztere repräsentieren einen statischen Typus (z. B. die böse Schwiegermutter).

In der Figurenzeichnung hat ein Film spezifische Grenzen, aber auch Möglichkeiten. Er kann innere Handlung (Gefühle, Gedanken) nur begrenzt so ausdrücken, etwa durch Kommentare aus dem Off, wie dies ein literarischer Text durch Erzählerkommentare, erlebte Rede oder Bewusstseinsstrom vermag. Andererseits hat ein Film die Möglichkeit, subjektive Vorstellungen einer Figur in einem so genannten *mind screen* zu visualisieren. Zu sehen ist dabei – beispielsweise durch einen Farbfilter, in Zeitlupe, verzerrt –, was die Figur imaginiert. Ein Film kann, wenn er eine Figur länger ins Bild setzt, von ihrem Äußeren nichts aussparen, sondern muss zeigen, ob sie blond oder schwarz, groß oder klein, grobschlächtig oder feingliedrig, hübsch oder hässlich ist; andererseits kann der Film den Habitus einer Figur ganz beiläufig zeigen, also wie sie sich bewegt und spricht, wie sie gekleidet ist und sich gibt. Ein Film kann Figuren bereits dadurch charakterisieren, wie er sie ins Bild setzt: In Großaufnahme und Untersicht wirkt eine Figur meist bedrohlich, von oben in einem Panorama hingegen klein und unbedeutend.

- *Objektive und subjektive Kamera*

Es gibt in einem Roman auktoriales und personales Erzählen. Eine Filmhandlung erleben wir in der Regel aus der Außenperspektive einer *objektiven* Kamera, die natürlich nicht mit einem allwissenden Erzähler gleichzusetzen ist. Möglich ist demgegenüber auch eine „Subjektivierung des Kamerablicks" aus der Sicht einer „Reflektorfigur" (Rußegger 2003, 28f.). So wurde in *Das Boot* (1981) das Abtauchen bei Alarm oft mit subjektiver Kamera aus der Sicht eines durch das Boot hastenden Besatzungsmitglieds gezeigt, um die emotionale Spannung zu intensivieren.

• *Narrative Einheiten: Einstellung, Szene, Sequenz*
Die kleinste narrative Einheit ist die von zwei Schnitten begrenzte *Einstellung*. Eine *Szene* besteht aus mehreren Einstellungen, die eine Einheit der Zeit, des Ortes oder der Figuren konstituieren. (Im klassischen Drama sind Szenenwechsel meist durch den Auftritt oder den Abgang einer Figur oder durch den Wechsel des Schauplatzes bestimmt.) *Sequenzen* sind aus mehreren Szenen bestehende, größere Handlungsblöcke.

• *Geschlossene und offene Form*
Ein Film kann eine Handlung kontinuierlich, chronologisch und kausallogisch darstellen, von einer solchermaßen geschlossenen Form aber auch abweichen: Voraus- und Rückblenden (*flashbacks*) können die Chronologie aufheben, mehrere Handlungsstränge können parallel laufen, Rahmenhandlungen können die Haupthandlung umgeben. Ein Film kann verschiedene Wirklichkeitsebenen verschachteln wie in *Mulholland Drive*, ein Geschehen nacheinander in Variationen oder aus der Sicht unterschiedlicher Figuren wiedergeben wie z. B. der Thriller *Vantage Point* (*8 Blickwinkel*; 2008). Ein Film kann auch komplett aus mehr oder weniger zusammenhängenden Episoden bestehen wie z. B. *Night on Earth* (1991). Solche offenen Formen gibt es sowohl im Drama, z. B. in Brechts epischem Theater, als auch im Roman der klassischen Moderne (z. B. bei Döblin, Faulkner, Dos Passos). Im Film werden sie aber insbesondere mit medienspezifischen Darstellungsmitteln realisiert: Rückblenden sind oft von besonderen Schnitteffekten und Musikuntermalungen eingeleitet und erscheinen in Schwarzweiß; in einen Realfilm lassen sich Zeichentricksequenzen einmontieren; auf einem *split screen* können simultan zwei Handlungen ablaufen; kurze Einstellungen, harte Schnitte und *fast motion* können eine Handlung dramaturgisch beschleunigen.

Die Beispiele verdeutlichen, dass Schnitt und Montage ganz wesentlich darüber entscheiden, ob das filmische Realitätskonstrukt eher geschlossen oder offen ist. Die geschlossene Form suggeriert die Illusion eines ununterbrochenen Geschehensflusses (*continuity*) und ist typisch für den Mainstream-Film mit Aktionsorientierung und *happy ending*. Unter dem Einfluss von Fernsehen, Musikvideo und Computer hat sich seit den 1990er-Jahren jedoch auch eine filmische Ästhetik formiert, die sehr viel stärker nichtlinear und offen ist und bei der Schnitt und Montage als künstlerische und künstliche Organisation sichtbar werden. Exemplarisch hierfür lassen sich *Pulp Fiction* (1994) oder *Lola rennt* (1998) nennen.

• *Genres und Plotmuster*
Die Mediengattung Spielfilm tritt in verschiedenen Genres auf, z. B. Western, Thriller, Melodram, Science-Fiction. Genres sind Bündel von stofflich-thematischen und formal-ästhetischen Darstellungskonventionen, welche die Produktion, die Rezeption und auch die Kommunikation über Medienangebote steuern. So gehört zum Western ein Duell-Showdown, zum Thriller ein Wettlauf gegen die Zeit, zum Melodram ein(e) böse(r) Nebenbuhler(in), und auch bei Science-Fiction *muss* es eine Liebesgeschichte geben wie z. B. die von Neo und Trinity in *The Matrix* (1999ff.).

Genreübergreifend lässt sich am Mainstream-Film ein dramaturgisches Grundmuster nachweisen: Am Ende einer Einleitung, in der die Figuren eingeführt werden (Exposition), steht ein so genannter *point of attack*, ein handlungsauslösender Konflikt, der das weitere Geschehen motiviert. An so genannten *plot points* trifft die Hauptfigur wichtige Entscheidungen, kurz vor der abschließenden Auflösung verdichtet sich die Konfrontation in einem Höhepunkt. Realisiert wird dieses Muster oft als *Reise des Helden*: Der Held wird aus der normalen Welt in ein Abenteuer gerufen, lehnt dies zunächst ab, überschreitet dann aber doch die Schwelle. Er durchläuft Prüfungen und Herausforderungen, macht sich dabei Verbündete und Feinde. Nach Bestehen der „größten Qual" in der „innersten Höhle" erfolgen Belohnung und Rückkehr. Dieses der *Odyssee* entlehnte Verlaufschema liegt vielen Drehbüchern v. a. des amerikanischen Erfolgskinos zu Grunde (vgl. Vogler 1999); mustergültig abgeschritten wird es vom Erlöser Neo in *Matrix* oder vom Titelhelden in *Krabat* (2008; vgl. auch den Beitrag zu *Krabat* von Klaus Maiwald in diesem Band).

## Fazit

Der Spielfilm lässt sich im Hinblick auf das Visuelle, das Auditive und das Narrative analysieren. In der Beschreibung und Bewertung eines Filmes sind diese Bereiche natürlich in ihrem Zusammenhang und nicht isoliert zu sehen. Deutlich werden sollte auch, dass ein Film nur zum Teil mit Begriffen und Kategorien der Literaturanalyse oder auch der Theaterkritik zu erfassen ist, weil die Art der Inszenierung (*Mise en Scène*) und die Dramaturgie eines Filmes auf spezifischen Darstellungsmitteln des Mediums beruhen. Der Begriff *Filmsprache* ist insoweit sinnvoll, als er verdeutlicht, dass AV-Medien in der Tat eine eigene „Sprache" haben; er ist aber auch potenziell irreführend, weil er suggeriert, dass Filme wie sprachliche Texte analysiert und begriffen werden können. Dies ist aber nicht der Fall: In keinem Roman gibt es eine amerikanische Einstellung, eine Wischblende, einen Soundtrack oder einen *split screen*. Die *Sprache des Films* beruht nicht auf linguistischen Strukturen, vielmehr entsteht sie aus technischen (und heutzutage immer mehr digitalen) Mitteln, die medienspezifische Stiltraditionen herausbilden.

## Didaktische Perspektiven: filmische Codes

Ebenso wenig wie für literarische Texte kann es für den unterrichtlichen Umgang mit dem Film feste Ablaufmuster als Patentrezepte geben. Hilfreich für filmdidaktische Überlegungen scheint jedoch eine Systematik filmischer Codes, die sich anschließend an Kuchenbuch (2005, 36 und 92) und Maiwald (2005, 123) entwickeln lässt. Kuchenbuch unterscheidet zunächst – sozusagen intratextuell – *Codes des Inhalts und der Form*. Codes des Inhalts betreffen die *story* an sich. Diese existiert streng besehen natürlich nur virtuell – als mentales Situationsmodell im Kopf des Zuschauers; hilfsweise kann man sie sich als das vorstellen, was man in einem Theater auf der Bühne sehen würde. Wesentlich konfiguriert wird diese virtuelle Geschichte *vor der Kamera* durch Codes der Form *in und nach der Kamera*: Einstellungsgröße, Perspektive, Belichtung, Schnitt, Montage, Nachvertonung etc. So wird aus der *story* ein *plot*, aus der Geschichte ein filmisches Konstrukt.

Umrahmt werden diese textinternen von textexternen Codes (Abb. 1). Zum einen sind dies (historisch wandelbare) *Erzähltraditionen und Genres*, also textübergreifende thematische und formale Muster. Kleine Erzählcodes wären etwa das Schuss-Gegenschuss-Verfahren als filmischer Standard der Dialogdarstellung oder digital virtualisierte Kampfszenen (à la *Matrix*), aber auch der sich heutzutage meist weit in die Handlung hineinziehende Titelvorspann oder die Autoverfolgung als Genremuster der Verbrecherjagd. Ein großer Code wäre das „Continuity-System des klassischen Hollywood-Erzählkinos" (Beicken 2004, 17) mit überblickshaften *master shots*, weichen Schnitten und Parallelmontage.

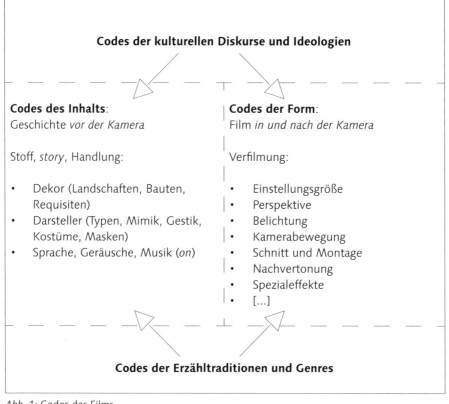

**Codes der kulturellen Diskurse und Ideologien**

**Codes des Inhalts**:
Geschichte *vor der Kamera*

Stoff, *story*, Handlung:

*   Dekor (Landschaften, Bauten, Requisiten)
*   Darsteller (Typen, Mimik, Gestik, Kostüme, Masken)
*   Sprache, Geräusche, Musik (*on*)

**Codes der Form**:
Film *in und nach der Kamera*

Verfilmung:

*   Einstellungsgröße
*   Perspektive
*   Belichtung
*   Kamerabewegung
*   Schnitt und Montage
*   Nachvertonung
*   Spezialeffekte
*   [...]

**Codes der Erzähltraditionen und Genres**

*Abb. 1:* Codes des Films

Überwölbt wird ein Spielfilm wie jedes kulturelle Produkt von jeweils herrschenden *Diskursen und Ideologien*. In kruden Sci-Fi-Filmen wie *The Thing from Another World* oder *The Day the Earth Stood Still* drückte sich in den 1950er-Jahren die US-amerikanische Paranoia vor der kommunistischen und atomaren Bedrohung aus. Waren (Film-)Frauen bis in die 1960er-Jahre zwar attraktiv und temperamentvoll, letztlich aber passiv und fügsam (wie die von Marilyn Monroe und Doris Day verkörperten Rollenbilder), so spielen sie heute körperliche wie geistige Stärke, dazu sexuelle Aktivität, wenn nicht Aggressivität aus. Paradigmatisch lassen sich hierfür neben *Lara Croft* (2001) Frauen nennen, mit denen Michael Douglas um 1990 auf der Leinwand zu kämpfen hatte: Glen Close in *Fatal Attraction* (1987), Kathleen Turner in *The War of the Roses* (1989), Sharon Stone in *Basic Instinct* (1992), Demi Moore in *Disclosure* (1994) verkörpern selbstbewusste, entschlossene, starke Frauen. (Dass sie am Ende allesamt in horrender Manier scheitern, gehört zum latenten Konservatismus des Hollywood-Films; vgl. Maiwald 2006.) Authentischer zeigt sich ein gewandeltes Frauenbild in der Inflation weiblicher Kriminalkommissare von Helen Mirren über Ulrike Folkerts bis Maria Furtwängler. In Komödien wie *Der bewegte Mann* (1994) oder *The Birdcage* (1996) wiederum schien eine veränderte Einstellung gegenüber männlicher Homosexualität auf. (Auf dem *Brokeback Mountain* gibt es Homosexualität – allerdings tragisch – auch zwischen Cowboys.) Im Gefolge der Wende entstand das Genre der DDR- bzw. Ossi- / Wessi-Komödie, z. B. *Sonnenallee* (1999), *Good Bye, Lenin!* (2003), *NVA* (2005). Eine Verfilmung von *Emil und die Detektive* im Jahr 2000 brauchte – politisch korrekt – einen alleinerziehenden Vater, eine Mädchenfigur in der Gustav-Rolle und eine multikulturell wie sozial heterogen ausbalancierte Detektivbande (vgl. Maiwald 2010 und die Beiträge von Christian Exner und Christel Strobel in diesem Band). Filme sind indes nicht nur Widerspiegelungen eines Zeitgeistes, sie tragen auch ganz wesentlich zur Formierung von Diskursen und Ideologien bei.

Ein didaktisch reflektierter Umgang mit dem Film wird von inhaltlichen Fragen, von der erzählten Geschichte, ausgehen, diese aber sehr rasch auch in Bezug zu ihrer formalen Gestaltung setzen. Für eine differenzierte Filmlesefähigkeit wird man Erzähltraditionen und Genrekonventionen ebenso mitdenken wie zur Produktions- bzw. Rezeptionszeit herrschende Diskurse und Ideologien. Bereits mit jüngeren Schülern und Schülerinnen lässt sich etwa fragen, warum im (ersten) Film über *Die Wilden Kerle* (2003) sogleich ein Mädchen in der Fußballmannschaft mit dabei sein musste. Mögliche Antwort: Die Jungen-Bücher können anfangs reine Jungen-Sache bleiben; publikumstaugliches Familienkino aber muss a) auch den Mädchen eine Identifikationsfigur bieten und b) (gender-)politisch korrekt sein (vgl. auch die Beiträge von Katrin Hoffmann und Christel Strobel in diesem Band).

### Filmographie

2001. A Space Odyssey (GB / USA / F 1968; Regie: Stanley Kubrick)
Basic Instinct (USA 1992; Regie: Paul Verhoeven)
Der bewegte Mann (D 1994; Regie: Sönke Wortmann)
The Birdcage (USA 1996; Regie: Mike Nichols)
Das Boot (D 1981; Regie: Wolfgang Petersen)
Brokeback Mountain (USA 2005; Regie: Ang Lee)
The Day the Earth Stood Still (USA 1951; Regie: Robert Wise)
Disclosure (USA 1994; Regie: Barry Levinson)
Emil und die Detektive (D 2000; Regie: Franziska Buch)
Fatal Attraction (USA 1987; Regie: Adrian Lyne)
Good Bye, Lenin! (D 2003; Regie: Wolfgang Becker)
Krabat (D 2008; Regie: Marco Kreuzpaintner)
Lara Croft: Tomb Raider (USA / GB / D / J 2001; Regie: Simon West)
Lola rennt (D 1998; Regie: Tom Tykwer)
The Matrix (USA 1999; Regie: Andy und Larry Wachowski)
Mulholland Drive (USA 2001; Regie: David Lynch)
Night on Earth (USA 1991; Regie: Jim Jarmusch)
NVA (D 2005; Regie: Leander Haußmann)

Pulp Fiction (USA 1994; Regie: Quentin Tarantino)
Sonnenallee (D 1999; Regie: Leander Haußmann)
The Thing from Another World (USA 1951; Regie: Christian Nyby)
Vantage Point (USA 2008; Regie: Pete Travis)
The War of the Roses (USA 1989; Regie: Danny DeVito)
Die Wilden Kerle (D 2003; Regie: Joachim Masannek)

**Literatur**

Beicken, Peter: Literaturwissen. Wie interpretiert man einen Film? Stuttgart 2004

Frederking, Volker / Axel Krommer / Klaus Maiwald: Mediendidaktik Deutsch. Eine Einführung. Berlin 2008 (Grundlagen der Germanistik; 44)

Gast, Wolfgang: Filmanalyse. In: Praxis Deutsch 23 (1996) H. 140, 14-25

Hickethier, Knut: Film und Fernsehanalyse. 4. Aufl. Stuttgart 2007

Hildebrand, Jens: film: ratgeber für lehrer. 2. Aufl. Köln 2006

Kuchenbuch, Thomas: Filmanalyse. Theorien. Methoden. Kritik. 2. Aufl. Wien 2005

Leubner, Martin / Anja Saupe: Erzählungen in Literatur und Medien und ihre Didaktik. Baltmannsweiler 2006

Maiwald, Klaus: Wahrnehmung – Sprache – Beobachtung. Eine Deutschdidaktik bilddominierter Medienangebote. München 2005

Maiwald, Klaus: Geschlechterrollen und andere Katastrophen. Zur Re- und Dekonstruktion von Zeichenhaftigkeiten eines Hollywood-Films. In: Frederking, Volker (Hg.): Filmdidaktik – Filmästhetik. München 2006 (Jahrbuch Medien im Deutschunterricht 2005), 116-129

Maiwald, Klaus: Der dreifache Emil – ästhetisches Lernen an den Verfilmungen von Erich Kästners Detektivklassiker. In: Kepser, Matthis (Hg.): Fächer der schulischen Filmbildung. München 2010 [i. Dr.]

Monaco, James: Film verstehen. Reinbek bei Hamburg 2002 [Sonderausgabe]

Rußegger, Arno: Nulla dies sine kinema. Eine kleine Einführung in die Filmanalyse in sechs Abschnitten. In: Informationen zur Deutschdidaktik 27 (2003) H. 4, 17-35

Staiger, Michael: Filmanalyse – ein Kompendium. In: Der Deutschunterricht 60 (2008) H. 3, 8-18

Vogler, Christopher: Die Odyssee des Drehbuchschreibers: Über die mythologischen Grundmuster des amerikanischen Erfolgskinos. 5. Aufl. Frankfurt / M. 1999

*Iris Kruse*

# Figuren, Handlungen und Räume in Text, Ton und Bild

Literarisches und medienästhetisches Lernen in intermedialer Lektüre

## Kinderliterarische Klassiker in medialer Vielfalt

Kinderliteratur existiert keineswegs mehr nur in Buchform. Insbesondere kinderliterarische Klassiker sind inzwischen eingebettet in einen umfassenden Medienverbund (vgl. Nefzer 2000, Josting / Maiwald 2007). Fragt man Kinder, Jugendliche und junge Erwachsene beispielsweise danach, wo ihnen so populäre kinderliterarische Figuren wie Pippi Langstrumpf, Karlsson vom Dach, Michel aus Lönneberga oder auch Ronja Räubertochter medial zum ersten Mal begegnet sind, so verteilen sich die Antworten nahezu gleichgewichtig auf die Medien Buch, Hörspiel und Film.

Die hier angesprochenen kinderliterarischen Klassiker aus dem Hauptwerk Astrid Lindgrens existieren allesamt in umfassenden Medienverbünden: Realverfilmungen und Animationsfilme, Hörbücher und Hörspiele, Erzähltexte und Bilderbücher – in all diesen Erscheinungsformen treten uns die von Lindgren erdachten Figuren und Geschichten entgegen. Zu einigen ihrer Kinderbücher gibt es darüber hinaus auch Spielgeschichten auf CD-ROM (z. B. *Pippi Langstrumpf, Ronja Räubertochter*). Der mittlerweile etablierte kinderliterarische Medienverbund ist keinesfalls auf Lindgren-Texte beschränkt. Wohl aber gehörte die schwedische Autorin zu dessen Vorreiterinnen (vgl. Josting 1997, 18). Insbesondere an der Verfilmung ihrer Bücher zeigte sie sich von Anfang an interessiert. Sie schrieb selbst etliche Drehbücher und beteiligte sich an der Auswahl der Schauspielerinnen und Schauspieler. Lindgrens vorbehaltloses Einverständnis zur Verfilmung ihrer Bücher dokumentiert sich in einer Interviewäußerung von 1985. Auf die Frage „Waren Sie von Anfang an damit einverstanden, dass Ihre Figuren wirklich, das heißt, dass Ihre Bücher verfilmt werden?" antwortet die 78-Jährige mit einem Satz, der kulturkonservative Bedenken beherzt beiseite wischt: „Ich will gern sehen, was ich geschrieben habe". Keine Rede von inneren Bildern, die durch die visuellen Filmeindrücke gestört oder gar verdrängt werden. Im Gegenteil: „[…] wenn die Bücher verfilmt worden sind, ist die Figur im Buch plötzlich wirklich." (Lindgren; zit. in Lukasz-Aden / Strobel 1985, 10; vgl. auch den Beitrag von Hauke Lange-Fuchs in diesem Band)

In literatur- und mediendidaktischer Lesart verweist diese medienoffene Haltung auf die Möglichkeit eines fruchtbaren Ineinanders der Medienrezeption, die bei Lindgren selbst sogar noch mit der Produktion verwoben ist. Unterstellt man dem literarischen Produktionsprozess, dass hier die Vorstellungsbildung sehr intensiv verläuft, so müssten Schriftstellerinnen und Schriftsteller sich von einer Verfilmung ihrer schriftlich entfalteten Narrationen in besonderer Weise bedrängt fühlen. Nicht so Astrid Lindgren. Sie nimmt den sich in

ihrem Fall früh abzeichnenden Trend zur „mediale[n] Mehrfachverwertung literarischer Stoffe" (Nefzer 2000, 67) als produktive Herausforderung an. Dies zeigt sich u. a. daran, dass sie die zumeist selbst verfassten Drehbücher zu ihren Kinderbüchern als „Umarbeitungen" bezeichnet, in denen es ihr vor allem um eine gelungene Ausgestaltung der Dialoge geht: „Was ich unbedingt will: Ich will die Dialoge selber machen. Ich glaube, dass ich weiß, wie Kinder sprechen." (Lindgren; zit. in Lukasz-Aden / Strobel 1985, 10) Was sich hier für den Produktionsprozess abzeichnet, gilt für die Rezeption gleichermaßen; es eröffnen sich neue produktive Spielräume. Spielräume, die – wie im hier von Lindgren angesprochenen Beispiel – aus den spezifischen Anforderungen der einzelnen medialen Realisierungen resultieren. Anders als der Erzähltext sind die audiovisuellen Medien in der Handlungsprogression sehr viel stärker auf Dialoge angewiesen. In der Produktion erfordert dies, dass man, wie Lindgren es für sich in Anspruch nimmt, „weiß, wie Kinder sprechen" (ebd.) und ihre Perspektive einnehmen kann. In der Rezeption wird durch die Dialoge ebendiese Perspektivenübernahme erleichtert und unterstützt. Der Spielraum, der hier für die Rezipienten quasi zwischen den Medien entsteht, ist ein *Spielraum des Verstehens*; methodisch gewendet ein *Spielraum für Verstehensaktivitäten*, der sein Potenzial für angeleitete Lernprozesse nur dann entfalten kann, wenn das verwobene Ineinander der Verbundmedien tatsächlich auch im Unterricht erfahrbar wird.

Um die Möglichkeit eines solchen Verwebens verschiedener medialer Realisierungsformen desselben literarischen Stoffes soll es im Folgenden gehen. Unter Bezug auf Astrid Lindgrens phantastischen Kinderroman *Mio, mein Mio* (1954) soll das Konzept einer so genannten intermedialen Lektüre (Abb. 1) didaktisch begründet und praktisch erläutert werden.

*Abb. 1:* Cover von *Mio, mein Mio* als Buch, Hörspiel, Film

Der neunjährige Bosse ist ein Waisenjunge, der sehr unter der Lieblosigkeit seiner Pflegeeltern leidet. Im Anschluss an eine Folge geheimnisvoller Vorzeichen bringt ihn ein Flaschengeist in das *Land der Ferne*. Hier begegnet er seinem Vater, den er Zeit seines Lebens vermisst hat. Sein Vater ist König in diesem glückseligen Land, in dem Bosse, der jetzt von allen Prinz Mio genannt wird, von wunderschönen Landschaften und liebevollen Menschen umgeben ist. Im an das Königreich des Vaters grenzende *Land Außerhalb* aber regiert der grausame Ritter Kato, der seine Gier nach Macht und Bosheit dadurch stillt, dass er Kinder raubt und in Vögel verwandelt. Mios vorbestimmte Mission ist es, ins *Land Außerhalb* zu reiten, um Ritter Kato als sinnbildliche Verkörperung alles Bösen zu besiegen. Sein gleichaltriger Freund Jum-Jum und sein weißes Pferd Miramis begleiten ihn auf seiner Reise ins gefährliche Abenteuer, aus dem Mio als Sieger und Befreier hervorgeht.

## Intermediale Lektüre: Konzept und didaktisches Potenzial

Anders als das verbreitete Nacheinander der Medienrezeption (erst die Lektüre des Buches, dann die methodisch oft kaum aufbereitete Betrachtung der Verfilmung), lässt eine begleitete Textrezeption im wechselnden Einsatz von Buch, Film-DVD und gegebenenfalls auch Hörspiel-CD die Verwobenheit der kinderliterarischen Verbundmedien tatsächlich erfahrbar werden. Unter Rekurs auf Konzepte des intermedialen Deutschunterrichts sei diese Art der vom Medienwechsel geprägten Lektüre hier als *intermediale Lektüre* bezeichnet. Die „Bezugnahme eines bestimmten medialen Produkts auf ein anderes mediales System" (Rajewsky 2002, 25), die für den Intermedialitätsbegriff zentral ist, ist hier in erster Annäherung verstanden als Medienwechsel z. B. von der Printvorlage zur Literaturverfilmung oder zur Vertonung (vgl. Rajewsky 2002; Bönnighausen / Rösch 2004).

Figuren, Handlungen und Räume begegnen den Rezipienten und Rezipientinnen in einer durch den wiederholten Medienwechsel geprägten „Lektüre" in vielfältigen und auf verschiedene Weise medial geprägten Darstellungsformen. Dass hierdurch die „sinnliche und analytische Erfahrung von Mediendifferenz" (Bönnighausen 2006, 200), die zentral zum Konzept des intermedialen Deutschunterrichts gehört, Aufmerksamkeit erfährt, liegt auf der Hand. „Der hört sich ja so fröhlich an, ich dachte, der wäre viel trauriger" oder „Der hat ja dunkle Haare, ich habe irgendwie gedacht, dass der blond ist" – mit solchen Äußerungen reagierten Kinder einer jahrgangsübergreifenden Klasse 1/2 auf die intermediale Begegnung mit der Figur des *Bosse / Mio* aus Astrid Lindgrens Märchenroman *Mio, mein Mio*.[1] Diese spontan und rezeptionsbegleitend eingeworfenen Bemerkungen verweisen auf den Bereich der figurenbezogenen Vorstellungsbildung.

Aufgrund ihrer spezifischen Materialität gestalten die Kunstformen Buch, Hörspiel und Film ihre ästhetischen Äußerungen in unterschiedlicher Weise, was dazu führt, dass die individuelle Vorstellungsbildung unterschiedliche Lenkungen, Vorgaben und Schwerpunktsetzungen erfährt. Das heutige Konzept der Intermedialität setzt „an der Erkenntnis der grundsätzlichen Unterschiede an und entwickelt hieraus eine bewusste ästhetische Reflexion" (Bönnighausen 2006, 201). „Ich hätte den blond besser gefunden" – diese selbstbewusste Setzung der 7-jährigen Milena verweist auf ein solches Reflexionsmoment. Sie setzt sich über die visuelle Vorgabe des Films hinweg und verharrt bei ihrer eigenen, durch die Darstellungsweisen von Buch und Hörspiel hervorgerufenen Vorstellung von der Figur. Das Mädchen zeigt so auch, dass es den Film als etwas Gemachtes begreift und ihm nicht etwa einen unanzweifelbaren Wirklichkeitsanspruch zuweist.

Wenn die 6-jährige Chiara während der im Film gezeigten Verfolgung von Mio und Jum-Jum durch die Späher des Ritters Kato laut ausruft: „Oh, können wir das nicht vorgelesen kriegen, ich kann das hier nicht aushalten!", so ist auch dies ein Hinweis auf bewusste ästhetische Reflexion. Die als *zu* spannend empfundene Handlung, in der es um eine gefährliche und lebensbedrohliche Situation für die kindlichen Hauptfiguren geht, kann – laut Chiara – im Film nicht ausgehalten werden, während das Buch im Hinblick auf die gleichen Handlungsanteile hier mehr Erträglichkeit verspricht.

---

1   Die mündlichen Rezeptionsäußerungen sind wiedergegeben nach einem Gedächtnisprotokoll der Verfasserin zu einem im April 2010 durchgeführten Unterrichtsprojekt. Den Trolle-Kindern der Freien Schule Kassel sei an dieser Stelle herzlich für ihre freudige Beteiligung gedankt.

Auch in Bezug auf das Strukturmoment des literarischen Raumes lassen sich rezeptionsbegleitende Äußerungen beobachten, die ihre Prägung durch intermediale Eindrücke deutlich zeigen. Als Mio und Jum-Jum nach einem Gang durch eine Felsspalte Ritter Katos *Land Außerhalb* erreichen, über das es in Buch und Hörspiel wiederholt heißt, es sei das Land der Finsternis, es sei „schwärzer als alle Finsternisse der Welt" (Lindgren 1998, 89), merken mehrere Kinder spontan an: „Da ist es ja noch hell." Elena sagt: „Die können da ja noch was sehen.", und Marvin entgegnet: „Müssen die ja auch, sonst könnten wir ja nichts erkennen." Marvin verweist mit seiner Äußerung auf die Unmöglichkeit der totalen Finsternis im Medium Film und fordert quasi seine Mitschülerinnen und Mitschüler dazu auf, ihre Erwartungen an die Darstellung des Raumes im *Land Außerhalb* an die Möglichkeiten filmischen Erzählens anzupassen.

Diese Beispiele kindlicher Rezeptionsäußerungen skizzieren das didaktische Potenzial einer Lektüre, die im Wechsel zwischen verfügbaren Medien durch den literarischen Stoff führt. Neben den Aspekten der intermedialen Kompetenz, d. h. der Fähigkeit, Differenzen und Verweise zwischen Medien zu erkennen, zu analysieren und zu beschreiben (vgl. Wermke 1997, 139ff.; Bönnighausen 2004, 51), sind es vor allem die sich eng berührenden Aspekte literarischer Kompetenz, die in den Blick geraten. Literarische Kompetenz lässt sich verstehen als Fähigkeit zur Erschließung, Einordnung, Bewertung und kommunikativen Verarbeitung von Literatur (vgl. Abraham 2000, 21f.). Da auch Nichtprintmedien *literarisch* wirken können und prinzipiell „das Zeug zur Poesis" (Abraham 2005, 20) haben, gilt diese Fähigkeit auch für Texte in anderen medialen Formen. Viele der von Kaspar Spinner formulierten elf Teilaspekte literarischer Rezeptionskompetenz gelten folglich für die auditiven und audiovisuellen Medien ebenso wie für die Buchliteratur, etwa das symbolische Verstehen und der bewusste Umgang mit Fiktionalität, die Fähigkeit zur oben bereits erwähnten Perspektivenübernahme und die Fähigkeit zum Nachvollzug narrativer Handlungslogik (vgl. Spinner 2006). Im Zusammenhang mit Prozessen des Lehrens und Lernens spricht Spinner von anzustrebenden „Transfereffekte[n]", die sich aus der sinnvollen Verknüpfung literarischen und medienästhetischen Lernens ergeben (ebd., 14). Die begleitete Textrezeption im wechselnden Einsatz von Buch, Hörspiel-CD und Film-DVD stellt eine effektive Möglichkeit zur Herstellung solcher Transfereffekte dar.

**Intermediale Lektüre konkret: Didaktische Herausforderungen und methodische Möglichkeiten**

Aus dem Medienverbund zu *Mio, mein Mio* wird für die intermediale Lektüre das Buch in einer deutschsprachigen Ausgabe von 1998 (Hamburg: Oetinger) verwendet, darüber hinaus die Hörspielfassung von Radio Bremen aus dem Jahr 1955 (Hamburg: Oetinger-audio 2006) sowie die DVD zum Kinofilm von 1987 (Leipzig: Kinowelt Home Entertainment 2009).

Bei den medialen Transformationen sind Aspekte der narrativen Struktur didaktisch besonders interessant. So weisen beispielsweise alle drei Medien die Ich-Erzählform auf. Die Geschichte wird personal präsentiert, wobei Innensichten, die in Buch und

Hörspiel ausformuliert sind, im Film nur in einigen wenigen Fällen durch Kommentare aus dem Off in das Erzählganze eingespielt werden. Zumeist dienen diese mit der Stimme des Protagonisten eingespielten Kommentare weniger dem Abbilden von Gefühlen als einer schlichten Erläuterung der ins Bild gesetzten Handlung, die in ihrer Gesamtheit im Film ebenso wie in Buch und Hörspiel retrospektiv erzählt wird vom neunjährigen Bosse, „der eigentlich Mio heißt" (Lindgren 1998, 19). In dieser Auslassung im Narrativen, der Erweiterungen im Visuellen und Auditiven gegenüberstehen, liegt methodisch gut nutzbares Potenzial für die Entwicklung von Perspektivenübernahme und Empathie. Beispielsweise lassen sich in einem Standbild (*still* oder *frame*; vgl. Abraham 2009, 89ff.) durch das *Stillstellen* des Films (Nah-)Aufnahmen von Personen projizieren, zu deren Gedanken, Gefühlen und Handlungsmotiven dann Überlegungen angestellt werden können. Über solche gesprächsförmigen Reflexionen hinaus kann das Stillstehen des Filmbildes genutzt werden, um die im Buch gegebenenfalls ausformulierten Innensichten der Figur quasi in ihr stillstehendes Filmbild hinein vorzulesen. Auch die für die Buchfassung von *Mio, mein Mio* strukturprägenden Rückblenden zu Bosses / Mios Leben vor seinem Aufbruch in das *Land der Ferne* können auf diese Weise sozusagen *in die Rezeption montiert* werden. So lässt sich beispielsweise Bosses / Mios Erinnerung an das Brauereipferd Kalle Punt (vgl. Lindgren 1989, 32ff.) zur Projektion des im Rosengarten auf Mio zugaloppierenden Traumpferdes Miramis vorlesen. Miramis ist ein Geschenk von Mios Vater, dem König im *Land der Ferne*. Kalle Punt „war ein altes Brauereipferd", das von Bosse in seinen Tagträumen zu seinem eigenen Pferd gemacht wurde:

> „ – natürlich war Kalle Punt gar nicht unser Pferd, sondern gehörte der Brauerei. Wir taten ja auch nur so, als gehöre er uns. Aber ich für meinen Teil wünschte es so stark, dass ich es fast glaubte." (Ebd., 32f.)

Ein (Gesprächs-)Impuls während des Vorlesens an genau dieser Stelle des Textes kann eine weitere rezeptive Verknüpfung von Buch und Film bewirken: „Was glaubst du, wie fühlt Mio sich wohl, als er nun plötzlich im Land der Ferne dieses schöne Pferd geschenkt bekommt?" Nachdem die Kinder auf diesen von der Lehrperson gesetzten Impuls reagiert haben – gesprächsförmig oder auch lediglich gedanklich – kann mit dem Vorlesen der Buchszene zum weiterhin projizierten *Filmstill* fortgefahren werden.

## Medienspezifische Begleitkommunikationen: Vorlesegespräch, Hörgespräch, Sehgespräch

Für das hier vorgestellte Konzept einer intermedialen Lektüre sind Begleitkommunikationen kennzeichnend, die – wie das eben angeführte Beispiel – darauf zielen, literarische Rezeptionskompetenzen zu fördern. Neben der hier herausgeforderten Fähigkeit zur Perspektivenübernahme und Empathie, sind es in Kaspar Spinners Modell des Vorlesegesprächs vor allem die Fähigkeit zum Nachvollzug narrativer Handlungslogik, die Fähigkeit zur deutenden Herstellung von Bezügen im Text (und damit die Fähigkeit zum symbolischen Verstehen) und allem übergeordnet die Fähigkeit zur Vorstellungsbildung, die angeregt werden können durch bewusst gesetzte Impulse während des Vorlesens (vgl. Spinner 2004, 296f.). Die von Spinner aufgestellten fünf Impulstypen gehen bei Thomas Möbius ein in eine sechsgliedrige Typologie für Impulse zur sprachlich-kommunikativen Begleitung einer Filmbetrachtung. Das *literarische Sehgespräch* (Möbius 2008) folgt dem Prinzip des genauen und verzögerten Sehens und befördert so eine „Rezeptionshaltung, die die automatisierte Wahrnehmung durchbricht und ein intensives Sehen, Empfinden, Nachdenken auslöst" (ebd., 143). Eine Übertragung dieses Prinzips der Rezeptionsverzögerung auf den Umgang auch mit Hörmedien ist naheliegend (vgl. Hüttis-Graff 2008).

Die Entfaltung *literarischer Rezeptionskompetenz* ist allen drei medienadäquaten Begleitkommunikationen gemeinsam. Impulstypen, die

- Vorwissen aktivieren (*Kennst du das auch?*),
- Antizipationen abrufen (*Wie könnte es jetzt wohl weitergehen?*),
- Perspektivenübernahme und Empathie herausfordern (*Wie fühlt er / sie sich jetzt wohl?*),
- Anstöße zur Reflexion von Figurenverhalten liefern (*Was würdest du in seiner / ihrer Situation tun?*),
- Anregungen zur deutenden Herstellung von Bezügen im Text geben (hier können beispielsweise Symbole thematisiert werden),

sind zu allen medialen Erscheinungsformen eines literarischen Stoffes denkbar.

Darüber hinaus lassen sich durch literarische Seh- und Hörgespräche visuelle und auditive *Medienspezifika* in den Blick nehmen, sodass es zu einer genauen Vergegenwärtigung des im jeweiligen Medium Wahrgenommenen kommen kann. Die nachfolgende Aufzählung von denkbaren, allgemein gehaltenen Impulsen mag verdeutlichen, dass hierbei insbesondere die medialen Realisierungen der literarischen Strukturmomente *Handlung*, *Figur*, *Raum* und auch *Zeit* thematisiert werden: *Woran hast du gemerkt, dass ... gleich etwas Schlimmes passiert / ... im nächsten Moment eine Überraschung eintreten würde?* (Handlung), *Wie fühlt sich die Figur und woran erkennt man das?* (Figur), *Woran hast du gemerkt, dass jetzt viel Zeit vergangen ist?* (Zeit), *Welche Gegenstände sind hier wichtig und warum?* (Handlung / Figur / Raum), *Woher wissen wir schon jetzt, dass das Land XY ein Land ist, in dem Böses geschieht?* (Raum), *Woher wissen wir, dass es sich hier um eine Erinnerung handelt?* (Zeit).

Aus der Kombination der drei Medien und ihren intermedialen Bezügen ergibt sich die dritte Zieldimension der Begleitgespräche, die an Gemeinsamkeiten und Unterschieden ansetzt und damit auf den *Medienvergleich* gerichtet ist. Auch hier mögen allgemein gehaltene Impulse das Spektrum der Möglichkeiten aufzeigen: *Hast du dir die Figur XY so vorgestellt?* (Buch / Hörspiel – Film), *Wie findest du die Stimme von YZ?* (Buch – Hörspiel), *Im Buch heißt es ...*, *wie könnte das im Film wohl gezeigt werden?* (Buch – Film), *Wie erfahren wir im Film / im Buch / im Hörspiel eigentlich etwas über die Gedanken von XY?*, *Wo findest du die Szene mit dem ... trauriger / anrührender / spannender / lustiger...?*

## Produktive intermediale Differenzen

Wenn Vergleiche sich auf die vor allem im Buchtext gegebenen Rückgriffe auf imaginäre Medieneffekte wie Bilder und Musik richten, kann in einer intermedialen Lektüre der hier vorgestellten Art auch eine genuin medientheoretische Lesart der Künste Berücksichtigung finden. Wie Marion Bönnighausen unter Bezug auf Nicolas Pethes (2002) hervorhebt, gehört hierzu „eine spezifische Beobachtung […], wie die einzelnen Kunstformen aufgrund ihrer spezifischen medialen Materialität ihre ästhetischen Äußerungen gestalten" (Bönnighausen 2006, 200f.). Ein solcher imaginärer Medieneffekt im Buchtext von *Mio, mein Mio* ist beispielsweise der symbolisch bedeutsame Gesang des so genannten Trauervogels:

> „Ganz still wurde es im Rosengarten. Nur in der Spitze der höchsten Silberpappel saß ein einsamer, großer schwarzer Vogel und sang. Er sang schöner als all die weißen Vögel zusammen, und ich hatte das Gefühl, als sänge dieser Vogel nur für mich. Aber ich mochte ihn nicht hören, denn er sang so, dass es wehtat. […] ich wollte mit diesem wunderlichen Gesang nicht allein sein." (Lindgren 1998, 30f.)

Dieser leitmotivisch wiederkehrende Gesang wird auf der Hörspiel-CD von einer in hoher Tonlage vokalisch singenden Frauenstimme wiedergegeben. Auf den als Frage formulierten Impuls: *Wie hört sich denn Trauervogels Gesang hier eigentlich an?*, antworten die Kinder mit dem Hinweis, dass das die Stimme einer Frau sei. Carina setzt spontan einen interpretatorischen Verweis hinzu, der einen an dieser Stelle der Lektüre durchaus stimmigen Versuch darstellt, den Gesang des Trauervogels symbolisch zu deuten: „Das ist bestimmt die Mutter von ihm" (gemeint ist Bosse / Mio). Im Film kommt der hier instrumental dargestellte Gesang des Trauervogels erst vor, als Mio und Jum-Jum bereits an der Grenze zum *Land Außerhalb* sind. Der Klagegesang umtönt die Szene, in der die beiden Jungen sich in der Hütte der Weberin aufhalten, die ihnen vom Raub ihrer kleinen Tochter durch Ritter Kato erzählt. Der Impuls: *Erinnert ihr euch noch an Trauervogels Gesang auf der Hörspiel-CD?*, kann an dieser Stelle zum umfassenden intermedialen Vergleich anregen: „Also ist das doch nicht die Mutter", sagt Carina, und Phil meint: „Hier singt der ja auch wegen dem geraubten Mädchen. Viel trauriger irgendwie."

Die im Trauervogel-Gesang angedeuteten Unterschiede in der Handlungsprogression und im Narrationsverlauf der einzelnen Medien sind für die Konzeption einer intermedialen Lektüre planerische Herausforderung und didaktische Chance zugleich. Es müssen Entscheidungen über das Einstiegsmedium getroffen werden sowie über die Kapitel- bzw. Szenenprogression im Wechsel der einzelnen Medien. Für intermediale Erfahrungen und damit im Zusammenhang stehende Lernprozesse ist hier die Herstellung von Überschneidungen besonders wichtig, sodass auch von *Montage* gesprochen werden kann. Die durch solche Überschneidungen gewährleisteten (medial unterschiedlichen) Wiederholungen einzelner Handlungselemente haben sozusagen doppelten Nutzen: Sie fordern zum einen Medienvergleiche heraus und unterstützen zudem die auf die literarische Handlung bezogenen Verstehensprozesse: „Jetzt hab' ich das verstanden, was der Brunnen sagt!", ruft Marlon aus, als er die märchenhafte Geschichte des „Brunnens, der am Abend raunt" (Lindgren 1998, 54) nach der Begegnung mit Buch- und Hörspielvariante auch im Film sieht.

## Fazit

„Ich habe das Gefühl, dass Kinder ein Recht auf künstlerische Erlebnisse haben", betont Astrid Lindgren mit gutem Grund im eingangs zitierten Interview (Lindgren; zit. in Lukasz-Aden / Strobel 1985, 11). Die intermediale Lektüre stellt eine in umfassender Hinsicht lernförderliche Möglichkeit zur Vermittlung solcher Erlebnisse dar – liefert sie doch vielfältige Chancen für Prozesse bewusster ästhetischer Wahrnehmung, die den Lernenden auf der Basis je eigener Zugriffsweisen und Vorstellungswege literarische und medienästhetische Lernprozesse ermöglichen. Im Hinblick auf die Chancen zur Etablierung intermedialer Lektüren im Literaturunterricht wird es Aufgabe der Lehrerbildung sein, den Lehrerinnen und Lehrern eine ähnlich medienoffene Haltung zu vermitteln, wie sie Astrid Lindgren bereits 1985 zeigte. „Das Ganze hier hat meine Einstellung zum Film im Unterricht komplett umgekrempelt. Ich hab bisher überhaupt nicht gewusst, was es daran alles zu lernen gibt." Diese Äußerung einer Studentin des Lehramtes Deutsch (Schwerpunkt Primarstufe) im Anschluss an Erfahrungen mit intermedialen Lektüren, die im literaturdidaktischen Seminar vermittelt wurden, vermag diesbezüglich Mut zu machen.

### Filmographie
Mio, mein Mio (S / UdSSR / N 1987; Regie: Vladimir Grammatikov)

### Hörspiel
Lindgren, Astrid: Mio, mein Mio. (Hörspielbearbeitung und Regie: Günter Siebert, Radio Bremen 1955). Hamburg: Oetinger Media 2006

### Primärliteratur
Lindgren, Astrid: Mio, mein Mio. Hamburg: Oetinger 1998

### Sekundärliteratur
Abraham, Ulf: Übergänge. Wie Heranwachsende zu kompetenten LeserInnen werden. In: ide 24 (2000) H. 2, 20-34
Abraham, Ulf: Lesekompetenz, literarische Kompetenz, poetische Kompetenz. Fachdidaktische Aufgaben in einer Medienkultur. In: Rösch, Heidi (Hg.): Kompetenzen im Deutschunterricht. Frankfurt / M. 2005, 13-26
Abraham, Ulf: Filme im Deutschunterricht. Seelze-Velber 2009
Bönnighausen, Marion / Heidi Rösch: Einleitung. In: Bönnighausen, Marion / Heidi Rösch (Hgg.): Intermedialität im Deutschunterricht. Baltmannsweiler 2004 (Diskussionsforum Deutsch; 15), 2-6
Bönnighausen, Marion: Intermediale Kompetenz. In: Rösch, Heidi (Hg.): Kompetenzen im Deutschunterricht. Frankfurt / M. 2004, 51-70
Bönnighausen, Marion: An den Schnittstellen der Künste: Vorschläge für einen intermedialen Deutschunterricht. In: Frederking, Volker (Hg.): Filmdidaktik und Filmästhetik. München 2006 (Jahrbuch Medien im Deutschunterricht 2005), 191-203
Hüttis-Graff, Petra: Vom Hören zum Lesen – Literarisches Lernen mit Lese-Hör-Kisten. In: Wieler, Petra (Hg.): Medien als Erzählanlass. Wie lernen Kinder im Umgang mit alten und neuen Medien? Freiburg 2008, 105-123
Josting, Petra: „Ich will gern sehen, was ich geschrieben habe": Astrid Lindgren zum 90. Geburtstag. In: Praxis Deutsch 24 (1997) H. 146, 11-21
Josting, Petra / Klaus Maiwald (Hgg.): Kinder- und Jugendliteratur im Medienverbund. Grundlagen, Beispiele und Ansätze für den Deutschunterricht. München 2007 (kjl&m 07.extra)

Lukasz-Aden, Gudrun / Christel Strobel: Interview mit Astrid Lindgren: „Ich will gern sehen, was ich geschrieben habe". In: Kinder- und Jugendfilm Korrespondenz 23 (1985) H. 3, 9-11

Möbius, Thomas: Das „literarische Sehgespräch" als sprachlich-kommunikative Vermittlungsweise bilddominierter Medienangebote. In: Frederking, Volker / Matthis Kepser / Matthias Rath (Hgg.): LOG IN! Kreativer Deutschunterricht und neue Medien. München 2008, 141-156

Nefzer, Ina: Lesen und Vorstellungsbildung in multimedialen Kontexten. Zur Ausdifferenzierung von Medienverbundangeboten am Beispiel kinderliterarischer Klassiker. In: Ewers, Hans-Heino / Ulrich Nassen / Karin Richter / Rüdiger Steinlein (Hgg.): Jahrbuch der Kinder- und Jugendliteraturforschung 1999 / 2000. Stuttgart [u. a.] 2000, 67-78

Rajewsky, Irina O.: Intermedialität. Tübingen 2002

Spinner, Kaspar H.: Gesprächseinlagen beim Vorlesen. In: Härle, Gerhard / Marcus Steinbrenner (Hgg.): Kein endgültiges Wort. Die Wiederentdeckung des Gesprächs im Literaturunterricht. Baltmannsweiler 2004, 291-307

Spinner, Kaspar H.: Literarisches Lernen. In: Praxis Deutsch 23 (2006) H. 200, 6-16

Wermke, Jutta: Integrierte Medienerziehung im Fachunterricht. Schwerpunkt: Deutsch. München 1997

*Markus Pissarek*

# „Schwierige Sequenz – Wie kommt man rein in den Traum?" (Lars Büchel)

Die Neuverfilmung von Paul Maars *Lippels Traum* im medienintegrativen Deutschunterricht

Literaturverfilmungen werden häufig besonders kontrovers besprochen. Es ist kein Geheimnis, dass Paul Maar mit der ersten Verfilmung seines Kinderbuchklassikers *Lippels Traum* (1990) unzufrieden war. So war es naheliegend, dass er in die Produktion der Neuverfilmung 2009 eingebunden wurde und zusammen mit dem Produzenten Ulrich Limmer das Drehbuch verfasste. Doch auch hier reagierte die Kritik durchwachsen. So sieht der BR zwar eine „ebenso fantasievolle wie stimmige Neuinterpretation" (BR Online), wobei für den Ko-Produzenten diese Sicht freilich nicht überraschen mag. Die Missbilligung der *Berliner Morgenpost* vom 8. Oktober 2009 setzt hingegen gleich auf drei Ebenen an: „Die Geschichte folgt allzu einfachen Strickmustern, die Übergänge von Traum und Realität sind oft platt, die Erwachsenen leiden an klischeehafter Uniformität."

Auffällige Veränderungen im Film gegenüber der Buchvorlage und die damit einhergehende Wertung interessieren die Schüler bei jeder Jugendbuchverfilmung. In Lars Büchels Version wird aus dem liebevollen Elternpaar, das auf Konferenzreise nach Wien geht, ein alleinerziehender Vater (Moritz Bleibtreu), um den zwei Frauen (eine davon aparterweise die Lippel verhasste Frau Jakob) konkurrieren und der in den USA Kochkurse gibt. Neue Figuren wie der Konrektor (Uwe Ochsenknecht) und sein Sohn treten hinzu, während andere gestrichen sind, wie die Lippel emotionalen Halt gebende Frau Jeschke, die ihm im Buch hilft, sich von Frau Jakob zu befreien. Einige zentrale Handlungselemente sind ebenso getilgt, aber auch neue hinzugefügt. So wird Frau Jakob nicht telefonisch von den Eltern gekündigt, sondern von den Kindern mit Hilfe echter und künstlicher Spinnen in James-Bond-Manier aus dem Haus gejagt, wobei sie stuntreif in einer mit Tomatensuppe gefüllten Mülltonne landet.

Gerade aufgrund dieser Veränderungen, die auch durch das Mitwirken des Autors entstanden sind, bietet sich die Neuverfilmung für eine vergleichende Besprechung und Analyse unterschiedlicher medialer Erzählformen an. Dieser Beitrag schlägt eine kleinere Systematik möglicher Fragestellungen vor. Sie erleichtert es den Schülern einerseits, einen differenzierten Vergleich von Buch und Film anzugehen, und soll ihnen andererseits bewusst machen, wie vielschichtig die Transformationsleistungen bei einer Verfilmung sind. Warum der Film die Handlungsmuster variiert, die Figurenkonstellation umgestaltet und mit seinen spezifischen Erzählformen operiert, kann einerseits durch Interpretationsarbeit beantwortet werden, andererseits durch Herbeiziehen von Audio-Kommentaren der Drehbuchautoren (Ulrich Limmer und Paul Maar) und des Regisseurs, die sich auf der DVD befinden. So gelingt es auch, das Augenmerk auf die Produktionsbedingungen zu lenken.

Dabei soll es eben nicht darum gehen, den Film als das schlechtere Buch aufzufassen. Schon lange ist es Konsens in der mediendidaktischen Diskussion, dass es bei der medienvergleichenden Behandlung von Literaturverfilmungen im Unterricht nicht lediglich darum gehen sollte, „‚Abweichungen vom Buch' zu bilanzieren und dies zur Grundlage von Negativurteilen zu machen" (Frederking / Krommer / Maiwald 2008, 183). Die neue Filmversion bildet in der DVD-Ausgabe eine gute Grundlage, um im Unterricht die Aufmerksamkeit auf die Wahrnehmung, Beschreibung und Interpretation *filmischer Codes* zu legen (vgl. den Grundlagen-Beitrag von Klaus Maiwald in diesem Band) und die durch den Medienwechsel bedingten Veränderungen zu reflektieren.

## Fragestellungen

Um die Veränderungen und ihre Wirkung etwas zu systematisieren und für das Unterrichtsgeschehen fruchtbar zu machen, bietet es sich an, sich vorerst auf Aspekte der *Oberflächenebene* zu konzentrieren, die in beiden Medien für die Schüler leicht zugänglich sind. In heuristischer Hinsicht erleichtern diese greifbaren Phänomene wie Figuren, Räume und Narration den Schülern den Einstieg in die Interpretationsarbeit erheblich. Abstraktere semantische Kriterien wie die unterschiedliche Gestaltung und Funktion der Ebenen *Traum vs. Wirklichkeit* oder *Phantasie vs. Tatsachen* können darauf aufbauen. Diese Systematik bietet im Unterricht zudem die Möglichkeit, methodisch gezielt zu differenzieren und beispielsweise problemlos arbeitsteilige Gruppenarbeitsphasen zu modellieren und analytische mit handlungsorientierten Phasen abwechseln zu lassen.

1.  Die Figuren(-konstellation) im Film in Kontrast zur Buchfassung
    a)  Welche Figuren sind präsent und welche fehlen?
    b)  Wie werden sie charakterisiert?
    c)  In welcher Beziehung stehen sie zueinander?

2.  Die Räume im Film
    a)  Welche Räume werden eingeführt?
    b)  Wie werden diese semantisiert? (vgl. Krah 2006, 296-306)
        • Welche Darstellungsmittel (auditiv und visuell) wählt der Film?
        • Welche Bedeutung, welchen Effekt erzeugt diese spezifische Wahl der Darstellungsmittel?

3.  Die Geschichte (Narratives)
    a)  Welche zentralen Handlungselemente streicht der Film?
    b)  Welche Handlungselemente fügt der Film hinzu?
    c)  Welchen Handlungselementen gibt der Film ein deutlich anderes Gewicht?
    d)  Was bewirkt diese Strukturierung?

Dieser kleine Fragenkatalog, der freilich nur einen Teilbereich möglicher Fragestellungen ausmacht, kann nun mit übergeordneten Leitfragen kombiniert zu einer Einordnung und Bewertung sowohl des Films als Medium (Was können Filme, was nicht?) als auch dieses speziellen Films *Lippels Traum* führen:

1.  Was sind die auffälligsten Abweichungen?
2.  Welche davon sind dem Medienwechsel geschuldet?
3.  Welche davon sind beabsichtigte Abweichungen?
4.  Welche Ursachen und Funktionen haben diese Veränderungen?

### Wesentliche Ergebnisse

### Die Figuren

Einige wesentliche Differenzen werden hier der Übersichtlichkeit halber tabellarisch dargestellt (Abb. 1). Dabei fällt den Kindern im Unterricht auf, dass die Bezüge, die im Buch zum Teil nur durch *Ähnlichkeiten* im Verhalten, im Aussehen usw. angedeutet werden, zu eindeutigen Identitätsbezügen im Film werden, da hier viele Schauspieler Doppelrollen ausfüllen und somit die Beziehung zwischen den beiden Figuren im Film offensichtlicher und enger hergestellt ist. Im Buch wird diese Eindeutigkeit, außer bei den Kinderfiguren Lippel, Hamide und Asslam, vermieden und auch in Meta-Kommentaren thematisiert: „‚Das geht ja alles durcheinander. Man kennt sich ja gar nicht mehr aus!', klagte Frau Jeschke. ‚Wer ist nun wer?'" (Maar 1984, 88) Lippel ist sich manchmal nicht sicher, auf welcher Ebene er Figuren zuerst begegnet ist, ob in Wirklichkeit oder Traum (vgl. ebd., 113f.). Auch können die Figuren der Traumwelt mit mehreren Figuren der realen Welt korrespondieren. So trägt die *böse* Tante der Märchenwelt im Buch beispielsweise Züge von Frau Jakob und der Tante von Hamide (vgl. ebd., 82). Auch der König ist im Buch nicht nur dem Vater so eindeutig zuge-ordnet; er trägt auch Merkmale Lippels, da er gerne Schokolade isst und sein Buch vermisst (vgl. ebd., 62).

| Buch | | | Film | | |
|---|---|---|---|---|---|
| Wirklichkeit | Traum-welt | *(Beispielhafte) Korrespondenzen* | Wirklichkeit | Traumwelt | *Verbindung: Schauspieler* |
| Lippel | Lippel | gelbe Jacke, Wahrneh-mungsperspektive, Name | Lippel | Lippel | Karl-Alexander Seidel |
| Hamide | Hamide | rotes Kopftuch, Name | Hamide | Hamide | Amrita Cheema |
| Arslan | Asslam | Schweigen, Namensähnlichkeit | Arslan | Asslam | Steve Martin Dwumah |
| Vater | König | verreist in Realität, verbannt Kinder im Traum | Vater | König | Moritz Bleibtreu |
| Mutter | – | – | Serafina Nelson | Wirtstochter | Christiane Paul |
| Frau Jakob + Hamides Tante | böse Tante | entwendet Buch, Unfreundlichkeit | Frau Jakob | böse Tante | Anke Engelke |
| Frau Jeschke | Gastwirtin | beide kochen Früchte ein | Konrektor Färber | Herbergswirt | Uwe Ochsenknecht |
| Herr Gölten-pott | Gastwirt | Kaugummi in Silberpapier | Sohn des Konrektors | Sohn des Herbergswirts | Marius Weingarten |

*Abb. 1:* Unterschiede im Figureninventar

Betrachten wir die auffällige Veränderung der Figurenkonstellation (vgl. Hinterlegung in Abb. 1): Die Mutter wird im Film auf beiden Realitätsebenen gestrichen und Lippels Vater somit alleinerziehend. Die Beziehung Lippels zu seinem Vater wird so und zudem durch filmtechnische Mittel intensiviert (s. u.). Hinzu kommt, dass der Film eine Konkurrenz zweier Frauen um Otto Mattenheim (Lippels Vater) aufbaut. Frau Jakob offenbart in einem Telefongespräch mit ihrer Mutter dem Publikum und dem erschreckt lauschenden Lippel ihre Ambitionen. Die durch die subjektive Kamera eindeutig positiv charakterisierte Serafina Nelson, eine Angestellte des Vaters, ist offensichtlich ebenso stark interessiert und wird von Lippel favorisiert.

Weiter wird das Figureninventar des Buchs im Film um den Konrektor Färber, eine durch Uwe Ochsenknecht stark typisiert und eindimensional dargestellte Figur, und dessen Sohn, der als Bully der Klasse auftritt, erweitert. Die schulische Umgebung wird so noch klarer negativ und stereotypisch gezeichnet und abgewertet. Frau Jeschke, der emotionale Halt Lippels im Buch, wird im Film gestrichen. Somit fällt die Aufgabe, sich gegen Frau Jakob zu behaupten und sie in ihre Schranken zu weisen, letztlich den Kindern alleine zu und ermöglicht ein actionreiches Finale. Die emotionale Geborgenheit kann im Film ersatzweise Serafina spenden, als Lippel bei ihr übernachtet. Jedoch entfällt mit der Streichung von Frau Jeschke auch die Ebene der Meta-Kommentare im Film. Im Buch kommt Frau Jeschke die Rolle zu, Lösungen anzubieten und die Geschehnisse zu besprechen, indem sie beispielsweise die Gattungen *Fortsetzungsroman* und *Traum* zusammenführt und somit der ranghöchsten Erzählinstanz angenähert wird, welche die Geschichte inszeniert: „Hier hilft nur ein Fortsetzungstraum." (ebd., 88)

### Die Räume

Die Ebenen *Realität* und *Traum* sind im Film eindeutig an zwei topografische Räume gebunden, die durch die visuellen und auditiven filmischen Codes etabliert und semantisiert werden: Passau und der Orient (Abb. 2). Der erste Ort wird dominant durch Aufnahmen der Altstadt Passaus präsentiert; der zweite durch das Schaffen einer orientalischen Traumwelt / Vorstellungswelt, das marokkanische Quarzazate, welches bewusst noch durch Bildbearbeitung mit Minaretten etc. sozusagen orientalisiert wurde. Als Lippel erstmals in *Den Märchen aus Tausendundeiner Nacht* liest, wird die Illustration der Stadt im Buch animiert und durch Überblende in die Totale der orientalischen Stadt überführt. Somit kommt es im Film zu einer Gleichsetzung der fiktionalen / poetischen Traumwelt mit der Vorstellungswelt Lippels – er betritt beide durch die Diegese der Märchen. Im Buch ist der Zusammenhang ein anderer, denn Lippel beginnt dort erst zu träumen, als er das Buch nicht mehr verfügbar hat, und zudem geschieht dies als intentionaler, geplanter Akt unter der Anweisung von Frau Jeschke. Zuletzt kann er nach dem Verschwinden Frau Jakobs nicht mehr bewusst träumen, und seine Mutter erzählt ihm die Geschichte zu Ende – im Film gibt es nur einen kommentarlosen Schauplatzwechsel. Die schmerzliche Rückkehr in die reale Welt wird häufig durch asynchronen Ton (Frau Jakob: „Philipp! Philipp!!!"), akustische Signale (gerührtes Becken o. Ä.) und Lichtwechsel (eine kurze blendende Helle) markiert.

Zur filmtechnisch bewussten Schaffung des Gegensatzes der beiden semantischen Räume sind u. a. die Ausführungen von Produzent und Regisseur im *Making Of* aufschlussreich (vgl. DVD, Making Of, ab 13'48''). Die visuellen Codes, die den Gegensatz der beiden Welten verschärfen sollen, werden dort explizit thematisiert (z. B., dass es in Passau bewusst in vielen Aufnahmen regnet, der Orient als heiß und trocken dargestellt wird). In den Audio-Kommentaren zum Hauptfilm, die als weitere Tonspur auf der DVD enthalten sind, weist Lars Büchel zudem darauf hin, dass in den beiden Welten jeweils andere Einstellungen dominieren. So treten beispielsweise die *Totalen*, die auch wahrnehmungsästhetische Funktionen haben, vor allem im Orient auf und ergänzen so den semantischen Code. In Passau hingegen dominieren Innenaufnahmen und Halbtotalen / Halbnahen.[1]

| Reale Welt | Märchenwelt |
|---|---|
| Passau | Klischeevorstellung von Orient |
| Stadt am Wasser / *Dreiflüssestadt* | Stadt in der Wüste |
| dominantes Wetter: Regen, nass, feucht | dominantes Wetter: Sonne, heiß, trocken |
| Konstituierende Einstellungen: Halbtotale, Halbnahe (Kleine Messergasse) | Konstituierende Einstellungen: Totale (Quarzazate / Marokko) |
|  |  |
| dominanter auditiver Code: das Plätschern von Regen (aufs Pflaster, gegen Scheiben) | dominanter auditiver Code: orientalische Musik (Instrument Duduk) |
| Licht: mittelhelle Einstellungen (*grau*) | Licht: kontrastreiche Einstellungen (helle Tage, schwarze Nächte) |
| Verwandtschaft: Enge der Stadt Büchel: „Die Ähnlichkeit ist gewollt." (DVD, Making Of) | Verwandtschaft: Enge der Stadt Limmer: „Und man ahnt, woraus Lippels Phantasie sich speist, wenn er im Orient enge Straßen erträumt – dann kommt das eigentlich aus seiner Heimatstadt Passau." (DVD, Making Of) |

*Abb. 2:* Topographische Räume

Die Erschließung der semantischen Codes der beiden Räume könnte im Unterricht handlungsorientiert vorbereitet werden, indem die Schüler sich mögliche Drehorte, geeignete Musik, filmsprachliche Mittel, Lichtverhältnisse, Gegensätze, Requisiten usw. überlegen, die helfen sollen, die beiden Welten filmisch zu etablieren und für den Zuseher bei Übergängen jeweils schnell erkennbar zu machen. Wenn die Schüler sich diese Codes zunächst selbst erarbeiten, wird die analytische Arbeit detaillierter und gezielter

---

1 Zur handlungsorientierten Einführung in Grundbegriffe der Filmästhetik empfiehlt sich u. a. die interaktive DVD von Rüdiger Steinmetz, *Filme sehen lernen*, auf der beispielsweise die verschiedenen Einstellungsgrößen und ihre Funktion anhand von Originalsequenzen veranschaulicht werden.

ausfallen. Vor diesem Hintergrund werden auch die Audiokommentare auf der DVD interessant, die ebendiese Überlegungen bei der Umsetzung thematisieren:

1) Wetter / Atmosphäre (ab 13'50'', Büchel): „[Man sieht starken Regen gegen Lippels Fenster prasseln] Gebautes Zimmer bei / für Alex. Breite Fensterfront. Im Studio nachgebaut. Wie üblich viel Regen. Weil ich den Regen wirklich sehr mag. Der Regen ist sehr filmisch. Und es sollte auch immer der Gegensatz sein: Regen in der Jetzt-Zeit und dann in der Wüste eben völlig anders."

Abb. 3 und 4: Der Wassertraum

2) Musik, Melodieführung, Wiedererkennungswert (ab 14'14'', Büchel): „Schwierige Sequenz – *Wie kommt man rein in den Traum?* [Man sieht die Überblende von der Schwarz-Weiß-Buchillustration in die farbige Totale von Quarzazate – es erklingt ein orientalisches Musikmotiv] Hier gibt es jetzt die Duduk – ein bestimmtes Instrument, das reinführt und dann in der Melodieführung immer wieder den Traum unterstützt. Das Motiv gab es schon – die Amerikaner haben dort gedreht … es ist alles aus Pappmaschee."

3) Filmtechnische Realisierung der Übergänge zwischen den Welten (ab 21'20'', Büchel): „[Man sieht Lippel auf dem Kopfkissen, er versucht einzuschlafen] Es ist immer die Frage,

*wie kommt man in den Traum?* Lange haben wir – Jana und ich [Jana Marsik, Kamera] – gerätselt, welche Übergänge wir machen."

4) Etablierung und technische Umsetzung einer aufwändigen Symbolsprache und Visualisierung des Zentralthemas Traum (ab 0'42'', Engelke): „Jetzt kannst Du direkt mal ein Geheimnis lüften – wenn das Dir recht ist – und sagen, wie das hier [Unterwasserszenen von Lippel und Vater, die Traum konnotieren] gemacht wurde." Büchel: „Die Idee war, dass wir – dass es aussieht, als würden wir auf eine Wasseroberfläche gucken und haben die Kamera auf den Kopf gestellt – unter Wasser. Sehr schwierige Sequenz [Abb. 3 und 4]. Alex musste lange tauchen. Moritz musste auch lange tauchen. Alex war bis zu zehn Minuten unter Wasser – wurde dann versorgt von einer Tauchlehrerin, die ihm immer Sauerstoff gegeben hat. Eine auch von der Kamera – extrem schwierig, die Kamera auf den Kopf zu stellen. Jetzt ist es so, der Körper treibt in der Regel immer nach oben unter Wasser, also mussten wir es zusätzlich noch rückwärts drehen, damit es so aussieht, als würden die ewig unter Wasser sein – Vater und Sohn. Und es ist der Eingang in einen Traum – Wasser war für mich immer oder ist für mich immer etwas sehr Fließendes. In einen Traum eintauchen, das war hier die Idee. Und gleichzeitig die Beziehungsdefinition von Vater und Sohn in all ihrer Zärtlichkeit. Und aus diesem Traum erwacht er hier – aus seinem Wassertraum."

Im Film kommt es letztlich zu einer klaren Trennung der Codes der beiden Welten. Es ist immer innerhalb von Bruchteilen von Sekunden zu erkennen, welche gerade dargestellt wird. Um den Schülern dies zu illustrieren, wäre es naheliegend, zunächst eine Auswahl an Screenshots zu zeigen, die jeweils einer der beiden Welten zugeordnet werden sollen. Im Anschluss daran können die Schüler beauftragt werden, selber im Film nach Einstellungen zu suchen, die nicht eindeutig zuzuordnen sind. Dass sie nicht fündig werden, zeigt ihnen nochmals, wie konsequent die filmische Umsetzung auf verschiedenen Ebenen hier vorgeht.

Dies steht im Kontrast zur *discourse*-Ebene der literarischen Erzählung. Hier werden die beiden Ebenen bewusst nicht so scharf getrennt: „Er träumte so lebhaft und vor allen Dingen so eindringlich, dass er manchmal in der Erinnerung Traum und Wirklichkeit nicht mehr auseinander halten konnte." (ebd., 58) In der Folge thematisiert der Erzählerkommentar die Schwierigkeiten, Erinnerungen richtig einzustufen, es etabliert sich schon fast ein *Meta-Diskurs* zum Träumen, der die Erzählung unterbricht: „Bevor erzählt wird, was Lippel in dieser Nacht träumte, muss hier erst etwas Allgemeines über das Träumen eingefügt werden." (ebd.) Diese *discourse*-Ebene fehlt im Film.

### Die Geschichte (Narratives)
Selbstverständlich wird jede Literaturverfilmung auch die erzählte Geschichte verändern – auf Ebene der *histoire*. Nur stehen diese Transformationen in einem größeren Kontext und betreffen die Textbedeutung. Auffälligste Veränderungen in Büchels Fassung betreffen wie bei der Raumsemantisierung auch die beiden Ebenen Traum – Realität. Diese beiden Ebenen sind im Film zum einen stärker getrennt (vgl. oben), zum anderen fehlt die eigentliche Motivation für die Übergänge in die Traumwelt, die funktionale Einbettung der Träume in die Erzähllogik.

Im Buch beginnt Lippel erst zu träumen, als ihm das Märchenbuch nicht mehr zur Verfügung steht. Dort ist es Reaktion auf eine defizitäre Situation, zugleich Fluchtverhalten. Er plant zudem, bewusst zu träumen und bestimmt dabei den genauen Einstieg in die intradiegetische Erzählebene: Zeit, Raum und existente Figuren. Darüber hinaus kann er die Perspektivierung steuern: „Mal schaute er sich dabei die Geschehnisse von außen an (wie in einem Film), mal steckte er mittendrin in der Geschichte. Wie das beim Träumen nun mal so ist!" (ebd., 60) Im Film hingegen etabliert sich die Traumwelt bereits *beim* Lesen. Fiktionale Welt und Trauminhalte werden somit gleichgesetzt und die Komplexität der erzähllogischen Motivation der Vorlage wird stark reduziert. Besonders evident wird dies am Ende der Erzählung: Im Buch gelingt es Lippel nach der Vertreibung von Frau Jakob nicht mehr, in die Traumwelt zurückzukehren. Das folgt der Erzähllogik – ist doch die Notwendigkeit des Wechsels in die Traumwelt nicht mehr gegeben, da er das Buch wieder hat und Frau Jakob ihn auch nicht mehr drangsaliert. Das Lesen macht keinen Spaß mehr (vgl. ebd., 223), und er ist frustriert – woraufhin ihm seine Mutter das Ende erzählt. Im Film geschieht der letzte Übergang in die Handlung der Traumwelt kommentarlos, somit auch die erzähllogische Einbettung. Sie wird einfach zu Ende erzählt – wessen Bewusstseinsinhalte warum wiedergegeben werden, ist im Film nicht relevant.

Daneben findet sich noch eine Vielzahl weiterer, dramaturgischer Veränderungen der Vorlage. Der Film verzichtet auf das Punktesammeln Lippels, auf die vertrauensvolle Beziehung zu Frau Jeschke und fügt hingegen einen actionreichen, spannenden Schlusshöhepunkt hinzu – der mit konventionellen Mitteln hergestellt wird (Schärfenverlagerung, Dynamisierung der Schnittfolge, Häufung von Frosch- und Vogelperspektive, an *Psycho* erinnernde Musik etc.). Wenn Frau Jakob in die Mülltonne mit Tomatensuppe stürzt, erkennen die Schüler problemlos das dramaturgische Grundmuster des Mainstream-Films wieder (vgl. hierzu den Grundlagen-Beitrag von Klaus Maiwald in diesem Band). Die Vertreibung von Frau Jakob wird dramatisiert – die Auflösung der eingebetteten Erzählung folgt additiv, die Liebesbeziehung von Vater und Serafina deutet sich dabei mehr als nur an.

Weitere Transformationen können auch mit der Entsprechung des Plotmusters erklärt werden: so die überzeichneten Schikanen durch den Konrektor Färber und seinen Sohn auf dem Schulhof vor und nach Schulbeginn. Natürlich wird auch dieser Konflikt im Film am Ende mit Kollektivsymbolik gelöst, wenn Lippel Hermann eine Sahnetorte ins Gesicht drückt und sich somit aus der Situation befreit.

Insgesamt zeigt sich, dass der Film (notwendigerweise) anderen dramaturgischen Regeln zu folgen hat (Schlussszene mit Rache durch Spinne; Intensivierung der Vater-Sohn-Beziehung; plakative Nebenhandlungen wie Liebesbeziehung und Schulhofbelästigungen). Die Schüler erkennen, dass sich auch hier die Plotmuster des Mainstream-Films zeigen – „das Konventionskorsett einer größeren deutschen Kinoproduktion" (*Mitteldeutsche Zeitung*, 01.10.09) – und können parallele Beispiele nennen. Ähnliches beobachtet man in der *Tintenherz*-Verfilmung: Um der Dramaturgie zu entsprechen, kritzelt dort Meggie noch schnell ein alternatives Ende der eingebetteten Erzählung auf einen Zettel und widerspricht der Erzähllogik der Vorlage. So sind die Schüler auch zu Recht irritiert, als Mattenheim am Passauer Bahnhof Lippel noch schnell einen Kompass aus der Traumwelt überreicht, um beim Zuseher Irritation zu stiften. Die Funktion dieses Einschubs bleibt ungeklärt.

Auf übergeordneter Ebene sind jedoch auch die Gemeinsamkeiten spannend: Literatur und Film benötigen beide den Traumcode, um eine abweichende Wirklichkeit darzustellen, die zur Realitätsflucht und Bewältigung von (innerpsychischen) Problemen dient. Träume sind eine Möglichkeit, eine alternative Wirklichkeit zu schaffen, in die man flüchten kann. Und diese Traumwirklichkeit kann wiederum zurückwirken auf die eigentliche Wirklichkeit, indem sie Veränderungsprozesse auslöst. Beide Medien etablieren diesen Traumcode jedoch mit ihren jeweils eigenen Mitteln.

**Filmographie**
Lippels Traum (D 2009; Regie: Lars Büchel)

**Primärliteratur**
Paul Maar: Lippels Traum. Hamburg: Oetinger 1984

**Sekundärliteratur**
Frederking, Volker / Axel Krommer / Klaus Maiwald: Mediendidaktik Deutsch. Eine Einführung. Berlin 2008 (Grundlagen der Germanistik; 44)
Krah, Hans: Einführung in die Literaturwissenschaft. Textanalyse. Kiel 2006
Steinmetz, Rüdiger: Filme sehen lernen. Grundlagen der Filmästhetik. Mit Originalsequenzen von Lumière bis Kubrick und Tykwer (DVD). 2003
Stiftung Lesen (Hg.): Lippels Traum. Themenorientierte Leseförderung im Medienverbund. Ideen für den Unterricht. Mainz 2009
Stiletto, Stefan: Lippels Traum. Filmheft mit Materialien für die schulische und außerschulische Bildung. Potsdam 2009

**Internetquellen (Stand: 20.07.2010)**
Berliner Morgenpost. Film kompakt – Lippels Traum. http://www.morgenpost.de/printarchiv/top-bmlive/article1186023/Kindlicher-Rebell.html
BR Online. Rezension zu Lippels Traum. http://www.br-online.de/bayerisches-fernsehen/kino-kino/filmkritik-lippels-traum-jugendbuch-verfilmung-ID1253523383200.xml
Mitteldeutsche Zeitung. Rezension zu Lippels Traum. http://www.mz-web.de/servlet/ContentServer?pagename=ksta/page&atype=ksArtikel&aid=1254375696957&calledPageId=987490165154

*Eva Lang*
# „Der hat so gedacht wie Tom Sawyer!"
## Ein Filmprojekt mit einer Grundschulklasse: Intertextuelle Bezüge im Film *Hände weg von Mississippi*

### Kinder in der Grundschule lernen Filme *lesen*

Es kommt einem Allgemeinplatz gleich, einen Beitrag über Filme in der Schule, speziell in der Grundschule, mit dem Hinweis zu beginnen, Filme in der Schule würden nach wie vor meist als Zeitfüller für spontane Vertretungsstunden verwendet, es fände keine Vor- und Nachbereitung statt, geschweige denn angeleitete Auseinandersetzung mit filmdidaktischem Bewusstsein. Es ist sicherlich wahr: So werden Filme in der Schule auch eingesetzt. Handelt es sich dabei um qualitätvolle Filme mit angemessener Altersempfehlung und bleibt zumindest noch Zeit für einen angeleiteten Austausch, sind das dann auch nicht die schlechtesten Vertretungsstunden, die den Schülerinnen und Schülern begegnen, auch wenn sie keineswegs den Ansprüchen einer wohl durchdachten, didaktisch und methodisch begründeten Unterrichtssequenz genügen. Aber warum sind denn Filme für solche Situationen so beliebt und auch so geeignet? Schließlich könnte man ja auch einen schriftlichen Text lesen.

Filme fesseln unmittelbar die Aufmerksamkeit der Kinder, sprechen ihre Gefühle an und formen Vorstellungen. Abraham (2009, 13) spricht von der „affektiven Aufladung", zu der das Zusammenspiel aus Sprache, Bild und Musik beiträgt. Filme bringen die Kinder dazu, sich unmittelbar zu äußern und etwas sagen zu wollen, denn die meisten Kinder kennen andere Filme zu gleichen Themen, sie kennen die Schauspieler, sie wollen etwas von ihren Erfahrungen und Kenntnissen mitteilen. In einem angeleiteten Gespräch nach einem Film melden sich ganz häufig solche Schülerinnen und Schüler zu Wort, die zu gelesenen Texten weitaus seltener spontan etwas zu sagen haben.

Zu einer bewussten Auseinandersetzung mit Filmen in der Grundschule gehört es jedoch auch, das Medium Film selbst zum Gegenstand der Auseinandersetzung zu machen. Die Motivation und der unmittelbare, intuitive Zugang, den Kinder zu Filmen haben, werden genutzt, aber es genügt nicht, dabei stehen zu bleiben. Werden Filme im Deutschunterricht der Grundschule zum Gegenstand der Auseinandersetzung gemacht, ist ein übergeordnetes Ziel die Grundlegung von Fähigkeiten, welche die Kinder zu einem kompetenten Umgang mit Medien befähigen (vgl. Möbius 2006, 96). Einfacher ausgedrückt: Die Schülerinnen und Schüler sollen durch grundschulgerechte Vorgehensweisen darin geschult werden, auch Filme als besondere Form von Texten wirklich *lesen* zu können und dadurch die Ebene des intuitiven, unkritischen Sehens und reinen Konsumierens zu verlassen.

„,Lesen' in Bezug auf den Filmtext [bedeutet] die Bewusstmachung und das Durchschauen
konstruierter Multimedialität und damit ein Durchbrechen konventioneller automatisierter
Wahrnehmungsweisen." (Möbius 2006, 94)

Weiterhin tragen angeleitete Auseinandersetzungen mit Filmen auch zur literarischen
und ästhetischen Bildung bei, da sich auch im Zuge eines Filmprojektes literarische
Phänomene in elementarer Form erarbeiten lassen (vgl. Frederking / Krommer / Maiwald 2008, 131), wie etwa Figurencharakterisierungen, Erzählhaltungen oder – wie
hier zu zeigen sein wird – intertextuelle Bezüge.

## Ein Filmprojekt mit einer Grundschulklasse

Im Mittelpunkt des hier vorgestellten Unterrichtsprojekts stand eine angeleitete Auseinandersetzung mit dem Film *Hände weg von Mississippi* (2007) in einer jahrgangsgemischten Grundschulklasse (3/4). Entsprechend den Forderungen einer grundschulgerechten Filmdidaktik (vgl. Möbius 2006, 92) sollten die Schülerinnen und Schüler
mithilfe unterschiedlicher methodischer Zugangsweisen genaue Wahrnehmung schulen, Vorstellungen bilden und differenzieren sowie diesen Wahrnehmungen und Vorstellungen auch Ausdruck verleihen, entweder in sprachlicher oder künstlerischer
Form, wie durch das Malen von Bildern zum Film oder das Gestalten von Ton und Musik zu einer stumm geschalteten Szene. Produktionsorientierte Arbeitsaufträge, die im
nachfolgenden Unterrichtsbeispiel vorgestellt werden, sollten „das aktive Sehen" und
eine „imaginierende, entdeckende, deutende Rezeptionshaltung" (ebd., 95) fördern.

Um aber nicht in einer beliebigen Aneinanderreihung von Aktivitäten aus dem Fundus
der produktionsorientierten Filmdidaktik (vgl. Abraham 2009, 77-100) verschiedene
Gestaltungselemente eines Films ohne Zusammenhang lediglich abzuhaken, wurde
eine Beobachtungskategorie definiert (vgl. Möbius 2006, 94), auf die sich die Wahrnehmung der Schülerinnen und Schüler vornehmlich richten sollte: In besonderer
Weise eignet sich *Hände weg von Mississippi* dafür, intertextuelle Bezüge im Film zu
untersuchen, um den Kindern bewusst zu machen, dass man Filme – analog zu geschriebenen Texten – ebenfalls *lesen* können muss, um mehr von dem zu verstehen,
was erzählt wird.

## Themen und Konstellationen im Film *Hände weg von Mississippi*

### Eine klassische Ausgangssituation

Der alte Klipperbusch, ein schrulliger, aber wohlhabender Mann, ist verstorben. Wem
wird das attraktive Erbe zufallen, sein Hof, sein Pferd, und vor allem: sein Land? Infrage
kommt nur der Neffe, Sohn der Lieblingsschwester des Verstorbenen. Aber alle wissen:
Dieser Albert Gansmann ist das Gegenteil von allem, was dem Toten wichtig war. Er hat
keine Liebe zum Landleben, er hat keine Sehnsucht nach der Heimat von Tom Sawyer,
noch nicht einmal das Lieblingsbuch seines Onkels kennt er, und für dessen absoluten
Liebling, die Stute Mississippi, interessiert er sich so wenig, dass er sie nach dem Tod

seines Onkels sofort zu Geld machen und dem Pferdemetzger verkaufen würde. Aber ganz offenbar ahnte der „alte Klipperbusch", wie er ausschließlich genannt wird, schon etwas und traute diesem Neffen nicht über den Weg. Nach und nach sickert durch, dass er in sein Testament eine geheimnisvolle Klausel eingebaut hat, die das Erbe mit einer Auflage verknüpft. So wird sein Besitz an diejenige Person fallen, die dessen würdig ist. Und so kommt es zum Kampf zwischen denen, welchen es um nichts weniger geht als um den Erhalt und Fortbestand einer guten, heilen Welt, und der Gegenseite, die diese Welt aus Geldgier und Achtlosigkeit zerstören würde. Am Ende wird das von Gansmann so begehrte Erbe von ganz allein denjenigen in den Schoß fallen, die es darauf über-haupt nie abgesehen hatten: dem Mädchen Emma und ihrer tierliebenden, alternativen Oma Dolores Blumentritt, genannt Dolly. Das Erbe steht ihnen zu, weil sie die richtigen Ideale haben und moralisch handeln. (Apropos intertextuelle Bezüge: Kennen wir das Motiv nicht aus dem *Kaukasischen Kreidekreis* von Bertolt Brecht?)

### Die Bedrohung der heilen Welt

In Cornelia Funkes Kinderbuch geht es für Emma, Dolly und ihre Verbündeten darum, das Pferd Mississippi zu retten, zuerst ganz unmittelbar vor dem Schlachter, dann davor, dass Gansmann das Tier zurückbekommt und instrumentalisiert, um doch noch an das Land seines Onkels zu kommen. Was Gansmann mit diesem Erbe vorhat, das können wir uns in etwa vorstellen, konkret gesagt wird es im Buch nicht. Im Film hingegen wird wesentlich deutlicher gezeigt, was auf dem Spiel steht. Auch wenn sich die ganze Handlung um Mississippi dreht, geht es beileibe nicht nur um dieses Pferd. Bedroht ist die Welt, für die Dolly und ihre Verbündeten kämpfen. In dieser Welt ist Platz für Tiere, die niemand mehr will, für alte Menschen, für schrullige Nachbarinnen und einfältige Vögel wie den Mechaniker Hinnerk und natürlich für Kinder. Das Tempo dort muss sich dem Tempo der Langsamsten anpassen, man bewegt sich mit dem Fahrrad oder zu Fuß, die Straßen sind nicht asphaltiert, Autos müssen Schritttempo fahren oder sind ohnehin meistens kaputt. Beim Bäcker und im Käseladen kauft man alles, was man an Lebensmitteln braucht. Aber all das wird vernichtet werden, wenn Gansmann erbt: Dann wird auf dem Land des alten Klipperbusch ein riesiger Supermarkt, noch schlim-mer, ein Discounter entstehen, mit Wasservergnügungspark. Riesig, wie die Verkäuferin im Käseladen wiederholt. Und *das* ist für Emma der wahre Grund, warum Gansmann das Pferd Mississippi nie bekommen darf, nicht etwa das eigennützige Motiv und der Wunschtraum eines jeden Kindes, ein eigenes Tier zu besitzen.

Die Filmbilder zeigen uns, wie die Welt aussehen könnte, wenn alle so fürsorglich und hilfsbereit wie Dolores Blumentritt und so pfiffig wie Emma und Leo wären. Großeltern und Kinder gehören zusammen und sorgen füreinander. Die Elterngeneration hat nicht begriffen, wie wichtig es ist, eine Heimat zu haben und sie zu beschützen, sie ist mit Geldverdienen und mit sich selbst beschäftigt. Während der gesamten Filmhandlung ist Emmas Mutter abwesend, sie tritt nur zu Beginn und ganz am Schluss auf, und es ist offensichtlich: Auf sie hätten Dolly und Emma in ihrem Kampf nicht zählen können. Sie hat es ja schon eilig, wenn sie gerade ankommt, sie trägt auch völlig unpassende Klei-dung in dieser ländlichen Umgebung. In all diesem ist sie Gansmann viel ähnlicher als ihrer patenten Mutter Dolly. Emma wäre ein armes Mädchen mit dieser Mutter, wenn sie nicht ihre Großmutter hätte.

### Intertextuelle Verweise im Film

*Intertextualität* (vgl. Heinemann 1997; Tegtmeyer 1997; Weise 1997) wird im vorliegenden Beitrag in folgender Bedeutung verwendet: Zunächst gelten als *Texte* nicht nur geschriebene Texte, sondern auch Filme oder literarische Sonderformen wie Comics. Weiterhin wird unterstellt, dass Verweise auf andere Texte intentional von den Autoren eines Films (Regisseur und Drehbuchautor) platziert werden. Damit ist nicht ausgeschlossen, dass in der Rezeption auch Bezüge konstruiert werden, die nicht bewusst beabsichtigt waren.

*Abb. 1:* Gleich wird er dieselbe Frage stellen wie Tom Sawyer. (*Hände weg von Mississippi*)

Für dieses Filmprojekt mit einer Grundschulklasse galten als intertextuelle Verweise alle Elemente im Film, die auf einen anderen Text – ebenfalls im weiter gefassten Verständnis – hinweisen. Filme sind multimediale Texte, deren Sinn sich aus dem „Zusammenspiel verschiedener Einzelmedien im Filmganzen" ergibt (vgl. Abraham 2009, 13), nämlich durch Sprache, Bild, Ton und Kulisse. Deshalb kann ein Verweis im Film auch medial unterschiedlich realisiert werden, etwa durch eine bestimmte Einstellung oder ein Einzelbild, durch die Musik, durch die gesprochene Sprache, durch Szenen, durch die Charakterisierung von Figuren, durch die Gleichheit von Themen. Zudem kann der Verweis auch noch über Mediengrenzen hinweg funktionieren: Ein Filmbild verweist auf einen geschriebenen Text, eine Szene oder eine Figur verweist auf andere Filme sowie auf gezeichnete Comics, die ihrerseits wiederum verfilmt wurden.

So enthält *Hände weg von Mississippi* mehrfache Hinweise auf Mark Twains Jugendroman *Tom Sawyer* (1876). Im ersten Kapitel des Films ist eine kurze Szene zu sehen, in der Leo, eine der Filmfiguren, einen Zaun streicht (Abb. 1). Als seine Kinderfreundin Emma auf dem Fahrrad vorbeikommt und fragt, was er da tue, antwortet er: „Zaun streichen! Das macht irre Spaß! Willste mitmachen?" Daneben wird der Titel des Romans mehrmals als Lieblingsbuch des verstorbenen Klipperbusch genannt. Er hat in einer Ausgabe des Buches sein Testament verborgen, und zwar exakt zwischen den Seiten des Kapitels, in dem Tom den Zaun streichen muss. Sein Pferd nannte er Mississippi, da die Handlung von Twains Roman an jenem Fluss angesiedelt ist. In zahlreichen Verweisen – in Dialogen, in Bildern (Cowboystiefel auf seinem Sarg), in musikalischen Hinweisen (Country- und Westernmusik als Filmmusik) – wird im Film deutlich gemacht, dass jenes Amerika der Sehnsuchtsort des alten Klipperbusch war. Dabei handelt es sich nicht um einen wirklich existierenden Ort, denn das Land der Cowboys und Rodeos ist eher der Westen weit jenseits des Mississippi. Aber es geht hier auch eher um eine fiktive Projektionsfläche für eine heile Welt, die das nie erreichte Ziel aller Wünsche des Verstorbenen war.

Ein Topos vieler Kinderfilme ist das Verhältnis zwischen Amtspersonen und Kindern. Polizisten treten in Uniform und mit Insignien ihrer Amtsgewalt auf, wirken aber lächerlich, wenn sie versuchen, sich gegen die Kinder durchzusetzen (vgl. Filme und Kinderromane wie *Pippi Langstrumpf* oder *Räuber Hotzenplotz*). Während im Buch kein Dorfpolizist vorkommt, verstärkt im Film das Auftreten des Motorrad fahrenden Sheriffs die Gewissheit, dass von der Seite des Gesetzes bestimmt keine Unterstützung für die gerechte Sache kommen wird.

Vielfältige intertextuelle Bezüge enthält besonders noch der Schluss des Films: Nach dem Happy End – die heile Welt des Dorfes ist gerettet, es wird kein Supermarkt gebaut – feiern alle Bewohner ein Fest, das in einer großen Schlägerei endet. Alle amüsieren sich köstlich, das scheint die Urform einer Feier zu sein! Es gibt die klassische Tortenschlacht und eine Keilerei wie in Lucky Lukes Saloon – worauf eine Schülerin uns aufmerksam machte. Fische werden als Schlagwaffen eingesetzt – wie in einem wohlbekannten Comic über ein gallisches Dorf (Abb. 2-4).

*Abb. 2-4:* Szenen aus Hände weg von *Mississippi*, *Lucky Luke*, *Asterix*: Vorstellung von einem richtigen Spaß ähneln einander.

Es war nicht zu erwarten, dass die Kinder all diese absichtsvollen Zitate oder indirekten Anspielungen in ihrer Vollständigkeit erkennen. Angestrebt waren eine Begegnung und ein erster Zugang zum Phänomen der Intertextualität in einer kindgerechten Weise. Die Schülerinnen und Schüler sollten erfahren, dass durch die bewusste Wahrnehmung und kritische Auseinandersetzung das Vergnügen am Film noch gesteigert wird.

## Das Filmprojekt

### Texte kennen, um Anspielungen wahrzunehmen

Der Arbeit mit dem Film selbst ging eine Einheit voraus, in der das Zaun-Kapitel aus *Tom Sawyer* (Twain 2007, 18-24) gelesen wurde: Einer Eingebung folgend, stellt Tom die Erziehungsmaßnahme des Streichens für die anderen Jungen als so attraktiv dar, dass diese ihm sogar ihre kleinen Schätze als Bezahlung bieten, um auch einmal arbeiten zu dürfen. Am Ende des Nachmittags ist der Zaun fertig gestrichen und Tom ohne eigene Arbeit ein wohlhabender Junge.

Bei Kindern in der dritten und vierten Jahrgangsstufe kann nicht vorausgesetzt werden, dass sie Mark Twain kennen und wissen, was der Mississippi ist und wo er liegt. Deshalb mussten diese Informationen vorab gegeben werden. Dies geschah mithilfe von Fotos, einer Karte der USA sowie den entsprechenden Arbeitsaufträgen und Hinweisen.

Nach dem Lesen wurde der Buchausschnitt als szenische Interpretation nachgespielt. Um die Auseinandersetzung zu intensivieren, wurden während des Spiels einzelne Szenen eingefroren, und mit der Frage: „Was denkt... [eine der Figuren, z. B. Tom] jetzt?", wurden die Kinder aufgefordert, hinter die eingefrorene Figur zu treten und ihre Gedanken explizit zu formulieren, z. B.: „Bestimmt will er gerade dann den Zaun streichen, wenn ich ihn erst nicht lasse!"

In einer abschließenden Besprechung und Zusammenfassung arbeiteten die Kinder folgende Charakterzüge / Eigenschaften Tom Sawyers heraus:

- Er kann sich gut vorstellen, wie sich seine Freunde verhalten werden.
- Er ist listig und klug und bringt andere dazu, so zu handeln, wie er es möchte.

Als Nachbereitung suchten die Schülerinnen und Schüler zuhause selbst weitere Information zu Mark Twain sowie zu den Flüssen und Bundesstaaten Mississippi und Missouri. Gute Leserinnen und Leser der vierten Jahrgangsstufe waren so motiviert, dass sie sich *Tom Sawyer* gleich als Lektüre vornahmen.

### Erwartungen an den Film

Die Schülerinnen und Schüler erwarteten, es werde mit einer filmischen Adaption von *Tom Sawyer* weitergearbeitet. Als dies verneint wurde, stellten sie Vermutungen zum Filmtitel *Hände weg von Mississippi* an: „Es gibt böse Menschen, die wollen den Fluss verschmutzen oder etwas Schlechtes damit machen, deswegen heißt es ‚Hände weg'."[1]

Kinder mit geringerem grammatischem Feingefühl störten sich zunächst nicht daran, dass es dann doch *Hände weg* vom *Mississippi* heißen müsse. Nach dem entsprechenden Hinweis aus der Klasse wurden die Vermutungen dahingehend korrigiert, dass dann eben das Land / der Staat Mississippi in Gefahr sei und einige das Land

---

1  Zum Zeitpunkt des Projektes gab es im Golf von Mexiko bzw. vor der Mündung des Mississippi eine entsetzliche Ölpest, die täglich in den Schlagzeilen der Medien war. Die Kinder waren dadurch für die Thematik der Umweltzerstörung sensibilisiert, ohne dass dies explizit besprochen wurde.

vor Zerstörung oder Umweltverschmutzung schützen wollten – eine Vermutung, die im Kern genau das trifft, worum es im Film tatsächlich geht.

Schließlich klärten diejenigen Kinder, die den Film schon kannten und gebeten worden waren, mit ihren Beiträgen noch zu warten, die anderen Schülerinnen und Schüler darüber auf, dass Mississippi in diesem Film ein Pferd sei. Auf die Frage, warum es denn Mississippi heiße, konnten nur zwei bis drei Kinder sich erinnern, dass der Besitzer es eben so genannt habe. An den Grund dafür konnten sich auch diejenigen nicht genau erinnern, die den Film kannten – ein Beleg dafür, dass einmaliges, nicht angeleitetes Filmsehen nicht alle Bedeutungsebenen erschließt und keine lang anhaltenden Erinnerungen schafft.

### Ländliche Idylle und ein eitler Geck – Land und Leute

Um die Wahrnehmung für die Darstellung der Figuren zu schulen, sollten die Kinder sich als nächstes mit den Antagonisten der Erzählung, Oma Dolly und Albert Gansmann, auseinandersetzen. Der Film war noch nicht gezeigt worden, sodass die Schülerinnen und Schüler noch keinen Eindruck vom Handeln und Verhalten der beiden bekommen hatten. Sie sollten sich ihre Vorstellungen allein durch die Betrachtung von Bildern bilden und sie auch damit begründen. Ebenso sollte die Aufmerksamkeit auf die Darstellung des Dorfes und der Landschaft gelenkt werden. Hierfür wurden aus dem Film *screenshots* erstellt und den Kindern mit entsprechenden Arbeitsaufträgen dargeboten (Abb. 5 und 6).

*Abb. 5 und 6:* Screenshots (Auswahl) zum Arbeitsauftrag über die Antagonisten

**Arbeitsaufträge zur Charakterisierung der Antagonisten**

A) Stell dir vor: Du darfst deine Sommerferien bei deiner geliebten Oma verbringen! Schau dir die Bilder gut an: Freust du dich? Worauf? Erzähle das deiner besten Freundin oder deinem besten Freund in einem Brief! Beschreibe auch, wie deine Oma aussieht, welche Kleidung sie trägt, wie sie zu dir ist!

*Weißt Du, wenn ich bei meiner Oma bin, …*

B) Stell dir vor: In den letzten Ferien hast du Herrn Gansmann kennengelernt, der auf diesen Fotos zu sehen ist. Sieh' dir die Fotos genau an: Gesichtsausdruck, Kleidung … Beschreibe einer Freundin oder einem Freund: Wie findest du Gansmann? Was interessiert ihn, was ist für ihn wohl wichtig? Schreibe etwas über die Stimmung, die er verbreitet! Wie fühlst du dich, wenn du ihn triffst?

*Bald darf ich aufs Land fahren zu meiner Oma Dolly. Dort treffe ich auch manchmal Herrn Gansmann …*

Hier eine Schülerarbeit (Abb. 7):

*Liebe Maria!*
*Bald darf ich aufs Land fahren zu meiner Oma Dolly. Ich freue mich sehr darauf. Aber dort treffe ich manchmal auch diesen Herrn Gansmann, den ich nicht leiden kann. Er ist sehr unfreundlich und trägt sehr ungewöhnliche Kleidung. Das einzige, was er möchte, ist Geld. Er hat eine goldene Uhr, ein teures Auto und viele teure Anzüge. Als ich ihm das letzte Mal begegnete, stand er mit seiner seltsamen Krawatte und dem glänzenden Lederanzug direkt vor mir. Es fühlte sich seltsam an, als er mich herablassend ansah. Immer, wenn ich ihm begegnete, fühlte ich mich so klein. Ich hoffe, er zieht auf die andere Seite der Welt.*

*Abb. 7:* Charakterisierung von Gansmann (Text aus einer Schülergruppe)

Die Briefe, die die Kinder in Arbeitsgruppen schrieben, trugen sie der Klasse vor. Gemeinsam wurde begründet, ob der Inhalt des Briefs zu den Bildern passte, die die jeweilige Gruppe zur Verfügung hatte, und ob unter Umständen auch noch andere Aspekte genannt werden könnten. So ergaben sich eine intensive Auseinandersetzung mit den Bildern und ihrem erzählerischen Gehalt sowie eine Fragehaltung in Bezug auf die Filmfiguren: Wie würden sie sich im Film verhalten? Hatte man sie richtig eingeschätzt? Wer war sympathisch, wer nicht? Wäre es schön, im Dorf von Oma Dolly die Ferien zu verbringen?

### Das gemeinsame angeleitete Sehen des Films

Beim anschließenden gemeinsamen Ansehen des Films reagierten die Kinder sofort auf diese Szene. „Wie bei Tom Sawyer!", wurde erkannt, zumal der Junge auch versucht, Emma für das Streichen zu gewinnen: „Das macht irre Spaß, willste mitmachen?" Aber, das registrierten die Kinder ebenfalls, bei Emma funktioniert das eben nicht. Leo ist nicht Tom Sawyer!

Der Film wurde ohne Unterbrechungen angesehen, nur als die zentralen Begriffe *Testament* und *Erbe* erstmals verwendet wurden, gab es einen Stopp und eine Erklärung, besonders für Kinder, deren Muttersprache nicht Deutsch war.

Natürlich fiel allen Kindern sofort ins Auge, in welchem Buch und speziell an welcher Stelle der alte Klipperbusch sein Testament versteckt hatte (Abb. 8). Dies blieb zunächst noch unkommentiert, und die Erklärung, es sei sein Lieblingsbuch gewesen, reichte aus. Um diesen Bezug zu einer literarischen Figur sollte es später noch gehen.

*Abb. 8:* Hier war das Testament versteckt.

### Hände weg von unserem Dorf!

Für eine Nachbereitung des Films erhielten die Kinder einen Schnipsel aus einem *screenshot*, der eine Landschaftsaufnahme zeigte. Sie sollten die Landschaft um diesen Ausschnitt herum malend ergänzen. Dabei konnten sowohl die gerade eben gesehenen Bilder als auch eigene Vorstellungen und Ideen verwendet werden (Abb. 9 und 10):

*Abb. 9 und 10:* Ein Screenshot-Schnipsel wird ergänzt (Schülerarbeiten)

Die Schülerinnen und Schüler stellten ihre Bilder vor und erzählten, was sie sich alles an schönen, interessanten Aktivitäten in ihrer Landschaft oder ihrem Dorf vorstellen würden. Der nächste Auftrag lautete: „Übermale dein Bild mit dem Bild eines großen Supermarktes mit Parkplatz und Erlebnisbad." Diese Aufforderung verursachte bei den Kindern einen Aufschrei und größten Widerstand. Sie wollten ihre schönen Naturbilder nicht übermalen, denn das sei ja genau das, was auf dem Grundstück des alten Klipperbusch passieren würde, wenn dort ein Discounter und ein Erlebnisbad gebaut würden. Dadurch wurde dieser zentrale Punkt in der filmischen Erzählung für die Kinder eindringlicher, weil mit einer persönlichen Erfahrung verbunden.

In einer anschließenden Gruppenarbeit wurden die Vorstellungen der Kinder noch weiter entfaltet und differenziert. Die Schülerinnen und Schüler stellten die schönen Aktivitäten, die sie sich für ihre gemalte Landschaft ausmalten, der Situation gegenüber, die eintreten würde, wenn der Supermarkt und ein Erlebnisbad an derselben Stelle stünden. Die gemeinsam gefundenen Ideen wurden im Plenum vorgestellt, diskutiert und bildeten dann die Grundlage für einen weiteren Text, den die Kinder in der Ich-Form schrieben (Abb. 11):

> Hier kann man jetzt nicht mehr auf die großen Eichen klettern und der Fluss, wo ich immer über die Steine hüpfe, wird jetzt auch in ein Rohr verlegt. Und die schöne Allee wird jetzt auch noch geteert. Ich weiß nicht, wo ich mit Missi reiten soll. Die Hunde dürfen auch nicht mehr alleine raus. Es ist nicht mehr so ruhig, die Störche kommen nicht mehr, weil die Frösche vor dem Lärm abhauen. Dann haben die Störche nichts zu fressen.

*Abb. 11:* Wenn dort ein Supermarkt und ein Erlebnisbad stünden … (Schülertext)

### Tom Sawyer und der alte Klipperbusch

Anschließend wurde der Frage nachgegangen, warum der alte Klipperbusch sein Testament genau in das Kapitel von *Tom Sawyer*, das gemeinsam gelesen worden war, einlegt. Die Schülerinnen und Schüler erinnerten sich genau und fassten zusammen, dass Tom Sawyer es geschafft hatte, etwas zu erreichen, indem er seine Mitmenschen realistisch eingeschätzt und ihr Verhalten genau vorausgesagt hatte. Diese Eigenschaften wandten sie nun auf den alten Klipperbusch an und gelangten zu der Auffassung, er habe vorausgesehen, dass sein Neffe Gansmann nicht so handeln würde, wie er es sich wünschte. Deswegen habe Klipperbusch sein Testament so formuliert, dass er seinen Neffen nicht direkt enterbte. Er sorgte aber für sein geliebtes Pferd und dafür, dass sein Land in seinem Sinne genutzt wurde. Die Kinder argumentierten natürlich in kindgemäßer Sprache, konstruierten aber mehrere Gemeinsamkeiten zwischen Tom Sawyer und dem alten Klipperbusch und stießen damit zu einer Bedeutungsebene vor, die ihnen bei einem nicht angeleiteten Sehen des Films verborgen geblieben wäre. Dies benannten sie auch so: „Ich hätte darüber gar nicht nachgedacht, wenn wir nicht das von dem Tom Sawyer gelesen hätten."

Nicht explizit thematisiert wurde hingegen ein anderes Motiv: Gezeigt werden ein Land und eine Art zu leben, die es in dieser Weise nicht mehr gibt, eine heile Welt, ein

Sehnsuchtsland, auf das wir unsere Wünsche nach einem authentischeren, naturnäheren Leben projizieren können. Für Klipperbusch war dieses Land seiner Wünsche das Amerika Tom Sawyers, aber im Film (anders als im Buch) hat er es nie erreicht.

## Zum Abschluss ein Fest und eine Schlägerei

Bei einer abschließenden freien Aussprache nach dem Film erklärten einige Kinder noch, sie fänden den Schluss sehr übertrieben, dass „die sich da alle hauen müssen". Andere hielten dagegen, das sei wie bei Asterix und Obelix: „Die schlagen sich auch oft am Schluss, so mit Fischen, aber sie haben trotzdem Spaß und außerdem streiten sie und halten dann wieder zusammen!" Lea trug bei, sie kenne das auch von Lucky Luke, wenn „die im Saloon alle raufen und alles kaputt machen". Das seien ja auch Cowboys, wie Klipperbusch gern einer gewesen wäre.

Offensichtlich haben die Kinder das Prinzip der intertextuellen Bezüge verstanden. Es gibt daher berechtigte Hoffnungen, dass sie in der nächsten Vertretungsstunde, in der vielleicht immerhin ein guter Kinderfilm gezeigt wird, nach solchen Verweisen Ausschau halten werden. Dann wären sie auf dem Weg zum bewussten Sehen als wichtigem Teil einer Medienkompetenz schon einen deutlichen Schritt weiter.

### Filmographie
Hände weg von Mississippi (D 2007; Regie: Detlef Buck)

### Primärliteratur
Funke, Cornelia: Hände weg von Mississippi. Mit Illustrationen der Autorin. Hamburg: Dressler 2007
Twain, Mark: Tom Sawyer. A. d. Amerik. v. Susanne Bestmann. [amerik. EA 1876] München: cbj 2007

### Sekundärliteratur
Abraham, Ulf: Filme im Deutschunterricht. Seelze 2009
Frederking, Volker / Axel Krommer / Klaus Maiwald: Mediendidaktik Deutsch. Eine Einführung. Berlin 2008 (Grundlagen der Germanistik; 44)
Heinemann, Wolfgang: Zur Eingrenzung des Intertextualitätsbegriffs aus textlinguistischer Sicht. In: Fix, Ulla / Josef Klein (Hgg.): Textbeziehungen. Linguistische und literaturwissenschaftliche Beiträge zur Intertextualität. Tübingen 1997, 21-37
Helbig, Jörg: Intertextualität und Markierung. Untersuchungen zur Systematik und Funktion der Signalisierung von Intertextualität. Heidelberg 1996
Möbius, Thomas: Wahrnehmen – Vorstellen – Versprachlichen. Aspekte einer Filmdidaktik für die Grundschule. In: Frederking, Volker (Hg.): Filmdidaktik und Filmästhetik. München 2006 (Jahrbuch Medien im Deutschunterricht 2005), 92-115
Tegtmeyer, Henning: Der Begriff Intertextualität und seine Fassungen – Eine Kritik der Intertextualitätskonzepte Julia Kristevas und Susanne Holthuis'. In: Fix, Ulla / Josef Klein (Hgg.): Textbeziehungen. Linguistische und literaturwissenschaftliche Beiträge zur Intertextualität. Tübingen 1997, 49-81
Weise, Günter: Zur Spezifik der Intertextualität in literarischen Texten. In: Fix, Ulla / Josef Klein (Hgg.): Textbeziehungen. Linguistische und literaturwissenschaftliche Beiträge zur Intertextualität. Tübingen 1997, 39-48

### Bildnachweis
Abb. 1,2,5,6 und 8 sind Screenshots aus der DVD *Hände weg von Mississippi*.

*Bettina Heck*
# Zwischen Kunst und Kommerzialisierung
*Trailer* und *Musikvideos* zu Kinderliteraturverfilmungen
im Deutschunterricht

## Medienästhetik: *Trailer* und *Musikvideos*

Trailer und Musikvideos sind im Medienalltag von Kindern und Jugendlichen weithin präsent: Im Kino, Fernsehen, auf DVD oder im Internet können sie betrachtet, in manchen Fällen auch vom Internet kostenlos auf den PC oder iPod heruntergeladen werden. Sie sind kurz, schnell, unterhaltsam und entsprechen den Wahrnehmungsgewohnheiten der Kinder und Jugendlichen, die mit audiovisuellen Medien sozialisiert sind (vgl. Wermke 1997). Anders als Trailer finden Musikvideos schon seit längerem in der Deutschdidaktik, Medienpädagogik und Medienwissenschaft Beachtung. Unterschieden werden auf Grund ihrer differierenden Gestaltung *performance-* und *Konzept*-Videos:

> „Das *performance*-Video hebt die agierenden Musiker heraus: Mit oder ohne Realbezug, auf der Bühne oder in irgendeiner Kulisse sieht man die Interpreten singen und spielen. Der kommerzielle Impetus der Videoclips als Promotion für Bands und ihre Konzerte oder CDs ist hier besonders deutlich. Demgegenüber entwerfen konzeptionelle Clips ein narratives, ein situatives oder ein illustratives Szenario mit, über oder auch gegen die Musik." (Maiwald 2005, 29)

Musikvideos weisen eine temporeiche, innovative und „heute reich entwickelte Bilderästhetik" (Schnell 2000, 234) auf; die künstlerischen Gestaltungsspielräume – vor allem der Konzept-Videos – sind groß. Dennoch unterliegen Musikvideos wegen ihres kommerziellen Impetus häufig der Kritik. Trailer bilden das Pendant zum Klappentext eines Buches (vgl. Abraham 2009) und zu Produktbeschreibungen medialer Objekte im Internet (vgl. http://www.amazon.de, http://www.buecher.de etc.). Sie bewerben Kino- oder Fernsehware und sollen vor allem „Neugier und Anteilnahme an der Geschichte wecken" (Klaassen 1997, 220). Im Vergleich zu den Konzept-Videos verfügen Trailer zwar über geringere Gestaltungsfreiräume, da sie in engem Bezug zum beworbenen audiovisuellen Produkt und seiner Handlung stehen, aber sie sind trotzdem häufig unter „Verwendung von Ausschnitten, Texteinblendungen, grafischen Elementen, Sprecherstimmen, Musik und Toneffekten" (Hediger 2002, 347) ästhetisch anspruchsvoll gestaltet, enthalten mitunter auch eigens für sie gedrehte Szenen und dürfen nicht einfach nur als Zusammenschnitte angesehen werden, sondern stehen wie die Musikvideos im Spannungsverhältnis von Kunst und Kommerzialisierung. Als Trailertyp dominiert heute der *storyzentrierte Trailer*, dessen Struktur darin besteht, „zwei Drittel des Plots nach dem Dreiaktschema wieder[zu]geben und mit einem *Cliffhanger* [zu] enden" (Abraham 2009, 348). Der *Cliffhanger*, der den Ausgang einer Handlung auf dem Höhepunkt offen lässt, dient in besonderem Maße dazu, die Neugier des Publikums zu wecken.

## Methoden und Ziele beim Einsatz im Deutschunterricht

Im vorliegenden Kontext interessieren ausschließlich Musikvideos und Trailer zu Kinderliteraturverfilmungen, die sich beide – wie der Film – auf der visuellen, auditiven und narrativen Ebene beschreiben lassen (vgl. den Grundlagen-Beitrag von Klaus Maiwald in diesem Band). Als *Methoden* werden Analyse und Vergleich fokussiert, und zwar der Vergleich von Trailer und Klappentext, der Vergleich von Trailern untereinander, die Analyse einer Musikvideosequenz und der Vergleich von Musikvideo und Trailer.

Was die *Unterrichtsziele* betrifft, so bietet es sich bei der Behandlung von Trailern und Musikvideos bereits in der Grundschule an, dass die Schülerinnen und Schüler lernen, die jeweiligen *Inhalte* zu erfassen und den Zusammenhang von *Gestaltung* und werbender *Funktion* zu durchschauen. Darüber hinaus eignen sich beide medialen Objekte in niedrigen wie höheren Klassenstufen dazu, das *genaue Sehen und Hören* zu schulen, sei es bei der *Analyse* inhaltlicher oder formaler Gestaltungselemente, sei es beim *Vergleich* durch das Entdecken von Gemeinsamkeiten und Unterschieden (vgl. Heck 2001). Durch den Vergleich verschiedener Trailer, Musikvideos und Texte gewinnen die Schülerinnen und Schüler zudem *intermediale Kompetenz*. In der fünften und sechsten Klasse ermöglichen Musikvideos in besonderer Weise *grundlegende filmsprachliche Begriffe* zu erlernen, da sich durch den häufigen Wechsel von Einstellungsgrößen (vgl. Altrogge / Amann 1991) differierende Kameraeinstellungen leicht erkennen lassen. Unter dem Gesichtspunkt der *Medienkritik* soll die – in positiver wie negativer Hinsicht zu bewertende – Gestaltung im Vordergrund stehen (mit Kriterien wie *passend / unpassend, mehr oder weniger funktional bzw. wirkungsvoll*). Auch *Zusammenhänge zwischen Bild, Schrift und Ton* oder die *Bild-Text-Schere*, das „Auseinanderfallen von Bild- und Textinformation" (Hoppe 2005, 59), können bewusst gemacht werden. Im Folgenden stelle ich Unterrichtsbeispiele für die Verfilmungen von *Heidi* und *Emil und die Detektive* vor.

## Unterrichtsanregungen für das 3./4. Schuljahr: *Heidi*

Zu Johanna Spyris *Heidi* (1880/81) sind seit dem Stummfilm von 1920 zahlreiche Verfilmungen erschienen. Am bekanntesten dürfte der japanische Anime aus dem Jahr 1975 unter der Regie Isao Takahatas sein, der ein paar Jahre später mit seinen 52 Episoden auch als deutsche Fernseh-Serie ausgestrahlt wurde. Im Jahr 2001, anlässlich des 100. Todestages Spyris, kam unter der Regie Takahatas der Zeichentrick-Spielfilm *Heidi in den Bergen* ins Kino, dem die ersten vier Serien zu Grunde liegen. Fortgesetzt wird dieser Spielfilm mit den Teilen *Heidi geht nach Frankfurt* und *Heidi zurück in den Bergen*. Im Jahr 2002 lief Markus Imbodens modernisierter Realfilm in den Kinos an, 2005 der nächste Zeichentrickfilm von Alan Simpson. Auf die Trailer dieser Heidi-Verfilmungen möchte ich im Anschluss eingehen; es handelt sich in allen drei Fällen um storyzentrierte Trailer mit einem offenen Ende, wobei der *Cliffhanger* mehr oder weniger deutlich bzw. wirkungsvoll eingesetzt wird. Der Trailer zu Takahatas Zeichentrick-Spielfilmen kann im Internet angesehen werden; er wirbt dort für den Kauf der neuen dreiteiligen DVD-Edition. Die Trailer zu den anderen beiden Verfilmungen befinden sich auf der jeweiligen DVD unter den *Extras*. Zur Behandlung der drei Trailer ziehe ich den Klappentext der Insel-Taschen-buch-Ausgabe von Johanna Spyris erstem Band *Heidis Lehr- und Wanderjahre* hinzu.

### Der Klappentext, eine vergleichbare Textsorte

Da das Buch Spyris für sämtliche Verfilmungen die Vorlage bildet, ist es sinnvoll, im Unterricht mit der Besprechung des Klappentextes zu beginnen:

> „Die Geschichte von Heidi, die bei ihrem kauzigen Großvater, dem Alp-Öhi, lebt, hat schon Generationen von Lesern begeistert. Unvergessen sind auch ihre Freunde, der Geißen-Peter und die gelähmte Klara in Frankfurt am Main. Heidis Lehr- und Wanderjahre erzählen, wie alles begann. Bis heute ist Heidi eine der bekanntesten und beliebtesten Kinderbuchfiguren der Welt." (Spyri 2009, 2)

Hier werden zentrale Figuren benannt, aber keine wesentlichen Informationen zur Handlung gegeben. Vielmehr kann der Käufer und künftige Leser des Buches davon ausgehen: Er wird zu einer großen Fan-Gemeinde gehören, am kulturellen Leben partizipieren und seinem „Bedürfnis nach sozialer Teilhabe" (Rosebrock / Nix 2008, 23) nachgehen können. Dies ist, wie die Leseforschung herausgestellt hat, ein wichtiger Lesemotivations- (und damit auch Kauf-)Faktor. Mit der Besprechung des kurzen Klappentextes kann den Schülerinnen und Schülern exemplarisch verdeutlicht werden, dass werbende Texte bewusst und zielorientiert gestaltet sind und diese Textsorte im Hinblick auf das Buch die gleiche Funktion besitzt wie ein Trailer im Hinblick auf den Film.

### Trickfilm-Trailer-Vergleich

Der Trailer zu den Spielfilmen Takahatas führt durch Filmausschnitte und das von Gitti und Erika gesungene Heidi-Lied in die Handlung ein. Damit weicht er hinsichtlich des Inhalts vom Klappentext ab. Heidi erscheint als ein fröhliches und naturverbundenes Mädchen. Sie wird von einer Frau (ihrer Tante) zum Großvater gebracht. Anders als die Dorfbewohnerinnen annehmen, verhält er sich dem Kind gegenüber aber nicht wie ein alter Griesgram. Mit ihrem Freund, dem Ziegenhirten Peter, läuft sie im Sommer durch die Berge, tanzt im Herbst und Winter auf den Wiesen oder fährt durch den hohen Schnee Schlitten; auch die namentlich noch nicht bekannte Klara gesellt sich später zu ihnen. Am Ende erklärt Heidi, dass sie freiwillig nie wieder fortgehen wird; zusammen mit dem Großvater und Peter lacht sie fröhlich. Parallel endet der Liedtext mit den Worten „Komm doch wieder zurück." Offen bleibt hier, ob und wieso Heidi ihr Zuhause verlassen musste bzw. muss.

Im Vergleich dieses Trailers mit dem Trailer zu Simpsons Trickfilm ist bezüglich der Gestaltung zu erkennen, dass das Aussehen der Figuren stark verändert und hier nicht der Text, wohl aber die Melodie des Heidi-Liedes zu hören ist. Weiterhin wird durch einen *Off*-Sprecher die Aufmerksamkeit des Zuschauers auf die Animationen gelenkt und – wie im Klappentext – die Wiederbegegnung mit dem Kinderbuchklassiker in Aussicht gestellt:

> „Ein phantastisches Wiedersehen mit den einzigartigen Figuren aus der berühmten Buch-vorlage des Weltbestsellers. Heidi, der beliebte Klassiker, neu erzählt in einem phantasti-schen, animierten Film."

Was eine ästhetische Bewertung der beiden Trailer betrifft, so kann für den Trailer zu Takahatas Spielfilmen festgehalten werden, dass in ihm die Filmbilder und das bekannte Heidi-Lied aufeinander abgestimmt sind: Zu dem Liedtext „Heidi, Heidi" erscheint beispielsweise der Filmtitel *Heidi* oder zu den Worten „Deine Welt sind die Berge" wird gezeigt, wie sich das Mädchen in den Bergen wohl fühlt. Der andere Trailer konstruiert aus den Trickfilmbildern eine neue Handlung, die zwar nicht der Filmhandlung entspricht, aber zum gesprochenen Kommentar (s. o.) passt, denn *hier* wird in der Tat *neu erzählt*: Tante Dete erscheint auf der Alm (eigentlich, um die Nichte nach Frankfurt zu holen); Heidi fragt nach ihrem Großvater; sie weiß nicht, wo er ist. Darauf sieht man ihn durch eine Berglandschaft laufen und eine Lawine ausbrechen (eine Szene, die sich in der Verfilmung vorher ereignet). Die darauf folgende Ohnmacht Fräulein Rottenmeiers im Sesemannschen Hause wirkt wie eine Reaktion auf die dem Großvater drohende Gefahr. Offen bleibt, ob und wie die Handlung auch der neuen Verfilmung von der Buch-Vorlage abweicht, was dem Großvater widerfährt und was konkret zur Ohnmacht Fräulein Rottenmeiers führt. Die spannungserzeugende Wirkung dieser Offenheit wird allerdings durch die Schlussworte – „Eine Geschichte über Mut, Freundschaft und Hoffnung – für die ganze Familie. Demnächst im Kino" – gemindert. Die Frage, ob das Verfahren, aus den Filmbildern eine neue Trailer-Handlung zu konstruieren, sinnvoll ist und ob das Ende Neugier beim Zuschauer weckt, lässt sich nach dem Vergleich der Trailer diskutieren (Abb. 1).

| Genre / Vergleichs-aspekte | Klappentext | Trailer zu Takahatas Trickfilm (1:19) | Trailer zu Simpsons Trickfilm (1:12) | Trailer zu Imbodens Realfilm (1:40) |
|---|---|---|---|---|
| 1. Funktion | Werbung, Neugier wecken | | | |
| 2. Bedeutung der Buch-Vorlage | wird erwähnt | | wird erwähnt | |
| 3. Handlung | grobe Zusammenfassung, offenes Ende | | | |
| 4. Figuren | | | | |
| a) Heidi | lebt beim Großvater | Tochter von Adelheid, fröhlich, naturverbunden, läuft, hüpft, tanzt über die Wiesen, fährt mit dem Schlitten durch den Schnee, hält sich gern beim Großvater auf, sagt am Ende, dass sie freiwillig nicht mehr weggeht | fröhliches, mutiges Waisen-Mädchen, nimmt sein Schicksal selbst in die Hand, findet in den Bergen ein neues Zuhause | lebt in den Bergen, naturverbunden, kann Traktor fahren, wird (von der Tante) zum Großvater gebracht, dann nach Berlin geholt, dort von Klara zurückgewiesen, läuft am Ende weg |
| b) Tante Dete | | bringt Heidi zum Großvater, hat sich offensichtlich bislang um sie gekümmert | erscheint in der Almhütte | bringt Heidi zum Großvater, holt sie später nach Berlin, scheint wohlhabend zu sein |

| Vergleichs-aspekte \ Genre | Klappentext | Trailer zu Takahatas Trickfilm (1:19) | Trailer zu Simpsons Trickfilm (1:12) | Trailer zu Imbodens Realfilm (1:40) |
|---|---|---|---|---|
| c) Großvater | kauzig | „alter Griesgram", soll mit Kindern und anderen Menschen nichts anfangen können | liebt seine Enkelin, ist allein in den Bergen unterwegs, eine Lawine bricht vor ihm aus | der Großvater und Heidi scheinen sich gut zu verstehen |
| d) Peter | Heidis Freund | | | |
| | Ziegenhirte | | | kann mit Tieren nicht umgehen |
| | | kennt sich in den Bergen gut aus | | fährt Mountain-Bike, gibt Heidi seine E-Mail-Adresse und Telefonnummer |
| e) Klara | (vermutlich) Heidis Freundin | | | Cousine Heidis |
| | lebt in Frankfurt, ist gelähmt | sitzt im Bett, erhält von Heidi einen Korb mit Schmetterlingen, tanzt am Ende mit Heidi und Peter auf einer Wiese | wird von Heidi mit dem Rollstuhl in rasantem Tempo durch die Stadt gefahren | verhält sich feindselig, gemein, Klara und Heidi erhalten Französisch-Unterricht, der Heidi nicht gefällt |
| f) Fräulein Rottenmeier | | | fällt in Ohnmacht | |
| g) Mutter | | | | fröhlich, herzlich, führt Pension, scheint bei einem Gewitter zu sterben |

*Abb. 1:* Ein Klappentext und drei Trailer: mögliche Vergleichsergebnisse

### Vergleich mit dem Realfilm

Werden die beiden Trickfilm-Trailer mit dem Trailer zu Imbodens Verfilmung verglichen, so fällt als erstes auf, dass dieser die Handlung ins 21. Jahrhundert verlagert (Peter gibt Heidi seine Telefonnummer und E-Mail-Adresse, Heidi wird mit einem Geländewagen abgeholt) und mit der Buchvorlage sehr frei verfährt, da er Orte (Berlin statt Frankfurt) sowie Figuren (Klara als Cousine, Dete als erfolgreiche Stylistin) verändert und Handlungselemente hinzufügt (Heidis Mutter führt eine Pension in den Bergen). Der *Plot* bleibt im Großen und Ganzen jedoch erhalten (vgl. Abraham 2007). Bei diesem Trailer wird der *Cliffhanger* am wirkungsvollsten eingesetzt: Heidi läuft in Berlin aus dem Haus Detes und Klaras weg, steht am Bahnhof und telefoniert (mit Peter). Sie sagt, sie könne nicht nach Hause (zum Großvater) kommen, weil sie kein Geld habe, und fragt, was sie nun machen solle. Damit endet der Trailer; der Zuschauer kann für sich überlegen, ob und wie es ihr gelingt, nach Hause zurückzukehren; die Offenheit der Handlung und das abrupte Ende wecken in besonderem Maße das Interesse am filmischen Produkt.

## Unterrichtsanregungen für das 5./6. Schuljahr: *Emil und die Detektive*

Wie Imboden hat auch Franziska Buch in ihrem Film von 2001 die Buchvorlage, Erich Kästners *Emil und die Detektive* (1929), stark verändert und aktualisiert (vgl. auch die Beiträge von Christel Strobel und Christian Exner in diesem Band). Zum gleichnamigen Film wurden sowohl ein Kinotrailer als auch ein Musikvideo produziert (*Extras* auf der DVD) und auf je eigene Weise visuell, auditiv und narrativ gestaltet.

### Analyse des Musikvideos

Das Musikvideo trägt den Titel *Detektive Cool* und verbindet durch Parallelmontage den *performance*- und *Konzept*-Typ miteinander. Der Zuschauer erhält zum einen Einblicke in das Tonstudio, in dem die Darsteller stehen und den *Detektive-Cool*-Song singen, und zum anderen eine Einführung in die Filmhandlung. So werden die beiden Hauptfiguren Pony und Emil und die Freunde Kebab, Krumbiegel, Fee, Elfe, Flügel, Dienstag (mit Hund Lotti) und Gypsi der Reihe nach vorgestellt, Eindrücke von Berlin vermittelt und verschiedene Verfolgungsjagden gezeigt. Das Video beginnt damit, dass Pony durch eine Straße in Berlin läuft und sich immer mehr Freunde zu ihr gesellen. Die Einstellungsgrößen der Kamera ändern sich häufig, was abwechslungsreich und dynamisch wirkt. Dazu hört der Zuschauer nach dem Intro von der 9. bis zur 24. Einstellung Kinder singen: „Wir machen nie schlapp!" Auf diese Weise demonstrieren die Kinder Zusammengehörigkeit, Sportlichkeit und Ausdauer, zeigen, dass sie ihre Probleme selbst lösen können, und bieten in ihrer Heterogenität Identifikationsangebote für viele.

Um einen Eindruck vom Video zu gewinnen und zu erkennen, worum es geht, sollten die Schülerinnen und Schüler es im ersten Schritt ein- bis zweimal als Ganzes betrachten. Danach können sie sich im Erkennen der verschiedenen Kamera-Einstellungsgrößen üben und dazu eine entsprechende Aufgabe auf einem Arbeitsblatt (Abb. 2) lösen. Es hat sich bewährt, bei der ausgewählten Sequenz das Video nach jeder Einstellung kurz anzuhalten und den Schülerinnen und Schülern Zeit zum Betrachten und Deuten der Bilder zu geben. Im Anschluss sollten mit ihnen die Funktionen der Einstellungsgrößen erarbeitet werden: Gleich zu Beginn fokussiert der Zoom von *halbnah* bis *nah* bei Pony die Aufmerksamkeit von der Figur auf die Handlung (den Pfiff durch die Finger). Darauf setzt die Parallelmontage mit einer Detaileinstellung von ausschlagenden Pegeln auf der Front eines Gerätes im Tonstudio ein; die Situation lässt sich noch nicht genau bestimmen, aber die Neugier ist durch die Pegel-Bewegung geweckt. Anschließend wird die Handlung Ponys weitergeführt: Das Mädchen beginnt zu laufen, wobei zuerst ihre Füße (*nah*) zu sehen sind, sie dann als ganze Figur erscheint und die Umgebung um sie herum sichtbar wird (*Totale*): eine Straße in einer Großstadt (Berlin). Der Zuschauer lernt also die Hauptfigur kennen, gewinnt einen Überblick über die Situation und kann nun dem weiteren Geschehen folgen. Die Studioaufnahmen zeigen nach der ersten Einstellung Bilder von zwei Jungen, wobei der eine (Gypsi) immer nah, der andere (Flügel) immer *halbnah* (vor einem Mikro stehend) zu sehen ist. Dem Zuschauer wird in dieser Sequenz deutlich: Hier wird die Produktion des *Detektive-Cool*-Songs vor Augen geführt.

Anhand der nächsten Sequenz, in der sich Pony als erfolgreiche Anführerin ihrer Bande vorstellt, sollen die Schülerinnen und Schüler den Zusammenhang von Bild und Musik erarbeiten (Abb. 2, Aufgabe 2). So können sie beispielsweise erkennen, dass Pony vor ihrer Bande steht und pfeift und der Liedtext dazu passend lautet: „Wenn ich durch meine Finger pfeife, sind sie alle da." Erfahrungsgemäß fällt dieser Zusammenhang nicht ohne Weiteres bei der Rezeption des Videos auf. Deshalb ist es sinnvoll, dass zum Bildinhalt der nächsten acht Einstellungen festgehalten wird, was zu hören ist. Zur genaueren Wahrnehmungsschulung sollte zwischen dem Ton der Filmausschnitte und dem Liedtext unterschieden werden. Danach wäre das, was gesehen und gehört wurde, zu vergleichen (Abb. 2). Die Bild-Musik-Kongruenz setzt sich in den nächsten Einstellungen fort und lässt sich dann besser beobachten.

| | **Aufgabe 1: Falte die Lösung nach hinten und trage in die Tabelle die Einstellungsgrößen der Kamera ein! Vergleiche anschließend dein Ergebnis mit der Lösung!** |
|---|---|---|
| Nr. | Du siehst... | Einstellungsgröße [Musterlösung] |
| 1 | ein Mädchen (Pony) pfeift | Zoom: halbnah bis groß |
| 2 | *Tonstudio:* Gerät mit Pegel-Bewegung | Detail |
| 3 | Füße laufen auf einer Straße | nah |
| 4 | Pony läuft durch eine Straße | Totale |
| 5 | *Tonstudio:* ein Junge (Gypsi) steht vor einem Mikro (neben ihm ein Mann, der zählt) | groß |
| 6 | ein anderer Junge (Kebab) tanzt Breakdance vor einer Gruppe | Halbtotale |
| 7 | derselbe Junge läuft zu Pony und mit ihr weiter | halbnah |
| 8 | *Tonstudio:* Gypsi (wie oben) | groß |
| 9 | Handzettel werden kopiert: SOS!!!, Parole: Emil | nah |
| 10 | Kinder nehmen die Handzettel | nah |
| 11 | Hände greifen nach den Handzetteln | groß |
| 12 | *Tonstudio:* ein anderer Junge (Flügel) steht vor einem Mikro (neben ihm ein Mann, der das Textblatt hält) | halbnah |
| 13 | Junge (Krumbiegel) fährt auf dem Roller neben Pony und Kebab, Fee und Elfe kommen mit dem Skateboard dazu, alle laufen / fahren auf der Straße weiter | halbnah |
| 14 | Füße laufen oder fahren auf dem Roller | groß |
| 15 | Beine drehen sich in der Luft vor einer Gruppe Jugendlicher, Schwenk zu einem Kind, das auf dem Dach Handzettel verteilt | halbnah |
| 16 | *Tonstudio:* Gypsi (wie oben) | groß |
| 17 | Gruppe läuft / fährt, Flügel kommt mit Skateboard dazu | Totale |
| 18 | Füße laufen | groß |
| 19 | Gruppe läuft / fährt weiter, Dienstag ist (mit Lotti) dabei | Halbtotale |
| 20 | Gruppe von der Seite, läuft weiter | Halbtotale |
| 21 | Gypsi pfeift durch die Finger | nah |
| 22 | Kinder laufen zu ihm | Zoom: nah bis halbnah |
| 23 | Gruppe läuft auf der Straße weiter, Gypsi kommt zur Gruppe dazu | halbnah |
| 24 | *Tonstudio:* Flügel (wie oben) | halbnah |

| Nr. | Du siehst | Du hörst ... [Musterlösung] | |
|---|---|---|---|
| | | *Liedtext* | *Filmausschnitt* |
| 1 | *Tonstudio:* Pony singt. | Hey, ich bin Pony, ist doch klar. | |
| 2 | In den Katakomben: Pony pfeift. | Wenn ich | Pfiff |
| 3 | Pony steht vor der Bande, die sitzt und ihr zuhört. | durch meine Finger pfeife, | |
| 4 | Pony steht vor der Bande, die sitzt, zuhört und applaudiert. | sind sie alle da. | Zustimmung Applaus |
| 5 | *Tonstudio:* Pony singt am Mikro. | Es gibt keine Probleme, wenn ich | |
| 6 | Pony steht vor ihrer Bande, die sitzt und ihr zuhört. | das Kommando übernehme. | Zustimmung Applaus P: „Ruhe!" |
| 7 | Ein paar Kinder stehen und halten die Hände hoch. | So soll es sein, | Jubelrufe |
| 8 | *Tonstudio:* Pony singt am Mikro. | steigt doch mit ein. | |
| 9 | Ein Mann (der Dieb) telefoniert in einer Kneipe. | Das Schwein bringen wir ins Kittchen rein. | |

**Aufgabe 2: Falte die Lösung nach hinten und schreibe zu den Einstellungen auf, was du hörst! Achte dabei auf den Liedtext und auf die Filmausschnitte! Vergleiche im Anschluss, was du gesehen und gehört hast!**

*Abb. 2:* Arbeitsblatt zu *Emil und die Detektive*

## Musikvideo und Trailer

Das Musikvideo weckt durch seine auditive, visuelle und narrative Gestaltung Interesse. Obwohl manche Filmbilder in Musikvideo *und* Trailer integriert wurden, der Song sich zum Teil auch im Trailer wiederfindet und beide zur Identifikation mit den Figuren einladen, ist der Trailer anders gestaltet. Zunächst besitzt er nur ungefähr ein Drittel der Musikvideolänge. Wichtiger aber ist, dass er zwei Ebenen miteinander verknüpft und durch diesen Kunstgriff Werbezwecke erfüllt: Der Trailer beginnt damit, dass Emil am (Ostsee-)Strand mit verbundenen Augen und (in Parallelmontage) seine Freunde (vor dem Hotel Adlon) in Berlin bis hundert zählen. Emil nimmt darauf die Augenbinde ab, Kinderstimmen rufen: „Achtung, er kommt!" und der Filmtitel *Emil und die Detektive* ist zu sehen. Damit wurde der Titel geschickt platziert: Der Ausruf kündigt auf der Handlungsebene das Kommen Emils und gleichzeitig auf einer Metaebene das Erscheinen des Films, für den geworben wird, an.

Im Anschluss führt der Trailer weiter als das Musikvideo in die Filmhandlung ein. So erzählt Emil zunächst Pony im Rückblick vom Diebstahl des Geldes; dieses Geschehen fehlt im Musikvideo. Danach fasst Pony den Plan, den Dieb zu fassen und dazu Verstärkung zu rufen. Es folgen Einstellungen, die auch im Musikvideo zu sehen sind, doch hier stellt Pony ihre Freunde namentlich vor. Immer mehr Jungen und Mädchen kommen zusammen, am Ende stehen 800 Kinder dem Dieb gegenüber. Wieder wird der Titel eingeblendet, dann stellt Emil die Frage: „Und was sagst du nun?" und Pony antwortet: „Phantastisch! Einfach genial!" Zum dritten und letzten Mal erscheint direkt danach der Filmtitel, wobei sich der Ausruf abermals auf die Handlungs- und die Metaebene beziehen lässt, sodass nicht nur das Zusammenkommen der Kinder, sondern auch der Film, der im Kino zu sehen sein wird, als „phantastisch" und „genial" erscheint. Der Vergleich von Musikvideo und Trailer kann den Schülerinnen und Schülern zeigen, dass beide zwar unterschiedlich gestaltet sind, sich aber durch Identifikationsangebote, die Ästhetik und das Wecken von Neugier im Spannungsfeld von Kunst und Kommerzialisierung bewegen.

### Filmographie

Emil und die Detektive (D 2000; Regie: Franziska Buch) [DVD mit Trailer und Musikvideo]
Heidi (J 1975; Regie Isao Takahatas)
Heidi in den Bergen (J 2001; Regie: Isao Takahatas)
Heidi (CH / D / F 2001; Regie: Markus Imboden)
Heidi (D / CDN / GB 2005; Regie: Alan Simpson)

### Primärliteratur

Kästner, Erich: Emil und die Detektive. Hamburg [u. a.]: Dressler 2008 [EA Berlin 1929]
Spyri, Johanna: Heidis Lehr- und Wanderjahre. Frankfurt / M. [u. a.]: Insel Taschenbuch 2009 [EA 1880]

### Sekundärliteratur

Abraham, Ulf: Kinderfilme. In: Josting, Petra / Klaus Maiwald (Hgg.): Kinder- und Jugendliteratur im Medienverbund. Grundlagen, Beispiele und Ansätze für den Deutschunterricht. München 2007 (kjl&m 07.extra), 73-83
Abraham, Ulf: Filme im Deutschunterricht. Seelze-Velber 2009
Altrogge, Michael / Rolf Amann: Videoclips – die geheimen Verführer der Jugend? Berlin 1991
Heck, Bettina: Medienvergleich als Methode. Homo faber: Roman und Film im Deutschunterricht. In: Wermke, Jutta (Hg.): Hören und Sehen. Beiträge zu Medien- und Ästhetischer Erziehung. München 2001, 125-143
Hediger, Vinzenz: Trailer. In: Schanze, Helmut (Hg.): Metzler Lexikon. Medientheorie und Medienwissenschaft. Ansätze, Personen, Grundbegriffe. Stuttgart [u. a.] 2002, 347f.
Hoppe, Almut: Befähigung zur Medienkritik. Drei konkrete, relevante, transferierbare Bausteine, mit denen Jugendliche zur Medienkritik befähigt werden. In: Jonas, Hartmut / Petra Josting (Hgg.): Medien: Kritik und Sprache. München 2005, 53-67
Klaassen, Klaas: „Morgen, Gleich, Jetzt..." – Trailer als Zugpferde für das Programm. In: Hickethier, Knut / Joan Bleicher (Hgg.): Trailer, Teaser, Appetizer. Zu Ästhetik und Design der Programmverbindungen im Fernsehen. Hamburg 1997, 217-240
Maiwald, Klaus: Wahrnehmung – Sprache – Beobachtung. Eine Deutschdidaktik bilddominierter Medienangebote. München 2005
Rosebrock, Cornelia / Daniel Nix: Grundlagen der Lesedidaktik und der systematischen schulischen Leseförderung. 2. korr. Aufl. Baltmannsweiler 2008
Schnell, Ralf: Medienästhetik. Zu Geschichte und Theorie audiovisueller Wahrnehmungsformen. Stuttgart 2000
Wermke, Jutta: Integrierte Medienerziehung im Fachunterricht. Schwerpunkt Deutsch. München 1997

### Internetquellen

Heidi-Trailer online. http://www.trailerlounge.de/film_trailer/heidi-trailer-1,12943.html (Stand: 03.01.2010)

## Ulf Abraham
### *Vorstadtkrokodile*
Einstieg in die Arbeit mit der Neuverfilmung (2008) oder einem Filmvergleich (1977/2008)

### Stoff und Medienverbund

Der Stoff und der aus Max von der Grüns (1926-2005) Buchvorlage von 1976 entstandene Medienverbund (Abb. 1 und 2) sind ein Glücksfall für die Literatur- und Mediendidaktik. Während viele andere Titel der in den 1970er-Jahren boomenden realistisch-problemorientierten Kinderliteratur (z. B. H.-G. Noacks *Rolltreppe abwärts*) längst aus den Regalen der Klassenbibliotheken und den Deutschlektürelisten der Schuljahresberichte verschwunden sind, ist von der Grüns Roman zum Klassiker geworden, mit dem auch heutige Lernende im Deutschunterricht noch vielfach konfrontiert werden. Das mag erstaunen angesichts eines eher traditionellen kinderliterarischen Erzählkonzepts, das die Peer Group der *Krokodiler* von anfänglicher Ablehnung des Behinderten Kurt (im Kinofilm von 2008: Kai) zum pädagogisch erwünschten Verhalten der Integration hinführt; man könnte auch fragen, ob sich das zur Entstehungszeit von Buch und Erstverfilmung im Ruhrgebiet dominante Thema der Arbeitslosigkeit nicht zu stark verändert hat. Aber die schon im Roman angelegten Themen, die der Stoff transportiert, sind insgesamt vielfältiger und machen ihn überlebensfähig:

- Sozialisation, besonders die wachsende Bedeutung der Peer Group (Bande) in der Phase der beginnenden Adoleszenz
- Entwicklung von Verantwortungsbewusstsein
- Behinderung: Diskriminierung und Integration
- ökonomische Probleme und daraus resultierende soziale Unterschiede
- (Jugend-)Kriminalität
- das Versagen der Erwachsenen in ihrer Vorbildfunktion für Heranwachsende

Hinzu kommen im Kinofilm von 2008:

- unterschiedliche Familienmodelle (Hannes wächst ohne Vater auf)
- die multikulturelle Gesellschaft Jahrzehnte nach der *Gastarbeiter*-Anwerbung als selbstverständliche Realität (so hat der Krokodiler Jorgo einen griechischen Migrationshintergrund, und in der Einbrecherbande gibt es einen Jugendlichen türkischer Herkunft)

Aktualisiert werden schließlich auch die Ressentiments gegen Ausländer:

Abb. 1: Das Original-Hörspiel zum Film (gesprochen von Maria Schrader, Ralf Richter, Nick Romeo Reimann, Nora Tschirner u. a.)

Abb. 2: Hörbuch (2009; Sprecher: Richy Müller, Illustrator: Heinz Edelmann)

Abb. 3: Der Fernsehfilm von 1977/78 als Klassiker: Screenshot aus dem Lexikon des Internationalen Films (CD-ROM, München 2000)

„Sind es im Buch [und in der Erstverfilmung; U. A.] noch italienische Kinder, die unter Verdacht geraten, die Einbrüche begangen zu haben, gehören die EU-Ausländer im [neuen] Film schon zu den Krokodilern, während der Verdacht auf albanische Kinder fällt." (Schepers 2009, 49)

## Die beiden Filme im Vergleich

Die Erstverfilmung wurde fürs Fernsehen gemacht. Ursprünglich ein Zweiteiler, dessen Drehbuch Max von der Grün selbst schrieb, wurde der Film zu Weihnachten 1977 im Abendprogramm erstgesendet. Der Film setzte Maßstäbe im Genre des realistischen Kinderfilms; er wirkte frisch, unverkrampft und für seine Entstehungszeit vergleichsweise frech (auch wenn junge Zuschauer sich heute schwertun, das nachzuvollziehen). 1978 erhielt Wolfgang Becker die Goldene Kamera für die Regie. Titellied war seinerzeit *Amada mia, amore mio* von El Pasador.

Der Eintrag in der BJF-Clubfilmothek bezeichnet den Fernsehfilm als *Klassiker*. Seinen Weg in Lexika (Abb. 3) und Klassikerlisten (vgl. Abraham 2002, 13) hat er gefunden. Kopien, auch auf DVD, werden bei eBay gehandelt.

Obwohl der Autor des Romans auch das Drehbuch schrieb und sich die TV-Produktion insgesamt eng an die Literaturvorlage hielt, geht bereits dieser Film in einigen Punkten eigene Wege. Nicht Maria, sondern Kurt alarmiert die Feuerwehr, als Hannes am Dach der Ziegelei hängt; diese Änderung motiviert den nachfolgenden Kontakt des Rollstuhlfahrers zur Krokodilerbande besser (vgl. Gast 1983, 53). Deren Widerstand gegen eine Aufnahme Kurts fällt aber dann deutlich heftiger aus als in der Vorlage, was Gast mit der geringeren Toleranz der Rezipienten gegenüber „pädagogischen Absichten" (ebd.) im anderen Medium (Fernsehen) erklärt.

Demgegenüber weicht die erste Kinoverfilmung (2008) deutlicher von der Buchvorlage ab.

> **Vorstadtkrokodile (2008)**
>
> „Die Vorstadtkrokodile sind die coolste Bande im ganzen Ort. Der zehnjährige Hannes will unbedingt aufgenommen werden und gerät bei der fälligen Mutprobe in Lebensgefahr. Im letzten Moment rettet ihn Kai, der querschnittsgelähmt im Rollstuhl sitzt und ebenfalls dabei sein möchte. Hannes bedankt sich bei Kai und will ihn mit zu den Krokodilen nehmen, aber außer Maria sehen die anderen Mitglieder in Kai nur den „Spasti", der nicht mal abhauen kann, wenn es eng wird. Das ändert sich, als Kai einen nächtlichen Einbruch beobachtet und die Krokodile auf die Spur der Diebe bringt. Eines Nachts wird auch im Laden von Hannes Mutter eingebrochen, und sie hat kein Geld, um für den Schaden aufzukommen. Die Vorstadtkrokodile wollen den Fall lösen, um die Belohnung zu kassieren und Hannes und seiner Mutter zu helfen." (Filmdatenbank: http://www.filmernst.de/Filme/Filmdetails.html?movie_id=142)

Die Krokodilerbande besteht jetzt nur noch aus acht Mitgliedern (1977 waren es elf, im Buch zehn), die alle – außer Hannes, Maria, Frank und Peter – neue Namen erhielten. Die aufzuklärende Straftat ist kein Einbruch, sondern ein Raubüberfall auf ein Ladengeschäft. Ferner hat das personale Erzählmedium Hannes keinen Vater, sondern wächst bei seiner studierenden Mutter auf. Neu ist in dieser Wertigkeit das Thema Sonderschule. Während die Buchvorlage und die Erstverfilmung die Arbeitslosigkeit der Väter stärker in den Mittelpunkt rückten, geht es jetzt mehr um die Frage, wie die Sozialisation des Rollstuhlfahrers aussehen soll: Kai findet zuhause den Prospekt einer Sonderschule, die nach dem Umzug in die neue Stadt für seine Eltern eine Lösung darstellen würde, während er unter allen Umständen auf die Regelschule will. Der sich anschließende Streit wird dadurch beigelegt, dass Kai bis zum Ende der Sommerferien Zeit bekommt, in der Nachbarschaft Anschluss zu finden, damit er auf der Regelschule nicht ganz auf sich allein gestellt ist, was die Eltern fürchten.

Die veränderte Lebenswelt der Heranwachsenden zeigt sich außerdem in der erwähnten multikulturellen Zusammensetzung der Krokodiler. Gedreht wurde im Sommer 2008 in der Nähe der Handlungsorte der Erstverfilmung (z. B. in Dortmund-Nettetal). Regisseur Christian Ditter, der auch das Drehbuch geschrieben hat, ist im Jahr der Erstverfilmung geboren und studierte an der Hochschule für Fernsehen und Film München. Seine Kurzfilme *Verzaubert* (2000) und *Grounded* (2003) gewannen Preise bei nationalen wie internationalen Festivals, und sein international geförderter und produzierter Debütfilm *Französisch für Anfänger* wurde beim Kinostart im Sommer 2006 stark beachtet. Er führte auch Regie bei der mit dem Grimme-Preis sowie dem Deutschen Fernsehpreis ausgezeichneten ARD-Serie *Türkisch für Anfänger* (2007) und bei der RTL-Serie *Doctor's Diary* (2008), die u. a. mit dem Deutschen Fernsehpreis, dem Deutschen Comedypreis und dem Grimme-Preis ausgezeichnet wurde.

Die beiden Filme zu vergleichen, bietet eine Reihe von Chancen. *Inhaltlich* kann man der Frage nachgehen, wie *klassische* Stoffe *aktualisiert* werden können und müssen, wenn sie 30 Jahre nach ihrem Entstehen bzw. ihrer Erstverfilmung zur Wirkung auf eine neue Zuschauergeneration kommen sollen. „Es hat eine Übertragung in die Gegenwart stattgefunden." (Schepers 2009, 48) Wie auch Remakes von Kästner-Filmen zeigen (*Pünktchen und Anton, Emil und die Detektive, Das fliegende Klassezimmer*), ist Aktualisierung unumgänglich. Besonders häufig werden Familienmodelle, ethnische Herkunft der Protagonisten und Mediennutzung einer veränderten Wirklichkeit angeglichen. Die Frage, wieso der Film vom Buch *abweicht*, ist in diesem Zusammenhang eher kontraproduktiv. Ein Roman ist ein anderes Medium mit anderen Möglichkeiten und Grenzen. Wenn überhaupt nach Abweichungen gefragt wird, so sollte der Vergleich intramedial sein, d. h. die beiden Filme gegeneinander abwägen und fragen, welche der (oben angedeuteten) Differenzen der nach 30 Jahren notwendigen Aktualisierung zu verdanken sind und welche andere Gründe haben, z. B. sich durch das  Konzept des Regisseurs bedingen. Erkennbar anders sieht beispielsweise der neue Film das Thema Integration: Es ist nicht mehr beschränkt auf die Frage nach der Teilhabe eines Behinderten an der Freizeitgestaltung der Peer Group. Vielmehr gilt jetzt: „Jede Figur hat ihre eigenen Integrationsprobleme." (ebd., 49) Aber auf den inhaltlichen Vergleich sollte man sich nicht beschränken. *Medienästhetisch* ist der Kontrast der Filme von 1977 und 2008 ebenfalls sehr reizvoll und kann Impulse für den Unterricht setzen:

> „Filmisch werden im Vergleich zur Erstverfilmung von 1977 […] andere Mittel eingesetzt. Dazu gehören häufig verwendete Zooms, Kamerafahrten und -schwenks, die stärker ans Actionkino als an die Tradition des Sozialdramas angelehnt sind." (Kleiß-Brosenbauer 2009, 5)

### Vorschläge für den Unterricht

Ein Unterrichtsmodell soll hier nicht präsentiert werden. Dieser Beitrag wird sich darauf beschränken, die Frage des Einstiegs in die Arbeit mit einem Film (hier 2008) oder einem Filmvergleich (1977/2008) zu behandeln (1) und anhand von Schnittfrequenz, Bildsprache und Kameraführung (exemplarisch untersucht an der Eingangssequenz jeweils bis zu dem Punkt, wo Hannes auf dem First den Anhänger an sich bringt und die Mutprobe bestanden hat) die erzählerischen und dramatischen Möglichkeiten des Mediums Film zu thematisieren (2 und 3). Einige Schreibaufgaben (4) werden vorgeschlagen, und anhand eines ausgewählten Themas wird die Spannung zwischen thematischer Arbeit mit einem Film und medienästhetischer Reflexion deutlich (5).

Weitere Ideen, die hier jedoch nicht ausgeführt werden können, wären:

- der Vergleich der Medienformate *Fernsehspiel* und *Kinofilm*
- die Analyse genretypischer *Sequenzen* (z. B. die Verfolgungsjagd mit dem Rollstuhl)

- die *Sprache* der Figuren als Mittel ihrer Selbstcharakterisierung (vgl. die Dialoge im Kasten, s. u.)
- die Untersuchung intertextueller Verweise: Bezugnahmen des jüngeren Films auf den älteren oder auf Film überhaupt (so liest z. B. Maria im Bett *Die Welle*; das Buchcover zeigt das Filmplakat der Kinoversion von 2008, übrigens vom selben Produzenten)

## Einstiege

Einstiegsmöglichkeiten schlägt das *education*-Filmheft von Regine Wenger und Ulrich Steller vor. Um *Vorstadtkrokodile* als Verfilmung eines Romans von 1976 zu behandeln, können ausgewählte Buch- und Filmszenen oder die Anlage einzelner Figuren verglichen werden (vgl. ebd., 3). Der in diesem Beitrag gewählte Einstieg geht dagegen nicht von einem Buch-Film-Vergleich aus, sondern von einem intramedialen Vergleich, und schlägt dazu je eine kurze Sequenz (1977/2008) vor, deren Bild- und Tonebenen im Unterricht kontrastiv untersucht werden können (vgl. unten).

Ein anderer (thematischer) Einstieg wäre der über ein Reizwort wie *Mutprobe* oder *Gruppendruck* (vgl. ebd.). Allerdings führt nicht von jedem Thema, unter dem man die Filme sehen kann, ein gangbarer Weg in die Behandlung. Unter den bei Kleiß-Brosenbauer (2009) aufgelisteten Themen (Abenteuer, Freundschaft, Behinderte / Behinderung, Außenseiter, Vorurteile, Familie / Kindheit, Zivilcourage und Kriminalität) käme am ehesten noch *Außenseiter* in Betracht.

## Sequenzvergleich auf Bildebene

*Abb. 4:* Totale (1977, 01:11)

*Abb. 5:* Nah (1977, 01:41)

Der Vergleich der Sequenzen *auf Bildebene* ergibt, dass sich die filmischen Umsetzungen derselben Handlung erheblich unterscheiden, obwohl beide Filme (hier) relativ nah an der Buchvorlage arbeiten. Eine schnellere Schnittfrequenz im neuen Film überrascht nicht. Es ist bekannt, dass die durchschnittliche Einstellungslänge seit der Etablierung des Kinofilms vor fast 80 Jahren kontinuierlich sinkt, und das Vergleichsergebnis in diesem Fall reflektiert immerhin 30 Jahre dieser Entwicklung. Hinzu kommt eine deutlichere Neigung der Fernsehverfilmung zu *mittleren Einstellungsgrößen* – es gibt kaum Nah / Detail, lediglich einige wenige (Halb-)Totalen, die teilweise mehrfach zwischengeschnitten sind, sodass insgesamt sieben Einstellungen dieses Typs gezählt werden können Abb. 4 und 5).

Das Verhältnis relativ distanter zu relativ nahen Einstellungsgrößen (ungezählt bleiben die mittleren Größen) ist damit 7:2. Der Film von 2008 fällt dagegen durch eine hohe Zahl an relativ nahen Einstellungsgrößen auf – das Verhältnis von Distant zu Nah ist hier 6:14.

| Verfilmung | 1977 | 2008 |
|---|---|---|
| Sequenz insgesamt | 34 Einstellungen (00:09-02:41) | 57 Einstellungen (0:36-5:17, ohne die zwischengeschnittenen Einstellungen in Kais Zimmer) |
| Einstellungsgrößen Totale oder Halbtotale | 7 | 6 |
| Einstellungsgrößen Nah oder Detail | 2 | 14 |
| Kamerabewegungen | wenig | mehrfach Fahrten und (schnelle) Schwenks |

Gleichzeitig ist er *schneller*, denn selbst wenn man die Einstellungen herausrechnet, die – in Parallelmontage dazwischengeschnitten – in Kais Zimmer spielen (er beobachtet die Aktion wie in der Buchvorlage mit dem Fernrohr), so beträgt die Gesamtzahl der Einstellungen 57, gegenüber 34 im Fernsehfilm von 1977. Nur zu kleinen Teilen verdankt sich diese stark erhöhte Zahl inhaltlichen Hinzufügungen (vgl. unten den Vergleich auf Sprachebene); es sind tatsächlich die extrem kurzen Einstellungen v. a. im Nah- und Detailbereich dafür verantwortlich (typische Einstellungen in Abb. 6-9).

Abb. 6: Halbtotale in Aufsicht (2008, 01:11)

Abb. 7: Nah (2008, 03:32)

Abb. 8: Detail: Anhänger (2008, 05:08)

Abb. 9: Totale in Aufsicht (2008, 05:19)

Was bedeutet das? Der neue Film geht sozusagen sehr nah an das Geschehen und seine Akteure heran; er bezieht den Zuschauer viel stärker in Bewegungsabläufe ein, und er benötigt dabei, um im Prinzip dieselbe Handlung darzustellen, fast doppelt so viele Schnitte. Noch nicht einmal gezählt, weil keine Schnitte, sind dabei Wechsel der Einstellungsgrößen innerhalb einer Kamerafahrt, wie sie typisch für den neuen, nicht aber den alten Film sind, der vergleichsweise statisch wirkt.

Ob diese Beobachtungen jeweils für den gesamten Film stimmen würden, kann im Unterricht kaum überprüft werden. Das muss aber auch nicht sein, denn es geht ja hier nicht um filmphilologische Forschung, sondern um die induktive Gewinnung basaler Einsichten in die ästhetische Entwicklung des Mediums: Einerseits ist der neue Film deutlich schneller als der alte, andererseits nützt er als Kinofilm, der ein großes Leinwandformat voraussetzen kann, die filmsprachlichen Möglichkeiten extremer Einstellungswechsel und bewegter Kamera intensiver als der Fernsehfilm, der zu mittleren Größen und ruhiger Kamera neigt. Die Möglichkeiten ungewöhnlicher Perspektivwahl (Auf- und Untersicht) nutzen erwartbarerweise beide Filme in dieser Sequenz. Auch hierbei fordert aber der neue Film seine Zuschauer stärker, weil er extreme Auf- und Untersichten (jeweils fast senkrecht) in schnellerem Wechsel präsentiert.

Hinzu kommen die erzählerischen und dramatischen Möglichkeiten der Parallelmontage: Weil der neue Film die Handlung in Kais Zimmer parallel im Cross-Cutting mitführt, ergibt sich ein reizvoller Match-Cut: Das Regal, an dem der Rollstuhlfahrer sich hochziehen will, kippt genau so langsam und in dieselbe Bildrichtung wie die rostige Feuerleiter, an der zeitgleich Hannes hängt. Das Hin- und Herschneiden zwischen beiden Handlungssträngen wirkt so nicht nur als Cliffhanger (Hannes hängt da, und das Bild wechselt zu Kai), sondern auch als Möglichkeit, beide miteinander inhaltlich (über das Fernrohr) und filmsprachlich (über den Match-Cut) in Beziehung zu setzen.

### Sequenzvergleich auf Sprachebene

Ein Vergleich der Eingangssequenzen auf Ton- bzw. Textebene (Dialoge; Text s.u.) zeigt nicht nur, dass im neuen Film mehr geredet wird als im alten, was auch den Nebenfiguren früher Gelegenheit gibt, sich selbst zu charakterisieren. Es wird vor allem auch deutlich, dass die Zuschauer in der Erstverfilmung auf die Handlung des Hinaufsteigens, d. h. auf Hannes, konzentriert bleiben und ihre Äußerungen (Appelle, abfällige Kommentare, Lob) fast durchweg an ihn adressiert sind, während im neuen Kinofilm der Dialog zeitweise zwischen den Figuren (v. a. zwischen Maria und ihrem Bruder Olli) abläuft, die über Hannes und die Situation zu *verhandeln* beginnen: „Hol ihn sofort zurück oder ich sag Papa, dass du heimlich im Internet surfst!" Das stärkt vor allem die Position Marias, die 1977 über mehrmaliges Beklagen der Gefahr und hilfloses Appellieren an ihren Bruder als Bandenführer nicht hinaus kam. Jetzt (2008) wird sie zur eigenständig agierenden Figur, die ihr Ziel (Abbruch der Aktion) sprachhandelnd zu erreichen versucht, wenn auch vergeblich. Immerhin löst sie damit eine kleine Auseinandersetzung über Mädchen bei den Krokodilern aus, die 1977 nicht Teil der Sequenz ist: Jorgo, das „Ausländerkind", bezieht Stellung zugunsten des Mädchens. Der Vergleich zeigt, wie eine konzeptionelle Entscheidung der Regie – Stärkung von Figuren mit Blick auf Zuschauerzielgruppen (hier: Mädchen, Kinder mit Migrationshintergrund) – sich unmittelbar in Handlung und Sprache umsetzt und den Charakter einer wichtigen Sequenz deutlich verändert.

### Sprechen und Schreiben

Die Filmhandlung (2008) oder Teile davon, z. B. Mutprobe und Rettung, aus der Sicht einer bestimmten Figur mündlich oder schriftlich *nachzuerzählen*, ist eine reizvolle Schreibaufgabe. Im projektorientierten Unterricht, arbeitsteilig gelöst, kann dadurch

| Vorstadtkrokodile, 1977 | Vorstadtkrokodile, 2008 |
|---|---|
| MARIA Er wird abstürzen, ich hab Angst! | MARIA *(schreit)* Hannes! Komm sofort da runter! |
| OLLI Na guck weg, Schwesterherz! | FRANK *(äfft Maria nach)* Ja, Hannes Schatz, komm runter, du bist doch noch sooo klein! |
| ALLE *(anfeuernde Rufe)*: Weiter, aufs Dach! Ja … Und das andere Beinchen … | HANNES *(zu sich)* Klein?! *(Klettert weiter)* |
| MARIA Er wird abstürzen, ich hab Angst! | MARIA *(baut sich vor Olli auf)* Die Mutprobe ist so bescheuert, Olli! Fast so bescheuert wie du! |
| ALLE *(weitere Rufe, u. a.)* Du musst zum First hoch … | FRANK Ey, Tussi, pass auf, wie du mit unserem Chief redest! *(Maria schiebt Frank zur Seite, unbeeindruckt)* |
| MARIA Er soll nur die Hälfte der Mutprobe machen! | OLLI *(zuckt die Schultern)* Wer Krokodil sein will, muss rauf, so isses nu ma. |
| ANDERE Er muss auf den First …. Du hast es geschafft! | MARIA Ich musste nicht hoch! |
| MARIA Wenn da mal bloß nichts passiert! | PETER B … B … Bist halt Ollis Schwester. |
| OLLI So langsam, beeil dich mal'n bissschen! | MARIA *(zu Olli, drohend)* Hol ihn sofort zurück oder ich sag Papa, dass du heimlich im Internet surfst! |
| MARIA Der fällt ja noch runter … | OLLI Dann sach ich Mama, dass du wieder ihren Lippenstift benutzt hast. |
| ANDERE Los, Hannes, weiter! Mach schon! … Der hat bestimmt schon die Hosen voll. | MARIA Und ich helf dir nicht mehr bei den Hausaufgaben. |
| OLLI Hast gut gemacht Hannes, jetzt sag deine Losung! | OLLI Und du kriegst nie wieder Gummibärchen von mir. |
| HANNES Ich bin am Ziel. Ab heut bin ich ein Krokodil. | FRANK Mann, bin ich froh, dass ich keine Schwester habe. |
| | OLLI und MARIA *(gleichzeitig)* Halt die Klappe, Frank! |
| | JORGO Also ich find's gut, dass wir auch 'n Mädchen dabei haben. |
| | *(Die anderen Jungs sehen ihn stumpf an)* So emanzipadingsda-mäßig halt. |
| | HANNES *(off)* Ich bin oben! |
| | *(Läuft die Dachschräge hinauf und greift nach dem Anhänger)* Hab ihn! |
| | ALLE Er ist am Dach, er ist am Ziel! Jetzt ist er ein Krokodil! |

eine Montageerzählung entstehen, die man wiederum auch in Form eines Hörbuchs produzieren könnte, indem man das filmische Verfahren der Parallelmontage nachahmt und zwischen den von einzelnen Schüler(gruppe)n produzierten Erzählungen hin- und herschneidet. Das in der Praxis grassierende *Steckbriefschreiben* zu Hauptfiguren (das *education*-Filmheft stellt „Profile" zusammen; ebd., 15f.) entbehrt hier der Logik, insofern es eben nicht um die gesuchten Einbrecher geht. Einleuchtender ist die Aufgabe, für ein Casting das Aussehen und die Eigenschaften der gesuchten Schauspieler / -innen in Form von *Kurzcharakteristiken* zusammenzustellen.

Den Film für ein Lexikon oder eine Filmdatenbank *zusammenzufassen*, ist eine Aufgabe, die angesichts der Verfügbarkeit entsprechender Lösungen (s. o.) nicht als Hausaufgabe, sondern im Unterricht gestellt werden sollte.

Schließlich ist *Sprechen und Schreiben zu Frames* (Standbildern) eine gute Möglichkeit der reflexiven Distanzgewinnung (vgl. Abraham 2009, 89-92). Abb. 10 stammt aus der Sequenz auf dem Polizeirevier, als die Krokodiler die Einbrecher anzeigen wollen und erfahren, dass man die Täter – albanische Jugendliche – schon zu kennen glaubt. Jorgo, der in einer früheren Sequenz (auf dem Minigolfplatz) „Ich bin kein Italiener" sagt, klärt den Polizisten gereizt auf: „Ich bin kein Albaner." Ein Kommentar zu diesem Bild könnte a) auf der Handlungsebene klären, wie der griechische Junge sich von einer Minderheit mit einem noch schlechteren Image abgrenzt, und b) auf der Ebene des Filmvergleichs diesen Satz als Hinweis interpretieren, dass der neue Film eine *bewusste* Wiederaufnahme des alten ist. (Unterlegt ist die Sequenz übrigens mit *Amada mia, amore mio* in einer Cover-Version der K-Rings Brothers.)

## Thematische Arbeit

Thematisch mit Filmen zu arbeiten, bedeutet nicht nur, Figuren, Motive und Schauplätze der Filmhandlung auf die Realität zu beziehen, sondern auch, Weltwissen, Erfahrungen und Einstellungen der Lernenden im Unterricht zu klären. Im Abschnitt *Stoff und Medienverbund* wurden die Themen bereits benannt, an denen in diesem Fall gearbeitet werden könnte, und zwar jeweils kontrastiv: Wie kommt das Thema im alten, wie im neuen Film vor? Herausgegriffen sei hier ein Thema, das sich vom Titel her aufdrängt: Vorstadt. Das *education*-Filmheft von Regine Wenger und Ulrich Steller schlägt dazu vor:

> „Motive suchen: Mögliche Handlungsorte als Filmmotive suchen und fotografisch doku-
> mentieren, beispielsweise Vorstadtsiedlung, alte Ziegelei, Haus von Kais (im Buch: Kurts) Fa-
> milie, Kais Zimmer, Blick aus einem Fenster, Feldweg an einer Siedlung, Hannes' Wohnung
> mit der Küche, Baumhaus." (Wenger / Steller 2009, 18)

*Abb. 10:* Im Polizeirevier:
„Ich bin kein Albaner."
(2008)

Auch Kleiß-Brosenbauer empfiehlt das Thema Vorstadt. Hier wird allerdings sehr viel allgemeiner und buchstäblich global vorgeschlagen, Informationen zu Ballungsgebieten und Megastädten zu sammeln, „das Leben in Megastädten" zu beschreiben und sich über Probleme „in den größten Städten der Welt" Gedanken zu machen (Kleiß-Brosenbauer 2009, 7). Gut gemeint als Versuch, die Arbeit an einem Film im Sinn fächerverbindenden Arbeitens auch für erdkundliche Ziele zu nutzen, sind solche Vorschläge, filmdidaktisch indes weniger ergiebig, weil sie (im Unterschied zum Vorschlag der Motivsuche) nicht dazu auffordern, die eigene Umwelt mit den Augen des Mediums und seiner Produzenten zu sehen, d. h. als *Locations*. Insgesamt wird Filmarbeit in der Schule, wenn sie ein Beitrag zur medienästhetischen Bildung sein und Filme nicht nur als Problemsteinbrüche gebrauchen will, diese Spannung zwischen dem Reden über Inhalte und der Betrachtung eines Films *als Film* aushalten müssen.

**Filmographie**

Vorstadtkrokodile (D 1977; Regie: Wolfgang Becker)
Vorstadtkrokodile (D 2008; Regie: Christian Ditter)

**Literatur**

Abraham, Ulf: Kino im Klassenzimmer. Klassische Filme für Kinder und Jugendliche im Deutschunterricht. In: Praxis Deutsch 29 (2002) H. 175, 6-18
Abraham, Ulf: Filme im Deutschunterricht. Seelze-Velber 2009
Gast, Wolfgang: Die Vorstadtkrokodile. Ein spannender Jugendfilm. In: Praxis Deutsch 10 (1983) H. 57, 53–58
Kleiß-Brosenbauer, Elke: Vorstadtkrokodile. Arbeitsunterlage des Bildungsmedienzentrums Oberösterreich. Linz 2009
Schepers, Petra: ,Vorstadtkrokodile' im Kino. In: Der Deutschunterricht 62 (2009) H. 2, 48-51
Wenger Regine / Ulrich Steller: Vorstadtkrokodile. Materialien für den Unterricht. Herrsching 2009

**Bildnachweis**

Die Bilder 4-10 sind Screenshots aus den angegebenen DVDs.

## Klaus Maiwald
# „Viel digital geschraubt" und „totgelabert"?
## Marco Kreuzpaintners *Krabat* (2008)

Die Geschichte von dem Waisenjungen, der in die Dienste eines unheimlichen Müllers tritt, der Schwarzen Magie verfällt und sich nur mit knapper Not durch die Liebe einer jungen Frau wieder davon lösen kann, ist ein Klassiker der Kinder- und Jugendliteratur. Otfried Preußler griff für seinen 1971 erschienenen und danach vielfach preisgekrönten Roman auf einen sorbischen Sagenstoff zurück, der in weiteren literarischen Versionen (z. B. *Die Schwarze Mühle* von Jurij Brezan, 1968) und medialen Adaptionen (z. B. eine Zeichentrickverfilmung von Karel Zeman, 1977) vorliegt (vgl. hierzu ausführlich Richter 2010, Kap. II und III). Mit Marco Kreuzpaintners Verfilmung im Jahr 2008 – flankiert von Webseite, Gewinnspielen, Hörfassung, Unterrichtsanregungen – erhielt der *Krabat*-Stoff neue und breite Aufmerksamkeit. Gleichzeitig wurde aus Preußlers Roman ein veritabler Medienverbund (vgl. Maiwald 2010, 137-140), dessen Verwertungskette aktuell bei der Blu-ray-Fassung angelangt ist. Grund genug, diese Verfilmung einer kritischen Analyse zu unterziehen und ihre didaktischen Potenziale zu erheben.

### Analyse und Kritik

Ein Topos in der Beurteilung von Literaturverfilmungen ist die Klage über *Abweichungen* von der Vorlage. Diese ist gängig, verkennt aber gerne die Eigengesetzlichkeiten der verschiedenen Medien bzw. des Medienwechsels. Epische Breite ist auf 300 langen Druckseiten anders auszufalten als in 100 kurzen Filmminuten, Vorstellungsräume eines Lesers, einer Leserin füllt ein Film zwangsläufig mit Bildern, und für die Darstellung des Innenlebens einer Figur stehen dem Film andere, besser geeignete Mittel zu Gebote als die erlebte Rede oder der Erzählerkommentar. Der stets nur bedingten Vergleichbarkeit der beiden Medien trägt auch die folgende Analyse insofern Rechnung, als sie Kreuzpaintners *Krabat* nicht nur in seinem Verhältnis zur Romanvorlage, sondern auch in seiner medialen Eigenheit als Film auffasst.

Als eine solche Eigenheit sind zunächst die *Kürzungen und Aussparungen* zu sehen, die Kreuzpaintner gegenüber dem Roman vornimmt. Durch die Streichung des kompletten zweiten Lehrjahrs auf der Mühle verliert die strenge Folge der Arbeiten, Rituale und Geschehnisse im Jahreslauf – wie die Erneuerung des Schüler-Meister-Paktes zu Ostern, die Besuche des unheimlichen Gevatters in den Neumondnächten, der Tod eines Gesellen in der Neujahrsnacht und die folgende Neuaufnahme eines Lehrjungen – an Prägnanz; gleichwohl ist diese Aussparung im Film aus schieren Umfanggründen gewiss plausibel. Prinzipiell verständlich ist auch, dass in einem diskursiven Medium einfach zu realisierende Nebenhandlungen und Erzählebenen im visuellen Medium zurückgenommen werden müssen. Hierzu zählen Krabats Träume (z. B. 28-31),[1] Exkursionen ins Dorf (z. B. „Ochsenblaschke", 61), die Heimsuchung durch die Soldatenwerber („Feldmusik", 69), die Exkursion des Meisters an den Fürstenhof in Dresden (109), Erzählungen über Pumphutt und sein Kampf mit dem Meister (125, 151), die vergebliche Bitte der Dorfbewohner um schützenden „Schnee auf den Saaten" (189) oder auch die Erzählung über den unglückseligen „Adler des Sultans" (223). Wenn der Film dies alles mit darstellte, würde die Narration zerfasern.

*Abb. 1:* Liebe auf den ersten Blick

Nicht weiter anzulasten ist dem Film auch, dass er die *Liebesthematik ausführlicher und anschaulicher* gestaltet. Die unglückliche Geschichte zwischen Worschula und Tonda ist im Roman bereits Vergangenheit und wird nur knapp nacherzählt (vgl. 49f.). Im Film hingegen werden die Liebschaft, die fatale Enttarnung des Namens und Worschulas Tod (als dekorative Wasserleiche) miterzählt. Zweitens bleibt die Figur der Kantorka im Roman als Verkörperung weiblicher und christlicher Gegenprinzipien zur schwarzmagischen Männerwelt lange eine eher unbestimmte Projektionsfläche für Krabats Sehnsucht nach einem Anderen der Mühle. Geheimnisvoll tritt sie zunächst nur als Singstimme in Erscheinung, im Film hingegen kommt sogleich ein anmutiges, blumenbekränztes Mädchen in den gebannten Blick der unsichtbaren Lichtgestalt Krabat. Unter schmelzenden Streicherklängen fängt er die Strauchelnde sacht auf, und bereits hier schaut man einander tief in die Augen (Abb. 1).

Bei einem Kampf der Müllerburschen gegen die Soldaten richtet Kantorka bewundernde Blicke auf Krabat, beim Treffen im Wald entdeckt sie ihn als Mehl spendenden Wohltäter, im abgebrannten Dorf küsst sie ihn und wischt ihm sacht den Drudenfuß von der hitzigen Stirn, für die Verabredung des Freibittens formt sie einen Ring aus einer Strähne ihres Haares, magisch erscheint ihr Gesicht Krabat als Spiegelbild im Wasser, aufgeregt erkennt sie am Ende ihren Geliebten am bzw. mit laut pochendem Herzen. Viel eher als ein Kinofilm heute konnte es sich ein Jugendbuch vor 40 Jahren erlauben, dass eine positive weibliche Figur enthoben bleibt und eine Liebesgeschichte nur skizziert wird. Ein Film aber *muss* eine solche Figur ins Bild setzen und publikumstaugliches Kino *muss*

---

1 Alle Seitenzahlen beziehen sich auf: Preußler, Otfried: Krabat. Stuttgart: Thienemann 1981.

eine Liebesgeschichte mitführen (vgl. Maiwald / Wamser 2008, 66). Obgleich im Habitus etwas schneewittchenhaft, war Paula Kalenberg hierfür keine schlechte Wahl.

Neutral sollte weiter die *harmonisierende Rehabilitierung des Bösewichts* betrachtet werden. Auch der hinterhältige und durchtriebene Lyschko wird am Ende Teil eines Elf-Freunde-müsst-ihr-sein-Idylls. Die Gesellen schwören einander darauf ein, dass keiner durch einen Verrat nur seine eigene Freiheit erwirkt, und es ist Lyschko, der mit dem Haarring Krabats Ruf an Kantorka übermittelt. Lyschkos Einreihung bei den Guten ermöglicht dann auch ein schönes, Einigkeit in Freiheit signalisierendes Schlusstableau (Abb. 2):

*Abb. 2:* Lyschko (rechts hinter Krabat) am Ende bei den Guten

*Qualität und Wirkung der technischen Effekte* werden unter den Rezensenten kontrovers beurteilt. Saskia Gamradt sieht „dezente Spezialeffekte" als „Gewinn für den Kinofilm" (2008), für Iris Eggerdinger ist es gelungen, „die wirklich sagenhafte Stimmung einzufangen und umzusetzen – und das ganz ohne hollywoodeske Effekthascherei" (2009). Stellvertretend für kritische Stimmen moniert hingegen Tilman Spreckelsen (2008): „Die Hauptsache ist der Effekt"; in den „knalligen Special Effects" würden die „Zwischentöne" verloren gehen. In jedem Fall kommt der Film sehr viel schneller zur Sache der Schwarzen Magie und *inszeniert das Schaurige intensiver und extensiver* als der Roman. Damit aber bricht er das strukturbildende Prinzip phantastischer Literatur, in der es im Gegensatz zur „Eindimensionalität" (Lüthi 2005, 8) des Volksmärchens zwei separierte Welten gibt. Wie sich *jenseits* der rationalen empirischen Welt eine übernatürliche Phantasiewelt auftut, zeigen Klassiker des Genres wie E. T. A. Hoffmanns *Der Sandmann*, Michael Endes *Die unendliche Geschichte*, Cornelia Funkes *Potilla* und natürlich der unumgängliche *Harry Potter*. In Preußlers *Krabat* trennen sich die zwei Welten nicht vollends, denn immer wieder finden Zaubereien in der alltäglichen Welt statt, etwa beim betrügerischen Viehhandel oder bei der vorgetäuschten Bewirtung eines Trupps Soldaten. Auch wird die sekundäre magische Welt schon früh angedeutet: in Krabats dreimaligem Traum von den Raben und der „Stimme des Meisters" (12), in der Warnung des alten Mannes auf Krabats Weg (14), in der Metapher von der Mühle als lauernd bösem Tier (14; vgl. Maiwald 2010, 148f.), im Auftritt des düsteren Müllers und seiner Frage, ob Krabat neben dem Müllern „auch alles andere" lernen wolle (16), im rumorenden Anlaufen der Mühle: „Nun mahlt sie wieder" (ebd.). „Alles andere" ist jedoch räumlich und zeitlich klar abgegrenzt: die Besuche des Gevatters in den Neumondnächten, der nur dann anlaufende siebte Mahlgang, die Unterweisungen in der Koraktor-Kammer, die Ausflüge in der Osternacht. So formiert sich die phantastische Nebenwelt erst allmählich zur Gewissheit.

Das Wesen phantastischer Literatur liegt gerade darin, „dass die Magie der sekundären Welt [...] durch Gesetzmäßigkeiten und Grenzen bestimmt ist" (Tabbert 2002, 190). Diese Grenzen werden im Film indes schnell verwischt. Kein Wunder, denn bereits die Ankündigungen per Trailer und Webseite[2] kündeten davon, dass Krabat „den Weg der

*Abb. 3:* Eindringliche Bilder: Spalier zur Einfahrt des Gevatters

schwarzen Magie einschlägt", und waren mit unheilvollem Raunen („Alles auf der Welt hat seinen Preis"), Donnergrollen, Chor- und Orchesterbombast derart durchsetzt, dass man im Film mit entsprechenden Effekten und Affekten beim besten Willen nicht mehr hinter dem (transsilvanischen) Berg halten konnte. Wenn freilich die *story* dergestalt bereits im Vorfeld entdeckt worden ist, dann verschiebt sich die zu bedienende Rezeptionserwartung zwangsläufig vom Was auf das Wie der äußeren Handlung. Folgerichtig lebt der Film auch weit weniger vom Erzählen der Geschichte als primär von der – durchaus beeindruckenden – audiovisuellen Intensität und Suggestivität: die Mühle im bleichen Mondlicht und das Räderwerk im Inneren, Krabats Sturz vom Felsvorsprung und seine Verwandlung in einen Raben, die Gesellen im feurigen Sitzkreis um einen Drudenfuß, das Fackelspalier bei der Ankunft des Gevatters (Abb. 3).

Zutreffend reklamiert der Regisseur das Vorrecht des Films, „schon mehr optisch" zu sein (Audiokommentar DVD). Andererseits herrscht in *Krabat* in der Tat ein Übermaß an Zeigen zu Lasten des Erzählens (vgl. Richter 2010, 19).

Halten wir fest: Aussparungen und Kürzungen der Romanvorlage, mehr Ausführlichkeit und Anschaulichkeit in der Liebesgeschichte, Harmonisierungen in Richtung *happy ending* sowie eine effektreichere und ausgiebigere Herausstellung der Schwarzen Magie sind für die *Krabat*-Verfilmung funktional und insofern auch ästhetisch legitim.

---

2  Vgl. http://www.trailerseite.de/archiv/trailer-2008/krabat-trailer.html bzw. http://www.krabat-der-film.de. Das Aufrufdatum für alle in diesem Text zitierten Netzquellen ist der 01.08.2010.

Ohne Zweifel ist der Film spannende und schaurig schöne Fantasy. Dabei ist auch der Erfolg anzuerkennen, mit dem zu diesem Zweck „viel digital geschraubt" wurde (Kreuzpaintner im Audiokommentar zur DVD). Wenn ein Filmprojekt jedoch unter dem Titel eines großen Literaturklassikers segelt, muss es sich auch Fragen nach dem dabei eingeschlagenen Kurs stellen:

*Wo bleiben die innere Motivierung der Figuren und der Gehalt der Handlung?* Weitgehend auf der Strecke bleibt in Kreuzpaintners Film über dem äußeren Wie das innere Warum. Im Roman wird sehr deutlich, dass es für Krabat zunächst um die Sicherung elementarer Lebensbedürfnisse geht: Essen, ein Dach überm Kopf, einen Schlafplatz (26). Die mit der Magie einhergehende und mit Angst und Unterordnung erkaufte Verlockung zur Macht über andere Menschen wird im Roman systematisch gesteigert: Sie beginnt mit kleinen Tricks zur Arbeitserleichterung, schreitet weiter zu Betrügereien und zur Hilfeverweigerung in existenzieller Not und kulminiert schließlich in der Möglichkeit, ins große Getriebe der Politik einzugreifen. Der alte Müller sucht in Krabat ja vor allem deshalb einen Nachfolger, weil er bei Hofe in Dresden höhere Aufgaben und ein luxuriöseres Leben in Aussicht hat.

In einem Brief an die Filmproduzenten vom 15. Juni 2008 lobt Preußler, er könne „seinen" *Krabat* wiedererkennen. Kreuzpaintner habe

> „das Kunststück fertig gebracht, sowohl dem Medium Film als auch meinem Buch gerecht zu werden […]. Es ist ein höchst anspruchsvolles, in sich stimmiges Ganzes entstanden." (zit. nach Stiftung Lesen 2008, 25)

Dieses Urteil verwundert. „In sich stimmig" ist der Film durchaus – als spannendes und auch atmosphärisch eindringliches Fantasy-Abenteuer. Aber „höchst anspruchsvoll"? Seinen *Krabat* bezeichnet Preußler an anderer Stelle als

> „die Geschichte eines jungen Menschen, der sich mit finsteren Mächten einlässt, von denen er fasziniert ist, bis er erkennt, worauf er sich da eingelassen hat. Es ist zugleich meine Geschichte, die Geschichte meiner Generation, und es ist die Geschichte aller jungen Leute, die mit der Macht und ihren Verlockungen in Berührung kommen und sich darin verstricken." (zit. nach http://www.preussler.de/multimedia/krabat-index.html)

Geboren 1923, durchlebte der Autor selbst eine Jugend im so genannten Dritten Reich, eine Kriegsteilnahme und Gefangenschaft. Insofern ist *Krabat* ganz offenkundig eine „Geschichte [s]einer Generation", auch lesbar als Allegorie der nationalsozialistischen Gewaltherrschaft. In einem zeitlos anthropologischen Sinn geht es in Preußlers Roman um die

> „moderne Erscheinungsweise des Bösen, das dem Individuum häufig erfahrbar wird als totalitäre Organisation, die infolge ihrer Undurchschaubarkeit Angst erzeugt und im politischen Bereich individuelle Entfaltung nur unter der Bedingung, sich vorbehaltlos den Normen ihrer Führer zu unterwerfen, zuläßt. Daß sich totalitäre Systeme gerne pseudoreligiöser Rituale bedienen, findet ebenfalls seinen Niederschlag." (Raab 1984, 87)

Diesem Gehalt des Buches aber wird der Film dezidiert nicht gerecht. Die Dialektik von Einschüchterung und Verlockung, von Unterdrückung und Ermächtigung, von Angst und Macht bleibt im Unklaren. In einer ebenso überflüssigen wie unsinnigen Action-Szene wehren stattdessen die Müllerburschen gut und selbstlos mit ihren Zauberstöcken einen Soldatenangriff auf das Dorf ab. Für Kreuzpaintner sollte diese Szene erklären, „was das *excitement* [!] von denen auf der Mühle ist" (Audiokommentar DVD). Nicht nur mit dieser Begriffsplattheit, auch mit seiner Rede von „mittelalterlichen" Figuren und Kleidungsstücken und von der „süßen" Paula-Kalenberg-Kantorka (ebd.) nährt der Regisseur Zweifel an seiner Durchdringung eines Stoffs, dessen Diabolik er effektvoll inszeniert, dessen Parabolik er aber eklatant verfehlt.

*Was soll die Erzählstimme?* Kompensiert werden kann der mangelnde Gehalt des Gezeigten dann auch nicht durch den häufig aufgesetzten Erzählerkommentar. Die Erzählstimme ist eine genuine Voraussetzung literarischen Erzählens, die im Film aus dem Off meist schwerfällig wirkt. Sowohl die Quantität als auch der Inhalt dieses *voice over* sind hier sehr aufdringlich. Offenbar muss der Erzähler das, was die Geschichte aus sich selbst heraus nicht zu zeigen vermag, sicherheitshalber direkt sagen: dass unter den Gesellen „kein Zusammenhalt" herrscht, dass Krabat mit dem Kreuz-Amulett auch seine Kindheit begräbt, dass am Jahresende das Naturgesetz des Alterns dem Meister zusetzt. Narrativ unplausibel ist zudem, dass am Ende aus dem vorher durchgehend heterodiegetischen Er-Erzähler (von außen) unvermittelt ein homodiegetischer Ich-Erzähler wird („Wenn ich, Krabat, heute die Geschichte erzähle...").

*Was soll das Filmende?* Mehr als nur aufdringlich ist der pathetische Schlusskommentar beim Auszug aus der brennenden bzw. im Anblick der offenbar unbedingt explodieren müssenden Mühle:

> „Die Burschen verließen die Mühle müde, aber voller Hoffnung auf eine eigene, selbstbestimmte Zukunft. Der Krieg in den deutschen Landen endete, und wenn ich, Krabat, heute die Geschichte erzähle, dann klingt das Wort für mich noch immer wie eine bittere Wahrheit: Alles auf der Welt hat seinen Preis. Und wenn wir auch die Zauberei aufgeben mussten und wieder gewöhnliche Burschen waren, so gewannen wir dafür doch etwas zurück, was gegen nichts auf der Welt einzutauschen ist: unsere Freiheit."

Nicht unberechtigt ist die Häme, mit der ein Internetkommentator spottet, „dass der Krabat am Ende ein ,selbstbestimmtes' Leben führen will – meine Güte, warum dann nicht gleich ein ,sensibles, nachhaltiges und Ressourcen schonendes'?"[3] Moderater, aber ebenso kritisch hat Karin Richter den Missklang dieses „Schluss-Akkords" festgestellt:

> „Wenn die einst hungernden Müllergesellen am Ende in die Freiheit aufbrechen, dann stellt sich die Frage, in welchem gesellschaftlichen Kontext sich dieser Freiheitsappell entfalten soll. Welche Chance zu einem Wirken in Freiheit haben die Menschen, die aus Verhältnissen kommen, die von Hunger, Armut und Krankheit geprägt sind?" (Richter 2010, 21)

---

3 Vgl. http://www.kino-zeit.de/filme/krabat?page=2#comment.

Man könnte dem hinzufügen: Welche Aussicht auf Selbstbestimmung haben mittel- und wohnsitzlose Angehörige einer unehrlichen Zunft in einer ständisch rigide verfassten Gesellschaftsordnung? Trotz einer Erzählereinleitung über Krieg, Tod und Pest anno 1646 rekonstruiert der Film keinerlei sozialgeschichtliche Zusammenhänge. Das ginge auch in Ordnung – wenn man sich dann eines historisch unsinnigen Pathos' enthielte. Preußlers Roman hingegen leuchtet den historischen Hintergrund aus – und übt dennoch genau jene Enthaltsamkeit. Er schließt – wunderbar offen und lakonisch – mit dem Satz: „Während sie auf die Häuser zuschritten, fing es zu schneien an, leicht und in feinen Flocken, wie Mehl, das aus einem großen Sieb auf sie niederfiel." (256) Was der Roman auch hier „differenziert darstellt und gern unausgesprochen lässt, posaunt der Film in die Welt hinaus" (Spreckelsen 2008).

### Didaktische Perspektiven

Der kritische Befund impliziert nicht, dass Kreuzpaintners *Krabat* keine didaktischen Potenziale hätte. Ich möchte jedoch dafür plädieren, aus dem Film nicht mehr machen zu wollen, als er ist: ein spannend inszeniertes Fantasy-Abenteuer mit teilweise beeindruckender Tricktechnik, atmosphärisch dichten Sets und guten Schauspielern in den Hauptrollen (David Kross, Daniel Brühl, Christian Redl).

Nun haben auch leichte Fantasy-Märchen-Abenteuer ihren Wert; selten wird ihnen aber so viel Unterstützung und pädagogisches Verbreitungsbemühen zuteil wie hier. Der Vorspann des Films listet Förderinstitutionen von vier Bundesländern, den Beauftragten der Bundesregierung für Kultur und Medien sowie einen Programmtopf der Europäischen Union auf. Die *Stiftung Lesen* zeichnet auf der Webseite des Films und brachte alsbald eine mehr als zwanzigseitige Broschüre mit Materialien und Unterrichtsanregungen für die Vor- und Nachbereitung eines Kinobesuches heraus (2008), die Deutsche Post flankierte mit einem *Großen Schreibwettbewerb: Briefe von Krabat an Kantorka*[4]. Die Filmbewertungsstelle Wiesbaden verlieh das Prädikat *besonders wertvoll* und pries in höchsten Tönen ein „behutsam" geschaffenes „Meisterwerk" im Stile Nosferatus, einen starken „ästhetischen Willen", dem es gelingt,

> „schwarze Magie und archaische Rituale vor dem Hintergrund der Not in Zeiten des Krieges [als] ein bedrückendes Abbild der gesellschaftlichen Verhältnisse zu zeigen, in der [sic] immer wieder Gefühle von Hoffnung, Menschlichkeit und Liebe aufflackern, die sich aber angesichts der Übermacht dunkler Mächte nur schwer behaupten können."[5]

Der ultimative Ritterschlag kam schließlich – wie erwähnt – vom Autor selbst. Ein *medienkritisches* Anliegen kann es daher sein aufzuzeigen, dass um diese Filmproduktion ein recht unkritischer pädagogischer *Hype* entstanden ist und dass vor allem in

---

4 Vgl. http://www.stiftunglesen.de/krabat/default.aspx. Nachgerade tragisch verfrüht erschien im Jahr vor dem Filmstart noch ein stark handlungs- und produktionsorientiertes Unterrichtsmodell nur für den Roman, vgl. Schwake 2007, auch http://www.schoeningh-schulbuch.de/pdf/978-3-14-022331-7_inhalt.pdf.

5 Zit. nach http://de.wikipedia.org/wiki/Krabat_(2008).

der Lancierung im Medienverbund (vgl. Josting / Maiwald 2007) auch kommerzielle Motive hervortreten: „Lad dir KRABAT auf dein Handy".[6]

Zweitens kann – bei aller Vorsicht vor einer undifferenzierten Aufrechnung von „Abweichungen" – doch *medienvergleichend* die Reichweite der Verfilmung gegenüber ihrer Vorlage bilanziert werden. Entrollt der Film ein effektvolles Fantasy-Abenteuer, entspinnt sich im Roman ein vielschichtigeres, existenzielles Drama. Dabei sind Adaptionsentscheidungen wie Kürzungen, Inszenierung der Liebeshandlung und Hervorhebung des Magischen und Unheimlichen keinesfalls zu diskreditieren, sondern als medien- und marktbedingt auszuweisen. Gerade diese Abwägung wäre didaktisch von großer Bedeutung, denn sie sähe den Film eben nicht in seinen vermeintlichen Defiziten gegenüber dem Buch, sondern in seiner Eigen-Art sowohl als ästhetisches Artefakt wie auch als marktfähiges Medienprodukt. Ein Film kann die Kantorka-Figur nicht unsichtbar lassen, er muss sie zeigen; eine mehrere Millionen Euro teure Filmproduktion muss auf die vermuteten Rezeptionsbedürfnisse eines möglichst großen Publikums abzielen (dürfen).

Davon unberührt bleiben *medienästhetische* Überlegungen, was der Film gleichwohl anders und besser hätte machen können. Der Sinn und Zweck der Kampf-Action, die Wirkung der Erzählerkommentare und insbesondere die Gestaltung der Schluss-Szene wären sehr kritisch zu hinterfragen. Auch über die Filmmusik sind gegensätzliche Urteile begründbar: Lassen „Streicher und Chorgesänge zu den Bildern […] eine beeindruckende Atmosphäre entstehen" (Gamradt 2008)? Bedarf es der bruchlosen Musikhinterlegung, damit der Zuschauer nicht aus der Fantasy-Welt herausgerissen wird (vgl. Kreuzpaintner; zit. nach Stiftung Lesen 2008, 19)? Oder aber machen „die dumpf wabernden Chöre, die sich als Klangbrei über den Film legen und bis zum Abspann nicht mehr weichen wollen" (Spreckelsen 2008), den Film noch schlimmer? Zu fragen wäre auch, warum im Abspann der Popsong *Allein Allein* von der Gruppe *Polarkreis 18* erklingt, bricht doch diese Musik nicht nur stilistisch die vorher durchgängige orchestrale Sinfonik, sondern der Liedtext semantisch auch die Schluss-Szene: Die vereint davonziehenden Burschen sind weder „allein allein", noch dürften sie groß Gelegenheit haben, „to celebrate our loneliness."[7]

Analysieren und würdigen kann man schließlich, was Kreuzpaintners *Krabat filmtechnisch und filmsprachlich* an vielen Stellen beeindruckend leistet (vgl. auch den Beitrag von Werner C. Barg in diesem Band). Hilfreich hierfür ist der auf der DVD verfügbare Audiokommentar, in dem Regisseur und Kameramann zwar etwas viel Eigenlob und Belanglosigkeit verströmen, aber auch interessante Einblicke in die (zu großen Teilen digitale) Herstellung des Films geben: Gedreht wurde innen in einem Studio in Bottrop, außen an einer in Rumänien nachgebauten Mühle, manches auch in einem schwäbischen Museumsdorf. Die Kampfszene wurde vor allem deshalb so dynamisch gefilmt, rasant geschnitten und digital verfremdet, um zu kaschieren, dass statt der geplanten 20 bewaffneten Reiter nur sechs Stuntmen mit Holzschwertern zur Verfügung standen. Und schließlich waren in der Erkennungsszene niemals irgendwelche Raben mit den Schauspielern zusammen im Raum, sondern wurden allesamt nachträglich einmontiert (Abb. 4):

---

6  Vgl. http://www.krabat-derfilm.de.
7  Vgl. http://www.songtexte.com/songtext/polarkreis-18/allein-allein-3bcce8cc.html.

*Abb. 4:* Filmtechnik: Schauspieler ohne Raben, Kantorka und Meister mit Raben

Visuell beziehungsreich gestaltet ist auch die *main title sequence* zur Eröffnung des Films, in der sich die Texttafeln (magisch) in (weißen) Staub verflüchtigen (Abb. 5 und 6):

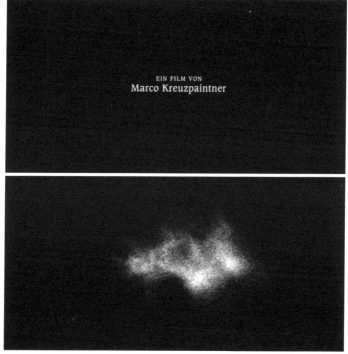

*Abb. 5 und 6:* Weiße Magie in der main title sequence

Ein sehr wirkungsvoller Gebrauch filmästhetischer Darstellungsmittel (vgl. auch den Grundlagen-Beitrag von Klaus Maiwald in diesem Band) liegt in der Szene vor, in der Krabat seinen vergeblichen Fluchtversuch unternimmt (Abb. 7-10): Der über Felder und durch Wälder hastende Abtrünnige wird häufig in Kameraparallelfahrt gezeigt, was Nähe und Bewegungsintensität erzeugt. In einer Parallelmontage sehen wir den Meister auf einer Karte Krabats Fluchtweg verfolgen (Abb. 7), als *voice over* ist seine die Umkehr gebietende Stimme zu hören. Übereinander geblendet erscheinen der hetzende Flüchtling und das riesenhafte Auge des Meisters (Abb. 8). Solchermaßen ferngesteuert, stockt Krabats Lauf und dreht sich die Objektbewegungsrichtung auf links nach rechts um. Zwar endet Krabats Flucht scheinbar erfolgreich in einem Weizenfeld (Totale in Normalsicht, Abb. 9), am Ende jedoch sehen wir ihn wieder – klein und verloren – in einer Aufsicht vor dem Panorama des Mühltals (Abb. 10).

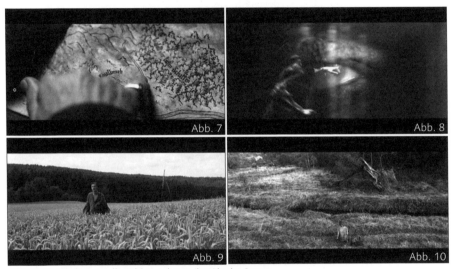

*Abb. 7-10:* Wirkungsvolle Bildsprache in der Flucht-Szene

Unterlegt ist die dramatische Szene passend mit einer dynamischen Musik, deren Viervierteltakt in raschen Triolen pulsiert. Zweifelsohne ist dies ein effekt- und wirkungsvolles Stück Film, das die genuinen Darstellungsmittel des Mediums beeindruckend ausspielt.

### Zum Schluss: Labernde Raben und das rechte Augenmaß?

Man soll nicht auf die Goldwaage legen, was Kulturschaffende über ihr Schaffen äußern. Ein Abschnitt des Audiokommentars von Regisseur und Kameramann auf der DVD darf hier jedoch abschließend Erwähnung finden. Die Szene, in der Kantorka in der düsteren Kammer auf Leben und Tod die Raben abschreitet und unter pochendem Herzen auf Krabat zeigt, ist der dramatische und emotionale Höhepunkt des Films. Warum in aller Welt muss man dazu schwadronieren von „riesigen Viechern", von einem „österreichischen Rabentrainer", von einem sprechenden Raben, dessen fortwährendes *Babalabalabala* einem Storch „Matsch in die Birne" gebracht und ihn „totgelabert" habe? Es liegt mir fern, hier „höhere" Rezeptionsaffekte einzufordern, Bewegtheit oder Betroffenheit gar. Aber warum musste Kreuzpaintner diese herausragende Szene seinerseits mit Banalitäten „totlabern"? Für ihn spricht, dass er Qualität und Anspruch seines Films durchaus zutreffend als „leichtes Fantasy-Märchen", und nicht als „existenzielles Drama" einstuft (ebd.). Vielleicht hätte man sich für den *Krabat*-Stoff aber doch eher einen ebenbürtigen Filmemacher als einen „digitalen Vielschrauber" gewünscht? Kreuzpaintners *Krabat* ist nicht mehr und nicht weniger, als er sein wollte und sollte: „ein spannendes Fantasy-Abenteuer" (DVD-Cover). Als solches ist er sehenswert; als solches ist er auch didaktisch nicht unergiebig. Literaturpädagogische, lesekulturelle oder cineastische Euphorien rechtfertigt dieser Film aber nicht – ebenso wenig wie den Antritt ganzer Schulklassen zum Kinobesuch.

### Filmographie
Krabat (D 2008; Regie: Marco Kreuzpaintner)

### Primärliteratur
Preußler, Otfried: Krabat. Stuttgart: Thienemann 1981 [EA 1971]

### Sekundärliteratur
Josting, Petra / Klaus Maiwald (Hgg.): Kinder- und Jugendliteratur im Medienverbund. Grundlagen, Beispiele und Ansätze für den Deutschunterricht. München 2007 (kjl&m 07.extra)
Lüthi, Max: Das europäische Volksmärchen. 11. Aufl. Tübingen 2005 [Orig. 1947]
Maiwald, Klaus: Literatur im Medienverbund unterrichten. In: Rösch, Heidi (Hg.): Literarische Bildung im kompetenzorientierten Deutschunterricht. Freiburg 2010, 135-156
Maiwald, Klaus / Willi Wamser: Schwerter, Liebe und mehr. Was „Der Erste Ritter" aus Hollywood mit medienkultureller Bildung zu tun und im Deutschunterricht verloren hat. In: Der Deutschunterricht 60 (2008) H. 3, 64-73
Raab, Rudolf: Preussler, Otfried [sic]. In: Doderer, Klaus (Hg.): Lexikon der Kinder- und Jugendliteratur (Bd. 3). Weinheim [u. a.] 1984, 85-87
Richter, Karin: Krabat und die Schwarze Mühle. Die sorbische Sage im literarischen, ethnischen, historischen und medialen Kontext. Baltmannsweiler 2010 (Bilder erzählen Geschichten, Geschichten erzählen zu Bildern; 7)
Schwake, Timotheus: Otfried Preußler: Krabat. Paderborn 2007 (EinFach Deutsch Unterrichtsmodelle). Vgl. auch http://www.schoeningh-schulbuch.de/pdf/978-3-14-022331-7_inhalt.pdf (Stand: 01.08.2010)
Tabbert, Reinbert: Phantastische Kinder- und Jugendliteratur. In: Lange, Günter (Hg.): Taschenbuch der Kinder- und Jugendliteratur (Bd. 1). 3. Aufl. Baltmannsweiler 2002, 187-200

### Internetquellen (Stand: 01.08.2010)
Eggerdinger, Iris: Literaturverfilmung. Krabat. Online-Rezension 2009. http://www.focus.de/schule/familie/medien-tipps/dvd-tipps/literaturverfilmung-krabat_aid_338810.html
Filmtrailer Krabat. http://www.trailerseite.de/archiv/trailer-2008/krabat-trailer.html
Gamradt, Saskia: Eine schaurig-schöne Jugendbuchverfilmung. Online-Rezension 2008. http://www.katholisch.de/24609.html
Inhaltsverzeichnis Unterrichtsmodell Schwake. http://www.schoeningh-schulbuch.de/pdf/978-3-14-022331-7_inhalt.pdf
Kommentar zu einer Filmkritik. http://www.kino-zeit.de/filme/krabat?page=2#comment
Preußler über Krabat. http://www.preussler.de/multimedia/krabat-index.html
Spreckelsen, Tilman: Kein Zauber gegen die Liebe. Die Hauptsache ist der Effekt: Otfried Preußlers „Krabat" gehört zu den schönsten Jugendbüchern, die wir haben. Jetzt hat Marco Kreuzpaintner den Klassiker ohne rechtes Gespür für die Zwischentöne verfilmt. Online-Rezension 2008. http://www.faz.net/s/Rub8A25A66CA9514B9892E0074EDE4E5AFA/Doc~E194366EF5E8F413FBEBF2F82A2A04A14~ATpl~Ecommon~Scontent.html
Stiftung Lesen (Hg.): Krabat. Ideen für den Unterricht. Broschüre 2008. http://www.stiftunglesen.de/krabat/default.aspx
Text des Abspann-Songs. http://www.songtexte.com/songtext/polarkreis-18/allein-allein-3bcce8cc.html
Webseite des Films. http://www.krabat-derfilm.de
Wikipedia-Artikel zu Krabat. http://de.wikipedia.org/wiki/Krabat_(2008)

### Bildnachweis
Alle Bilder sind Screenshots aus der DVD Krabat (3850408).

# Verzeichnis der Autorinnen und Autoren

**Prof. Dr. Ulf Abraham:** Inhaber des Lehrstuhls für Didaktik der deutschen Sprache und Literatur der Otto-Friedrich-Universität Bamberg. – *Arbeitsschwerpunkte*: Literatur- und Mediendidaktik sowie Theorie des Schreibunterrichts. Email: ulf.abraham@ uni-bamberg.de

**Dr. Werner C. Barg:** Autor, Produzent und Dramaturg für Kino und Fernsehen; Regisseur von Kurz- und Dokumentarfilmen; Filmjournalist. Email: info@vulkanfilm.com

**Christian Exner:** Wissenschaftlicher Mitarbeiter im Kinder- und Jugendfilmzentrum in Deutschland (KJF); Redakteur des Internetmagazins top-videonews.de; Mitglied in diversen nationalen und internationalen Jurys (u. a. Nordische Filmtage Lübeck); Lehrbeauftragter an der Universität Bielefeld. – *Arbeitsschwerpunkte*: Kritiken und Fachbeiträge über Kinder- und Jugendfilme. Email: chex@designlotsen.de

**Tilmann P. Gangloff:** Freiberuflicher Medienfachjournalist für Tageszeitungen und Fachzeitschriften. Email: tpgangloff@aol.com

**Dr. Rolf Giesen:** Dramaturg und Ko-Autor mehrerer Animationsspielfilme; Gründer eines nach ihm benannten Sammlungsschwerpunkts der Deutschen Kinemathek Berlin. Gastprofessuren an der Communication University of China (CUC Anima) in Beijing und am Jilin Animation College in Changchun. – *Arbeitsschwerpunkte*: Animationsfilm und Special-Effects im Kino. Email: rogiesen@gmail.com

**Dr. Bettina Heck:** Studienrätin am Gymnasium *In der Wüste* in Osnabrück mit den Fächern Deutsch und Latein; Lehrbeauftragte für Deutschdidaktik an der Universität Osnabrück. – *Arbeitsschwerpunkte*: Literaturdidaktik, fachspezifische Mediendidaktik. Email: bheck@uni-osnabrueck.de

**Manfred Hobsch:** Mitarbeiter beim Kinderfilmfest der Internationalen Filmfestspiele Berlin (1981–1996); Stellvertretender Chefredakteur der Stadtzeitung *Zitty* (bis Frühjahr 2000); Autor beim *Lexikon des Kinder- und Jugendfilms* (Corian-Verlag). Buchpublikationen u. a.: *Mach's noch einmal – Das große Buch der Remakes* (2002) und *Liebespaare – Die schönsten Leinwandromanzen von Casablanca bis Pretty Woman* (2005); Ko-Autor u. a. bei *Heinz Erhardt – Mopsfidel im Wirtschaftswunderland* (2004) und *James Bond XXL* (2006). Email: maho1951@aol.com

**Katrin Hoffmann:** Leiterin des Kinderfilmfests München (seit 2005); Autorin u. a. für epd-FILM, Eltern Family, Lexikon des Kinder- und Jugendfilms. Email: Katrin-Hoffmann@t-online.de

**Prof. Dr. Petra Josting:** Professorin für Germanistik / Medien- und Literaturdidaktik an der Universität Duisburg-Essen (Fak. für Geisteswissenschaften / Germanistik); Redaktionsmitglied der Zeitschrift *kjl&m*; Mitherausgeberin des Jahrbuchs *Medien im Deutschunterricht* und der Reihe *Medien im Deutschunterricht – Beiträge zur Forschung*. – *Arbeitsschwerpunkte*: Literatur- und Mediendidaktik, Kinder- und Jugendliteraturforschung. Email: petra.josting@uni-due.de

**Jun.-Prof. Dr. Iris Kruse:** Juniorprofessorin für Didaktik der deutschen Sprache und Literatur an der Universität Hamburg (FB Erziehungswissenschaft, Didaktik der sprachlichen und ästhetischen Fächer). – *Arbeitsschwerpunkte*: Kinder- und Jugendliteraturdidaktik, Mediendidaktik Deutsch, literatur- und mediendidaktische Unterrichtsforschung. Email: iris.kruse@t-online.de

**Dr. Eva Lang:** Konrektorin, Lehrbeauftragte für Didaktik der deutschen Sprache und Literatur an der Universität Augsburg. – *Arbeitsschwerpunkte*: Filme in der Grundschule, Unterrichten in jahrgangsgemischten Klassen, Lernen in heterogenen Gruppen, Kooperative Methoden. Email: el.hellas@web.de

**Hauke Lange-Fuchs:** Filmpublizist und Filmhistoriker; langjähriger Künstlerischer Leiter der Nordischen Filmtage Lübeck; Vorsitzender der Filmbewertungsstelle Wiesbaden. Mitherausgeber der Reihe *Neue Kinder- und Jugendfilme aus Skandinavien* (1979-2000). Buchpublikationen u. a. zu Amazonen des Films, Hans Christian Andersen, Ingmar Bergman, Jörn Donner, Faust im Film, Film in Skandinavien 1945-1993, Filmland Island, Filmland Norwegen, Georg af Klercker, Astrid Lindgren, Pat & Patachon, Jan Troell, Liv Ullmann, Peter Weiss. Email: h.lange-fuchs@web.de

**Richard Lutterbeck:** Geschäftsführer Trickstudio Lutterbeck GmbH. Email: ricci@trickstudio.de

**Prof. Dr. Klaus Maiwald:** Inhaber des Lehrstuhls für Didaktik der deutschen Sprache und Literatur an der Universität Augsburg; Mitherausgeber der Zeitschrift *Literatur im Unterricht*. – *Arbeitsschwerpunkte*: Didaktik der Kinder- und Jugendliteratur, Audiovisuelle Medien im Deutschunterricht, Virtuelle Lehre. Email: klaus.maiwald@phil.uni-augsburg.de

**Prof. Dr. Gudrun Marci-Boehncke:** Professorin für Neuere Deutsche Literatur / Elementare Vermittlungs- und Aneignungsprozesse an der TU Dortmund. – *Arbeitsschwerpunkte*: Kinder- und Jugendliteratur, Leseforschung, Medienbildung. Email: gudrun.marci@uni-dortmund.de

**Jens Meinrenken:** Kunsthistoriker und Mitglied der Gesellschaft für Comicforschung (ComFor). Publikationen u. a.: *Eine jüdische Geschichte der Superheldencomics*. In: Helden, Freaks & Superrabbis. Ausstellungskatalog Jüdisches Museum. Berlin 2010 und *Künstlermythen im Zeichen der Avantgarde. Zur Bedeutung der Malerei im amerikanischen Zeitungscomic*. In: Arbeit am Bild. Ein Album für Michael Diers (Festschrift zum 60. Geburtstag) Berlin 2010. – *Arbeitsschwerpunkte*: Ästhetik und Bildsprache von Comics, Animationsfilme und Computerspiele. Email: meinrenken_jens@gmx.de

**Dr. Claudia Maria Pecher:** Wissenschaftliche Mitarbeiterin an den Lehrstühlen für Didaktik der deutschen Sprache und Literatur der Universitäten Augsburg und Regensburg; Geschäftsführerin der Deutschen Akademie für Kinder- und Jugendliteratur sowie der Märchen-Stiftung Walter Kahn. Email: claudia.pecher@phil.uni-augsburg.de

**Dr. Markus Pissarek:** Assistent am Lehrstuhl für Didaktik der deutschen Sprache und Literatur der Universität Regensburg. – *Arbeitsschwerpunkte*: Literaturdidaktik, Textproduktion, fachspezifische Lehrerkompetenzen, mündlicher Sprachgebrauch. Email: markus.pissarek@sprachlit.uni-regensburg.de

**Stefanie Rose, M.A.:** Wissenschaftliche Mitarbeiterin an der Technischen Universität Dortmund am Institut für deutsche Sprache und Literatur. – *Arbeitsschwerpunkte*: Literaturdidaktik, Lese- und Medienforschung. Email: rose.steffi@gmx.de

**Horst Schäfer:** Freier Autor und Publizist; von 1982 bis 2007 Leiter des Kinder- und Jugendfilmzentrums in Deutschland. Email: Horst.Schaefer1@gmx.de

**Wolfgang Schwarzer:** Fachbereichsleiter für romanische Sprachen an der Volkshochschule der Stadt Duisburg und Vorsitzender der Deutsch-Französischen Gesellschaft Duisburg e. V.; seit 1972 Mitarbeit beim filmforum – Kommunales Kino und filmhistorische Sammlung der Stadt Duisburg. Buch-, Zeitschriften- und Lexikonbeiträge vorrangig zum französischen Film. Vortragstätigkeit zu Themen deutscher und französischer Literatur. Email: W.Schwarzer@stadt-duisburg.de

**Christel Strobel:** Freiberufliche Filmjournalistin und Autorin; Gründungsmitglied des Kinderkino München e. V. (1979); seit 1980 in der Redaktion der Fachzeitschrift *Kinder- und Jugendfilm Korrespondenz* tätig; von 1983-2004 leitende Mitarbeit beim Kinderfilmfest / Filmfest München; seit 2005 Mitglied der gemeinsamen Jury Kinderfilmförderung des BKM / Kuratorium junger deutscher Film. Email: mailbox@kjk-muenchen.de

**Dipl.-Päd. Isabell Tatsch:** Wissenschaftliche Mitarbeiterin in der AG Medienpädagogik am Institut für Erziehungswissenschaft der Universität Mainz. – *Arbeitsschwerpunkte*: Medienkompetenzmessung / -förderung; Prüferin bei der FSK. Email: Isabell.Tatsch@web.de

**Holger Twele:** Filmpublizist und Filmpädagoge; freiberuflich für verschiedene Institutionen tätig, insbesondere aus dem Kinder- und Jugendfilmbereich. Email: Holger.Twele@t-online.de

**Ute Wegmann:** Autorin, Regisseurin, Produzentin, Journalistin und Lehrbeauftragte. – *Arbeitsschwerpunkte*: Kinder- und Jugendmedien. Email: utewegmann@aol.com